英彦山の宗教民俗と文化資源

福岡大学　福岡・東アジア・地域共生研究所　監修

白川　琢磨　編

木星舎

表紙カバー及び本扉の写真・英彦山権現御正体。二〇一六年、知足美加子氏（九州大学芸術工学研究院准教授、彫刻家）により再制作される。

英彦山神宮、摂社、末社及び坊跡

英彦山神宮奉幣殿

英彦山三岳を望む

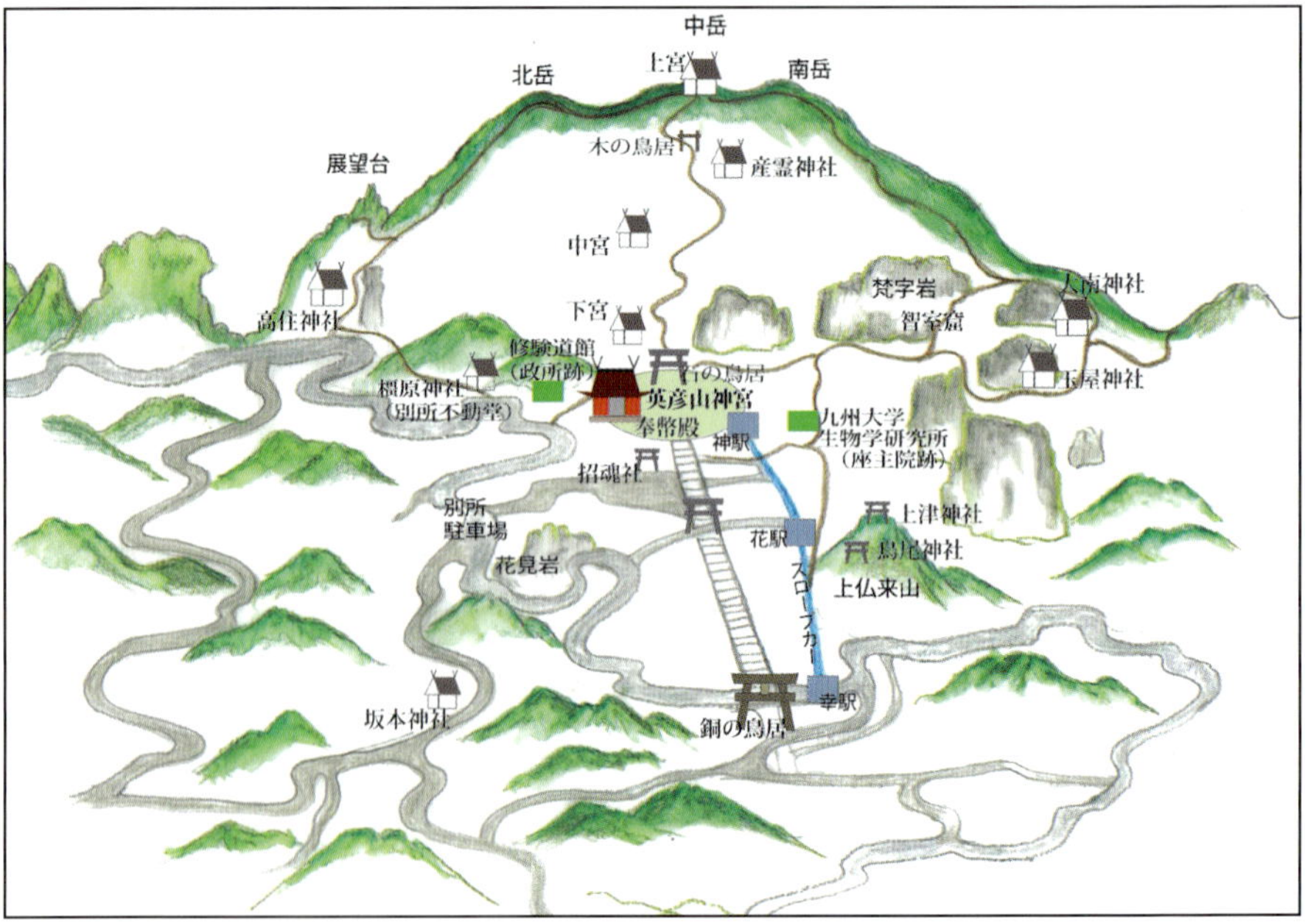

英彦山略図

銅鳥居。扁額は霊元法皇の宸筆による勅額

表参道の石畳

旅　殿

表参道の石段

奉幣殿内陣。祝詞を奏上する高千穂秀敏宮司

奉幣殿内

再制作された不動明王像（知足美加子・作）

内陣脇、役行者を祀る

英彦山の神鳥・鷹の像

社務所

天水分神（あめのみくまりのかみ）。龍神の口から流れ出る神水は「圓通の滝」から湧出する

神幸祭の日、渡御を待つ神輿三基

奉幣殿の横、石の鳥居。ここから下宮、中宮、山頂の上宮へとつづく

中岳山頂（1,190m）、上津宮を望む。祭神・伊弉冉尊

北岳山頂（1,192m）。祭神・天忍穂耳尊を祀る祠

南岳山頂（1,199m）。祭神・伊弉諾尊を祀る祠

産霊（むすび）神社（行者堂）。高皇産霊神、玉依姫命、熊野久須毘命を祀る

中津宮。市杵嶋姫命、多紀理毘売命・多岐津毘売命を祀る

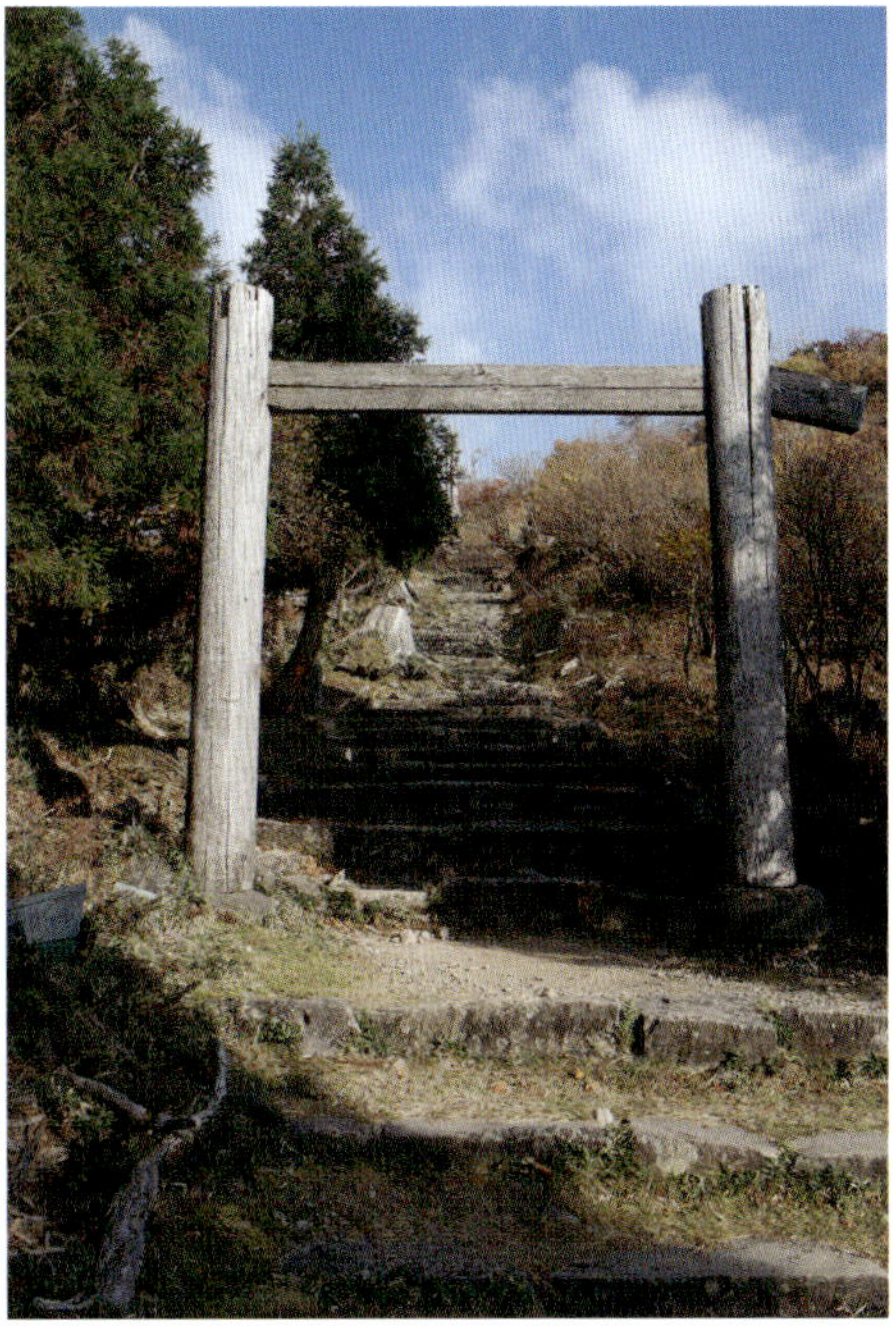

木の鳥居。台風の被害で笠木、島木など失ったが、英彦山の四土結界を守る鳥居。ここから山頂までは「常寂光土」、仏の世界とされる

下津宮。祭神は速須佐男命、神武天皇、大国主命

玉屋神社（般若窟）

玉屋神社社殿。大崖の下に岩をくり抜いて建つ

社殿内

□般若（玉屋）窟は英彦山四十九窟の第一窟で、法蓮上人がここで修行し、彦山権現から如意宝珠を授かったという。最古のものと言われる。

玉屋神社の隣、鬼神社横の洞窟内から湧き出る清水

般若窟内

社殿の前に座る苔むした狛犬

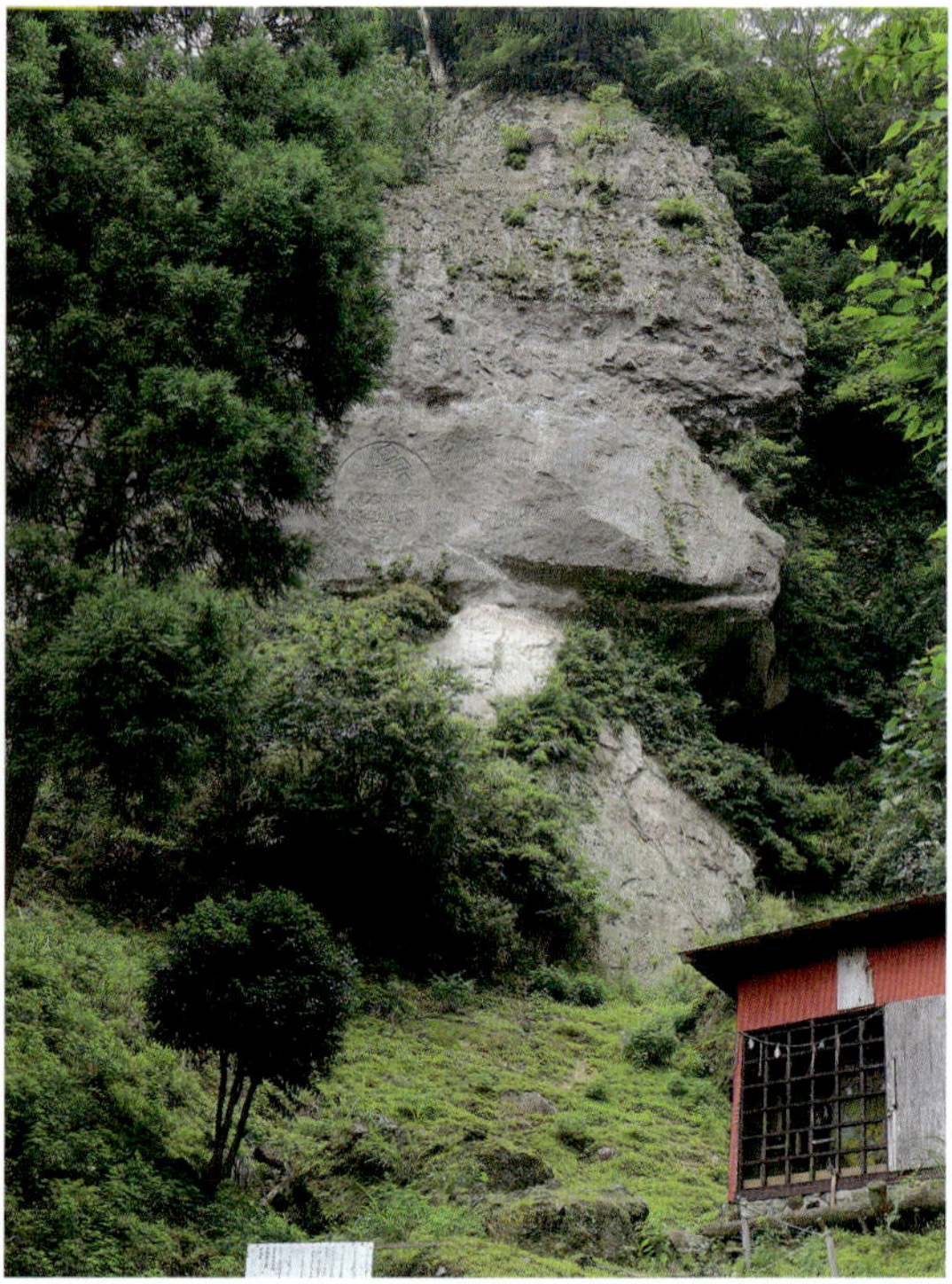

上右：今熊野窟にある梵字岩。崖下の赤い小屋の中に観音菩薩の磨崖仏（上左）が安置されている
左：岩に刻まれた梵字

□今熊野窟、智室窟
彦山四十九窟のうち、第八窟が今熊野窟、第七窟が智室窟にあたる。

智室窟に向かう山道に建つ鳥居

智室窟周辺の坊跡の石垣

鬼杉（国指定天然記念物）

大南神社。第四の大南窟には懸造りの社が建つ。祭神・大聖天童（不動明王）

学問社（文殊窟：右）。社殿内には文殊菩薩（左）が祀られている

中島神社。京都・北野神社から分霊して菅原道真公を祀る

福益護法

西谷上津神社。上仏来山頂上（685m）の空き地に建つ

鳥尾神社（西谷下津神社）。上仏来山中腹の崖をくり抜いて建つ社殿

西谷上津神社の祠。祭神・穂々出見命

鳥尾神社と並んで、隣の窟には首なし地蔵、崖をくり抜いて６つの祠が並ぶ

鳥尾神社の社殿内に祀られている不動尊

□上仏来山中腹の崖下の空地に西谷公園と石碑があり、十六羅漢像と、台座に菩薩像が並ぶ

左：橿原神社（別所不動堂）。かつて白不動を祀る惣寺院があったところ。境内には板碑が多くある
下：橿原神社に残る三日月池

坂本神社（七大童子社）。英彦山の麓、北坂本集落の外れ、国道沿いに鳥居がある

坂本神社社殿

坂本神社社殿内。昭和 36 年、社殿が焼失したときに焼け残った七体の仏像が祀られている

上・招魂社。幕末、勤皇の志士として殉死した山伏十一柱を祀る
左・維新殉国志士之墓十一基

守静坊跡の枝垂れ桜

亀石坊跡。画僧雪舟が築いたと言われる庭園が残る

政所坊跡。同所に修験道館が建つ

財蔵坊跡。鍵屋造り。現在、添田町民俗資料館として公開され、山伏の日常生活を伝える

坊跡に残るミツマタの群落

座主院跡。現在、九州大学農学部附属英彦山生物学実験所（撮影：織田寧人）

泉蔵坊跡。現在は料理屋になっている

増了坊跡

西の坊跡。参道に沿って坊跡の石垣が連なる

松養坊跡。山頭火が宿泊したという

序――彦山信仰の復興をめざして

白川　琢磨

平成二十八年暮れ、正月の注連飾りを求めて街へ出た。近所のスーパーの正月用品売り場では、高いのから安いのまであらゆる種類の注連飾りが並べられていて迷ってしまったのだが、その中である注連飾りに目が留まった。それは、包装紙に印刷された「聖護院《しょうごいん》門跡《もんぜき》御祈禱《ごきとう》済《ずみ》」の文字だった。聖護院と言えば、天台系修験の筆頭寺院である。餅や注連縄など正月用品は、正月の歳神や氏神、家の祖先神を迎えるための道具であるが、それらは僧侶や修験の加持《かじ》祈禱《きとう》を受けた物でなければならなかった。かつては当たり前であったこうした習俗が、明治（神仏分離）以降、百五十年を経てすっかり忘れられて今日に至ったのである。私がその注連飾りを購入したことは言うまでもない。もちろん、今年一年の「御利益《ごりやく》」を願ってである。

ここ数年、何度英彦山に登ったかわからない。登る度に強くなる印象は、羽黒、大峰と並んで、かつて日本三大修験霊山と称された英彦山の山上街の寂れようであった。明治期でも三千人あった人口は、今日では僅か百五十人になってしまった。かつては信仰を中核として大勢の人々が押しかけたが、その数は減少し、戦後、昭和二十五年（一九五〇）国定公園に指定された時期に、一時的に観光客が数を戻すものの再び減少に転じてしまった。

かつてあれほど多くの人々を引き寄せた彦山（英彦山）の魅力、その力の源泉とは何であったのか。我々は、それを英彦山の「文化資源」と定め、考古学・歴史学・宗教学・民俗学・文化人類学など、いくつかの角度からそれを探った。その答えは各稿に任せるとしても、ここでは全体を貫く「大きな答え」について述べておきたい。

文化資源の中核を構成しているのが「神仏習合」という独特な宗教のあり方であり、そこから派生する多くの有形及び無形の文化遺産が、今日我々の眼前に残されているのである。では、神仏習合とは何なのか。一般に理解不能なほど難解なものであったなら、血の通った信仰として定着するはずはない。再度、英彦山の歴史に立ち戻って、その答えを日常的文脈で探ってみたい。

仮に、多くの人々を引き寄せる英彦山の「吸引力」というものがあるとすれば、その強弱の分岐点が明治維新（一八六八）にあったことは間違いない。「神仏分離」によって、英彦山は、彦山三所権現を奉じる「霊仙寺《りょうぜんじ》」から、皇祖神・天忍穂耳命《あめのおしほみみのみこと》を主神とする「英彦山神社（後に神宮）」に大きく変質してしまった。霊仙寺を支えた大組織・座主《ざす》を頂点とし、衆徒《しと》方（仏）五十七坊、行人《ぎょうにん》方（修験）五十坊、惣方（神）百四十二坊の約二百五十坊が還俗《げんぞく》し、つまり僧侶であることをやめて俗人に戻り、組織全体が解体された。再出発した英彦山神社に神官として奉職した者は、そのうちごく一部であった。信仰内容に目を向けると、霊仙寺（神仏習合）から、英彦山神社（純粋神道）への転換である。後者への転換後、英彦山がその吸引力、即ち人々を惹きつける魅力を失っていったとすれば、英彦山の文化資源とは「神仏習合」ということになる。

では、その神仏習合とは何か。単に神仏が習合しているというだけでは答えにならない。ここでは、かつて神仏習合の象徴として徹底的な破却の対象となった「懸《か》け仏《ぼとけ》（御正体《みしょうたい》）」を取り上げ、考えてみたい。

英彦山でも神仏分離の際に破却の対象となり、現存するのは鎌倉時代製作のものであるが、損耗が激しい。現在、九州大学芸術工学研究院の知足《ともたり》美加子准教授（衆徒方知足《ちそく》院の末裔）の御尽力で復元され、平成二十八年（二〇一六）十一月三日、英彦山神宮奉幣殿（霊仙寺大講堂）前で行われた採燈護摩《さいとうごま》の祭壇にその複製が掲げられた。正午前、ちょうど中天に差しかかった太陽の光が銀の神鏡に反射し、眩《まばゆ》いほどに光を放つ金色の仏が浮き上がって我々の眼に飛び込んできた。般若心経の読経の声が響く中、正に神を通して仏を見た貴重な一瞬であった。

彦山三所権現の懸け仏（御正体）を祀る

これとほぼ同時に私の脳裏に浮かんだのが、「神仏習合の三角形」である。常々、何とかわかりやすく神仏習合を解く手立てはないものか、思い悩んでいたからかもしれない。ここで「神」とされる存在には、仏教における天部の諸尊も、明神や権現など我が国の神祇《じんぎ》も含まれる。仏教の六道思想の流入によって引き起こされた最初の衝撃は、仏が無限であるのに対して、人も神も「輪廻転生《りんねてんしょう》」を余儀なくされる有限な存在だということである。人と同じく神にも「寿命」や「老若」があり、「性別」があり、「喜怒哀楽」があり、「個性」がある。では、人と神を隔てているものは何かというと、圧倒的な能力の優劣の違いである。

英彦山神宮からやや下った所に豊前坊院天宮寺《ぶぜんぼういんてんぐうじ》（天台宗・村上行英住職）がある。ここで、比叡山の十二年籠山修行を完遂された宮本

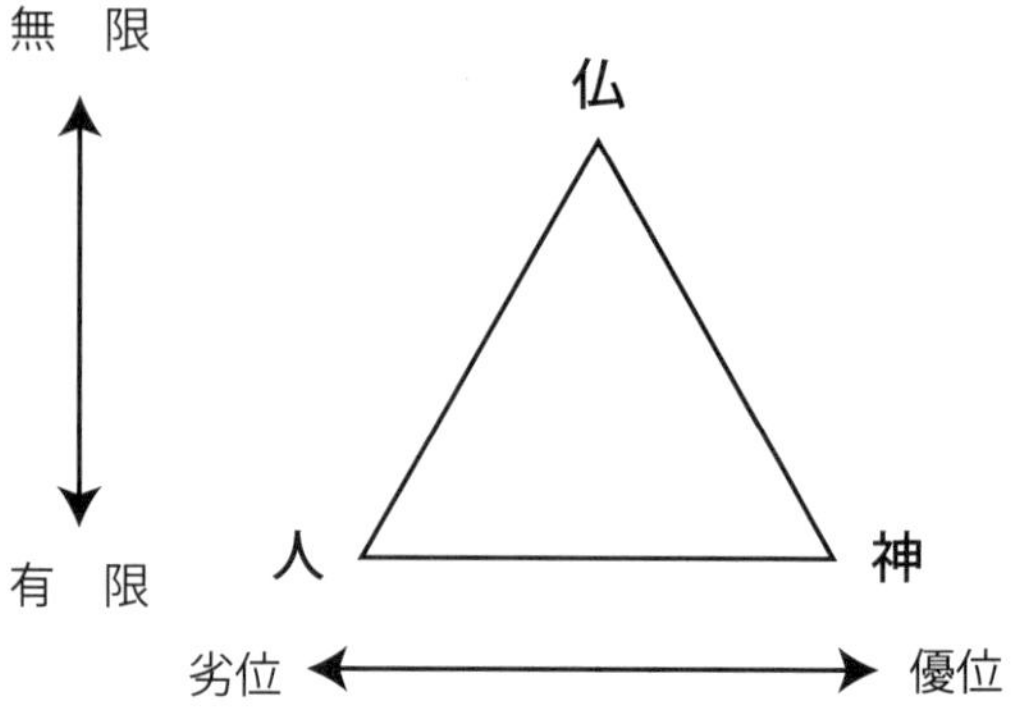

神仏習合の三角形

祖豊師に興味深いお話をうかがった。比叡山にもアダムとイヴに類似する起源神話があるという。この世に出現した最初の「人」は、「寿命の尽きた神」であり、当初は神としての特性、飛行自在の力を有し、身体からは「光」を放っていた。ところが、地に生えるものを食べ、流れる水を飲むうちに、光を失い、諸種の能力も失って、やがて家を作り、子どもをもうけて人の世界に安住してしまった。だから「修行」というのは、この逆をいくことで、色欲を断ち、断食し、断水していくことで、神に戻る、あるいは「神通力（験力）」を得ていくというのである。

この修行の過程は、六道の最終段階「神（天）」で終わるわけではない。さらに仏の四世界――声聞《しょうもん》・縁覚《えんがく》・菩薩《ぼさつ》・如来《にょらい》――の修行を経て、究極的な「即身成仏」が目指されたのである。

行人方（修験）の修行過程とは、人→神→仏のコースであった。一方、衆徒方（学侶）では、人→仏の「学」の過程に力点が置かれた。惣方の活動の中心は神祭に置かれたが、神をどう祀るかについては、神と仏の関係が焦点となる。

これまでの神仏習合論の焦点もその点にあった。神を主体に述べてみると、飛鳥から奈良時代に「仏」の存在を知った日本の神は、己の有限性を悟り、三宝（仏・法・僧）に帰依し、仏道修行に励む（神→仏）。やがて鎌倉時代に至ると、日本の神（垂迹《すいじゃく》）は、印度の仏（本地）が日本の衆生を救うために現れたものだという本地《ほんじ》垂迹《すいじゃく》説が確立する（神＝仏）。先に示した懸け仏は、この本地垂迹の最も具体的な視覚表象である。そして神に語りかける言葉が、仏の言葉（経文・真言・陀羅尼）でなければならないことも了解される。

最後に、三角形の一翼を支える「人」という範疇について述べておく。実は、神や仏と対峙し、それらに働きかける力を持つ人は、我々「在家」の一般庶民ではない。少なくとも得度・受戒し、学・行に携わる僧侶や修験者でなければならない。我々庶民の願いの大部分は、所謂「現世利益」と称されるものであり、それらの祈願を同じ現世に存在する「神」に祈るのは正しい。ただし、我々は「願主《がんしゅ》」になれるだけである。実際に神仏との間に介在するのが「施主《せしゅ》」であり、彼らが行う儀礼行為が「加持祈禱《かじきとう》」である。その基本ロジックは、仏と一体化し、その力を引き出し（加持）、その言葉で神を動かすということである。「護摩」は代表的な祈禱法である。近世までの英彦山の隆盛を支えた財政的基盤は、配札収入にあったと言われる。もちろん配られる御札は、祈禱されたものであり、施主であった霊仙寺大衆《だいしゅ》がいかに信頼されていたのかの証しである。

さて、かつて英彦山に人々を惹きつけた吸引力、魅力の大きな源は何であったか、その大きな答えは自ずと明らかとなろう。それは、霊仙寺のすべての宗教活動を支えた「人・神・仏の三角形」であり、この三角形から「仏」という基点を外すという全国規模の試みが「神仏分離」であったのだ。

今年も全国の神社では初詣の「悲しい」光景が見られた。そこには、施主もいなければ、加持祈禱もない。我々庶民が「むき出しで」神に対面し、祈りの言葉も忘れた姿である。本来なら願主の願いを弁《わきま》えた上で祈禱前に施主が引いた「御籤《みくじ》」も、その意味を失ってしまった。我が家では、初詣は、糸島市の雷山《らいざん》千如寺《せんにょじ》大《だい》悲王院《ひおういん》（真言宗）に行く。本尊である丈六《じょうろく》の十一面千手千眼観世音菩薩立像はすばらしいが、実は雷山の山ノ神、水火雷電神（垂迹）である。祈禱の際は、「南無雷《いかづち》大権現」そして「オンバザラタラマキリク」と施主と共に唱えた上で、御札を受けてくる。何かそのほうが「有難い」ように思えるのは、神仏習合時代の記憶の残存であろうか。

平成二十九年八月

英彦山の宗教民俗と文化資源

目次

巻頭グラビア　英彦山神宮、摂社、末社及び坊跡　i

序――彦山信仰の復興をめざして　白川　琢磨　1

英彦山の信仰と民俗　白川　琢磨

一　彦山信仰の錯綜　1

二　ヒコとヒメ――彦山信仰の基層　3

男女二元構造　3／三元構造　5

三　如意宝珠とオホシサマ――仏教と民俗の接点　8

オホシサマ　8／ミト　11

四　顕密寺社の神祭の原型――「二季五節供」　13

顕密寺社の祭日　13／五節供の祭り　16
五　「延年」の残存――彦山周辺の神家祭　19
二季の祭り　19／大行事社の霜月祭　20／宮座制の役割の変遷　21
落合大行事社の卯の祭り――儀礼的飲酒慣行　22／延年の作法　24
食べ競べ、飲み競べの直会　25
六　舎利と米――「松会」の主題　28
廃絶された彦山の松会　29／幣切　31
七　英彦山の文化復興への道　33

伝承からみた彦山――宝珠を中心に

吉田　扶希子

はじめに　39

一　彦山の縁起……………………42

神道的開山伝承　42　／　仏教的開山伝承　45　／　法　蓮　46

木　練　47　／　珠をもつ窟　48

二　如意宝珠……………………49

記　紀　49

鹿児島神宮　51

八幡信仰　51

放生会　51　／　その他の干珠・満珠伝承　52

神功皇后の「干珠・満珠型新羅の役勝利説話」　55

八幡信仰の流布　55　／　発　想　56

三　脊振山南の珠の信仰……58
具足玉の国　58
有明海の「沖ノ島詣り」　63
風浪宮　63 ／ 鷹尾八幡宮　67 ／ 有明海沿岸　67 ／ 金立山　69
四　霧島の如意宝珠……72
霧島の伝承　72
霧　島　72 ／ 御池の伝承　75 ／ 『平家物語』　78
泰澄と阿蘇山の同型伝承　80 ／ 護法童子　83
おわりに　85

英彦山信仰の歴史的変遷の考察

桃﨑　祐輔

一　はじめに……91
二　研究略史……92
修験道遺跡の研究史　92　／　石造物をめぐる研究史　94
現状と課題　95　／　研究の方法　95
三　古代の彦山をめぐる環境……96
狩猟採集社会から農耕社会へ　96
屯倉の成立と三輪山信仰　97
彦山開基伝承の藤原恒雄と檀君神話　99
四　法蓮と奈良・平安時代の山居……101
渡来系集団の寺院から官寺へ　101　／　奈良仏教と山居する僧侶　102
宇佐の法蓮教団と彦山　105　／　鉄鉢形土器にみる托鉢僧の活動　106

五　彦山の天台密教化……111
九〜十世紀の対外的緊張と彦山　111　／　彦山三所権現の勧請と香春岳　112
彦山の天台宗化と「深山幽谷」　113　／　中岳山頂出土の土製六器と天台密教　114
八幡信仰と天台法華経信仰の融合　117　／　彦山霊山寺の丈六仏　119
六　中世前期の英彦山……120
英彦山北岳・南岳の経塚造営と寺院大衆の出現　120
英彦山北岳経筒の墨書と宋海商　121　／　松会の成立と山麓荘園の成立　123
彦山の銅板法華経奉納と求菩提山・六郷満山　125
英彦山神宮奉幣殿小路で発見された壺を収めた小石室　126
熊野信仰と彦山　128
『長寛勘文』「熊野権現御垂跡縁起」にみる日子山　128
三女神の宇佐八幡、英彦山、宗像神宮への遷座　129
彦山三所権現図像儀軌の成立時期　130　／　彦山今熊野窟の磨崖仏・磨崖梵字　131
聖光上人と智室窟、彦山諸窟　135
九州各地にみる彦山信仰関連の仏教遺物　137
鹿児島県南九州市（旧川辺町）清水磨崖仏群と彦山住侶　137
佐賀県発見の彦山関連懸仏　138

下関市豊浦町吉永八幡宮所蔵の金銅薬師如在坐像懸仏　139

七　黒川院の成立と彦山修験者の活動遺品……139

黒川院の成立と座主墓　139
黒川院の成立と山中結界の整備　139　／　戦国時代から江戸期までの座主墓　141
彦山修験者の活動遺品　141
般若窟の磨崖阿弥陀三尊種子　141　／　岩石寺磨崖梵字　143
次郎坊太郎坊磨崖仏・小松の磨崖不動明王　144　／　乙宮神社石殿　144
稲築熊野神社石仏群　145
世襲座主と周辺石造物の関係　146
大行事社の成立と彦山神領　147
大行事社と高木神　147　／　宝珠山大行事社の成立と石躰　148
黒川高木神社と黒川院　149
坊の世襲化による屋敷化と墓地の形成　151
智室窟の板碑群　152　／　奉幣殿の宝篋印塔部材　153　／　池野宿の板碑群　153
戦国期の彦山の荒廃　154

八　近世の彦山信仰……156

座主院の帰山と座主坊の建設　156　／　猿ガラから英彦山ガラガラへ　157

人形浄瑠璃・歌舞伎『彦山権現誓助剱』 158
彦山山伏勢力の拡大――薩摩・大隅地方における英彦山山伏の伝承 159
逆貝 159 ／ 七山七迫枯らす一貝 160 ／ 口に吸いついたホラ貝 160
近世墓碑と廃仏毀釈 161
九　おわりに …… 162

英彦山の伝燈大先達――英彦山修験道を牽引した山伏たち

山口　正博

一　はじめに …… 183
山伏組織の重層性 185 ／ 行者方の昇進 185
英彦山修験道における伝燈大先達 188
「(口伝・伝燈)」の検証〈翻刻〉 189 ／ 検証一　現存史料の成立時期 192
検証二　本文中に確認できる年代 194
検証三　「彦山血脈」・「修験系譜」との比較 199
基準の設定 200

二　中世彦山の伝燈大先達……204
十三世紀　205／十四世紀　206／十五世紀　207／十六世紀　209
三　近世英彦山の伝燈大先達……211
宣度当役記録との照合　211
四十一世　212／四十二世　213／四十三世　214／四十四世　215
四十五世　216／四十六世　218／四十七世　220／四十八世　223
四十九世　225／五十世　227／五十一世　229／五十二世　230
五十三世　232／五十四世　232／五十五世　234／五十六世　234
五十七世　235
四　まとめと今後の課題……237
伝燈大先達の比率　237／宣度当役経験のない伝燈大先達　240
中世の伝燈大先達をめぐる課題　241／表層の権威と底流の権威　244
神仏分離・修験宗廃止と峰入り　246
おわりに　247

江戸時代後期における唐津の英彦山派山伏について

中村　琢

はじめに　265
一　法頭と法務方　270
法頭の継承　270　／　法頭の役割　275　／　法頭の立場　281
法務方について　283
二　色衣と法印官について　284
色衣の補任　284　／　色衣の形　287　／　末派組織における色衣の位置づけ　288
法印官について　290
三　唐津藩における英彦山派　293
唐津藩による祈禱　293　／　唐津藩内の格式　296
おわりに　298

グラビア　祭り……307
柱松神事 307／お潮井採り 308／御田祭 310
神幸祭 312／柴灯大護摩供 314

記録からみる英彦山参りの現在
――英彦山神宮所蔵「年参り（代参・祈願）団体名」の分析から

須永　敬

一　はじめに……315
二　資料「年参り（代参・祈願）団体名」について……316
三　英彦山参りの頻度と時期……320
四　祈願と授与……322

五　参拝者の地域分布……323
六　おわりに……327

英彦山参りと英彦山講に関する一考察——現代からの射程

亀﨑　敦司

一　はじめに……329
二　英彦山参りと英彦山講の現在……332
市町村誌から見る輪郭　332
三　現地調査から見る近年の状況……343
佐賀県内に残る英彦山参り、英彦山講　343
事例一　英彦山参りと権現講（佐賀県神埼市神埼町竹猪面《たけいのもて》地区）　343
事例二　英彦山参りと英彦山講（佐賀県佐賀市諸富町徳富二区）　345

事例三　水かけまつりと権現講（佐賀県神埼市千代田町柳島大島地区）　347
今日の英彦山参り、英彦山講　350
変化と変容　351　／　今後の展開への予察　353
四　権現講社の現在　…………　354
講社の輪郭　354
支部組織とその活動　356
事例四　権現講社Ａ支部（佐賀県佐賀市諸富町徳富二区）　357
事例五　権現講社Ｄ支部長（Ｍ氏）のライフヒストリー（福岡県八女市在住）　358
現在の講社支部のありよう　360
個人会員による英彦山参りと地域の習俗　361
事例六　Ｋ氏とそのグループによる英彦山参り（福岡県柳川市Ｓ校区在住）　361
五　おわりに　…………　364

英彦山神宮における産業安全祈願祭について

藤坂　彰子

本報告の目的 371
一　英彦山神宮における産業安全祈願祭とは 371
現在の英彦山神宮における産業安全祈願祭 372
聞き取り調査から見える昭和時代の英彦山神宮の産業安全祈願祭 373
二　英彦山神宮における産業安全祈願祭の始まり 375
「英彦山神宮社務所日誌」に見える産業安全祈願祭の始まり 375
産業安全運動の高まりと炭鉱事故の増加 380
社務所の改築 381 ／ 戦時下における産業安全祈願祭 383
三　結　論 387
あとがき　英彦山神宮宮司　高千穂　秀敏 391
編集後記　白川　琢磨 395

英彦山神宮の牛王宝印

英彦山の信仰と民俗

白川　琢磨

一　彦山信仰の錯綜

古代から現代に続く彦山信仰の全体を、ここでは「彦山」の総称で括っておくが、その特徴を一言で言うなら大変錯綜してわかりにくいということである。古代・中世・近世・近代・現代と幾重にわたる信仰の糸が織り成す誠に複雑な織物で、その文様を一挙に解き明かすことは難しい。

現在、一般の人々が彦山の山内に足を踏み入れても、一体何を対象にどのように拝めばよいのやら、途方にくれてしまう。第一、彦山と言えば山伏を連想するが、日常、その姿を目にすることもなければ、法螺貝《ほらがい》の音を耳にすることもない。これが現代の状況である。

歴史を俯瞰して捉えてみると、彦山信仰には二つの局面が認められる。

第一局面に重要な情報を提供するのが、建保元年（一二一三）成立の『彦山流記《ひこさんるき》』（以下、『流記』）である。成立年代に若干の疑義が示されてはいるが、鎌倉時代初期の彦山信仰の実態を伝えていることは間違いない。その詳細な解説は他稿に譲るが、信仰面の最大の特徴は「神仏習合」である。

神仏習合とは、ただ単に仏教と神道が混合している状態を指す用語ではない。[1]「神道」という言葉は、今日の神社神道と等しく捉えられてしまうので、六世紀中頃に我が国に仏教が伝えられる以前の土着の神々に対する信仰を「神祇《じんぎ》信仰」とすれば、それと公式／非公式に伝えられた初期密教を含む仏教との相互交渉の中で、両者が総合された（syncretized）新たな段階を示すものである。歴史的には、八世紀後半には、畿内を中心に「神身離脱《じんしんりだつ》現象」（各地の神々が巫女の口を借りて「神の身を離脱して仏になりたい」と告白する現象）を契機に神を祀る神社に「神宮寺《じんぐうじ》」が併設されていき、やがて、日本の神は印度の仏が衆生救済のために姿を変えて現れたものだという「本地垂迹説《ほんじすいじゃくせつ》」が一般化していく。[2]

『流記』の伝える信仰世界の背景にはこうした思想状況があり、彦山信仰を解明するということは神仏習合を解読することに他ならない。

『流記』には、信仰を支えた組織についても記述がある。それは寺社勢力と呼ぶに相応しい大組織で、彦山神領とされるその支配領域は、豊前・豊後・筑前にまたがる「四境七里」の範域（四十八の大行事社《だいぎょうじしゃ》）で、中心となる天台宗霊仙寺《りょうぜんじ》の大講堂（現・英彦山神宮）には、講衆百十人、先達《せんだつ》二百五人が詰め、さらに山内の南谷・北谷・中谷・惣持院谷に二百余りの坊があったとされる。組織は鎌倉時代以降、さらに拡大していくのだが、この第一局面の彦山信仰を一挙に遮断してしまう事態が生起する。近代の幕開け、明治元年（一八六八）の「神仏分離」とそれに続く「修験道廃止令」である。

神仏分離とは、簡単に言えば、第一局面の彦山信仰の中核であった神仏習合の禁止であった。そして組織の中核であった修験者（山伏）は、還俗《げんぞく》や帰農を余儀なくされ、ほとんどが山を去った。しかし、彼らこそ民衆との間にあって、中世期は神領の大行事社を通じて、近世では九州全域に分布する檀家を通じて、人々を山に導き、また村々の祭りや芸能を教導する主体であった。この第二局面とは、例えば、周辺地域に大きな影響を与えた六百年続く大規模な学校から、教師が全員消えてしまい、残ったのは校長先生（座主《ざす》＝宮司）と生徒（民衆）、そして施設だけといった事態である。

しかし、神仏分離から約百五十年、我々が研究対象とできるのは、第一局面の史料と第二局面を通じて人々に伝えられた記憶伝承や行為伝承しかない。ここでは宗教民俗という視点からそれらを解きほぐしながら、第一局面の彦山信仰の要点に迫りたい。

二　ヒコとヒメ――彦山信仰の基層

男女二元構造

元来、ヒコとヒメは古代的な男女の呼称であるが、具象的な指示対象としては陽石（男根石）と陰石（女陰石）を表す。記紀神話の国生み・神生み自体が男女の結合から始まる。我が国の山岳信仰にも濃厚な痕跡を残しているが、おそらく仏教以前の民俗信仰を反映している。

彦山の山域でこの段階の遺跡を挙げるとすれば、深倉《ふかくら》峡の「男岩・女岩」であろう。男岩とは、崖上に屹

男岩（深倉峡）

立する男根形の自然石であり、谷を挟んで「姥ヶ懐」と呼ぶ巨岩の岩陰（女岩）と対置している。

　平成八年（一九九六）を第一回として、毎年十一月の第二日曜日に「男魂《おとこ》祭」が行われている。もちろん、この祭は現代的に再編されたイベントに過ぎず、祭自体に歴史的な価値があるわけではない。しかし、祭に先立って、姥ヶ懐の女岩の岩陰に祀られた観音に対する法会が、篠栗《ささぐり》の呑山観音寺《のみやまかんのんじ》の僧侶によって執行されるが、その契機は地元の老婆の同観音に対する熱心な祈りであったという。

　男岩については、次のような伝承がある。

　天狗の悪さに村人が困っていたところ、「権現様」がその天狗の子どもを大きな岩に変えてしまった。ところがその後、天狗の祟りと思える出来事が続いたので慌ててその岩を探したが、見つからない。ある日、村人が姥ヶ懐に「お参り」に行くと、子どもの泣き声がするので見上げたら岩がそそり立っていた。これが天狗の子どもの化身かということで、男の神として祀るようになったというものである。

　単純な話ではあるが、「男岩」が、姥ヶ懐（女岩）とセットとして崇拝されることが説かれている。現在も、谷を挟んでこの両岩は長い注連縄で繋がれている。

　この段階の基層信仰と類似するのが、四国の石鎚山《いしづちさん》の事例である。そこでは、石鎚山＝天柱石（男根）と隣接する瓶《かめ》ヶ森＝瓶壺《かめつぼ》（女陰）の対置として表れている。彦山の場合、このヒコ／ヒメの対比は、中興の祖とされる法蓮《ほうれん》の伝承に鑑みれば、広域では彦山／宇佐の対置に拡大される。

三元構造

こうした仏教以前の民俗信仰に、時を経て雑密《ぞうみつ》系法師集団が関与してくると、この男女の象徴的対比は、ヒコ／ヒメ／ミコの三元論に転換し、山内の主峰に比定されるようになる。最高峰である南岳にイザナギ、中岳にイザナミ、そして北岳にはミコ神であるアメノオシホミミが祀られる。もっとも彦山の場合、各々、俗躰嶽・女躰嶽・法躰嶽と称されてきたように、当初より神仏習合色が顕著である。即ち、南岳は「釈迦」が俗形で現れ、中岳では「観音」が女性の姿で、そして北岳は「阿弥陀」が僧形で垂迹したと伝える。

この段階で熊野との類似性に気づくのは自然である。熊野では、新宮＝速玉（イザナギ）＝薬師、那智＝イザナミ＝観音、本宮＝ケツミミコ＝阿弥陀という構成をとるが、ヒコ／ヒメ／ミコの三元構造は共通する。石鎚山の場合であると、石鎚（ヒコ）／瓶ヶ森（ヒメ）／子持権現（ミコ）の三峰構成である。この段階の熊野や石鎚との共通性は、先述した『彦山流記』にも述べられているし、『長寛勘文《ちょうかんかんもん》』（一一六三―四）所収の「熊野権現御垂迹縁起」にも説かれている。

熊野と比較して、彦山の特徴を挙げれば、熊野は三山という構成であるのに対し、彦山は一山で閉じて三所権現という形態をとること、それから、ミコ神の位置づけが熊野に比べて、記紀神話との連続性が高いという点である。

山内には、「高天原」という地名もあり、天孫降臨の主役であるホノニニギは、後述する般若窟（玉屋窟）で誕生し、日向の国に降ったとの伝承もある。そしてこの点が、後に彦山の一山組織を特徴付ける皇室との繫がりをもつ「座主」制の根拠ともなっていく。さらに、彦山の場合、山内全体に基底にある男女の二項対立の象徴性が充満している。彦山の修行形態の特徴は、山内の「四十九窟」とされる岩窟への籠り行である。ここには、俗躰（男）である行者が、岩窟（女躰）に籠り、何かを「結ぶ」（産出する）というロジックが潜在している。

さて、彦山の神格にみられる三元構造がそれ以上の展開を示さなかったのかというと、そうではない。佐賀県（肥前）の呼子《よぶこ》は、近世期、鯨漁で名を馳せた唐津藩支配の漁村であるが、集落に主な神社は二社あり、今日まで存続している。今は「三社神社」、「八幡神社」と呼ばれているが、近世期は、「妙泉坊」、「龍泉坊」という「彦山山伏」が社僧を勤めた神社である。このうち妙泉坊は、神仏分離を契機として、結局、廃絶してしまったが、龍泉坊は還俗して八幡《やわた》氏と改名され、今日もその御子孫が神官を勤めておられる。(3)同氏所蔵文書によれば、近世期の社名は「熊野三社八幡宮」、一方の妙泉坊は「呼子三所権現」であった。

この龍泉坊には、近世期の掛け軸が二軸伝わっている。そのうち一幅には記述があり、龍泉坊林観が、安永六年（一七七七）に彦山に入峰修行したことを記念する肖像画であり、天明五年（一七八五）に役廣延《えんのこうえん》が記したとの記載がある。

もう一幅の絵図（七ページ参照）であるが、彦山の神々が描かれたものであることは推測できるが、何の記載もないので仮に「彦山垂迹曼荼羅」としておく。龍泉坊のような地方の神社（宮）の社僧が、入峰修行を行った際に配布されたものと思われる。つまり、近世中期においては、彦山の神格について同図の捉え方が一般化されていたのではなかろうか。

ここに描かれた神々をどう特定するかについては、『太宰管内志』所収の「彦山記」の記述が参考となる。(4)著者である伊藤常足《いとうつねたり》によれば、「彦山記」は橘正通の作で、天正九年（一五八一）に大友氏の兵火に焼かれて天保十二年（一八四一）頃の段階では僅かしか残されていなかったという。同記述を参照すれば、まず、上段の三神は、俗躰・女躰・法躰に描かれた彦山三所権現に間違いなく、三神の頭上には神鳥である「白鷹」が描かれている。(5)中段の三女神について「彦山記」は、「宇佐嶋」より来たりて北嶺に鎮座したとする。

ところが、「神代に鎮座した七神」（上七神）と「祖師開峰の時に出現した五童子」（下の五座）とに分けると、前者に属するその固有神名は「田心姫命《たごりひめのみこと》」、「湍津姫命《たぎつひめのみこと》」、「市杵嶋姫命《いちきしまひめのみこと》」ということになる。宗像三女神である。この段階で宗像＝宇佐八幡同体の枠組があったと解釈せざるを得ない。

神代鎮座の七神のうち、残る一神が、絵図中央の女神、白山《はくさん》「菊理姫《くくりひめ》」である。下の五座については、向かって右の赤色鬼神形が「大聖童子」（四　大南窟）、左の青色鬼神形が「金杖童子」（一　玉屋窟〈般若窟〉）、

彦山垂迹曼荼羅（仮）

下段の、向かって右が白馬に跨った「福智童子」（七　智室窟）、左が虎に乗った「都良童子」（六　鷹栖窟）である。残る　社が、「彦山記」は「深秘の一社」としているが、絵図では中央で猿が二匹対面して蹲《うずくま》っている部分である。実際の窟としては、第五の五窟〈大行事窟・経の窟・鷲窟・龍窟・問窟）を指しているかもしれないが、

「彦山記」は「総じて十二社」であることが強調されており、「深秘の一社」としてまとめたのかもしれない。とにかく、彦山三所権現の枠組は、熊野十二社権現と同等視され、天神七代・地神五代を経て、その枠組の中に、宇佐八幡及び宗像三女神、そして白山権現をも取り込む形で近世期には広く人口に膾炙《かいしゃ》されていたのである。

最後に、この三元構造が、民間の宗教民俗にどう波及したかという点について、一点だけ指摘しておきたい。筑後から肥前、佐賀地方に濃密に分布するのが、「浮立《ふりゅう》」（風流）と呼ばれる民間芸能である。この浮流に不可欠なのが大太鼓三基なのであるが、三基に装束（衣装）の飾りつけをする。その飾りつけのルールが、ほぼ共通して俗躰・女躰・法躰なのである。つまり、太鼓三基は、彦山三峰を象徴しているのかもしれない。とすると、どの舞においても中心となる「宝珠」形の被り物は、次に述べる「如意宝珠《にょいほうじゅ》」を表している可能性もある。

三　如意宝珠とオホシサマ――仏教と民俗の接点

オホシサマ

彦山四十九窟のうち、第一窟が「般若窟」（玉屋窟）である。鎌倉時代に成る『彦山流記』によれば、元来、彦山権現は八角の水晶の石体となって般若窟に天下ったとされるが、後に法蓮が十二年間参籠して金剛

御供人に背負われて神社に入るオホシサマ（福井神社）

般若経の読経を続け、遂に倶梨伽羅龍《くりからりゅう》の口から「如意宝珠」を得る。如意宝珠とは、サンスクリットで言うチンターマニ、あらゆる願いを叶える不思議な宝珠（玉）である。

しかし、法蓮の修行を助けてきた白髪の老人が自らを八幡大菩薩であると告げ、最終的には法蓮より宝珠を譲り受け、それを宇佐宮に納め、法蓮は神宮寺である弥勒寺の開基となる。その後、法蓮は般若窟に帰り、宝珠に因んで「玉屋窟」と名づける。ここには、彦山三所権現の結実が如意宝珠であること、そして法蓮を介しての彦山と宇佐八幡との密接かつ錯綜した関係が語られているが、宇佐信仰圏の国東・六郷満山の諸寺院がほぼすべて、開基を仁聞菩薩、中興を法蓮としているので、彦山と宇佐はほぼ同一の信仰圏であると見て間違いはないであろう。

さて、如意宝珠はあくまで修行者が感得するとされる仏教的な「概念」であり、その具象形は玉とされるものの具体的なモノではない。しかし、これが民俗に展開すると「オホシサマ」として物象化される。彦山山麓から例を挙げてみたい。

一つは、東峰村（旧宝珠山村）の福井神社である。ここは、元来、「米童《よねどう》大権現社」と呼ばれてきたが、その名の由来は、修験道の開祖である役小角《えんのおづぬ》がここを訪れた際、彦山南岳の神々が童子の姿で供応し、その際、福の井という井戸から米が噴出したという奇跡に因む。

十月末にオホシサマ祭りが行われるが、まず、前日に祭元の家の裏山に一年間奉置した神聖な「御饌米《ごせんまい》」を祭元の家で開き、その状態で年

ミホシ（黒川高木神社）

の吉凶を占う。翌日には、「オホシサマ」と呼ぶ藁《わら》神輿《みこし》に穀霊を迎え入れ、以降、祭の期間中、オホシサマは御神体として扱われる。

オホシサマの内部には、御供米一升三合で作った餅が、白餅を上に、小豆で塗《まぶ》したものを下にして入れられる。御供人《ごくにん》はオホシサマの尾を前に両肩に乗せるが、オホシサマの頭の部分には大幣が挿される。この大幣は、柄の竹の部分を「八角形」に削らねばならない。それが「一番手間のかかる大切な作業」[6]であるとされる。この八角が、彦山権現が「八角の水晶の石体」となって天下ったという故事に因むことは明らかであり、オホシサマは「如意宝珠」そのものを表している。

もう一つの事例は、彦山座主の山麓の住居（黒川院）があった朝倉市黒川の例である。黒川高木神社は、元は大行事社で、福井と同じく彦山神領、即ち荘園の一部であった。

祭は同じく十月末で、ここで「ミホシ」と呼ばれるのは、長さ一六〇センチ、中心部の直径四〇センチ程の藁苞《わらづと》で、中心部には「ミホシ」米が木箱に納められている。一年間、天神森の椎の大木の上部に括られていたミホシを降ろし、「ミホシ改め」と称して中の米粒の状態を検分する。異常がなければ吉、あれば凶とされる。

これらの事例から、「オホシ」あるいは「ミホシ」と言われるものが「御宝珠」であることは明らかである。しかしながら、同じ形状の物を「ホシ」（宝珠）ではなく、「ミト」と呼ぶ例があるのでそれを紹介してみたい。

ミト

彦山山麓の落合高木神社は、元は大行事社で、霜月第一卯日（現在は十二月第二日曜日）に「神家（ジンガ）」と称する「村の草分けの人々」の世襲する特定の祭祀集団を主体にした宮座制の祭を行っている。宮座の口上なども現存する古式ゆかしい祭なのだが、祭祀の中心となる「御造米様（オミトサマ）」については、大正六年（一九一七）に中絶され、今日まで復活していない。しかしながら、昭和三十一年（一九五六）に旧落合村神家中による「高木神社霜月祭々祀記録」があり、佐々木哲哉が収録しているので、それによってオミトサマの形状や内容も明らかとなる。(7)

御造米様は、左右二体が作られ、左が「御神之御造米様」とされる。選り藁で丹念に作られるが、その形状はほとんど黒川のミホシと同様である。注目すべきは中に入れる物である。予め「神の膳」として供えられた中から蓋付きの木地椀（少し米が入っている）に左右の盃の米及び御神酒を混ぜて、「恰も磨く様に揺する」(8)。こうして中に残る水滴を振り出して、蓋を固く結わえて御造米様の中に納める。

右の御造米様には、神の膳に供えられた紙包みの白米七合五勺をそのまま納め、「当渡し」の受け取り夫婦が自宅の神前に供えてから炊いて食する。

一方、左の御造米様は、白衣の若者が、「下部の藁を二つに分けて首を挟みこむようにし、後ろ肩から頭

ミト（呼子の大綱引き）

上に垂直に立てて」[9]当場を引き受けた神家の家に運び、オミト柿やオミト栗と称する柿や栗の巨木に藁で覆って結わえる。一年経つと木地椀の中の米は綺麗な「麴《こうじ》」となり、御神酒の仕込みに用いられたのである。

以上、ホシあるいはミトと呼称が違っても、御神体としての形状や扱われ方（運び方）はほぼ共通しており、「如意宝珠」信仰が展開した民俗と捉えられる。

ただ、ホシと違って、ミトという言葉の由来は明らかではない。佐々木は、オミトは「御神苞（オミツト）」であるかもしれないという考えに触れている。だが断定はできない。

最後に、ミトの事例として、先述した佐賀県唐津市呼子の事例に触れておきたい。

呼子には、妙泉坊・龍泉坊という二人の彦山山伏が居たことを述べたが、このうち、妙泉坊が管轄する呼子三所権現（三社神社）の真前で、旧五月五日に行われたのが「大綱引き」である。巨大な雄綱と雌綱の片一方の端が輪になっており、その輪を中央部で繋ぎ、上から藁と筵で幾重にも覆って大きな膨らみを作る。現在は、その膨らみをさらにロープで覆って結わえてあるが、元は藁綱であったという。この膨らみを「ミト」と呼ぶ。

その中央には、「ジャー」と呼ぶ独特の幣を挿し、三所権現の鳥居の正面にセットする。勝敗は、このミトが雄綱側か、雌綱側のどちらに引き寄せられたかによって判定される。三回競われ、先に二回勝った方が勝者となる。この結果には、豊漁となるか、豊作となるかという占いの要素もあり、ミトは明らかに御神体として扱われている。

松村利規は、このミトについて、「古語にみる『男女の陰部』としてのミトであって、それは『男女陰部の結合そのものの状態』と解されるべきものだ」という民俗学者、山口麻太郎の説を紹介している[10]。

松村と同様に、筆者もその真偽を判定することはできない。ただ、ここまでに見てきたように、彦山三所権現の三元構造に照らすと、ミトは男女の象徴的な結合の結果として産出される「宝珠」と等価であり、呼子三所権現を統括する妙泉坊がこの綱引き儀礼に関与したとしても信仰の枠組には整合するのである。

四　顕密寺社の神祭の原型――「二季五節供」

顕密寺社の祭日

さて、ここで祭について少し整理しておきたい。

祭、そして年中行事としてのその祭日をどう特定するかは、現在まで存続する祭を考察する場合の鍵となる重要な問題である。民俗学の一般的定説としては、四季の祭とその意義が想定されるのであるが、本稿が対象としているのは、彦山という中世の顕密寺社である。

「顕密」というのは、中世仏教の教義内容に注目した実際に用いられた言葉で、字義通りには「顕教《けんぎょう》」（生

彦山を中心とした豊前六峰

前の仏陀が説いたとされる三論《さんろん》・成実《じょうじつ》・法相《ほっそう》・倶舎《ぐしゃ》・華厳《けごん》・律《りつ》の六宗）と「密教」（その後に展開した天台及び真言密教）の両方を指すが、具体的には密教の優勢のもとにそれらが統合された状態を示している。

また、「寺社」とは、仏を祀る寺と神を祀る社が統合された神仏習合の組織・施設的状態である。第一節で述べたように、平安末・鎌倉から江戸時代にかけての第一局面の彦山信仰を対象にするのであれば、その信仰や儀礼を担った主体は、中世を主とする顕密寺社であるということになる。

もちろん、顕密寺社という形態は全国的なものであり、彦山霊仙寺《りょうぜんじ》に限られるわけではない。北部九州で言えば、先述した宇佐八幡や宗像宮は言うに及ばず、彦山を取り囲むように配置される福智山（金光明寺）・普智山（等覚寺）・蔵持山（宝船寺）・求菩提山（護国寺）・松尾山（医王寺）・檜原山（正平寺）の豊前六峰、さらに天満宮安楽寺（太宰府）や高良山、脊振山など、ほとんどが顕密寺社であり、同様な信仰構造を担っていた。

となると、現在残存する宗教民俗のうち、いずれが彦山に関連するかを特定することは至難の技ということになるが、とりあえず、顕密寺社としての共通性を念頭に置きつつ、地理的近接性や歴史的関連性を手がかりに、検討していくしかあるまい。

まず、祭日についてであるが、先ほど、彦山と宇佐はほぼ同一の信仰圏であると述べた。その宇佐の信仰圏である六郷満山の長安寺に「安貞二年（一二二八）」の「六郷山諸勤行幷諸堂役祭等目録写」(11)（以下、「六郷山文書」）が伝わる。この書は時の将軍家（執権、北条泰時）に献上された祈禱巻数目録の写しであるが、当時の宗教活動を知るための好史料である。ここには、総計三十二カ寺が載せられているが、そのうち十八カ寺で「神祭」が行われている。祭祀対象はその全てが「六所権現」である。

六所権現とは、宇佐女神に連なる「比咩《ヒメ》神」と「神功皇后《じんぐうこうごう》」から成る二所権現と四所若宮である。祭日については、その全てが「二季五節供」という定型的表記が用いられている。

五節供とは、既に近世には一般に流布し、現在も定着している節供である。即ち、一月七日の人日《じんじつ》または七草の節供、三月三日の上巳《じょうみ》または桃の節供、五月五日の端午《たんご》の節供、七月七日の七夕の節供、九月九日の重陽《ちょうよう》の節供である。宮中の行事が民間に広まったというのが定説であるが、顕密寺社においても「神祭」として実施されていたことに注目しなければならない。

北部九州では、むしろ顕密寺社が基点となった行事が目立つ。

例えば、現在でも旧暦一月七日を中心に六郷満山の天念寺など三カ寺で行われる「修正鬼会《しゅじょうおにえ》」であり、新暦に変化したが一月七日夜の、久留米の大善寺玉垂宮《だいぜんじたまたれぐう》の「鬼夜《おによ》」、太宰府天満宮の「鬼すべ」などがある。現在も、大勢の若者に担がれた大松明の「火」や「鬼」が出現する大掛かりな儀礼であることに変わりはないが、実は顕密双方の教義、そして寺社組織全体を動員する儀礼であった点に注意しなくてはならない。

先述した「六郷山文書」には、「神祭」や仏事「勤行」だけではなく、その役割についても興味深い記載がある。即ち、各寺社（寺院）において、「顕宗学侶《がくりょ》」は、観音や薬師の前で「一乗妙典」、即ち法華経を学び、「密教仏子」は、八幡神を崇め、六所権現の社檀において「神咒《じんしゅ》」を唱える。そして「初学行者」は、仁聞菩薩に縁のある百余りの巌窟を回峰修行するというのである。

つまり、寺社組織全体には大きく「学侶」と「行人」の区分があり、教義的には「顕教」と「密教」の違い、そしてそれが「仏事」と「神事」に重複する。顕／密、学／行、神／仏が複合する大規模法会であったのであり、その影響は北部九州全域に及んだ。一月七日に村の入口などで大きな火を焚く習俗を、「オーネビタキ（鬼火焚き）」とか「ホッケンギョー（法華行）」と呼ぶ地域は多いが、その習俗が各地域の拠点寺社の修正会に由来することを示している。

五節供の祭り

さて、彦山周辺にこの「五節供」の痕跡は見出せるのであろうか。

佐々木は、『彦山流記』に記される「第十一鷹窟、守護神、検僧童子」の所在を確かめ、昭和四十三年（一九六八）に現地を訪れ、鷹窟権現の宮柱を勤めてきた岩屋河内集落の緒方治氏から、本来、鷹窟に安置されていた三体の権現像（仏像）と、寛文十一年（一六七一）に記された『鷹崛由来略記』（以下、『略記』）を確認し、記録している。[12]『略記』によれば、鷹窟三所権現とは、伊弉冊尊・伊弉諾尊・天忍骨尊の三神であり、本地仏は千手千眼観音菩薩、釈迦如来、阿弥陀如来である。

弘仁四年（八一三）に羅運[13]がこの窟で修行中「願ワクハ三所和光ノ尊躰拝セント」祈ったところ、岩中が震動して三所権現が出現した。「僧身　俗形　女容（ノ）各威儀厳然タリ」とされるのが、三体の仏像であり、その背面には正保四年（一六四七）、「宮司梅本坊」との銘がある。出現から暫くすると、巽（南東）の方向から三羽の鷹が飛んできて、岩が割れて中に飛び込んだ後、岩が元通り閉じたという。

この第十一窟は、古くは「彦山福泉坊」が宮司であったものを、その後「蔵持山梅本坊」が社務職を継いだが、「今ニ怠ラズ　毎年五度ノ供具ヲ調備ス」。「尚又当邑緒方氏某ヲ以テ累代此宮柱ト称ス」とある。宮司が福泉坊から梅本坊に代わっても「五節供」は必ず行われ、緒方氏を「宮柱」として実施されてきたことがうかがえる。

しかしながら、五節供の継続は絶たれる。昭和四十七年（一九七二）の佐々木による調査によれば、現地で「権現祭り」と呼ぶ祭りは、「密教徒によってもたらされた、年初めにおける除災・招福の卜占神事」[14]である「百手祭」のみであり、五節供のうち、正月行事のみが残存したのではないかと推測している。

とすると、廃絶した他の節供でもこの祭とほぼ同じ形態であったと考えられるので、その祭祀組織や形式に注目してその要点を記しておきたい。

まず、期日に関してであるが、一月十五日から二月十五日の間で日を選んで行われる。祭祀組織は、彦山周辺の他の地域と同じく、「神家」による宮座制組織である。岩屋河内では、元は、彦山山伏であった「神官」と緒方家の「宮柱」、そして十軒の「神家」によって祭が営まれる。十軒の神家の中から毎年二軒（二人）が「座元」に選ばれ、一軒が祭り座（座元）を引き受け、他の一軒が「相当《あいとう》」となる。

祭は座元の家で行われ、当日午前中までに床の間に祭壇が作られる。正面に「鷹崛神社」の御神号と御幣を掲げ、その前に「神前献備の五種」、即ち、野菜（大根・人参・昆布）・神酒徳利一対・オカケ（高盛飯）一対・散米一升・鯛一尾を三宝に載せて供する。そして、黒モチの枝で拵えた弓二張と竹の矢五本、周囲に東西南北の文字を配し、中央に黒丸を描いた的も祭壇に供えられる。

神事は、神家全員が座元の家に参集して午後二時から始まる。祝詞奏上の後、座元―宮柱―神家の順に玉串奉奠《たまぐしほうてん》を行い、弓行事に移る。

庭の一隅を結界し、恵方《えほう》に向けて的を据える。清め茣蓙が敷かれ、神官と座元・相当が座すと、男子一名の給仕によって「三献の盃」が行われ、その後、神官によって最初の「弓射」が行われた後は、参加者各々が弓射を行う。以前は、東西南北と書かれた的への当たり具合で吉凶占いがなされたと思われるが、当時、既にその要素は廃絶している。

特徴的であるのは、その後の「直会《なおらい》」である。古い献立によれば「本膳一汁三菜」の後、最後は「酒三献の事」で締められているが、その後は延々と飲酒が続き、かつては深夜まで酒宴が続き、酒一斗が用意されたという。また、この直会の途中で、宮柱の指示によって「御当場渡し」が行われる。御当場帳（祭帳）を入れた箱が、その年の座元から宮柱に渡され、宮柱の挨拶の後、宮柱から給仕人を経て、翌年度の座元と相当に「盃」とともに帳箱が渡される。所謂「当渡し」であるが、酒宴の一環として引き継がれるのである。

その後も酒宴は続き、神家が帰る際には、玄関先で湯呑みに注がれた「わらじ酒」を飲み干さねば帰れないというルールもあったようである。

五　「延年」の残存――彦山周辺の神家祭

二季の祭り

さて、「二季五節供」のうち、五節供に関してはこの辺で留めておきたい。北部九州全域に拡大すれば、五節供のうち、正月と九月に最も強い集中が見られる。[15] 正月については既に述べた通りである。

一方、九月九日は、顕密寺社にとっては、五節供の最後を飾る「遷座」や「動座」を伴う、即ち神輿の巡幸を伴う重要な節目であった。北部九州では一般に「秋祭」のことを「おくんち」と呼ぶが、その祭日の分布は、旧九月九日に収斂する傾向がある。その点から見ても、「おくんち」は「御九日」、即ち、九月九日行事であったのではないだろうか。

一方、「二季」については、五節供とは別の季節の祭であり、これについて「六郷山文書」は二月と十一月と表記し、さらに「後山石屋」の項では「二月十一月初午勤也」、「辻小野寺」の項では「二季祭　二月十一月中午日勤」と特定されている。[16] 初午と中午の違いはあるものの春祭は旧二月、秋の収穫祭は旧十一月、即ち霜月に行われたと見て間違いはないであろう。

この二季祭について、義江彰夫は重要な考察を行っている。[17]

本来、この二季祭は、律令制の展開と密接に関わっている。我が国における本格的な律令政治は、大宝元年（七〇一）の大宝律令の制定とともに始まる。「公地公民」という言葉に示されるように、我が国の全ての土地（農地）と民衆は、天皇を中心とした中央集権体制に組み込まれるのである。天皇による支配の正統性を確立するためにも『記紀』の編纂が急がれたのである。

こうした状況下で、律令体制の財政的基盤を確立するための「税」（＝米）の徴収はどのように行われたのか。それは民衆にとって馴染みのある、最も抵抗の少ない形式でなければならない。そこで用いられたのが、古くから伝わる二季祭のロジックである。

旧二月、全国から中央の都に集められた神官らは、神祇官の頂点にある天皇の祈願を得た「幣帛《みてぐら》」と呪力の籠った「種籾」を班給され、各地に帰って幣帛に対して祭を行った上で、種籾の一部を民衆に頒布し、民衆はそれらを混ぜて「播種」し、稲を育てていく。

霜月（旧十一月）に行われる収穫祭の重要なテーマは、こうした過程を経て収穫された米の一部、即ち「御初穂」の献上である。この「初穂」が、初期の「税」に他ならず、各地の「屯倉《みやけ》」に集められ、都に運ばれたのである。民衆にとってみれば、朝廷から班給された「有難い」種籾と幣帛の御加護によって豊かな収穫が可能となったのであり、その一部を初穂として献上することに無理はない。こうして神道信仰と調和した二季祭のサイクルが完成し、順調に機能していったのである。

大行事社の霜月祭

しかしながらこの調和状態は、四、五十年しか続かず、八世紀半ばには、二月に神官が都に参集しない事態が生じてくる。と同時に、各地で「神身離脱現象」が頻発するのである。もちろん、この現象の背景には、仏教思想の浸透がある。

仏教には、輪廻転生を余儀なくされる「六道（地獄・餓鬼・畜生・修羅・人・天）」の考え方があり、日本の神々は「天」部に位置づけられるが、それは、人に似て、性別や寿命、喜怒哀楽があって、六道から解脱した仏（如来・菩薩）とは区別されるのである。こうした神々の願いを叶えるために、各地の神社には「神宮寺」が併設され、仏僧（法師）が神前読経などを通じて奉仕していくことになる。所謂「神仏習合」の開始である。経済的には、二季祭を通じて、朝廷に還流するはずの収穫米（税）は、各地の豪族らを経て、各地の神宮寺や顕密寺社に注ぎ込まれていく。つまり、寺社荘園へと移行していくのである。

中世彦山の四至《しいし》は、東は豊前国上毛《こうげ》郡、南は豊後国日田郡、西は筑前国上座郡・下座郡・嘉摩郡、北は豊前国田河郡という広大な領域で、そこに四十八、あるいは三十六の大行事社が設けられた。大行事社は、高皇産霊尊《たかみむすびのみこと》（本地・聖観世音菩薩）を祀るが、明治以降は高木神社と改名して今日に至っている。

この大行事社の縁起によると、法蓮が弘仁七年（八一六）に「勅賞によって四維七里の神領を賜った」とされ、さらに弟子の第四世羅運が、弘仁十三年（八二二）に四十八カ所の大行事社を設立したという[18]。こうしたことから、彦山という寺社勢力による荘園領の確立は、弘仁年間（八一〇―八一四）、九世紀初頭と見ることができ、二季祭のうちの収穫祭（霜月祭）も各大行事社に引き継がれたと考えることができる。

宮座制の役割の変遷

彦山の大行事社（高木神社）で、霜月祭の実施を確認できるものを挙げると、以下の通りである（括弧内は祭日)[19]。朝倉市では、赤谷(十五日)・白木(十四日)・黒川(一日)・佐田(丑の日)・江川(丑の日)、田川郡では、上津野(卯の日)・下津野(卯の日)・落合(卯の日)、そして京都郡《みやこぐん》の下伊良原(丑の日)の計九カ所である。

祭日については、「六郷山文書」では「午」の日が挙げられていたが、ここでは「丑」や「卯」の日となっている。しかし、何よりも霜月祭が、彦山支配領域に対する「税収取」の機会であったとすると、この時に神家や当渡しといった「宮座制」の形式が顕わとなるはずである。だが、上記九カ所のうち、宮座形式を伴う霜月祭は、赤谷・落合・下伊良原の三カ所に過ぎない。他の六カ所では、宮座形式は「おくんち」、即ち第五節供に移行している。また、九カ所以外の、朝倉市須川(九月十七日)と京都郡上伊良原(九月丑の日)の大行事社(高木神社)では、既に霜月祭は消滅し、宮座制のおくんちのみとなっている。

この分布から捉えるなら、本来の収穫祭は、収穫が完全に終了した霜月祭であり、御初穂としての供米には、徴収される「税」の意味が込められていたように思われる。だとすれば、宮柱を中心とする神家集団は供米を提供すべき責務を負った集落の代表者の集団であり、宮座制という形式は、本来は霜月祭に顕在化する社会構造であったはずである。ところが、荘園制が形骸化していくに連れて、宮座制は祭礼のみの機能を担うようになり、他の節供、特に第五節供(おくんち)に移行しつつあるのではないだろうか。

落合大行事社の卯の祭り——儀礼的飲酒慣行

落合大行事社(高木神社)は、彦山山麓の表参道の拠点に位置し、古くから彦山とも密接な関係を有してきた古社である。霜月第一卯の日に、上落合・下落合の神家らによって「卯の祭」と呼ぶ宮座制祭礼が行われてきた。古くから「上八軒」「下八軒」の十六軒の神家によって宮座が構成されてきたが、ここの特徴は、この神家が集落（部落）を単位にしていることである。集落名を挙げ、平成二十四年（二〇一二）時点で神家が居る集落には括弧内にその姓を記入すると、次の通りである。

上落合では、田ノ畑（持松）・瓜金・大瀬・荻野（篠原）・徳ノ渕（野北）・柿ヶ平・打ヶ瀬（藤井）・小中尾（藤井）の八軒であり、下落合では、角（角崎）・城野（伊藤）・石出・矢形原・下田（加藤）・井手口（斉城）・柳原（深見）・中畑（安藤）の八軒である。このうち、上の「田ノ畑」と、下の「角」が「宮柱」で、持松家と角崎家が世襲でその任を果たしている。

この集落単位の神家という在り方は、やはり、本来は「徴税単位」であったことを示すのであろうか。佐々木は、落合村に関する最古の史料、元和八年（一六二二）の「豊前国田川郡家人畜改帳」を挙げ、家数二五五軒（三七五人）のうち、一軒（一人）の「惣庄屋・本屋」を除いた二十八軒（二十八人）の「本百姓・小百生」の数に注目し、それが中世の「名主」に連なる「神家」の本来の数ではなかったかと推測しているが、首肯できる見解である。[20]

さて、祭そのものは他の宮座制祭儀と同じく、十六人の神家が二名ずつ組になり、上・下四組、計八組が構成され（現在は五組）、一組が「座元」（落合では当場）となって、一年間の祭事一切の責任を負う。

落合の場合、古風な格式がかなり存続されており、座元は「膳奉行」や「給仕」を選び、直会における神官（大宮司）や神家の座位も決められ、直会や当渡しの際の古風な「口上」も実践されている。そして格式張った口上のもとで「三献の儀」が始まる。各自は飯椀になみなみと注がれた酒を飲み干すと椀を伏せ、全

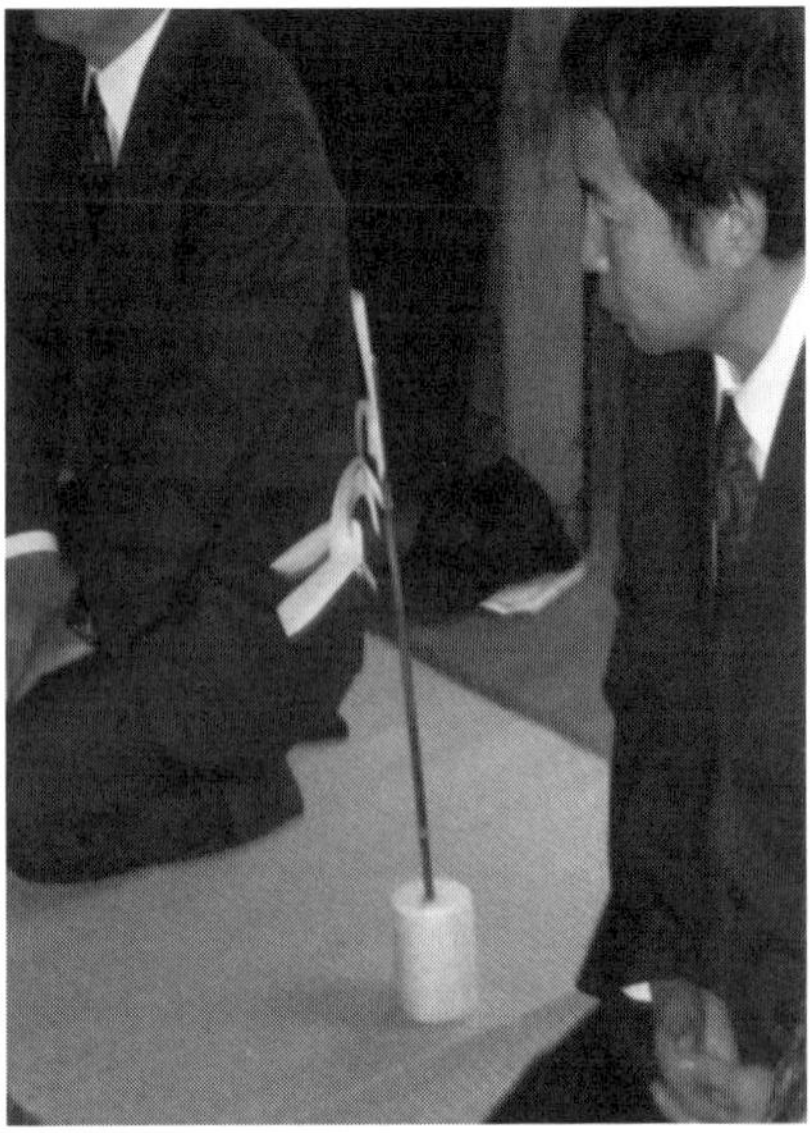

欠席した神家の座位には小幣が置かれる
（落合「卯の祭」平成24年12月9日）

員が伏せ終わると二献目の酒が廻る。三献目が終了する時点では相当な飲酒量となるが、その後も酒宴は続くのである。(21)

先に鷹窟の「権現祭り」でも述べたが、彦山周辺の宮座（神家）制祭儀には、ほぼ共通してこの「儀礼的飲酒慣行」とも言うべき要素が目立つ。落合では、かつて「彦山宮使」と称して彦山座主の館に使いを出したが、彦山側では「大盃」に酒を注いで労《ねぎら》うので、酒一升五合を持参し、「豪酒の者」を選んで使いに立てたと記録されている。(22)この飲酒慣行が山伏の関与によることは明らかである。

では、こうした飲酒形式は、山伏（修験）の側からはどういう意義をもつのであろうか。修験道には「十界修行」という修行形式(23)がある。

延年の作法

十界とは、輪廻転生を余儀なくされる六道世界（地獄・餓鬼・畜生・修羅・人・天）と、そこから解脱した四聖《ししょう》（声聞《しょうもん》・縁覚《えんがく》・菩薩・如来）の仏の世界を合わせた顕密仏教の考え方で、修験道では、峰中修行の十種諸役と呼ばれる修行形式を十界に該当させて「即身成仏」を達成しようとした。このうち、六道の修行とされる行法が、業秤（地獄）・穀断（餓鬼）・水断（畜生）・相撲（修羅）・懺悔《さんげ》（人）・延年（天）である。

先述したように、日本の神々は天部に位置づけられたので、その祭式としては「延年」に該当する。延年とは、字義通りには、寿命の長さ（長寿）を寿ぐ儀式のように思えるが、その内容は不明な点が多い。これまで、専ら「芸能」の側面のみが強調されてきた傾向がある。[24] しかしながら、本来は芸能をその一部に含む神祭における「宴《うたげ》」の形式全体を含むのではないだろうか。宴を表す延年の事例はほとんど見出せないが、白山の三馬場の一つである美濃馬場の美濃長滝の白山神社の延年は、貴重な事例である。[25]

ここでは、正月六日の祭事として行われているが、拝殿に「菓子台」が設けられ、その上に糯米《もちごめ》の籾の山を配し、餅や干柿、栗、胡桃が配置される。その前に裃を着けた四人が座し、酌人の酌を受けながら「盃事」が行われ、その中で「菓子誉め」の口上なども行われた。

落合では、かつて「大盤《おおばん》」と称する膳が供えられ、その前で「盃事」や「口上」が行われた。この大盤には、中心に牛の舌餅三十枚を重ねて飾りつけ、両脇には「柿」と「栗」と「橘」が左右対称に置かれ、柳の箸が添えられたという。[26] この共通性から見て、落合だけではなく、彦山周辺に分布する宮座制祭礼（神家祭）の特徴的な直会の形式は、彦山山伏が主導した「延年」の様式に起因すると考えることができる。

食べ競べ、飲み競べの直会

さらに複数の神家祭を検討していくと、「延年」の修行内容を推測させる興味深い特徴に行き当たる。ほとんどの神家祭において、供物として共通するのは「木地椀に盛られた高盛飯」である。供物として供えら

下津野「餅食い祭り」：最初に高盛飯を食べる

れるが、直会では、本来、参加者（神家）によって「食べられていた」のである。その量からいって、一種の「食べ競べ」の様相を呈してくるのであるが、これが「餅」に転化したのが、通例「餅食い祭り」と称される下津野の神家祭である。神官及び神家らによって、椀に二個ずつ餅の入った雑煮をひたすら食べ続ける行事であるが、直会の最初に、まず高盛飯を一口ずつ食べるところから始まる。そして、行事の中で「当渡し」が行われることからも、食べ競べが直会の一環であることが分かる。

「飯（餅）」から「酒」に転化したのが、彦山周辺各地に残る「三献」から始まる酒の「飲み競べ」である。彦山神宮に近い北坂本に「七大童子社」（現・北坂本神社）があるが、十一月の初めに「当渡し」の祭が行われる。この祭は、古くから彦山座主臨席のもとに実施され、直会の「盃事」の形式が行事次第として残り、今日も存続している。引用すると次の通りである。

「一、着膳の事　二、座主挨拶　三、御飯を食べる　四、冷酒を三度廻す　五、燗酒を三度廻す　六、燗酒で歓談しつつ飲む　七、通渡（当渡し）する　八、来頭の挨拶　九、来賓挨拶　十、燗酒で歓談しつつ飲む　十一、来賓と人家に座主が終わりの挨拶。」（傍点は筆者）

大酒儀礼といってよいほど、大量の酒を飲み競う直会であるが、まず「飯」を食べることから始まる点に注意して欲しい。飯が、本来供物として供えられた高盛飯であることは明らかである。

つまり、霜月祭や第五節供で供えられる山盛りの「散米（生米）」はかつての「税」を象徴しているが、「高盛飯」や米から作られる「餅」や「酒」はその場での消費が意図されている。その消費の形式が「過食」や「過飲」なのである。であれば十界修行の一つである「延年」の作法の中に、飯や酒の過食や過飲が含まれていたと考えざるを得ない。それは、穀断（餓鬼）や水断（畜生）の正反対の極に位置し、どれだけ過食や過飲ができるかを競うことも修験者が獲得した験力の誇示であったかもしれない。

さて、これまで顕密寺社の神祭の原型を「二季五節供」と捉えて、それに照らして、彦山の山麓や周辺に残る祭を見てきた。周辺の村落に民俗として残る祭は、二季のうち霜月祭であり、つまり収穫祭の中に、修験の「延年」に当たるような宴の形式が見出せた。これらは、山と里に空間を二分すれば「里」に存続した直会の形式であり、中心的な供物である「米」、そこから派生する「餅」や「酒」は言わば収穫の成果にあたる物である。しかしながら、二季祭は明らかに稲の生育に関わっており、一方の「播種」に関わる二月の神祭についても検討しなければならない。

六　舎利と米――「松会」の主題

「六郷山文書」では、二月の神祭の祭日について「初午」とか「中午」の記載があるだけで、その内容については不明である。だが、先述したように八世紀前半の律令政治の段階では、公地公民制の下で、二月の

英彦山御田祭の種蒔（2014 年 3 月 14 日）

祭は、全国に散らばる神官を飛鳥や平城京に集め、天皇を中心に神祇官において祈願を込めた「種籾」と「幣帛」を頒布する重要な機会であった。(27)この種籾が、各地の農民の手で一般の種籾に混ぜて播種され、収穫の際には収穫米の一部が「御初穂」（税）として献上されるというサイクルが当時の統治システムを支えていたのである。

しかしながらこのシステムは、半世紀ほどで破綻し始める。神祇官の呼びかけにもかかわらず、神官の参集が進まなくなった背景には、民衆の側からすれば統治権力の交代があった。例えば、彦山神領の確立に見られるように、地方寺社勢力による荘園支配への移行があったのである。

だが、種籾の頒布と御初穂の献上という対になった税収取のサイクルそのものは維持されたわけであるから、二月の神祭には、「種籾」と「幣帛」という二つの象徴が宗教的に高度に権威付けられた上で民衆に頒布される「しかけ」が必要となる。

彦山霊仙寺境内で二月十五日を正日として執行された「松会《まつえ》」という複合儀礼は、まさにこうした装置として機能したのである。現在、彦山本山では、松会本体とも言える柱松儀礼は廃絶し、その一部である田行事が「御田祭」として、三体の神輿の動座が「神幸祭」として存続しているに過ぎない。だが、彦山を取り囲む豊前六峰とされる六寺社では、かつて同様の松会が行われた形跡があり、そのうち、普智山等覚寺《とかくじ》では、全てではないとしても主要部分が残されている。[28] 規模の大小はあっても、これら六寺社は、かつて各々の荘園領を保有しており、領民を各寺社に繋ぎ止めておくためにも、種籾の頒布を主題とする松会を行う必要があったと考えておきたい。

では、彦山において一体いつの時点で「松会」が出現したのか。建保元年（一二一三）の『彦山流記』では、「二月会　十五日」には「舎利会」と記されている。ところが、文安二年（一四四五）『彦山諸神役次第』には、正月十四日からの準備過程を経て、二月十五日を「松会正日」とし、「入峰駈入宣度役ニ付テ卯月中旬成就畢」と「涅槃会」と「色衆刀衆御田衆各座在之」と三重の複合儀礼の様相が記されている。

つまり、当初「舎利会」であった法会は「涅槃会」として継続する一方、そこに行者方の峰入りと神事方の諸座が加わっているのである。この段階で、複合儀礼としての松会の完成に至るのだが、それを支えた彦山の寺社組織について述べておきたい。

廃絶された彦山の松会

中世顕密寺社組織は、彦山と同様に、その頂点は「座主」（別当・検校・長者）としつつも、組織の大半を占める「大衆《だいしゅ》」は、大きく「学」と「行」に二分され、学に携わる場合は「学衆《がくしゅ》・学侶《がくりょ》・学生《がくしょう》」と呼ばれ、行に携わる場合は「行者《ぎょうじゃ》・禅衆《ぜんしゅ》・行人《ぎょうにん》」などと呼ばれた。行法との関係においては、前者は顕教、後者は密教を主としていた。ただ、組織における固定的区分ではなく、学行兼修、顕密兼修が原則とされていた。

彦山の場合、学衆に相当する集団は「衆徒方《しとかた》」と呼ばれ、修験と天台宗を兼勤し、年間の仏事、本地仏の祭主を務めた。中でも主要な法会が、二月十五日の「涅槃会」、三月二十三日の「如法経会《ねふぎょうえ》」、そして四月八日の「誕生会」であった。坊数は、その勢力が衰えた近世末で五十七坊であった。

一方、「行者方」は、「宣度《せど》・長床組《ながとこぐみ》」と称し、春・夏・秋の三季の峰入り（抖擻行《とそうぎょう》＝修験）が中心活動であるが、中でも大先達《だいせんだつ》への昇進儀礼（宣度祭《せどさい》・二月十五日）から始まる春の彦山胎蔵界入峰が重視された。坊数は、近世末で五十坊であった。

ここまでは他の顕密寺社とも共通する組織構成であるが、彦山では、さらに神事専門集団とも言える第三の範疇が加わるのである。もちろん、神事とは言っても、通底する教義は密教であり、彼らは「神事両輪組（色衆《いろし》＝胎蔵界、刀衆《かたなし》＝金剛界）」という構成をとり、「惣方《そうがた》」と称された。その坊数は、近世末で百四十二坊と圧倒的である。惣方は、年間神事を担当する三集団の中では最も民間に近い位置を占める集団であるが、彼らは南岳の「大南窟（第五窟）」を拠点として両部習合神道を奉じて、広く民間の祭事も含めた神事を担った。

その原則は、六郷山と同じく、二季五節供であったであろうが、中でも「松会」（二月十四・十五日）が最大の行事であった。大講堂前の境内に巨大な柱松を立てて執行される松会の主催者（施主）である「盛一《もりいち》﨟《ろう》」が、惣方の最高位を示すからである。だが先述したようにこの松会は、彦山においては廃絶し、その一部が「神幸祭」及び「御田祭」として残されているに過ぎない。

だが、周辺の等覚寺では現在も行われているし、英彦山神宮や平戸市の松浦史料博物館が所蔵する「祭礼絵巻」で往時の行事の様相を知ることができる。長嶺正秀は、この「祭礼絵巻」を中心に、周辺の松会も含めて詳しく検討しているので、それを参考にして、本稿の要点である「種籾」の頒布を中心に見ていきたい。(29)

幣切

「御田祭・種子蒔き」は、現行と同じく、鋤入れの後、御田植えの前であるが、大講堂の階《きざはし》から、参集した大勢の群集に向けて撒かれている。「彦山詣での人々が松会に参加するのを『種蒔きに詣る』と呼ぶほどに、ここで撒布される籾種の虫除けの呪物として持ち帰るのが習慣となっていた」[30]という。

また、大講堂に設けられた籾種入れには「三石六斗入」と大袈裟な表記がなされているが、よほど需要があったことを示すのだろうか。もう一点、「絵巻」で注意すべきは、松会に際しての「座主出仕行列」の図である。最も後方の後詰の前に二十名ほどの人々（男性）が連なっている。「先頭《せんとう》と呼ばれる山麓村々の代表者格」[31]の者と説明されているが、「仙頭」とも表記されるこの役職は、畿内の寺社では寺社組織の末端として出てくるし、彦山大行事社のある村々でも「宮柱」と並んで、あるいはその別名として散見されるのである。だとすれば、彼らこそ正当な「種籾」の受け手ということになる。

いずれにしても、「祭礼絵巻」には、種籾に呪力を与える松会の中心儀礼である「幣切《へいきり》」が欠落していることが悔やまれる。その部分は、現在行われている等覚寺の事例で補うしかない。等覚寺では、「松庭」に高さ三十三尺の「松柱」が立てられ、主役である「施主盛一﨟《もれいちろう》」によって「幣切」が行われる。既に「種蒔き」によって松庭には種籾が撒かれている。施主は神殿に供えられた「大御幣」を戴き、白襷で背中に括りつけ、縄梯子を登っていく。頂上で、大御幣で天地四方を祓い清め、その後、懐から「祈願文」を出して朗読する。その後のクライマックスの部分は長嶺の記述を引用する。

等覚寺の松会（中村琢撮影　2014 年 4 月 10 日）

祈願文を読み終わると再び懐に納める。やおら右手で腰の大刀を抜き、左手の大御幣の幣串を「えい」の一声とともに切り落とす。すると、切り放たれた青竹は虚空から真っ逆さまに松庭に落ちる。その一瞬、全山の参拝の人々の声でどよめくような声が轟く。そして、施主は大御幣を大刀で切り落とすと、純白の御幣はひらひらと松庭へと舞落ちる。これこそが、降臨した神が龍（雨の精）を伴って、あらかじめ台地に蒔かれた籾種が混交した瞬間である。つまり、陰神と陽神が結合したことを意味する。……純白の御幣を競って参拝者が拾うが、これを自宅の籾種に混ぜ合わせると豊作間違いないと伝えるからである。[32]（傍点筆者）

いかがであろうか。幣切には二つの重要な象徴が現れる。「御幣（幣帛）」と「種籾」である。本来、朝廷が統括した二月祭は、彦山霊仙寺や普智山等覚寺といった地方の顕密寺社に取って代わられ、彼らは民衆の眼前で、大変説得力のあるやり方で呪力を現出して見せた。その基本原理は、陰陽和合、あるいは金胎一如だったのである。

現在、いくつか残る御田祭や田行事では必ず、男性が女装した「孕《はら》み女」が出てきて、大きなお腹を抱えてユーモラスなしぐさで、人々の笑いを誘っている。この「孕み女」も、民衆にとっては最も分かりやすい陰陽和合の象徴なのである。

再度、全体に位置づけると、松会は、衆徒方・行者方・惣方の三集団が絡んだ複合儀礼である。衆徒方にとって、二月十五日は、歴史上存在した仏陀の入滅の日であり、顕教的文脈で「涅槃会」が執行される。涅槃会は同時に、仏塔（ストゥーパ）に納められた仏陀の遺骨（仏舎利）を供養する「舎利会」でもある。

一方、行者方にとっては、密教的な意味付与によって釈迦如来の入滅とともに、母胎とされる胎蔵界に入峰し、出峰するのは、「誕生会」（四月八日）で、擬死再生を通じて即身成仏が図られる。しかしながら、惣方にとって、松会とは彦山三所権現、とりわけ男神と女神の「結合」とそこから「何か」が産出されなければならない。

松会のクライマックスは、柱松をよじ登り、盛一﨟が頂上で行う「幣切」であるとされる。幣切とは「受胎」の瞬間であり、結果として散布されるのは「米（種籾）」である。しかし、松会に参加する領民にとっては、この種籾こそが松会に参集する最大の目的であり、それを他の籾と混ぜて大地に浸すことで、その年の豊かな実りが保証される、呪力の籠った米なのである。

七　英彦山の文化復興への道

さて、神仏習合としての彦山三所権現の成立、般若窟における如意宝珠の産出、彦山山伏による松会を通じての民衆との接触を通して、舎利（＝米）信仰との接続によって、彦山信仰は民衆世界にしっかりと根を張った信仰として隆盛の時代を迎える。

しかし、明治初期の神仏分離とそれに続く修験道廃止令によって、英彦山は歴史始まって以来の最大の衝撃に見舞われる。一山を支えた組織の中核であった修験者は一斉に山を去り、座主だけが取り残された。しかも、それまでの信仰の中核であった神仏習合は廃され、宮司として純粋神道（神社神道）に仕える身とならざるを得なかった。

先達として民衆を祈りの道に導いた大勢の修験者の喪失は、組織上の大損失であるし、神仏習合及び両部神道であるからこそ意義のあった窟修行や入峰修行（拝所巡り）は、もはや何の意味ももたなくなった。

現在の衰退をもたらした最大の要因は、信仰と組織のその二点にある。現代の民衆にとって英彦山とは、桜や紅葉に親しむだけの単なる高山であり、登山を趣味とする者のための山に過ぎない。今後、いかに復興していくかの道筋も信仰と組織の二筋にあるであろう。

信仰面では、神仏習合の復興である。神仏分離以来、百四十六年、三所権現が習合でしか祀れない以上、元の形に復元するしか道はない。平成二十五年から観音の縁日である毎月十八日に、下宮で禰宜《ねぎ》を中心に「神前読経」を行っているが、それは第一歩の試みである。

内容は、大祓（中臣祓）・般若心経・不動真言・光明真言を一時間ほど唱えるものであるが、今後は、両部の祝詞である「神祇講式」を加えるとか、真言（陀羅尼）を増すなども試みるべきであろう。

現在のメンバーはボランティアである。もちろん一般の人々にも開かれている。「二礼・二拍手・一礼」しか知らない現代人にとってはかなり違和感があるかもしれないが、これが古来の「祈りの形」なのである。なるべく多くの人に英彦山での祈りの形に慣れていってほしい。こうした試みの中から、やがて祈りの仕方に熟達する者が現れ、こうした祈りを下宮だけに留まらず、山内の拝所に拡大し、拝所ごとの陀羅尼を主導する者が出てくれば「先達」として認定すべきである。認定する主体は「英彦山神宮」である。

　先達とは本来、登山ガイドであるが、現在のガイドとの違いは「祈りの道」へのガイドである点である。既に「祈りの道」として確立している四国遍路では、観光バスに同乗するガイドを「先達」と呼ぶ（例えば伊予鉄の観光遍路バス）。彼らは、バスの中で今から向かう札所寺院の由緒来歴を説明し、札所では納経すると同時に本尊の真言を指導し、寺院ごとの御詠歌を唱和させる。また個人の人生相談や修行の仕方の相談にも応じるのである。その意味でガイドの領域を超えているのであるが、しかしプロの僧侶かと言えば、そうではない。しかし、半僧半俗で、「優婆塞《うばそく》」「優婆夷《うばい》」と呼ばれた修験者とはまさにこのような存在なのである。

英彦山神宮（旧大講堂）前で行われた柴灯護摩　2015年

　こうした先達が認定され、ガイドとして人々を山内に導くようになれば、英彦山は信仰の山として復興することが可能である。
　次に、彼らはどこに住むかという問題である。貴重な文化資源として英彦山に残されているのは山内、特に銅《かね》の鳥居から英彦山神宮（大講堂）にかけて残された多数の坊舎群である。まだ建物が現存する場合もあるが多くは跡地である。観光客もこのロケーションには感動する。ここに、坊舎を復元し、先達が居住し、坊名を継承することができれば信仰の山として英彦山が再生することが可能となる。
　現在、添田町は「就農者」を募ることで活性化を図ろうとしているようであるが、英彦山神宮と協力することで坊舎を復元し、先達を養成することで「英彦山」という貴重な文化資源を活用することも可能ではないだろうか。

註記

（1）白川琢磨「神仏習合と多配列クラス」『宗教研究』三五三号（日本宗教学会）、二〇〇七年、二五–四八頁。
（2）義江彰夫『神仏習合』岩波新書、一九九六年。
（3）白川琢磨「呼子の宗教的環境」『呼子の大綱引き民俗文化財調査報告書』（唐津市文化財調査報告書　第一四九集）二〇〇九年、一八–二九頁参照。なお、所蔵文書及び画像撮影を許可していただいた現神主の八幡崇経氏に改めて謝意を表する次第である。
（4）伊藤常足『太宰管内志』（中巻）、歴史図書社、一九六九年、七五–七六頁。
（5）但し、「彦山記」の記述には、主神であるアメノオシホミミは登場せず、主神は大巳貴神（オオナムチ神）とされている。本来、オオナムチであったものが歴史上のある段階で、皇祖神であるアメノホシホミミに代わったのではないかということは考えられるが、それには「彦山記」の史料的検討が必要となる。ここでの近世中期の曼荼羅図における祭神の特定としては、法躰はアメノホシホミミとしておく。
（6）仲道光男氏より提供していただいた「福井神社祭典記録」（平成五年）による。
（7）佐々木哲哉「田川郡添田町落合高木神社の宮座」『郷土田川』第三二号、田川郷土研究会、一九八九年、四六–五九頁。
（8）佐々木哲哉、前掲書註（7）、五七頁。
（9）佐々木哲哉、前掲書註（7）。

(10) 松村利規「呼子の大綱引き小考――まとめにかえて」前掲書、二〇〇九年、九一頁。
(11) 渡辺澄夫編「豊後国荘園公領史料集成二」(『別府大学史料叢書第一期』一九八五年)、一四―二一頁。
(12) 佐々木哲哉「鷹窟と権現祭り」『美夜古文化』第二二号、美夜古文化懇話会、一九七二年、一―八頁。
(13) 羅運は法蓮の弟子で、神領内に四十八の大行事社を設置したと伝えられる。
(14) 佐々木哲哉、前掲書註(12)、一九七三年、五頁。
(15) 呼子の大綱引き(五月五日)は、五月節供の稀有な例である。
(16) 渡辺澄夫編、前掲書註(11)、一九八五年。
(17) 義江彰夫、前掲書註(2)、一九九六年。
(18)「往古彦山神社領域内大行事社縁起」による。詳細は、白川琢磨「湖底に沈んだ文化資源――地域開発と文化保存」『地域共生研究』創刊号(福岡大学福岡・東アジア地域共生研究所)、二〇一二年、九九―一三一頁参照。
(19) 白川琢磨、前掲書註(18)、二〇一二年、一一六頁。
(20) 佐々木哲哉、前掲書註(7)、一九八九年参照。
(21) 現在の直会は、高木神社拝殿ではなく、「しゃくなげ荘」において行われている。
(22)「高木神社霜月祭々祀記録」(昭和三一年)佐々木哲哉、前掲書、一九八九年所収。
(23) 宮家準『修験道―その歴史と修行』講談社学術文庫、二〇〇一年、七七―八一頁。
(24) 例えば、『本田安次著作集』第十五巻(舞楽・延年Ⅰ)・第十六巻(舞楽延年Ⅱ)、錦正社、一九九八年、参照。
(25) 由谷裕哉・島崎良「白山の祭りと芸能」(宮家準編『山の祭りと芸能』上巻)平河出版社、一九八四年、一九七―二一三頁。
(26) 佐々木哲哉、前掲書註(7)、一九八九年、五五頁。
(27) 義江彰夫、前掲書註(2)、一九九六年。
(28) 中村琢「近世等覚寺の松会とその変化」『日本民俗学』二八一号(日本民俗学会)、二〇一五年。
(29) 長嶺正秀『豊前国の松会――その歴史と精神世界』海鳥社、二〇一五年。

(30) 長嶺正秀、前掲書註(29)、二〇一五年、七五頁。
(31) 長嶺正秀、前掲書註(29)、二〇一五年、七九-八三頁。
(32) 長嶺正秀、前掲書註(29)、二〇一五年、一〇一-二頁。

伝承からみた彦山――宝珠を中心に

吉田　扶希子

はじめに

英彦山（標高一一九九メートル）は、福岡県田川郡添田町と大分県中津市山国町にまたがる霊山である。山形の羽黒山、奈良の大峰山とともに日本三大修験の場で、信仰が篤い。祭神が天照大神の御子である天忍穂耳尊《あめのおしほみみのみこと》であるため、日の子として、平安時代初期まで「日子山」と称していた。その後弘仁十年（八一九）、嵯峨天皇の詔により「彦山」と改めた。そして享保十四年（一七二九）には、霊元法皇の院宣で「英」の字を付して、現在の「英彦山」となった（ここでは「彦山」と記す）。

この山の縁起は、『彦山流記』（以下『流記』と略す）が著名だが、それ以外に『鎮西彦山縁起』と『豊之前州彦山縁起』がある。いずれも基となる縁起が別途あったと思われるが、まったく不明である。

『流記』は、現存する最古の彦山縁起である。奥書には、「建保元年癸酉《みずのととり》七月八日」とあり、一二一三年のことと思われる。しかし建保年号は同年十二月六日に建暦から改元されたもので、「七月八日」は建暦と

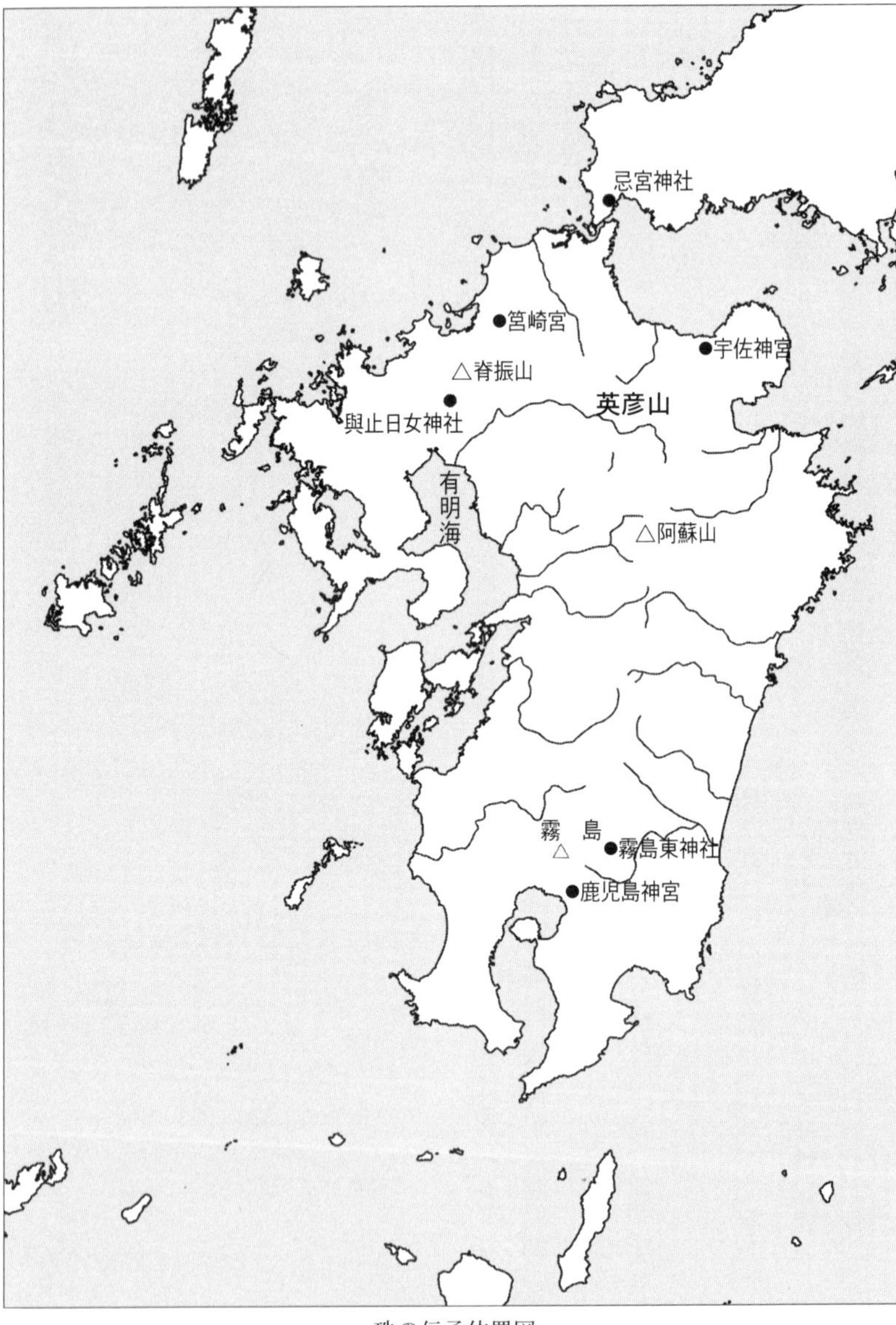

珠の伝承位置図

すべきである。このことから、この記事の信憑性が問われている。内容は、①由緒（「彦山権現垂迹縁起抜書」、彦山修験の由来、彦山権現の由来）と霊験、②彦山の四至《しいし》、③伽藍の規模、④山内年中仏神事で、本地垂迹の思想を表す。後述するが、森弘子氏などの先行研究では、『熊野権現垂迹縁起』との類似性が指摘される。

『鎮西彦山縁起』は、奥書に「元亀三壬申《みずのえさる》歳（一五七二）三月十一日」とある。内容は、①彦山の四至、②祭神、③善正上人の開山説話、忍辱比丘《にんにくびく》、④役行者《えんのぎょうじゃ》、⑤法蓮の中興、⑥色定法師の一切経書写、⑦増慶の松会創始である。神道色が強い。『流記』とは異なり、記紀、役行者伝説が記されている。

『豊之前州彦山縁起』は、元禄七年（一六九四）四月十八日、天台沙門孤巌の撰による。『和名抄』、『延喜式神名帳』、『続日本紀』、『神皇正統記』、『宇佐縁起』、『玉葉和歌集』などを挙げ、注記として『鎮西彦山縁起』に意味づけを加えていったもので、一般に流布されている『彦山縁起』とは、これを指している。

内容を比較してみると、彦山の四至は両書に記されているが、『流記』には、

東限　豊前国上毛郡雲山国中津ノ河大井手口
南限　屋形河壁野豊後国日田郡屋崇同大肥里
西限　筑前国上座郡内把岐山同西島郷、幷下座郡内円幸浦尻懸石、同国嘉摩郡八王子ノ道祖神
北限　豊前国田河郡巌石寺、蔵持山法躰嶽

一方、『鎮西彦山縁起』には、他は一緒だが、北限のみ、

北限　豊前州中津郡蔵持山

と記述が異なっている。[1]『流記』の方が正確である。

彦山に関して多くの研究が行われているが、本稿では、縁起の中でも特に中興の法蓮の珠の伝承に着目していく。珠は法蓮の伝承の中でも重要な部分をしめているが、他の地でも重要な伝承となっている。そこで、ここでは珠について考察し、ひいては彦山の信仰を考えてみたいと思う。

一　彦山の縁起

神道的開山伝承

いずれの縁起でも開山については、神道的な伝承と仏教的な伝承があり、開山は善正といわれる。神道的な伝承では、天忍穂耳尊が降臨した神体山とされる。概略を述べると、昔、大国主命が宗像三女神を率いて、出雲から北岳に来られた。しかしその後、天照大神の子天忍穂耳尊が八角三尺六寸の「水精石」となって般若窟（玉屋窟）の上に天降ったため、大国主命は北岳を譲った。天忍穂耳尊が天照大神の御子であることから、日子山と名付けた。この山の鎮座神彦山権現は、もと天竺の摩訶提《まかだ》国にいた。ここからどこに行くべきか、五本の剣を投げて占った。そして甲寅《きのえとら》の年に豊前国田河郡大津邑に来た。香春岳《かわらだけ》に泊めてほしいと言うが、断られる。怒った彦山権現は金剛童子たちに命じて香春岳の木を引っこ抜いた。そのため香春岳には木が少ないという。その後、彦山にやってきた彦山権現に対して、地主神北山三権現は自分がいた場を譲り、しばらく中腹に留まった後、宗像郡許斐山《このみやま》に移った。彦山権現は、八角の三尺六寸の水精石を御神体としたが、般若窟上で、先に占ったときに使った五本の剣のうちの一本をみつけた。彦山権現は喜び、四十九の御正体《みしょうたい》を分ち、守護の金剛童子を配した。その後第二の剣を八十二年後に伊予国石鎚山《いしづちやま》で、さらに六年後に第三の剣を淡路国楡鶴羽《ゆづるは》の峯で、さらに六年後第四の剣を紀伊国牟漏郡切部山玉那木淵で、さらに六十一年後に第五の剣を熊野新宮南神の蔵峯でみつけて彦山権現は移っていき、さらに六十一年後新宮阿須賀社の北、石渕谷に勧請されたが、二千年後彦山に戻ってきた。以上、『流記』に記されるものである。

御神体の水精石については、

其の垂迹の始め、先は八角の水精の石体、三尺六寸形なり

と簡単に述べている。

この話は森弘子氏[2]が指摘するように、平安時代の勘文『長寛勘文《ちょうかんかんもん》』に引用される『熊野権現御垂迹縁起』[3]に、

日本国鎮西日子乃山峯雨降。其体八角奈留水精乃石、高佐三尺六寸奈留仁天天下給布

と、類似した内容がみられる。また江戸時代の地誌『国花万葉記』十四下豊前国の彦山三所大権現[4]にも、

人皇十代崇神天皇乃御時、八角乃水精石出現す。窟乃うちより神泉湧き出る。盈減水旱を経て不レ異。これを飲時ハ寿考かぎりなし。天下有事ハ則水濁る

とある。前記同様、八角の水精石が御神体といい、さらにその窟には清水が湧き出ており、有事の際には水が濁るという。

『鎮西彦山縁起』中では、この話は魏国の僧善正が、「大宰府に着いて大法を弘めんと」やってきたが、「志を遂さず」故国に帰ろうとするその夜、化人《けにん》が話したこととして、『流記』の内容をひいている。

『豊之前州彦山縁起』では、記紀の天孫降臨を「日向の高千穂の峰に降ります」とふれた後、三女神が降ったことを記している。宇佐嶋に降った後、この山、彦山に移り、「日子の号これによって樹つ」という。大己貴神《おおなむち》はさらに三女神の田心姫命《たごり》と湍津姫命《たぎつ》を娶り、この山の北岳に鎮座してこの山の地主となった。伊邪那岐命《いざなぎの》、速玉之男《はやたまのお》、泉津事解之男《よもつことさかのお》の三神は三鷹となって東より来て、この峯にとまったが、石像に変じた。日子権現は、熊野権現と同体異名という。『熊野権現御垂迹縁起』に『流記』と共通する記述がみられるのもこのせいだろう。

そして、水精石のくだりは、

高皇産霊尊者皇孫降二臨葦原一之後、従二高天原一降二霊于西極雪山一化為二水晶一、其形八楞縦広八尋、形数即配二八極一、人機依二八極一故成二八角一、八者陰之数、八尺曰レ尋、八尋則六尺四寸、象二千六十四卦一也　経二十万歳一成二乎一角一、八十万年作二八角形一、十万数之極、合二八方一、各十万、而曰二八十万歳一也　為下愛二皇孫一之情鍾上、以二鵜草尊之季世一、出二於雪嶺一、現二于斯山一、復成二八角八尋水晶一、放二五色光一、郷民驚怪雲集看レ焉、若不潔人近触レ之則嘔レ血熱悩、若清浄身拝祈レ則霊既如響、自後、雖二籠婦牧童流一、皆知二其為一レ神也、経レ年久後、夕神石指レ東飛行、移二淡路州一、遂留二南紀一、至二崇神二年一、復二還茲山嶺一、形仍二旧貫一、八

角水晶而其長改為二三尺六寸一也、此水玉神也者諾册二尊之輔小白山大行事、本号高皇産霊尊聖観自在之所レ変也

と細かな描写がされている。高皇産霊尊《たかみむすびのみこと》が葦原に皇孫が天降って後、高天原より雪山に水晶となって降った。その形は八角八尋であった。十万年を経て一角、八十万年に八角形となった。鸕鷀草葺不合尊《うがやふきあえずのみこと》の季世彦山に現れ、八角八尋の水晶が五色の光を放っていた。その後淡路州を経て南紀に留まり、崇神天皇二年には彦山にまた還ってきた。水晶は八角で三尺六寸となった。この水玉神は、伊邪那岐命・伊邪那美《いざなみの》命の輔、小白山大行事、本号は高皇産霊尊と聖観自在の変ずるところであるという。

仏教的開山伝承

一方、仏教的伝承が『鎮西彦山縁起』にある。以下示すと、継体天皇二十五年辛亥《かのとい》（五三一）、善正が日子山の洞窟に籠り修行を重ね、仏教の布教に努めた。善正は魏国の人（北魏の孝荘皇帝の王子。入道して日本に渡来）。豊後国日田銀藤山に住む猟師藤原恒雄《ふじわらのこうゆう》という者が、善正が修行をしている窟の側に住むようになった。宣化天皇三年（五三八）のあるとき、玉屋窟のあたりで白鹿を射止めた。そのときどこからか三羽の鷹が飛んできて、一羽がくちばしで矢をくわえて引き、一羽が羽をひろげて傷口をなめ血をぬぐい、一羽はヒノキの葉を水に浸して鹿にふくませた。するとたちまち鹿は生き返った。それを見た藤原恒雄は、弓矢を捨て、家財を投げ売り、祠を建てて神様を祀り、この山を霊山とした。そして鹿や鷹は仏の本当の姿では

ないので、本当の姿を拝みたいと願った。すると、北岳に現身、法体を現して「我はもと阿弥陀如来なり。神となって現れた」と言い、南岳に釈迦如来、俗形、中岳には観世音菩薩、女容が現れた。そこで三岳の山頂に祠を建てて祀った。霊応ますます盛んである。藤原恒雄に殺生戒を悟らせ、霊山寺を開いたのである。

久留米市山本町観興寺には類話がある。(5) 草野太郎常門は犬三匹を連れて猟に出かけ、豊後国日田郡石井野里に来た。そこで日下部春里なる長者の娘に出会い、鬼から守ってやることとする。矢を放ち手ごたえがあったが、鬼は消えてしまう。翌朝血痕を辿っていくと、串川山の頂の千手観音の霊木である倒れたカヤノキに矢がささっていた。不思議に思い娘に事情を聞くと、夢のお告げで串川山のカヤノキで千手観音を刻むといいと言われた長者が木を伐ったものの、像はできずに死んでしまい、その報いで一族が滅びたという。話を聞いた太郎常門は、霊木を射てしまったことを詫び、造像して寺を建てることを誓ったが、運搬手段がない。願うと大雨により串川山の材木は、筑後川を一夜にして流れていった。その中には矢がささった木もあった。一夜で筑後川を下ったので「一夜川《いちや》」という。この木でつくられた観音像は、現在観興寺に祀られる。

法　蓮

『流記』の記事によると、第一般若窟は玉屋窟ともいうが、彦山権現は人々に御利益を与えようと、摩訶提国から如意宝珠を持ってきて、ここに納めていた。現在の英彦山神社摂社玉屋神社である。このあたりに住んでいた法蓮上人は、宝珠のことを聞いて窟に籠り、十二年間一心不乱に金剛般若経を読誦し、三所権現と宇佐の八幡大菩薩に祈った。そんなあるとき白髪の老人が現れ、法蓮の修行を助けて奉仕する。法蓮は感激し、宝珠が手に入れば、老人に渡すことを約束する。その後、祈願の功があり、窟より流れ出た清水にのって倶利伽羅《くりから》が現れ、珠を吐き出した。法蓮は歓喜した。そこで彦山権現にお礼に参り、次に宇佐八幡宮に詣でようとした。その途中、あの老人に出会い、宝珠を乞われるが、法蓮は、今までの多年にわたる祈願を顧みて断ってしまう。そこで老人は宝珠を奪い逃げる。それを法蓮は火印の術で妨害した。結局、下毛郡諌山猪山で和解し、老人に如意宝珠を渡している。すると老人は、自分は八幡大菩薩であると明かし、日本国を治めるために鎮守になろうとしており、宝珠を得て、日本一州を利益しようと思うと言う。そして弥勒寺の建立、宮領八十庄を分け、法蓮を別当とするとした。実際、法蓮は宇佐弥勒寺の初代別当である。

これらの説話の原話は、『普曜経』のようで、「雑名香水洗二浴菩薩一。九龍在レ上而下二香水一洗二浴聖尊一。洗浴竟已心身清浄」とみえる。[6]釈迦誕生のとき、九体の龍が釈迦に甘露の香湯を灌いだといい、現代でも毎年四月八日の灌仏会《かんぶつえ》に、日本の寺々では誕生仏を花御堂に据え、皆して甘茶を灌ぐ楽しい行事が続いている。後の養老四年（七二〇）八幡大菩薩は武神となり、法蓮と力を合わせて、大隅・日向両国にて反乱者、つまり隼人の乱を鎮めたのである。

また法蓮は優れた医術をもっており、二回表彰を受けたという。宇佐神に仕える司祭者である宇佐氏の出自である。こういった意味でも、彦山と宇佐は繋がっているのである。

木練

木練は釈智行といい、出自は不明。彦山では、法蓮が宝珠を得た玉屋窟を造った。一千日修行を積み、期が満ちたとき、窟前の切口三尺ほどの桜の大樹を縄のようにより合わせた。そこで木練上人（以下「木練」と略す）とよばれた。詳細は後述（八一ページ）するが、『流記』における木練の記述は、この後阿蘇山に場面が変わる。

珠をもつ窟

縁起には珠が登場するが、実は彦山には第一窟だけでなく、他にも珠をもつ窟がある。まず、第二の蔵持山窟である。(7) 福岡県京都郡《みやこ》みやこ町に蔵持山（四七六メートル）がある。彦山の北の四至である。山頂には上宮、白山社、大行事社がある。尾根には経塚群、「稚児落とし」がある祭祀の場所である。静暹《せいせん》上人が建立した。『流記』には、琥珀珠を納めているとして、蔵持山窟内琥珀窟という。その珠を宋の商人が奪おうと五百人を遣わしたが、その罰として権現に殺されてしまい、そのときのガイコツが五百個の石と化し、谷に転がっているとある。

今一つは、宝珠山窟で、窟名もそのまま「宝珠」である。福岡県朝倉郡東峰村宝珠山にある。(8) 岩屋が開基後十五年の欽明天皇八年（五四七）、突然天地が轟き、天が焼け、霊光が四方に輝き岩屋に降り注いだ。『岩屋神社来歴略記』には、岩屋の絶頂の岩上に、約二尺の石函を見つけたとある。村名の由来でもある。また同書に、茅薦《ちがやこも》で包み宝珠山を祀るよう託宣があったとある。未だにこれは守られ、閏年九月十九日（現在は十月一日）に薦十二枚の着せ替えを行っている。宝珠は隕石ともいわれるが、如意宝珠であろう。あらゆる願いをかなえてくれる珠だ。基本的には豊穣祈願だろうか。

以上の彦山の三つの珠（如意宝珠）は、実は霊《たま》であろう。依代《よりしろ》であろうし、神仏そのものである。ではそこにある珠の力、信仰はどういったものだろうか。

二　如意宝珠

如意宝珠とは、『仏教辞典』などによれば、思い描いた願いをすべてかなえてくれる宝の珠とある。様々な霊験を示している。そして仏やその教えの象徴として登場し、多くの説話にも登場する。

記紀

記紀によれば、珠は潮干珠《しおひるたま》・潮満珠《しおみつたま》、つまり干珠《かんじゅ》・満珠《まんじゅ》であり、海神の呪物である。『古事記』上巻、火《ほ》遠理命《おりのみこと》の海宮訪問章に、火遠理命が紛失した兄火照命《ほでりのみこと》の釣鉤《つりばり》を探すため海神の宮に行くところがあるが、そこから核心に入る。海宮で海神の娘豊玉《とよたま》毘売《ひめ》と結ばれる。その三年後、本来の目的を思い出し、舅《しゅうと》である海神に相談をする。そのとき火遠理命の妻の父海神は、赤海鯽魚《たい》の喉から件の釣鉤を取り出してやるのだが、いよいよ火遠理命が陸上に帰るとき、海神は、火遠理命に干珠・満珠をも与えて、「吾は水を掌《し》れる」神だと教え、海の水ばかりでなく、実は陸の水をも管理しているのだと打ち明ける。さて、火遠理命は一尋《ひとひろ》和邇《わに》に送られて帰ってくるのだが、陸の水とは、雨水、特に田の水のことであろう。すると豊穣をもたらす神であるというのであろう。

海宮訪問章は、そのまま鵜葺草葺不合尊誕生章へと続く。豊玉毘売は、父海神の宮から夫火遠理命のところにやって来て、妊娠したことを告げる。天津神の御子を海原で産むわけにはいかないと言い、渚に鵜の羽で屋根を葺いて産屋を造ろうとしたが、まだ葺き終わらぬうちに豊玉毘売は産気づいた。そこで豊玉毘売は、自分の国の姿で出産をするので決して覗かないようにと言うのだが、火遠理命は不思議に思って覗いてしまう。見ると豊玉毘売は八尋和邇になってうねりくねっていた。驚いた火遠理命は恐れて逃げ出してしまう。豊玉毘売はそれを恥ずかしく思い、海に帰ってしまう。「蛇女房型の神話」である。人間以外の異類との婚姻譚で、本来の姿を見られて、異類は元の世界に帰ってしまう。生まれた子は鵜葺草葺不合尊と名付けられ、豊玉毘売の妹玉依毘売《たまよりひめ》に育てられる。

この豊玉毘売は、主な神社だけだが、相殿にも祀られる場合を含めて、北は岩手県から南は鹿児島県まで、ざっと六十社で祀られる。「淀姫神社」の神社名のものもある。また、『古事記』の鵜葺草葺不合尊を出産した際に、和邇になった豊玉毘売の話をひいて、和邇が着いたところに社を造ったという香川県木田郡三木町の鰐河神社もある。豊玉毘売は、遠来の貴神を迎え祀る巫女であり、その貴神と結婚して神の子を産むが、尊ばれるあまり、巫女でありながら神として祀られるに至ったようだ。これらの神社は、しばしば干珠・満珠、玉手箱を神宝とするが、漁業に、農業に、豊かな幸をもたらす神として祀られている場合が多い。後出する佐賀県佐賀市大和町の與止日女《よどひめ》神社の場合もよくこれと接した信仰のようで、神功皇后を新羅の役で勝利に導いた干珠・満珠を神宝としている。

鹿児島神宮

鹿児島神宮でも、神宝として干珠・満珠を祀る。鹿児島県霧島市隼人町にある大隅国一の宮で、旧称大隅正八幡宮《しょうはちまん》である。一般には大分県宇佐市の宇佐八幡が八幡の総本宮といわれるが、それとは別系統で、「我こそは八幡」と伝えられる。祭神は、彦火火出見尊《ひこほほでみのみこと》、豊玉毘売であり、相殿に仲哀天皇、神功皇后、応神天皇、中比売命を祀る。そもそも現在の社地から北方向に四〇〇メートルほど行ったところにある石體宮《しゃくたいぐう》が鹿児島神宮の始まりと伝える。神武天皇が東征の際にこの地を訪れて、祖父にあたる彦火火出見尊を祀ったことに由来するという。廟所である。

干珠・満珠は、毎年旧八月七日の七夕祭のとき、宮司がその珠が無事なことを目視して確認する。他の者はいかなる者も見ることはできない。珠はいずれも鶏の卵ほどの大きさで、白色にやや黄色をおびている。

また、現在十月の第三日曜日に行われる「浜下り」は浜のお旅所までのご神幸と放生神事だが、綿積神《わたつみのかみ》（火遠理命であり彦火火出見尊）に干珠・満珠を大切に祀っていることを報告に行くという。放生会である。

八幡信仰

放生会

放生会は、養老四年（七二〇）の隼人の乱の後、隼人の霊を鎮めるために、八幡神の託宣により始まったという。隼人の乱の折、八幡大神が自ら隼人鎮圧に立ちあがり、武神となった。結果、多くの隼人を殺し、勝利をおさめた。しかしその後、宇佐に疫病が流行り、たくさんの犠牲者がでた。これを隼人の祟りだとして、隼人の霊を慰めるために放生会を斎行した。『八幡宇佐宮御託宣集（以下『宇佐託宣集』と略す）』巻五には、「聖武天皇元年、神亀元年甲子に託宣したまはく、吾れ此の隼人等多く殺却する報には、年別に二度放生会を奉仕せんてへり」とある。

本来「金光明最勝王経第四　長者子流水品」や「梵網経」に書かれるように、生けるものを慈しむ仏教行為であるが、神社でも執り行うようになり、全国に広まった。八幡信仰を表す形として、全国の八幡宮で行われるようになった。

その他の干珠・満珠伝承

筥崎宮

福岡市東区箱崎の筥崎宮《はこざき》は、日本三大八幡の一つである。神功皇后が後の応神天皇を出産した際の胞衣《えな》を筥に納め、土中に埋めた。そしてそこに松を標として植えた。「筥松」である。これが地名の由来でもあり、宮の名前の由来でもある。筥崎宮は、神功皇后、応神天皇、そして神武天皇の母である玉依姫を祀る。蒙古襲来のときの亀山上皇のご親筆「敵国降伏」の扁額が著名である。筥崎宮でも放生会が行われ、「ほうじょうや」と博多弁の名称で親しまれる。毎年九月十二日〜十八日に行われる博多三大祭りの一つである。

また正月三日、ここでは玉取祭（別名「玉せせり」）がある。「せせる」とは、繰り返し触れる、もてあそぶという意であるが、この祭りはまさにその名前の通り、締め込み姿で上半身裸の箱崎・馬出《まいだし》の氏子たち約三百名が競《せ》り子となり、筥崎宮本殿より東に二〇〇メートルのところにある末社玉取恵比寿神社より本殿まで、玉を「競《せ》って」運ぶ。その玉は木製で、「陽玉・陰玉」の二玉である。陽玉は直径約二八センチ、重さ約八キロ、陰玉は直径約三〇センチ、重さ約一一キロである。玉の名称も異なるが、この祭りは神功皇后の新羅の役のときの干珠・満珠にあやかったともいう。また別説、明応三年（一四九四）正月、博多上須崎の原田という人物が筥崎宮参詣のとき、お潮井浜（お潮井をとる海岸。箱崎浜）で海上に浮く二つの玉を拾ったといい、また天正年間（一五七三〜一五九二）に肥前国呼子の商人が、博多の海で拾ったともいう。最初そのうち一玉だけを宮に納めたが、夜、光を放ち鳴動したと恐れ、他の一玉も筥崎宮に納めたという。起源は定かではないが、約五百年前に始まった祭りとされる。

玉せせりの陰陽の玉（筥崎宮提供）

玉せせり（筥崎宮提供）

午後一時、玉洗式である。玉を藁《わら》のたわしで洗い、白絞油《しらしめゆ》のつけ紙で拭きあげて清められる。玉取恵比寿神社に運ばれ、神事がある。その後まず、陽の玉を使って、子どもたちの玉せせりである。大人が待つ筥崎宮付近までの約　五〇メートルは、子どもたちがせせりながら運ぶ。大人たちは、浜方と陸方とに分かれ、境内楼門に待つ神職に玉を納める。肩車し、周囲から水をかけられながら、一層激しく競って進む。神職に納めた後、陰陽の玉が揃って神前に供えられる。最後に玉に触れた者が浜方ならば豊漁、陸方ならば豊作といい、一年の吉凶を占う役目もある。

玉せせりは、筥崎宮が有名だが、その他福岡市西区姪浜の姪浜住吉神社、福津市西福間の宮地嶽神社、福岡市中央区伊崎の恵比寿神社、糟屋郡新宮町の恵比寿堂などと各所で行われる。各地で恵比寿信仰の現れなどというが、元をたどれば、干珠・満珠につながることと考えられる。

忌宮神社

山口県下関市忌宮《いみのみや》神社にも干珠・満珠の伝承がある。忌宮神社は長門二の宮で、仲哀天皇、神功皇后、応神天皇を祀る。仲哀天皇が熊襲征伐のためにおいた豊浦宮行宮の跡という。沖に干珠・満珠二島があり、神功皇后が凱旋後ここに残したもので、珠を海に返したところ島になったという。大きな方が満珠島、小さな方が干珠島で、飛び地境内である。文久三年（一八六三）ごろまで、満珠島に恵比寿神社が祀られていたが、下関市長府中ノ町浜を経て、忌宮神社境内の八坂神社に合祀された。近くにある一の宮の住吉神社とあわせて、この地に神功皇后信仰が形成されてきた。

忌宮神社では、毎年新暦八月七日〜十三日の七日間、「数方庭祭《すほうていさい》」が行われる。仲哀天皇の七年旧七月七日、新羅の塵輪《じんりん》が攻めてきた。塵輪とは、赤い色で頭が八つの鬼神で、本体とあわせて九頭の鬼である。仲哀天皇自ら塵輪に立ち向かい退治したが、流れ矢に当たって、仲哀天皇は命を落とすこととなる。仲哀天皇が登場する話はいろいろな説話の中でもあまりないのだが、これは唯一勇壮な合戦譚である。この祭りは、塵輪の遺体を埋めた鬼石を中心に、しめ太鼓、鉦、笛に合わせて、七夕飾りと同様な切籠《きりこ》と、幟《のぼり》が廻るものである。神功皇后凱旋の折、その御船をこの里の浜の女や子どもが灯を点してお迎えしたのが起源だという。この神社には、新羅の役の合戦以前と、凱旋後の二つの話が残るわけだ。

神功皇后の「干珠・満珠型新羅の役勝利説話」

八幡信仰の流布

八幡宮は現在全国で四万社以上あるというが、隼人の乱のはるか後年、全国的に八幡信仰が大いに流行るときがある。蒙古襲来の国難のときである。文永十一年(一二七四)、弘安四年(一二八一)と二度にわたり蒙古に攻め入られた。そのとき記紀の神功皇后の新羅の役のことに着目し取り上げた。かつて異国との戦いで、さして苦労することなく勝利したことを示して、第三の蒙古襲来に対して国民の不安を軽減し、士気を高める役割を果たしたのである。ただ『古事記』では、海の神に真木の灰を瓢《ひさご》に入れ、多くの箸や皿を投げ入れて海に散らし浮かべ渡海したと、非常に理解しがたい表現である。これでは一般市民に理解されないと、より文学的にわかりやすく再構成した。それが神功皇后の「干珠・満珠型新羅の役勝利説話」である。八幡信仰の二大根本縁起である『宇佐託宣集』と『八幡愚童訓』に描かれる。住吉明神と高良大菩薩が示現し、神功皇后に新羅の役に勝利する方法を教える。干珠・満珠を得て、適宜敵前の海中に投下して、異敵を撃砕、大勝利したと伝えられた。

特に石清水八幡宮の社僧によりまとめられた『八幡愚童訓』は、その名の通り、愚かな子どもにさえ理解できる物語だった。この物語は各社に類話が伝えられるが、大筋内容は、①新羅に渡海するための梶取りとして安曇《あずみの》礒良《いそら》を招く。②干珠・満珠をいただきに龍宮へ豊姫・安曇礒良を派遣。③神功皇后のお腹には後の応神天皇がおり、臨月だった。そこで鎧が身に合わない。そのため高良大菩薩が鎧の脇楯《わいたて》を工夫する。④渡海して新羅軍との合戦にあたって干珠・満珠を適宜投下して合戦を勝利に導いた。⑤そして新羅王の城門に神功皇后が勝利宣言の書付をする。⑥神功皇后が凱旋後、與止日女神社に干珠・満珠を納めた。以上六点の要素で構成される。ただ伝承は、当然のことながら、筋は同じでも、伝える神社が違えば、活躍する神々もまた違ってくるのはやむを得ない。住吉や高良、豊姫と主役が変わっている。

発　想

神功皇后の「干珠・満珠型新羅の役勝利説話」の発想は、とかく南九州の日向神話にあると考えられがちだが、実は脊振山南麓、佐賀県佐賀市大和町の與止日女神社にあった。乾元二年（一三〇三）四月日付の『河上神社（與止日女神社）文書』四軸三三の「河上社（與止日女神社）座主弁髪解状」に、

淀姫大明神者、八幡宗廟之舛母、神功皇后之御妹也、三韓征伐之昔者、得旱珠満珠之両顆而没異域之凶賊於海底、文永弘安之今者、施風雨之神変而摧幾多之賊船波濤

とみえる。蒙古合戦の神風資料として最古のもので、筆者もまた、蒙古合戦を機会に編まれた「干珠・満

珠型新羅の役勝利説話」の嚆矢となったものと考える。ただその典型話『八幡愚童訓』「降伏事」では、新羅の大軍に干珠・満珠を適宜に投じて合戦を勝利に導いた神は、「玉垂」の名にひかれてのことであろうが、高良玉垂大菩薩となった。淀姫大明神縁起を高良大菩薩の縁起とするのは不思議なことのようだが、双方の神社の神人が密接な関係にあったとすれば、それは可能なことであったかもしれない。より文学的にまとめ、まさに八幡宮の根本縁起たらしめている。これは中央の石清水八幡宮社僧にして、初めてなし得たことであろう。しかし、與止日女神社の社伝では、現在も、宝珠形の干珠・満珠が神殿内の御神体の側に祀られているという。

與止日女神社の祭神「淀姫大明神」は、前述の「弁髪解状」にもいうように、中世以来、神功皇后の妹で、皇后と同じく沙竭羅《しゃがら》龍王《りゅうおう》の娘淀姫と伝えられてきた。『肥前国風土記』佐嘉郡の条には、

> 此（佐嘉川）の川上に石神あり。名を世田姫と曰ふ。海の神鰐魚を謂ふ年常に流れに逆ひて潜り上り此の神の所に到るに、海の底の小魚に相従ふ。或は、人、其の魚を畏めば殃《まが》なく、或は、人、捕り食へば死ぬることあり。凡て、此の魚等、二三日住まり、還りて海に入る。

とある。川上に祀られていた石神のもとに、海神が鰐魚となって小魚たちを供に遡って来ると伝える。今もこの與止日女神社境内東岸には、嘉瀬川（佐嘉川）[9]がたゆたく流れている。この川の水源は、脊振山地南面の神水《しおい》川・副川《そえがわ》川・柚木川・貝野川・天河《あまご》川・名尾川等々に発し、その谷間水を集め集めて激しく流れ落ち、川上峡をくぐり抜けると豁然とあたりが開け、広大な穀倉佐賀平野を潤す。

與止日女神社は、その名の通り、川上峡をくぐり抜けようとする嘉瀬川の水が、與止日女神社の社背の高みにかかって東側つまり都渡城《ととき》側へ曲流、しばし流れを緩める、その淀みから起こった神社名である。この淀みは古くから灌漑用水に利用されたようで、淀みに灌漑用水を守る石神[10][11]として祀られた信仰が、この神社の始源であったものかと考えられている。国衙も東岸の佐賀市大和町春日に設けられ、同社脇の橋は、多くの官人で賑うところから「官人橋」とよばれもした。鎮座地名はこの地の川の淀みを最初に灌漑用水に利用するところから「川上」とよばれた。その南側は川上の灌漑用水を利用する大和町山田の地名も残っていて、ごく早い時期から農業が行われ、殷賑をきわめていたことがわかる。

石神世田姫の名は、與止日女（淀姫）の転訛であろうか。また世田姫の「世」は常世の世と同義で、豊穣を祈りだす巫女神とも考えられる。石神は灌漑に利用する川上の淀みに祀る農の神、もしくは山の水の神か。海から訪れる海神は、その石神に豊穣を約束しに来る神であろう。

三　脊振山南の珠の信仰

具足玉の国

『河上神社（與止日女神社）文書』四軸三三の乾元二年（一三〇三）四月日付「河上社（與止日女神社）座主弁髪解状」中の「旱珠満珠（干珠・満珠）」と類似の信仰は、もともと脊振山地南側の有明海一帯に早

くから存在していたようで、決して唐突な発想ではない。まず『万葉集』巻二十、川原虫麻呂詠の四三四〇番歌には、

父母え斎《いは》ひて待たね筑紫《つくし》なる水漬《みづ》く白玉取りて来までに

とある。天平勝宝七年（七五五）、筑紫に派遣された防人《さきもり》の詠歌であるが、筑紫土産に白玉を持って帰るであろうから、私の無事の帰還を祈って待っていてほしい、というものである。すると筑紫は、東国でも有名な白玉の生産地であったらしい。肥前の場合、『肥前国風土記』彼杵郡《そのきのこおり》の条に、昔、景行天皇が熊襲征伐凱旋の折、現在の佐世保市早岐《はいき》の瀬戸付近に住む健津三間《たけつみま》なる人物がいて「石上の神の木蓮子玉《いたびだま》」「白珠《しらたま》」を献上したが、このとき仲間の箟簗《のやな》なる人物もまた降参して、自らの持つ「美しき玉」を献上した。そこで天皇は、「此の国は具足玉《そなえだま》の国と謂ふべし」と言い、「今、彼杵郡と謂ふは訛れるなり」と述べている。

この彼杵郡の玉については、『万葉集』巻五、山上憶良の八一三番の長歌の詞書の註に、「鎮懐石《ちんかいせき》」として興味深い記録がある。「鎮懐石」とは、神功皇后のお腹の子が新羅の役の最中につわることのないように、腰に挟んだという石のことである。福岡県糸島市二丈深江の鎮懐石神社に祀られる。憶良の現地での見聞かと思うが、「或るひと云はく」として、「此の二つ石は肥前国彼杵郡の平敷の石なり、占に当りて取るといふ」とみえ、「其の美好しきこと論ふに勝ふ可からず。所謂径尺の璧是なり」という「鎮懐石」が、彼杵郡産出というのもおもしろい。この彼杵郡は大村湾に面している地方だが、肥前国は、この大村湾ばかりでなく、有明海もまた玉類の生産地であった。

同じ有明海岸に面する筑後国についていえば、井上辰雄氏が『正税帳の研究』(12)でもふれている。『筑後国

正税帳』[13]に、

依太政官天平十年七月十一日符、買白玉壹佰壱拾参枚。直稲柒拾壹束壹把壹分
紺玉柒佰壹枚、直稲肆拾壹束壹把捌分
縹玉玖佰参拾参枚、直稲肆拾柒束柒把捌分
緑玉肆拾貳枚、直稲参束壹把柒分
赤勾玉柒枚、直壹拾陸束捌把
丸玉壹枚、直稲壹把貳分
竹玉貳枚、直稲参把肆分
勾縹玉壹枚、直稲壹束捌把

とある。井上氏[14]によれば、勾玉、丸玉、竹玉は玉の形態の名称である。勾玉は古墳時代の「勾玉」であり、仏教具の装飾として用いる。丸玉は球状で、径一分（約三ミリ）以下のものから一寸（約三センチ）以上のものなど大きさはさまざまである。水晶、琥珀製が多く、装飾、鑑賞用という。竹玉は管玉のことで竹管形である。白玉、紺玉、縹玉、緑玉、赤玉とは色彩による宝石の分類で、白玉は鮑玉とも称した真珠である。他の色玉は瑠璃と称する硝子玉で、すでに当時さまざまな色を出すことができていたという。縹玉は浅青色、または萌黄色である。筑後国では、実際にいろいろな種類の玉を数多く採取することができ、相当な玉類の献上があったようだ。それにしても、その種類が多いことに驚くほかはないが、筑後国とあるからにはこの白玉等は当然有明海で産出していたものであろう。

また『万葉集』巻六、一〇〇三番歌にも「筑後守外従五位下葛井連大成の、遙かに海人の釣船を見て作る歌一首」には、

海人少女《あまおとめ》玉求むらし沖つ波恐《かしこ》き海に船出せり見ゆ

とみえるが、海人少女が沖の海に求めた玉も、当然白玉であろう。この葛井連大成は、百済系の帰化人で、天平二年（七三〇）正月、帥の大伴旅人主催の梅花宴に、筑後守として出席して和歌を詠んでいる人物である。このように有明海もまた「具足玉」の海であった。

ところで、巻七、一三〇二番歌には、

海神の持てる白玉見まく欲り千遍そ告りし潜する海人《あま》

また同じ巻七、一三一九番歌には、

大海の水底照らししづく玉斎ひて採らむ風な吹きそね

とある。海底のタマは海神が所有するもので、これを採取するには、厳重な潔斎が必要であった。タマは格別に信仰の対象となっていたのである。翻って、前述『肥前国風土記』佐嘉郡の条には、與止日女神社の祭神かと思われる石神世田姫のもとに、海神の鰐魚が多くの魚を従えて遡上してくるとある。石神世田姫は、灌漑用水にしている神社の淀みに祀られている神らしいので、本来農の神、山の水の神であろう。もちろん春・夏・秋は農の神、冬は山の水の神であろう。

農の神・山の水の神と、海の神とが相会うことは、民俗学的には、その地に豊穣をもたらすことになる。灌漑用水を利用した隣接の山田地区はじめ、この灌漑用水の恩恵を受ける集落は多かったはずである。石神世田姫は佐嘉郡の産業を守る神と信じられたものと推察される。また、前述した『河上神社（與止日女神社）文書』「弁髪解状」によれば、石神世田姫の後身かと思われる淀姫大明神について、八幡神の叔母、神功皇后の妹で、昔「新羅の役」には干満両顆をもって、異域の凶賊を海底に沈め、近く文永・弘安の役には風雨の神変をもって蒙古兵を撃砕した、女神ながら、武徳の神であったとしている。

干珠・満珠の威力、風雨の神変は、海神の力を借りてのことである。式内社は肥前の場合、四社ある。平安朝初期、田嶋坐《たしまにます》神社は正四位上（名神大）、志々伎《しじき》神社は正五位上（小）、荒穂神社は正五位下（小）、與止日女神社は正五位下（小）であり、遣唐船の航路沿いの田嶋坐神社などが社格も高かった。

しかし、国衙が置かれ、穀倉佐賀平野を控え、その豊穣を約束する有明海に面した與止日女神社は、『河上神社（與止日女神社）文書』嘉応二年（一一七〇）の一軸一の「肥前国留守所下文案」に、「当社者是為当国第一之鎮守」とみえる。平安時代末期には肥前一の宮と崇敬されている。現在も神殿正面に掲げられている室町末期の後陽成天皇の「大日本国鎮護肥前第一之鎮守宗廟河上山正一位淀姫大明神一宮」の扁額は、まことに象徴的である。八幡神の叔母、神功皇后の妹として、宝満山の玉依姫とともに朝野の崇敬を受けた繁栄の時代が偲ばれる。

太田亮氏[15]の研究によると、筑後に九十三社、肥前に三十四社の高良玉垂宮の末社がある。その玉垂の名にひかれ、干珠・満珠を投下したともされる高良大菩薩を祀る。高良玉垂宮の信仰の広がりは、蒙古襲来あたりからであろうか。與止日女神社の干珠・満珠の発想を高良玉垂宮が参考にし、やがて受け入れるようになった理由は、このあたりにあるのではあるまいか。

有明海の「沖ノ島詣り」

有明海沿岸には、現在でも田植えの時期の大潮の日に、沖ノ島の海神に田の水の豊かなことを祈る習俗がある。「沖詣り」という。これは大潮の日にだけ有明海に浮かび上がる干潟、もしくは島にお参りする行事である。

風浪宮

まず一つは、高良玉垂宮の摂社[16]である福岡県大川市風浪宮《ふうろうぐう》の「沖詣り」である[17]。旧四月一日、有明海の筑後川の河口沖で、大潮の時にだけ現れる干潟にお参りをし、お潮井としてそこの海砂を持ち帰る。祭りは、まず前日の旧三月二十八日〜三十日に「蟇目祈禱《ひきめきとう》」とし、弓と鏑矢《かぶらや》とで除災招福の祈願を行う。「沖詣り」の前行である。風浪宮では、「蟇目祈禱」を特に「火清鳴弦《ひきめん》御祈禱」という。これは氏子の家々の竈、氏子の人々の身体を魂に至るまで、すなわちその霊魂から清めるという趣旨である。「蟇目」とは、鏑矢の一種で、朴・桐などで作ったやや大きめの鏑型を中空にして、これに孔をあけ、矢の先につけたものである。鏑の穴が蟇の目に似ているため、蟇目の名が付く。鏑が中空で穴があるため弓で放つと独特の音を立てるが、その威力で悪魔を払うことが可能だとされている。

「火清鳴弦御祈禱」は本殿において、初日・二日目は十時・十五時・十九時の三回、最終日三日目は十時、

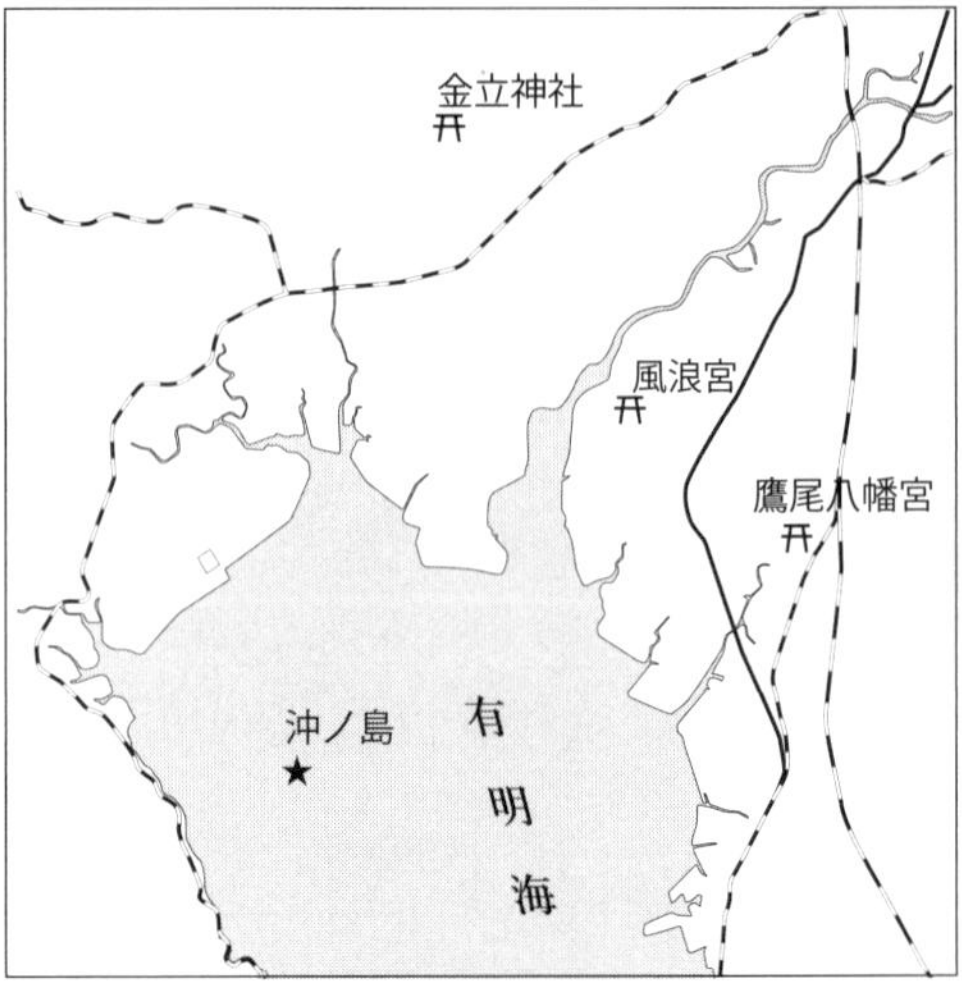

有明海周辺

そして十六時には総まとめの結願を行う。次第は、号鼓の後宮司が大祓えの祝詞をあげる。これが一度目の祓えである。小幣を左、右、左と振り、朱書きされた祈願書を読む。最初の祈念である。次に一拝し、二度目の祓え、二度目の大祓えの祝詞をあげる。次に一拝し、三度目の祓え、そして四度目の祓えを行う。さらに四つの唱え詞をし、御祭神の名号を念じつつ、降神の儀を行う。そして四方祓えをする。次に五度目の祓えである。そして二度目の祈念を行う。次に一拝し、六度目の祓えをする。先の唱え詞の三番目「御息」を百回唱えた後、七度目の祓え、三度目の祈念をする。一拝して前半が終わる。

後半は、前半の尊い神事の趣旨を重籐の弓と鏑矢を用いて厳修して、その祈念の誠を捧げる。宮司は弓を三度押し戴いた後、その弓を左手に鏑矢を右手に持って、弓矢をそれぞれの手に握ったまま両手を腰にあて起立する。四度目の祈念である。先に奏上した祈願紙を弓の弣《ゆづか》に巻きつける。また後刻氏子に配布するお守り札の内符を一摑み取って、それを弓とともに左手で持つ。立膝の姿勢でまた祈念する。そのまま弓を揺すりだし、やがて激しく振る。そして静止して気息を三度内符に吹きかける。次に「天須我須我志《てんすがすがし》」と朱書きした長紙を床に敷き、宮司はその手前に神前に向かって立ち、反閇《へんばい》であろうか、左、右、左と足を踏み鳴らす。終わると立膝で長紙を弓の背で押さえ、またも両膝で数回床を踏み鳴らす。次に祓えであろうか、気合をかけて鳴弦する。これを三回繰り返す。次に立膝のままで弓を起こし、御殿右前に向かってまたも鳴弦を三度する。さらに起立して鳴弦三度する。

三日目の十六時の最終の結願には、神前を向いて初めて鏑矢を番《つが》えて、五度目の祈念をする。そして足を踏み鳴らした後、「邪気」と何度も書いて書き潰された的を射る。祈願書を何度も繰り返し読み、鏑矢を放って邪気を祓う。こうして厳重な祓えを執行するのは、翌四月一日、「沖詣り」をして祭神をお迎えするためであろう。

この「火清鳴弦御祈禱」は『高良玉垂宮縁起』(18)によれば、「新羅の役」から凱旋された神功皇后が、その御産にあたり、異類の妨げを受けた。しかし高良玉垂宮の御祭神藤大臣連保が八目の鏑矢で「新羅の役」合戦の異敵の死霊の妨げを防いだといい、そのとき応神天皇が生まれたと伝えられる。風浪宮の「蟇目祈禱」もこの縁起に基づくものである。すると、この縁起成立以前、産児の魂覓《たまま》ぎの信仰があったことが、見え隠れするかのように思える。

さて、翌四月一日、「沖詣り」である。午前九時、宮司以下神職・宮乙名一行が風浪宮下宮社前から船に乗る。そして筑後川の支流である花宗川《はなむねがわ》を二〇〇メートルほど遡り、下碇のオゴトン（皇后社）という神功皇后を祀る小祠まで行く。上陸はせず、ここで川幅いっぱいに三度廻り、沖詣りに行くことを奉告する。三度廻るのは、皇后をお連れする意味という。すると、御祭神のお下りということになる。この後そのまま船で下宮前に戻り、今度は車で大川市内の筑後川岬の若津港に行く。ここは花宗川が筑後川に合流する地点である。この港から午後十二時近くに御座船は出航する。船には御祭神の大御幣を中心に、朱の州浜の神紋の社旗と、「磯良丸《いそら》」の小旗が飾られている。「磯良丸」は、神功皇后が「新羅の役」で座上した御座船で、宮司家の祖神である安曇礒良がその梶取りをしたとされている。社伝によると、この風浪宮御祭神綿津見神は、神功皇后凱旋の後、この地で奉斎され、安曇礒良もそのままこの地でこの神に奉仕することになったと伝えている。

さて、御座船の随伴船は毎年二十隻余りだが、その中には「石橋丸」「六郎丸」「与賀丸」など神功皇后に従ったという軍船の名が付けられている。乗っている宮乙名も、それら軍船の梶取りの子孫であるとする。しばらくすると、宮乙名は船中で「三段浮かし」を作り始める。藁をねじり長く束ねて直径約五〇センチの輪を作り、これに中くらいのもの、またさらに小さいもの、つごう三段を高さ約三〇センチほどの円錐形にまとめる。頂部に「百田紙《ももたがみ》」という白い紙を被せて、三本の竹筒で止め、その竹筒の間には三本の御幣を挿し、それら竹筒と積み上げた御幣とを麻の苧《お》で結び回す。さらにはその中に小豆飯を円錐形に握った「オゴクサン」が入った三枚の土器を置く。竹筒には「オミキサン」を注いでいる。

やがて船が河口にたどり着く午後一時ごろ、「三段浮かし」を二つ海に流し、海神にお供えをする。この「三段浮かし」は、折からの引き潮のため当然沖に流れて行くはずだが、これはこの祭典を、海神が御嘉納になる、というしるしである。もし、逆行することがあれば、祭典は中止しなくてはならない。その後、筑後川河口から沖へ一〇キロの地点に碇をおろし、干潟が現れるのを待ち、やがて現れた干潟に降りて、一同して祭壇を作る。午後三時ごろ、神事が始まる。風浪宮の御祭神綿津見神を招き、禍事がなく、安らかな海人たちの豊かな生活を願う。御祭神の大御幣のお供をして来て、新たに風浪宮の御祭神をお招きするのは、不思議なようだが、神霊の切り替えというべきであろうか、新たな威力、神霊を復活させるのであろう。「蟇目祈禱」で潔斎を行い、「沖詣り」でこの干潟に降臨する神を迎え、切り替えられた新たな威力、新たな神霊を祀って風浪宮に迎えるのである。祭典後、一同お潮井を持ち帰ることになる。

鷹尾八幡宮

また福岡県柳川市（旧山門郡大和町）にある鷹尾八幡宮では、旧六月十三日に「沖祭」を行う。この神社は、中世には高良玉垂宮の別宮だった。当日、矢部川を漕ぎ出し、折りしも姿をみせた有明海中の干潟に上がって、鷹尾八幡宮の神と龍宮を招く。そしてお潮井を持ち帰る。大漁満足と航海安全を祈願する。現在は干潟事業で埋め立てられてしまったので、埋め立てられた第一人工島で行っている。

有明海沿岸

こうした筑後方面の「沖詣り」の典型例が、実は肥前側に伝わっていて、現在もなお盛大に実施されているのが、「沖ノ島詣り」である。有明海西岸の佐賀県藤津郡太良《たら》町七浦・鹿島市七浦、杵島《きじま》郡有明町（現白石町）・福富町（現白石町）、佐賀郡久保田町（現佐賀市）、小城《おぎ》郡芦刈町（現小城市）の人々が行う「沖ノ島詣り」(19)である。旧六月十九日から二十日にかけて、大潮で浮かびあがる有明海上の「沖ノ島」に渡り、御髪大明神（「お島さん」とも）に太鼓浮立《ふりゅう》を奉納し、田の水が豊かなこと、五穀豊穣を祈り、沖ノ島の岩礁を前年持ち帰った石片で割り欠き、前年の石片は残し、新たな石片を持ち帰るのである。

祭りは、当日の朝の船の飾り付けから始まる。帆柱に丸太鼓を固定し、その後ろに大太鼓を据える。この周りで太鼓、小鼓、さらに笛吹きが加わって太鼓浮立が演じられる。太鼓浮立は五月末ごろから稽古をしている。丸太鼓の帆柱には忌笹、日の丸、船主の旗、そして大漁旗も飾る。船首の小竿から丸太鼓の帆柱、さらに船尾にかけて綱が掛け渡され、その綱に提灯飾りを鈴なりにつける。夕刻、氏神や地区の祭神に沖ノ島にお詣りに行くことを告げ、太鼓浮立を奉納する。そして御祭神そのものである「御神灯」と幟旗を受けて来て、船尾に御神灯、忌笹をつけた幟旗を立てて、一同船に乗り込む。これで「沖ノ島詣り」は、神のお下りであることがわかる。出航まで若者たちは岸壁で浮立を演じ、見送る婦人会の人々は盆踊りを披露する。

午後十一時ごろ、満潮時の八割潮が引いた「出月八合」のころ、太鼓を打ち鳴らしながら出航する。一隻に三十人余り乗る。各船いったん福富町住ノ江港まで来て、ここで浮立を演じながら潮待ちをする。住ノ江港は、牛津川と六角川の合流地点で、河口から上流五キロの地点になる。住ノ江橋が架かっている。若者たちは、船ごとにさまざまな色の鉢巻を締め、腹巻、ステテコの上にヒラソデ（法被）、白足袋姿である。浮立は帆柱の丸太鼓を中心に、太鼓、小鼓、横笛を奏する。昔は鉦も加わっていたという。港は浮立の競演である。地元福富町の船に加え、芦刈町・久保田町の船も来合わせていて、二十隻以上はある。昔からのしきたりか、満潮時の午後十二時ごろ、一度河口に下って、沖に出る。そして沖でまた寄り合い、より一層激しく浮立が演じられる。そんな中、船には「弁才地区青年団」「奉納龍神社御宝前」などの幟旗に忌笹を付け、「御神灯」が輝き、喧騒の一方で祭りの厳粛さを伝えている。

この後、船は住ノ江港に一度戻り、暫時休憩後、四合引きとなった午前三時ごろ、やっと沖ノ島に向かう。沖ノ島は河口から東へ一三キロ、鹿島七浦からは東五キロの地点にある。最干潮時の午前六時ごろには、沖ノ島に着く。沖ノ島は、この大潮の日に二時間だけ浮かび上がる島で、中央に約一間（約二メートル）幅の自然の溝があり、男島（約一七〇坪・五二平方メートル）・女島（約一三〇坪・三九平方メートル）の二島に分かれる。男島には石祠があり、「田の神」だという御髪大明神（お島さん）を祀る。因みに御髪大明神とは、肥前太良嶽の三所大権現が法体になられたときの右髪がこの島に化したもので、左髪は肥前黒髪山に化したという。

さて、若者たちは次々に上陸し、浮立をして、「御供《ごく》さん」という円錐形の握り飯を供える。お神酒を石祠に掛けて拝む。その石祠は大人の胸の高さほどである。その後、前年いただいた石片で割り欠いた、新たな石片を持ち帰る。お下りを果たした神霊の新たな復活とでもいうのであろうか。この島の御髪大明神は金気を嫌うので、砕くときに金槌は使ってはいけない。前年の石片は島に返すが、不思議なことに、その石片は岩礁にくっついてしまうので、島は決して小さくはならないという。持ち帰った石片は、家の水甕や井戸に入れておく。すると決して水が濁らないと信じられている。前年の石片で今年の石片を割り欠くのは、神徳のつなぎ、神威・神霊の切り替え、ないし復活と考えられる。

その後、一行は島を二、三回廻って戻って行く。復活の神霊を改めて招さ下ろそうというのであろうか。午前七、八時ごろには帰港できる。帰るとすぐに氏神にお礼詣りし、浮立を奉納する。お下りで始まったのだから、還幸祭ともいえる。その後区長、地区の立場にある人の家に、「花打ち」と称して、沖ノ島の石片を土産に、「花を打って」回る。献金を仰ぐのである。それぞれ目標金額に達するよう努力する。もし目標に達しないときには、佐賀市などに繰り出すという。この「花打ち」の石片は、やはり龍宮の賜物とされる。干珠・満珠にしっかり通じる神徳をうかがい得る。

金立山

脊振山地の一峰、佐賀県佐賀市金立山《きんりゅうさん》（五〇一メートル）にも「沖ノ島」にお参りする神事がある。五十年に一度行われる。斎行の日にちは特に決まっていない。この金立山には始皇帝の命で不老不死の薬を探し求めてやって来たという秦の徐福《じょふく》の伝説がある。社伝によると、秦の始皇帝の第三皇子徐福太子と、保《うけ》食神《もちのかみ》・罔象女命《みずはのめのみこと》の三神がこの山に祀られ、「金立大権現」とよばれている。「徐福太子」の伝承が正しければ、山の太子神ということになろう。保食神は穀神、罔象女命はもちろん水神である。五穀の豊穣を祈願し、田の水の豊かならんことを祈願していた習慣から、山の徐福太子の神徳とも考えられ、徐福太子に併せ祀られたものであろう。秦の徐福とはやや唐突に思われるが、後述する脊振山の乙護法《おとごほう》童子と同様、遠来神ということであろう。

扶桑を目指してやって来た徐福太子は、地元では今の佐賀市諸富町浮盃《ぶはい》に上陸し、金立山に来たといわれ、「お下り」は、その道順を逆に辿り、「沖ノ島」にお参りをする。およそ二〇キロの行程である。すなわち、神輿を奉じ、金立神社上宮（金立町金立）から下宮（金立町金立）、お辰観音（金立町千布《ちふ》）、高木町、唐人町、白山町、材木町、今宿町、北川副町江上、佐賀市諸富町寺井津と、途中浮立を演じつつ、休憩をとりながら下っていき、お旅所の浮盃の末社で一泊する。そして浮盃から船で沖ノ島に渡り、「潮汲み」をする。この「潮汲み」の海水は、上宮に帰って後、神前に供えられる。「お上り」は逆のコースを辿っていく。この日は必ず雨が降るとされる。

徐福太子は、今もお辰観音として祀られるお辰という娘と恋に落ち、万感の思いで母国に帰るのを諦めたが、その涙が雨となって降るのだと伝えられる。説話学的にはお辰は龍神とみられるから、お辰観音は本来なら沖ノ島で祀られるべきであろうか。金立山の神徐福太子と海の龍神お辰との恋の出会いは、水を確保し、豊作を約束することになる。『葉隠』聞書第一の三三[20]には、正徳三年（一七一三）金立山の雨乞神事が浮立を伴って盛大に行われたことが記されている。もちろんこれ以前にも行っていたようである。

「お下り」は五十年に一度の斎行が原則だが、旱魃の場合は、雨乞いとして特別に行われる。[21] 実際、昭和十四年（一九三九）の大干魃のときに実施していた。前回は先代の岡龍雄宮司のときで、昭和五十五年（一九八〇）五月に行われており、本来歩いて行う「お下り」だが、車で移動して、浮立も行っていない。そして「沖ノ島」には渡らず、浮盃の金立神社末社で神事を行った。次は二〇三〇年だが、実施予定月日は現在残念ながら未定である。

以上、祭りの名称は異なるが、金立山の場合を除けば、いずれも田植えの前に、田の水が豊かであることを願い、五穀豊穣とともに、あわせて海上安全、大漁満足を祈る祭りである。基本的には海の霊地に「お下り」になる御祭神の復活儀礼で、特に水徳の顕現、五穀豊穣を祈る祭礼である。このように有明海沿岸で、海底の島というべき岩礁が大潮で浮上するとき、そこに至って龍神を祀り、その岩礁を欠いて持ち帰るのは、海の威力を迎えようとすることと考えられるし、欠いた岩礁の石片には、干珠・満珠と十分に通ずる信仰があるようにうかがわれる。筑後の風浪宮・鷹尾八幡宮で、同様趣旨の祭りを有明海の干潟で行い、お潮井を頂戴して帰るのも、有明海西岸の農家の人々が行う「沖ノ島詣り」の写しで、まったく同じ趣旨であろう。

もともと古代脊振山地の南側、有明海沿岸は、タマを産出した地域だった。タマには龍神が惜しみ給うものとする信仰があった。有明海の海の力がタマの信仰に繋がり、ついには、その信仰が一の宮たる與止日女神社に集約されて、後年『河上神社（與止日女神社）文書』「弁髪解状」のような干珠・満珠型新羅の役の発想の源が生まれたと考えている。

四　霧島の如意宝珠

霧島の伝承

霧　島

彦山玉屋の泉の神龍と宝珠の伝承は、実は「霧島」の伝承とよく通じあっている。そこで霧島だが、これは一山を指すものではない。宮崎・鹿児島両県の境にまたがる火山群で、北西〜南東約三〇キロ、幅約二〇キロにわたる。最高峰は韓国岳《からくにだけ》（一六九九・八メートル）、次いで天孫降臨神話が伝えられ、山頂に天の逆矛の立つ高千穂峰（矛嶽・矛峰ともいう。一五七三・七メートル）がこれに続く。この二つの山は「霧島の二峯」(22)とよばれ、前者を西峯、後者を東峯ともいう。この高千穂峰に隣る御鉢《おはち》（一二〇六・六メートル）の巨大さ、凄惨さはすさまじい。近くには大幡岳（一三五三メートル）、夷守山《ひなもりさん》（一三四四メートル）、中岳（一四三五メートル）、矢岳（一一三二メートル）がある。他に日本武尊《やまとたけるのみこと》の伝説をも伝える白鳥《しらとり》山（一三六三・一メートル）、甑岳《こしきだけ》（八四六メートル）等々と高い活火山が続く。火口湖も多く、四十八谷・四十八池があるとされる。このうち「御池《みいけ》」とよばれて尊敬される火口湖が二つある。一つは、霊峰高千穂峰・御鉢の影を映し、性空《しょうくう》上人（以下「性空」と略す）に九頭の龍が珠を授けた御池、今一つは、性空が日本武尊を祈りだし、その託宣にしたがって六観音を刻んだと伝えられる御池である。

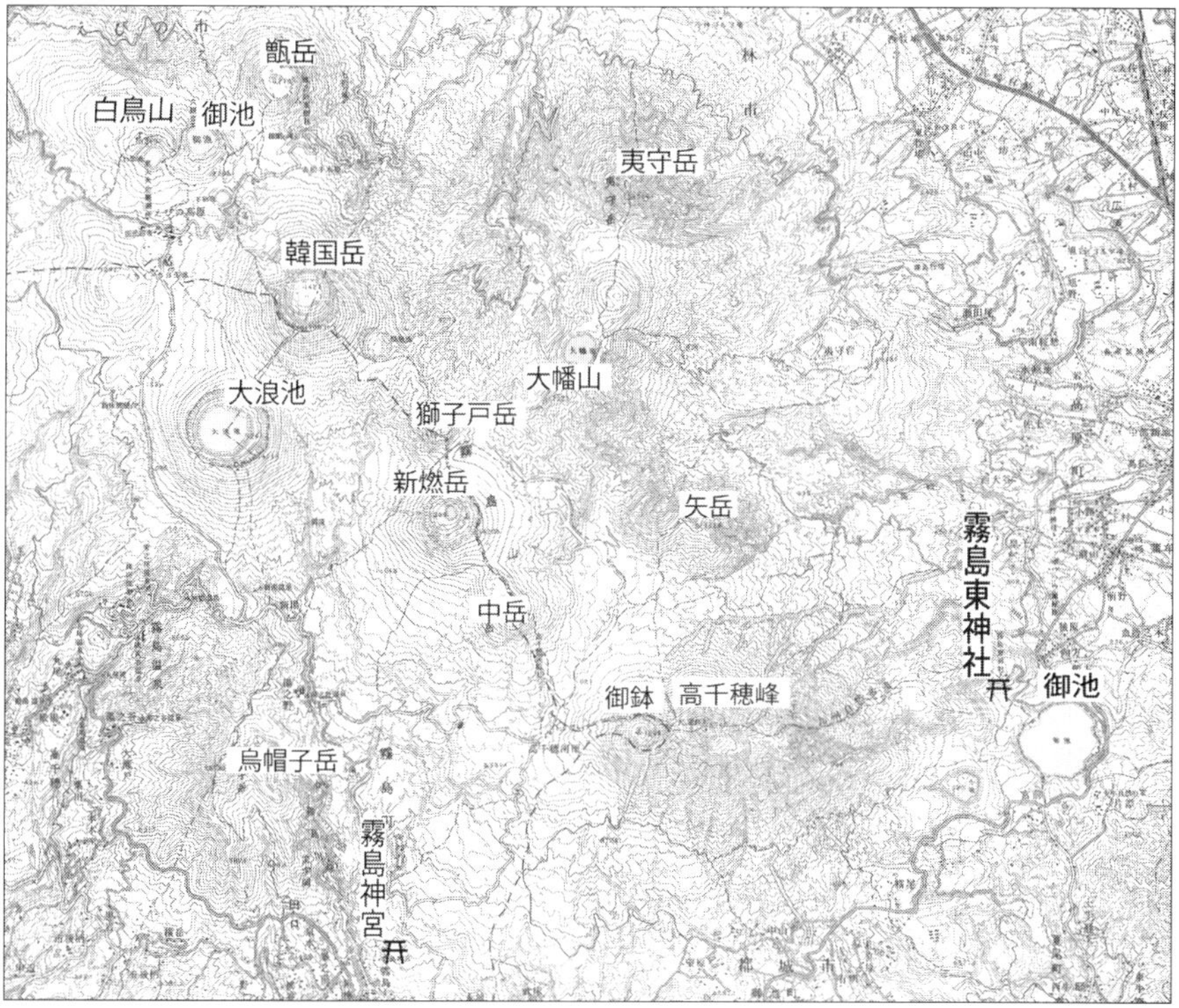

霧島連山地形図

この霧島火山群は、現代に至るまで火山活動が盛んである。そもそも新生代第四期初期以降、幾度かの火山活動で形成された。栗野岳（一〇九四・二メートル）・湯の谷岳（九八四メートル）・蝦野岳（一三〇五・四メートル）・獅子戸岳（一四二八・四メートル）・二つ石（一三一九メートル）などは、その間にできた寄生火山である。さながら地獄である。[23] 記録に残る火山活動としては、『続日本紀』巻十四天平十四年（七四二）の記事に、[24]「大隅ノ国司言ス。従リ二今月廿三日未ノ時一至マテ二廿八日ニ一。空中ニ有テレ声。如シ二太鼓一。野雉相驚キ。地大ニ震動セリ」とある。その後も火山活動を続けて、延暦七年（七八八）、天永三年（一一一二）、元暦元年（一一八四）、大永四年（一五二四）、天文二十三年（一五五四）など、現在までに残されているだけでも六十数回の噴火記録がある。

霧　島

文暦元年（一二三四）の噴火は特に大きく、高千穂峰と御鉢の間にあった脊門丘《せたお》の霧島中央権現（霧島岑神社）も被災焼失している。このとき御池に近い狭野《さの》神社もまた焼失した。永禄九年（一五六六）には多くの人が犠牲になった。享保元年（一七一六）には山麓のほとんどの神社が焼失したと伝えられる。昭和三十四年（一九五九）の新燃岳《しんもえだけ》（一四二〇・八メートル）の爆発は、山容が変わるほど大規模のものであった。その新燃岳と御鉢は、現在も活動を続けている。

「霧島」とは、この地域には霧が多く発生し、山々が霧の中に浮いている島のようにみえる姿から名付けられた。「霧島」の初見は、『続日本後紀』である。

仁明天皇の承和四年（八三七）八月一日の条[25]には、

日向国子湯郡「子」都濃神。妻神。宮埼郡江田神。諸県郡霧島岑□《神カ》。並預二官社一

とみえる。右によれば、承和四年、「霧島岑□《神カ》」が官社に預かったと記されている。その後『三代実録』清和天皇の天安二年（八五八）十月二十二日の条[26]に、

授二日向国従五位上高智保神。都農神等従四位上一。従五位上都万神。江田神。霧島神並従四位下

とみえる。この「霧島神」は、『続日本後紀』の「霧島岑（神）」と同じ神と考えられる。また『延喜式』に、

諸県郡一座　小　霧嶋神社

とある。すでに永井哲雄氏(27)も論じられているように、これも同じ「霧島神」を指すのであろう。

御池の伝承

霧島の中でも、特に宮崎県西諸県郡《にしもろかたぐん》高原《たかはる》町高千穂峰東脇の御池の伝承が、彦山の如意宝珠に繋がる伝承である。『三国名勝図会』第四巻「御池」の項によれば、

蒲牟田邑にて、霧島矛峰（高千穂峰）の東南麓にあり、周廻三里、池の半面は都城邑に属す、碧水湛然として、深さ測るべからず、四方の池岸、蒼崖壁立して、七港あり、松港、軀瀬港、皇子港、剱崎港、刈茅港、柳港、護摩壇港是なり、護摩壇港に、護摩壇の蹟あり、護摩壇は、池の西岸、高さ五六間の絶壁上に、二艇許の平処あり、其上に嵓あり、覆ひ出て屋の状をなす、是性空上人、護摩を焼し処なりといふ、上人、此石窟に座して護摩供を修せし時に、九頭の神龍、忽然として現じ、一顆の実珠を捧げ来て是を献ず、上人曰、此は是方便随類の身にして、本地の真身に非ずと、修練彌確し、既にして千手大悲の妙相を現ず、上人叉手礼拝して澆季末世の衆生を救んことを請ふ、因て池畔の泄ごとに、大悲の像を安置す、神龍の捧し実珠は、銅器に盛り、石函に貯へて、護摩壇の石窟に安置せしに、其後霧島嶽発火の時、池中に飛入しとて、今はなしとぞ…

御　池

御池の性空上人坐像

とある。霧島で修行をし、脊振山を経て、姫路書寫山圓教寺《しょしゃざんえんぎょうじ》[28]を開いた僧、性空の伝承である。性空が御池の護摩壇の炉口中に仏を請じ、入我我入、一心に加持を続けていたとき、湖中から荒神（土地の神）たる九頭の龍が現れ、如意宝珠を捧げたのである。しかし、同書は「上人曰、此は是方便随類の身にして本地の真身に非ずと、修練彌確し、既にして千手大悲の妙相を現ず、上人叉手礼拝して澆季末世の衆生を救んことを請ふ」とみえる。性空は九頭の龍を、これは「方便随類の身」すなわち垂迹神の姿であるとして満足せず、本地・本然の姿の示現を願った。結果、本地千手観音の姿を現したという。性空大悟の一瞬である。現在、御池の護摩壇港側の、約六メートルの高みにはそのときの石窟があり、性空の石の坐像が石窟の入口に東向きに安置されて、往時を今に偲ばせる。足場が悪いところだが、今でもお参りする人が多い。この坐像は廃仏毀釈のとき、法難にあったが、明治四十二年（一九〇九）に補修され、元に戻された。

護摩壇港の後方の直北西側上方に、霧島東神社がある。伊耶那岐命・伊耶那美命を主祭神とする神社で、霧島六所権現の一つである。西の御在所の霧島神宮に対して、「東の御在所」とよばれる。同社境内には御池の護摩壇港の石を用いた「性空上人開山碑」がある。また社務所の西側には清泉が湧いており、「神龍《しんりゅう》泉《のいずみ》」という。この泉は御池と繋がっていると伝えられ、毎年田植え時期の旧暦五月八日（現在は新暦五月八日）には「龍神祭」が斎行されているが、この日午前五時ごろには、神龍泉の水が黒く濁り、この時、必ず御池の中央で、性空坐像に向かって、高さ二〇メートルほどの龍巻が起こるとされる。この信仰は生きていて、同社名誉宮司黒木皓詔氏は実際にこれを拝まれたことがあると語られる。

神龍泉の西脇に霧島東神社本殿がある。権現造りで五間×五間の建物である。幣殿の正面両脇の柱は、左右とも「龍柱《りゅうばしら》」とよぶ。この龍柱のある幣殿は、もともと神殿・拝殿の間で、一段低く、台畳が敷かれていて、これを「龍の間」と称していた。余人は入れぬが、霧島東神社の別当寺たる華林寺《けりんじ》の住職だけが、早暁ここで朝課をしていた。ただし廃仏毀釈のとき、上に黒漆の床板が張られてふさがれ、現在は神殿・拝殿と同じ高さになっている。

龍柱の高さは十五尺余り（約四・五メートル）である。楠材の一木を名工が彫ったもので、向かって右が雄龍で「阿」、左が雌龍で「吽」を表す。阿吽でもって仏徳の広大無辺、永遠を示している。爪はいずれも三本で、この雌龍こそ御池で性空に如意宝珠を授けた神龍だと伝えられ、如意宝珠を握っている。この如意宝珠に触れると何事でも願いが叶うといい、特に子どもの無事成長を願って、今でも撫で念じていく信者が多い。

『平家物語』

御池の伝説をよくまとめ上げた説話に、増補読み物系の長門本『平家物語』巻四「霧島嶽事(29)」がある。

日向国西方が島津の荘に着給ふ、(中略)日本最初の峯、霧島のだけと号す、(中略)六所権現の霊地也、(中略)はりま《(播磨)》の国、書写の山を建立してける証空《(ママ)》上人彼峯に登山して、我この神の本地を拝み奉らんと誓ひ給ひて、七日参籠して、法華経をどくじゅ《(読誦)》せられける、五日といふ子の刻ばかりに、大山震動して岩崩れ、(中略)廻り一二丈、そのたけ十余丈ばかりある大蛇の、角はかれ《(枯)》木の如くおほひかゝり、眼は日月の如くかゞやき《(耀)》て、大にいかる《(怒)》様にて出来給ふ、上人是を御覧じて、(中略)思ふにするゐじやくは龍のすがたにてあつし候か、本地をこそ拝み奉度候へ、とくく本地を現はさせ給へ、(中略)つぎの日の未の刻計に、三尺計なる大鷹(中略)、めう《(猛)》火の中より飛び出て、前なる平岩に居たり、しやうくう《(性空)》腹を立て、(中略)見仏せざらんには、双眼ともに無益なりとて、どこ《(独鈷)》を持て双眼をさゝんとし給へば、鷹去てしばらく計して、十一面の観音光明かくやく《(赫奕)》として幻のごとくに見えさせ給ふ、(中略)性空上人心中のせいぐわん《(誓願)》には、こんど仏たいを拝み奉程ならば、法華の行者と成て、彼教に従ひて、衆生をけど《(化度)》せんと誓はる。したがひて心願成就のうへは、法華を殊に信仰し給へり、此煙の中より光さして未のと《(つ脱カ)》ゞまらん所を、我在所と定めんと思召されけるに、煙の中より光をさして、はりま《(播磨)》の国書写にとどまる、よてかの所をこんりう《(建立)》して、長きすみか《(住処)》とし給ふとみえる。性空は霧島に登って七日間、法華経を読誦する。その五日目には岩が割れて神龍が現れる。六日目には猛火の中から大鷹が現れる。大鷹の出現は宇佐八幡的だが、とにかく、性空はいずれも垂迹神とみなして、本地のお姿を現してほしいと願う。そして本地のお姿にお目通りできないこの自分の目は役に立たぬと悲観して、自らのその目を独鈷《どっこ》で突こうとした。そのとき、これを哀れんだ十一面観音が、初めてその眼前に現れた。性空が感涙にむせんだのはもちろんだが、このとき性空は「法華経信仰」を誓い、その修行にふさわしい霊地を示されることを祈ったところ、護摩の煙の漂う東の空の果てに光明輝く書写山が見えた。そこで性空はこれを目指して東することにし、ついに示された書写山に至って、圓教寺を創建したのだと記されている。「霧島の性空」について伝えられる説話は少ないが、長門本『平家物語』巻四の説話は、十三世紀中葉の成立ながら、「霧島の性空」の事跡の核心をよく把握し、よくまとめたもので、二十巻の増補系ながら信頼すべきテキストである。自ら「霧島仏教」の根本縁起となっている。この悟りを開いた性空が、悟後の悟りを希求して播磨の書写山を目指そうとする条りは、読む人ごとに、感動を禁じ得ないところであろう。

その性空開山の縁起をもつ鹿児島県出水《いずみ》市野田町山内寺には、俊寛が掘ったといわれる井戸があって、僧都川の水源となっている。鬼界ヶ島から脱出した俊寛が没した所と伝えられ、その供養塔もある。詳細はここでは省略するが、いうまでもなく前述長門本『平家物語』巻四「霧島獄事」は、「丹波少将被二流罪一」に続くもので、俊寛もかかわる有名な「鹿ケ谷」の一件に関する説話である。俊寛は鬼界ヶ島に下る前、霧島東神社に一週間滞在したという。そのときに俊寛がもたらした桜と梅が神社の境内に残っている。因みに、悟後の悟りを目指して、性空が次に目指す脊振山麓にも、この俊寛・康頼等の伝説が濃密に伝承されている。

肥前神埼《かんざき》の法勝寺はじめ脊振山麓の俊寛・康頼伝承は、神子《じんし》栄尊《ようぞん》を介して豊前国宇佐八幡宮に密接に繋がるが、その途中には、大分県由布市（旧大分郡湯布院町）の「由布山の性空」の伝承がある。ここでは詳細は述べないが、「由布山の性空」は、霧島によく通じた伝承をもっている。

泰澄と阿蘇山の同型伝承

「九頭の龍」の開山説話には、同型の伝承がある。石川・岐阜両県境の霊山白山を開山した泰澄《たいちょう》の伝である。『元亨釈書』巻十八「白山明神」に、

登㆓白山天領絶頂㆒。居㆓緑碧池側㆒。持誦専注。忽九頭龍出㆓池面㆒。澄曰。是方便現躰。非㆓本地真身㆒。
持念彌確。頃刻十一面観自在菩薩

とみえる。右によれば、性空のときと全く同じで、泰澄が白山に初めて登頂し、山上の神池の辺りで一心に念誦していると、池中から九頭の龍が現れたが、泰澄は九頭の龍を「方便現体」として許さず、本地・本然の姿を現すように請い、結果、九頭の龍は十一面観音と化したと記される。霧島と同型の話である。確かな脈絡があるようだ。

また、『真言伝』巻四「泰澄和尚」には、

阿蘇社に詣して念誦するに、九頭龍王ある池の上に現ず。和尚云、豈に畜龍の身を以て、此の霊池を領せんや。真実を示すべしと。日漸く晩に及ぶに、金色の三尺の千手観音、夕陽の前、池水の上に現じ給ふといへり。

山上神池の辺りで念誦する泰澄の前に、九頭の龍が姿を見せる。泰澄は、それを「畜龍の身」として許さず、本地・本然の姿を拝みたいと願う。結果、九頭の龍は金色の千手観音と化したという。阿蘇山に白山、霧島と同型の話がある。

前にふれたが、『流記』には、同型の阿蘇山の木練の伝承が記されている。概略を述べると、「願わくは宝池の主を拝せん」と般若経を一巻読誦したところ、一羽の鷹が現れる。だが真の姿ではないとして、さらに祈る。次に俗人の姿、次に僧侶、そして小さな龍の姿が現れた。これも真の姿ではないとして、さらに般若経を読誦する。そして遂に十一面観音が現れた。しかしこれでも木練は納得しなかった。ある日、池の中から、姿を拝むことができないのは罪深いからだと声がする。木練は怒り、経論章疏の要文を読んだ。辺りは闇となり、九頭龍が現れた。遂に宝池の真の姿が現れたのだ。ただ続きがあり、木練は修行中に出会った女性に色欲を覚え、試してみる。女性の言うとおりに女性の口を吸ったところ、その舌を切られてしまった。実は大龍だった。秘密呪を唱えると、たちまち十四、五歳の童子が現れ、切られた舌をもと通りにしたという。惑わされた木練は、もう一度山で実体を拝すように諭される。その実体は極楽世界では阿弥陀、娑婆の世界では十一面観音とお告げがあった。そしてもう一度宝池の実体を見るように言われる。しかし見る目に障りがあるから、その真の姿が見えなかった。さらに一心に念誦し、木練は真の姿を拝むことができた。大悟である。その後、脊振山千栗《ちりく》で脊振山の修験者と験を競っている。

なぜ、彦山の縁起に阿蘇山のことが記されるのか。『隋書倭国伝』に、

阿蘇山がある。その石は、故なくして火が起こり天に接するもので、習慣として異となし、よって禱祭《とうさい》を行う。如意宝珠がある。その色は青く、大きさは鶏の卵のようで、夜は光をはなつ。魚の眼精（めのたま・めだま）だという。

とある。火山爆発が起きたので、祈禱を行った。そこには青く、鶏の卵ぐらいの大きさで光を放つ如意宝珠があるという。『隋書倭国伝』で、倭国の様子を述べている中で、唐突に阿蘇山が出ている。文中の阿蘇山が熊本県の阿蘇山を指すのかは不確かだが、実際に火山ということもあり、ここでは熊本県の阿蘇山と考えたい。

また『宇佐託宣集』巻二に「阿蘇縁起中云く」として、「龍宮の宝珠を乾珠・満珠となづけて借したまえば」とある。新羅の役のときの話である。大帯姫《おおたらしひめ》はすぐにこの珠を用いて、対馬と金海の間五十間ばかりの海を干した後、敵が降りて来たところに満珠を使用して海水を満たし、溺れ死にさせた。八幡大菩薩は、母が龍宮との約束を果たしたという。まさに神功皇后の新羅の役の話だが、阿蘇縁起にあるという。阿蘇山は、山岳修験としても著名な山であるが、如意宝珠の山として魅かれたのではないだろうか。

蛇足ながら、彦山と阿蘇山の関わりに、ひとつおもしろいものがある。「豪勇毛谷村《けやむら》六助伝」[30]、歌舞伎の「彦山権現誓助剣《ひこさんごんげんちかいのすけだち》」である。彦山毛谷村の強力六助は、秀吉の九州征伐のとき、主人を選ぶことを勧めら

れる。六助は力競べで勝った者に仕えることを約束する。三十九人に勝ち越したが、最後に木村又蔵に負け、加藤清正に仕えることとなったといい、後年朝鮮出兵で亡くなっている。この木村又蔵が阿蘇明神の申し子という。阿蘇明神に彦山の天狗のような六助が負けたのである。阿蘇山と彦山の関係を示すものか。六助の力石が彦山に残っている。

護法童子

『流記』の木練を助けた童子は護法童子であろう。彦山中の修験窟の守護神も童子である。護法とは、護法神、護法童子のことを指し、仏法を守る神々に勤仕使役される。童髪に結い、童子の姿で人間界に現ずる天童である。したがって験徳ある僧にも付き従い、その意を受けて仏法擁護、悪霊降伏に活躍する。神仏習合の一傾向で、平安時代、天台・真言の二宗が伝えられてから、護法思想が組織的、宗教的理論に発展していった。

阿蘇地方は護法信仰が特に盛んな地で、阿蘇市黒川の西巌殿寺《さいがんでんじ》にも祀られる。この地方の乙護法善神信仰は、そもそも脊振山の信仰に基づいている。

『脊振神社文書』には、

乙護法之事□伝云南天竺有二大王一名ヲ曰二徳善大王一ト十五人ノ王子□アリ第十五王子生テ後経七カ日一ヲ不レ知二行方一（中略）今ノ脊振山□現是也護法ノ願ヲ発テ所々ニ示現故ニ乙護法ト号ル□也

とある。乙護法は南天竺の徳善大王の第十五王子で、脊振山に現れ、護法の願を発した所であるため、乙護法と号したという。徳善大王の妻である弁才天の第十五番目の童子で、弁才天の乙子、つまり年若い子、末子という意味でもある。乙護法善神と脊振山の乙護法はほぼ同様のものである。

阿蘇地方の乙護法講の際に使われたであろう「乙護法講式」(『西厳殿寺近世文書』)には、不動明王の本地と記され、不動明王の信仰へと発展する。実際、脊振山中の数力所に不動明王を祀っている。それに対して阿蘇では乙護法善神そのものに対する信仰が根強い。坊中周辺の乙護法善神像だけでも二十八体を数える。

また同書には、

一《ツノ》有二名山一、号曰二脊振《ト》一龍樹大士之応化之地也、在《ス》二一《リノ》護者一、名称二乙天一、仏法擁護勇猛之神也

とある。「脊振」という山号は龍樹大士によって力を発揮する。乙天(護法童子)は仏法を擁護してくれる勇猛な神とある。

書寫山圓教寺を開いた性空には、脊振山から書写山まで、常に護法童子がつき随っている。脊振山で乙天一人だった護法童子は、書写山で乙天・若天の二人になる。乙天は不動明王、若天は毘沙門天という。性空の遷化とともに次第に神格化された。そして乙天は円珠、若天が徳順と名乗り、やがて徳順の子孫が梅津家だという。毎年一月十八日に行われる「鬼追い(修正会)」では、乙天が青鬼、若天が赤鬼の姿で本堂摩尼殿内陣を反閇して、一年の豊穣を約束し、祝福する。これは圓教寺の協力のもと、梅津家の者だけが奉仕する祭りである。

おわりに

タマの伝承は、今まで挙げた以外にも、説話に多くみることができる。以下、いくつか例を挙げる。『古今著聞集』巻第二には、平等院僧正行尊は大阪箕面山《みのお》に籠り、三カ月経ったときに夢をみた。龍宮に行き、如意宝珠を得たという。ここでは「種々のものを意の如くに出すという宝珠。龍宮の王が持っている」とされる。それ以上の奇譚は記されていない。因みに、箕面山は役行者の行場として著名だが、役行者がこの山の龍樹を訪ねたとき、門番として迎えた者が徳善大王である。前述したように、脊振山では乙護法童子の父といわれる。管見による限り、徳善大王は脊振山と箕面山にしか祀られておらず、両山の深く繋がった信仰をみることができる。

『古今著聞集』巻第一には、重源《ちょうげん》のことが記される。東大寺建立の願を発して伊勢神宮内宮に参籠したとき、宝珠を賜る夢をみた。その朝、袖より白珠が落ちた。外宮に参籠のときも、また珠を給わった。珠は、信心が通じて神から応報を与えられたものである。

『今昔物語』巻十第三十八には、龍と玉が登場する。海中に青龍と赤龍の二龍がいた。よく喧嘩をしたが、いつも青龍が負けていた。それを見ていた猟師は青龍を助けて、赤龍を殺した。そのお礼にと、青龍は海の中から玉を持ち出し、猟師に与えたという。玉について、『太平記』には「クジラの瞳の如く夜光の玉」とある。その後、猟師は望み通り裕福に暮らしたという。

内山真龍の『遠江国風土記伝』長上郡有玉郷には、潮干珠の話がいくつかある。(31) 主人公は日本武尊や坂上田村麻呂で、話は少しずつ異なる。現在の有玉村八幡宮の創建縁起もあるが、話の骨子は、タマ・石の霊威により、磐田の海、あるいは天竜川流域の水が乾いたというものである。天竜川は「アラタマカワ」とよばれており、桜井満氏[32]によれば、「神の出現を仰ぐべき魂川」で、「水霊発現、水霊を鎮め祀る場」という。

村山修一氏[33]によれば、『八幡大菩薩念誦作法』に、宝珠は八幡大菩薩の真体といい、信者の心が軽薄であればあらわれないが、心が清浄で祈念すれば、八幡神の宝珠が光を放ち、七宝をふらすという。そして干珠・満珠と結びつけて信仰される。

鎌倉時代後半の『宇佐託宣集』巻五には、前出『流記』にある法蓮の話と類似した伝承が記されている。概略を述べると、老翁が法蓮から宝珠を奪って、下毛郡諫山郷の高山に逃げた。ここは八幡大菩薩の母の垂迹の洞がある地。法蓮が老翁を責める声が伊予国石鎚山まで聞こえた。老翁は金色の鷹になり、金色の犬を連れて、自分が八幡であると告げた。この宝珠を賜って一切有情を利益しようと言い、宇佐に垂迹のとき神宮寺の別当とし、天下を鎮め祀ろうと二人は打ち解けた。

社伝によれば、元暦元年（一一八四）、豊後の緒方惟栄《これより》・惟隆が宇佐宮三所宝殿のうち、応神天皇を祀る第一殿から干珠・満珠を盗んでいったという。『流記』に、「大菩薩、此の珠を得て、宇佐宮の宝殿に自ら納めたまう」とあるように、確かに以前から、宇佐宮には干珠・満珠が祀られていたことがわかる。

『流記』から考えると、彦山で宝珠信仰が生まれ、法蓮によって八幡神と結びついた。法蓮自身、弥勒寺の別当となり、八幡信仰に欠かすことができないものが干珠・満珠である。そこには彦山の修験者が加わり、独自の信仰を育てていった。龍神信仰、水神信仰も結びついている。

記紀で、海神の呪物干珠・満珠から始まった珠は、ある意味発達し、神功皇后の「干珠・満珠型新羅の役勝利説話」の発想となる。脊振山の南のように、彦山は具玉の国というわけではなかったが、窟には、宝珠山のように他の地にはみられない珠がある。干珠・満珠は海の水を自由にできるというが、それだけでなく実は陸の水をも自由にできるとし、豊穣を約束するものでもあった。珠は霊であり、依代である。願いをかなえる力を秘めたものだった。八幡の真体でもあった。伝承では、主人公である僧が大悟する重要な場面で、その力を表している。

彦山に珠があるのは、阿蘇山との関連があるようだ。本地の姿を求めて哀願し、得ることができた観音は、珠を与えた。彦山、阿蘇山、そればかりでなく脊振山、そして霧島と一本通った信仰が珠に集約されたのかもしれない。それが彦山の信仰なのだろうか。

（本稿は、一部、拙著『脊振山信仰の源流――西日本地域を中心として』（中国書店、二〇一四）から抜粋し、再論考した。）

謝辞

筥崎宮権宮司田村邦明氏、同権禰宜田村邦和氏には、さまざまご教示いただき、写真をご提供いただいた。ここに記して、感謝申し上げる。

註記

（1）広渡正利『英彦山信仰史の研究』文献出版、一九九四年。
（2）森弘子「彦山・宝満山縁起と諸伝承」（『仏教民俗学大系』7）名著出版、一九九二年、二三四頁。
（3）「長寛勘文」（『群書類従』26）続群書類従完成会、一九八〇年、二四二頁。
（4）菊本賀保『国花万葉記』元禄十年（一六九七）刊、国文学研究資料館蔵。
（5）「観興寺千手霊像縁起」『豊国筑紫路の伝説』第一法規、一九七三年、二六三頁。
（6）「普曜経」巻第一（『大正新脩大蔵経』第三巻本縁部上）大正新脩大蔵経刊行会、一九八八年、四九四頁。
（7）「岩屋神社遺跡」東峰村文化財調査報告書第一集、東峰村教育委員会、二〇〇七年、五〇頁。
（8）註（7）、「宝珠山村誌」東峰村、二〇一〇年、五〇頁。
（9）現在嘉瀬川、別名川上川と称す。
（10）拙稿「脊振山信仰の一考察」（『西南学院大学大学院文学研究論集』第二十一号）西南学院大学大学院、二〇〇二年、一三三頁。
（11）石神については現在確認できない。二つの候補があって、一つは佐賀市大和町川上地区の氏子たちが毎年十月中頃注連縄を張り替える。高さ一メートル、広さ十畳大の石神。今一つは佐賀市大和町大字梅野字下田の下田地区の氏子が毎年一月第二日曜にお祭をする石神群の中の造化宮なる巨岩である。
（12）井上辰雄『正税帳の研究――律令時代の地方政治』塙書房、一九六七年、二三九頁。
（13）『大日本古文書』編年之二、東京大学出版会、一九七七年、一四九頁。
（14）註（12）、二四〇頁。
（15）太田亮『高良山史』神道史学会、一九六二年、二五四頁。
（16）山中耕作他編著『高良玉垂宮神秘書・同紙背』高良大社、一九七二年、二三八頁。

（17）山中耕作「沖詣り」（『西南学院大学国際文化論集』第五巻第一号）西南学院大学学術研究所、一九九〇年、一六一頁。
（18）『高良玉垂宮縁起』（山中耕作他編著『高良玉垂宮神秘書・同紙背』）高良大社、一九七二年、一三八頁。
（19）山中耕作「有明海の沖ノ島詣り」（一）・（二）（『西日本文化』第二四二・二四三号）西日本文化協会、一九八八年、七・二〇頁
（20）『葉隠』聞書第一　三三（『日本思想大系』二六）岩波書店、一九七四年、二三九頁。
（21）岡輝彦宮司のご教示による。
（22）御鉢とは、大きく窪んでいるためにこうよばれる。常に火を発して燃えるため、別名火常峯《ひとこみね》ともよぶ。『三国名勝図会』第三巻、青潮社、一九八二年、一九四頁。
（23）『日本大百科全書』七、小学館、一九八九年、一三一頁。
（24）『国史大系』第二巻、吉川弘文館、一九二五年、一六九頁。
（25）『続日本後紀』巻六（『国史大系』第三巻）吉川弘文館、二〇〇〇年、六八頁。
（26）『三代実録』巻一（『国史大系』第四巻）吉川弘文館、一九三四年、七頁。
（27）永井哲雄「日向の山岳信仰について」（中野幡能編『英彦山と九州の修験道』山岳宗教史研究叢書一三）名著出版一九七七年、四六三頁。
（28）圓教寺では、山号を「書寫山」、山そのものを指すときは「書写山」と書き分ける。ここでもそれに従う。
（29）『平家物語　長門本』国書刊行会、一九〇六、一三一頁。
（30）『福岡の伝説』（日本の伝説33）角川書店、一九七九年、四一頁。
（31）野本寛一『石の民俗』雄山閣、一九七五年、二四六頁。
（32）桜井満『万葉集東歌研究』おうふう、一九七二年、二三九頁。
（33）村山修一「如意宝珠と八幡信仰」『習合思想史論考』塙書房、一九八七、一六六頁。

英彦山絵図（松浦史料博物館蔵）

英彦山信仰の歴史的変遷の考察

桃﨑　祐輔

一　はじめに

英彦山修験道遺跡は、豊前・豊後・筑前三国の国境に聳える英彦山中岳・北岳・南岳を核とし、その周辺にのびる尾根続きの峰々にまたがる山岳信仰遺跡である。そもそも英彦山は、降雨が豊かで水源涵養林《かんようりん》としての性格が強く、遠賀川水系（英彦山川・中元寺川）と筑後川水系（小野川・鶴河内川・宝珠山川・大肥川・小石原川・佐田川）という二大河川の源流が交錯するとともに、行橋に注ぐ今川や中津の山国川など、豊前の主要河川の源流でもある。よって九州北東部の山路および河川伝いの交通は、すべて英彦山に収斂すると言っても過言ではない。

豊富な降雨は山に杉をはじめとする大木、和紙原料のミツマタ、種々の薬草、はては薪炭や天然氷を育み、谷を下る渓流はやがて下流の農地を潤す河川となる。英彦山中岳・北岳・南岳の高峰の山頂に営まれた神祠と経塚《きょうづか》、石塔、中腹の崖下に集中する修験窟（所謂四十九窟）と、その廻峰行のために整備された峰中宿、中腹から山麓にかけて営まれた坊群と付属墓地も、こうした自然地勢的な基盤の上に成り立っている。

二　研究略史

修験道遺跡の研究史

英彦山の修験道遺跡研究は、一九七一〜七二年の福岡県添田町の英彦山民俗資料緊急調査を嚆矢とし、梶谷敏明氏、花村利彦氏らによって成果がまとめられた（梶谷一九七三・花村一九七三）。梶谷氏はその後、『彦山流記』や『彦山縁起』にみえる「彦山四十九窟」の記事をもとに所在確認を行った（梶谷一九七五）。さらに、玉屋窟・大南窟・五窟・智室窟・豊前窟を詳細に調査した（梶谷一九七八）。一九七六年には北九州市立歴史博物館『豊前修験道・英彦山展』が開催され、特別展図録には筑紫豊・佐々木哲哉氏らの論考が掲載された。中野幡能編の『英彦山と九州の修験道』には、中野幡能《はたよし》・佐々木哲哉・大神信證・長野覺《ただし》・五来重《ごらいしげる》氏らの英彦山にかかる論考が集録された（中野幡能編一九七七）。一九七九年には北九州市立歴史博物館『研究紀要一　特集・豊前修験道』が刊行され、小田富士雄「英彦山の経塚」、渡辺正気「英彦山発見褐釉四耳壺埋納の小石室」、小田富士雄・永尾正剛「考古資料」等が収録された。また、花村利彦氏は一九八一年に「英彦山の修験道遺跡と文化財」で英彦山内の窟を、空間形状ごとに分類・類型化した（花村一九八一）。その後、一九八二～八四年にかけて朝日新聞西部本社主催の英彦山学術調査が実施された。その過程で新たに鷹栖窟が発見され、今熊野窟に比定される梵字ヶ岩も調査された。

智室窟の調査では周辺の石造物が調査されるとともに、発掘で基壇の石列柱座が確認され、投入堂《なげいれどう》の建築に三度の建て替えが判明し、中・近世の陶磁器も出土した（根来一九八三）。彦山研究は、窟の図化・形態分類などの考古学的手法を早い段階で導入した画期的なものであったが、その解釈は専ら『彦山流記』の記述にのみ依拠し、窟から採集された膨大な遺物は十分検討されずに終わり、窟の性格の時期的変遷は十分明らかにされなかった。

さらに一九八二年の英彦山山頂調査に学生として参加した山本義孝氏が中心となり、別府大学中野幡能研究室の関係者を中心に結成された英彦山研究会は、「彦山四十九窟を中心とする窟の周囲を徹底的に踏査し周辺の地形を把握し、遺物の分析から年代の特定や機能を推測し、さらに周辺部を含めて窟本体の形態・壁面・及び床面の宝殿跡に留意しながら実測図を作成し、最後に文献史料とも対比する」手法をとった（山本一九九三・一九九七）。山本義孝氏は「修験道」の中で『彦山流記』の分析を通じ、単独の窟以外に、「廊」と表現される聖域の存在を指摘し、複数の修行窟を参籠しながら巡る行道と結びつき、山岳連行が行われていたことを指摘した（山本二〇〇二・二〇〇六）。

二〇〇五年には福岡県東峰村で、彦山四十九窟の宝珠山窟に比定される岩屋神社本殿の解体修理と発掘調査が行われた。鉄鉢型土器・懸仏・経軸片・土馬・銭貨などが出土し、弥生時代から現代に至る窟の利用の変遷がうかがえる例として注目された。また山本義孝氏が英彦山各窟の実測図を提示し、内容を紹介した（東峰村教育委員会二〇〇七）。

西野元勝氏は東峰村岩屋神社を検討しV期に分期し、その性格の変遷を明らかにした（西野元勝二〇〇八）。

石造物をめぐる研究史

一九八二年の朝日新聞社による英彦山学術調査時、今熊野窟の磨崖梵字・磨崖仏・銘文が朝日新聞紙上に大きく取り上げられ、根来昭仁氏によって精査され、石膏型取りも行われた（根来昭仁一九八三）。その後八尋和泉氏が美術史的視点から精査し、失われた阿弥陀三尊の脇侍《きょうじ》菩薩像を鎌倉前期の基準作例と認定し、木彫仏の影響を指摘した（八尋和泉一九八七）。

村上龍生氏は、『願心荘厳――英彦山の石造物』で英彦山内の有銘石造物の所在と形態・法量・銘文を総覧した。今日、所在の確認や銘文の判読が困難なものも多く、本論の釈文も本書による（村上龍生一九八七）。また、小方泰宏・中野直毅・松本階昌氏は、英彦山の踏査で山内に五輪塔が存在せず（小方泰宏・松本階昌・中野直毅一九八九）、豊前城井に入植し、求菩提山や彦山領東北辺を押領した宇都宮氏の領域に中世石造物が密集することを指摘した（小方泰宏・中野直毅・松本階昌一九九〇）。

英彦山には中世石造物は僅少だが、近世石造物は膨大な数が遺る。添田町・英彦山研究会の「大河辺山伏墓地」報告書では墓地の構成内容から築造過程を明らかに、山内の玉屋谷墓地、山外の蔵持山の山伏墓などにも論及する（添田町教育委員会一九九六）。

英彦山内の中世石造物が少ない要因について、木村達美氏は、①修験道の想念より、自然の所産をそのまま神仏と捉えていた、②過激な廃仏毀釈が断行された、のいずれかとした（木村達美二〇一〇）。これらの成果を山口裕平氏が整理して、英彦山の中世石造物を概述した（山口裕平二〇一一）。

また、山本義孝氏は、飯塚市筒野五智如来の彦山信仰史上の意義を論じた（山本義孝二〇一一）。さらに知足美加子氏は、八尋和泉氏の磨崖仏研究を発展させ、崩落した今熊野窟磨崖仏の磨崖梵字・脇侍菩薩像の三次元計測を行い、その詳細を報告するとともに、失われた主尊の阿弥陀如来像を含めた三尊像の３Ｄ復元を試みていることは画期的な成果である（知足美加子二〇一四）。なお山外についても、黒川院期の座主墓や石塔群の存在が紹介されている（中島圭二〇一五）。

現状と課題

以上の研究史を踏まえ、英彦山山岳信仰遺跡研究の課題を挙げると以下のようになる。
①英彦山が巨大に過ぎ、全容の把握が困難である。
②英彦山修験道遺跡は『彦山流記』四十九窟との対応解明に主眼が置かれてきたが、窟の比定にとどまる。
③英彦山修験道遺跡全体の画期性の議論が不足している。古代・中世・近世の相違と連続性の解明が必要。
④景観的理解の欠如。信仰的側面に議論が偏向し、山中都市をなす坊群や山麓農村への視点は不十分。

研究の方法

以上の研究史上の課題を解決していくためには、

①英彦山の総体把握を最優先目的とする。『彦山流記』四十九窟との対応解明による比定だけでなく、採集された遺物や石造物から、英彦山信仰遺跡の成立過程や変遷を明らかにし、通時的叙述を試みる。
②文献史や宗教史の成果を踏まえながら、採集遺物・遺構状況や立地に基づいて遺跡自体の理解を徹底する。
③出土遺物や立地を考慮し、山林修行の場としての山岳宗教遺跡の評価を行う。
④英彦山修験遺跡全体が古代・中世・近世でどのような点で変遷があり、その点に連続性があるか解明する。
⑤英彦山を山中宗教都市と捉え、寺社大衆を宗教都市民と位置づけ、生業や山麓の農村開発との関係を拓く。

三　古代の彦山をめぐる環境

狩猟採集社会から農耕社会へ

英彦山には鹿をはじめとする野生動物が豊富に棲息する。彦山開闢《かいびゃく》伝承にみえる藤原恒雄が猟師であったとされるのも、当地が優秀な猟場であったことを物語り、旧石器・縄文時代の狩人たちも英彦山麓の谷や尾根を往来した。大分県側の二日市洞穴や、大野川流域の旧石器〜縄文早期の遺跡群は、岩陰や洞窟に営まれているものも多い。いずれ英彦山四十九窟の最下層からも、先史時代の狩人の痕跡が見出されるに違いない。大分県臼杵市白鹿《しし》権現では、猟師によって洞窟内に鹿や猪の夥しい頭骨が供献され、中世の石塔も祀られ遺物も残る。しかし古くから霊地として不殺生の場となった英彦山に、狩猟との関わりはうかがいにくい。添田町津野字後《うしろ》の後遺跡は、縄文時代早期〜後期の遺跡で、縄文後期の七区一号土壙では、九州では僅か十例しか見つかっていないヒスイ大珠が砕かれた状態で出土した（添田町教育委員会二〇〇七・大坪志子二〇一四）。ヒスイは遠く新潟県の糸魚《いとい》川流域からもたらされたもので、遠賀川河口に近い山鹿貝塚の埋葬人骨が装着していた軟玉製の大珠とともに、遠隔地との交渉をうかがわせる。川と尾根を交通路とする縄文人は既に、英彦山に特別な信仰をもっていたに違いない。

さらに弥生社会の到来とともに、稲作農耕の担い手たちは河川を遡って水田適地を求め、同時に雨の豊かな英彦山は、水源涵養林としての性格が強く意識されるようになったはずだ。庄原《しょうばる》遺跡では、石英長石斑岩製の銅製ヤリガンナ鋳型や、朝鮮半島の円形粘土帯土器が出土し、ベンガラ貯蔵遺構も認められ、褐鉄鉱製錬の可能性もある（添田町教育委員会一九九七）。こうした実験場的な遺跡（武末純一二〇〇八）が現れたのも、英彦山の神秘性と、水陸交通の交錯する情報・技術センターであったことと無縁ではあるまい。

彦山四十九窟の一つである宝珠山岩屋神社の洞窟からも弥生土器が出土し、筑豊と日田盆地、朝倉平野を往来する弥生人たちも、水分《みくまり》としての英彦山の神秘性を強く意識していたことをうかがわせる。

屯倉の成立と三輪山信仰

古墳時代中期になると、筑後、遠賀両河川の流域には河川伝いに入植した渡来人が村落を形成し、特色ある古墳文化が展開した。五二七年に倭《やまと》王権に対して反乱を起こし、敗れた磐井《いわい》が逃れた上膳縣《かみつみけのあがた》とは求菩提《くぼて》山《さん》とする説もあり、筑後八女から日田、さらに英彦山山系へという逃走経路を物語っている。

「磐井の乱」後、各地に屯倉《みやけ》が設置されるが、英彦山周辺では、『日本書紀』安閑天皇二年（五三五）条に、「五月の丙午の朔甲寅に、筑紫の穂波《ほなみ》屯倉・鎌《かま》屯倉、豊国の媵崎《みさき》屯倉・桑原《くわはら》屯倉・肝等《かと》屯倉。大貫《おおぬき》屯倉・我鹿《あか》屯倉」が設置されたことを記している。このうち穂波屯倉（遠賀川流域・福岡県飯塚市・桂川町付近か）、鎌（嘉麻）屯倉（遠賀川流域・福岡県嘉麻市・飯塚市周辺か）、我鹿屯倉（今川流域・赤村周辺か）、桑原屯倉（彦山川流域か、大任町説あり）などは英彦山を水源とする河川流域の内陸部に展開していた。

『鎮西彦山縁起』（一五七三成立）には、「大己貴《おおなむち》神は田心姫命《たごりひめのみこと》・湍津姫命《たぎつひめのみこと》を妃として北嶺に鎮座した。のち三女神は宗像宮に遷り、大己貴神は許斐《このみ》山に遷った」とある。大己貴神は三輪山信仰に関わる蛇神で大物主《おおものぬし》神ともされ、三輪山型（苧環《おだまき》型）説話を伴うことは周知の通りである。その信仰の由来は列島在来のものではなく、朝鮮半島に由来し、蛇神でもある大物主が、活玉依売《いくたまよりひめ》を妻として産ませたのが意富多多泥古《おおたたねこ》（大田田根子）で、大三輪部の祖とされる。その発見地は『日本書紀』では茅渟県《ちぬのあがた》の陶邑《すえむら》、『古事記』では「河内の美努邑《みぬむら》」で表現は異なるが、大阪府南部の和泉陶邑窯の周辺を指すことは共通している。よって大己貴神の信仰は、五世紀以降、陶邑窯を中心とした須恵器生産の中枢地域で確立し、倭王権の後押しをうけた須恵器生産技術の拡散に伴って各地に扶植されたと推定されてきた。

こうした三輪山型説話の比較神話学的研究を行った三品彰英氏は「かかるモチーフを持つ話は、我が国では『土佐風土記』『平家物語』緒方氏出自説話等があり、朝鮮に於いては『三国遺事』所収の甄萱《キョンフォン》の出自伝説が古い処であり、北鮮のオランカイ種族の発祥伝説」にみられることを指摘した（三品彰英一九四三）。

筑紫では、英彦山より東方の朝倉郡筑前町（旧三輪町）に、式内社大己貴神社がある。大神《おおみわ》神社がある。

当地はもともと朝鮮半島色の強い朝倉系初期須恵器の生産地であったが、五世紀後半〜六世紀前半の須恵器生産に陶邑窯の影響が強まる段階で、神人《みわひと》や大神部《おおみわべ》などの集団によって勧請奉斎されたと考えられる。大宰府条坊遺跡では、表面に「夜須郡苫壱帳」裏面に「調長大神マ道祖」と墨書した木簡が出土し、八世紀の夜須郡域に大神部の居住が確かめられ、大神神社（大己貴神社）の祭祀集団と考えられる。

夜須郡域には倭王権の直轄支配地である夜津（夜須）屯倉の存在が推定される。北麓の遠賀川水系に屯倉比定地が多く存在する彦山の大己貴神信仰も、六〜七世紀の屯倉設置との関わりがまず考えられる。しかし英彦山にはこの時期の明確な信仰遺跡は見つかっていない。八〜九世紀以降に顕在化する英彦山信仰遺跡との関わりでいえば、むしろ『平家物語』『日州高千穂古今治乱記』『大神氏系図』などに見える大神氏や分派の緒方・臼杵・戸次氏など、宇佐八幡宮周辺氏族が奉斎する、大己貴神の変容形としての蛇神信仰の影響を考える余地もあり、彦山伝承への編入時期はなお検討が必要である。

彦山開基伝承の藤原恒雄と檀君神話

中野幡能氏は、「九州の白山信仰」において、建暦三年（一二一三）とされる『彦山流記』奥書に「当山之立始　教到元年辛亥智者大師御誕生、藤原恒雄踏出者也」とみえる恒雄について、『三国遺事』の檀君神話で、檀君が帝釈天桓因の子桓雄と熊との間に生まれた神人であるとする伝承との関連を想定し、桓因（上帝）・桓雄（神市）、桓検（檀君）の三神のうち、桓雄が変化して恒雄となり、藤原姓をのちに付会したと推定した（中野幡能一九七七）。

『鎮西彦山縁起』には、彦山の開基は北魏僧善正で、「石窟に卜居し、藤葛を衣と為し、果蓏《から》を飲に充つ、石泉を飲んで松柏に陰し、恬として寒燠を度て時機の稔を待つ」生活をして修行し、その姿を見た猟師の藤《ふじ》原《わらのこうゆう》恒雄が第一の弟子になり、のちに第二祖の忍辱《にんにく》上人となったとされ、宣化三年（五三八）の開基を伝える。元禄七年（一六九四）の『彦山縁起』や寛保二年（一七四二）の『豊鐘善鳴録』では、これを継体天皇二十五年（五三一）とし、北魏僧・善正が彦山山中で修行中に、日田藤山村の猟師の藤原恒雄に会い殺生の罪を説いた。しかし聞き入れない恒雄が一頭の白鹿を射たところ、三羽の鷹が出現して白鹿に檜の葉に浸した水を与えると白鹿は生き返り、藤原恒雄は善正に帰依し、彦山二祖の忍辱上人となったという。彦山開基伝承の北魏僧善正は、仏教公伝（五三八・五五二）に先立つ由緒の主張のために創作された人物と考えられる。ただし、対馬の上県町佐須の小堂より北魏の興安二年（四五三）銘のある鋳銅仏が見つかっており、大江匡房《まさふさ》の『対馬貢銀記』には欽明朝の比丘尼《びくに》の渡来を伝え、『維摩会縁起《ゆいまえ》』や『元亨釈書《げんこうしゃくしょ》』にも百済法均尼の伝を記すため、全くの事実無根と断ずる前に、今一度、九州の仏教伝来年代を再考する必要がある。

『金剛峯寺建立修行縁起』によれば、空海は四国や大和の金峰山で修行し、虚空蔵求聞持法を修めたのち三十一歳で入唐し、恵果から密灌を受けて帰国し、弘仁七年（八一六）、霊地を求めて旅をしていた折に大和国宇智郡で二匹の犬を連れた猟師（狩場明神）と出会い、その案内で高野山の丹生都比売神から高野山を譲られたという。

さらに『長寛勘文』に収録された熊野最古の縁起、『熊野権現御垂迹縁起』によれば、熊野の神はある時に本宮大斎原の一位木の三本の梢に三枚の月形の姿で降臨し、それを見つけた熊野部千代定という犬飼（狩人）に、自ら熊野三所権現と告げたという（大河内智之二〇〇九）。

これらを踏まえれば、彦山忍辱上人の伝承は、高野山や熊野山の開創伝承の影響を受けていると考えられる。

四　法蓮と奈良・平安時代の山居

渡来系集団の寺院から官寺へ

七世紀後半以降、各地で古代寺院の形成が本格化する。

英彦山山塊から派生する水系に仏教が受容される上限は、山国川流域の中津市相原廃寺、今川流域の行橋市椿市廃寺・彦山川流域の田川市天台寺など七世紀末に遡る新羅系の華麗な蓮華文軒丸瓦や唐草文軒平瓦を伴う寺院跡であり、秦氏などの新羅系渡来氏族との密接な関わりが推定される。椿市廃寺では、Ⅶ区三号井戸で、托鉢具の鉄鉢形土師器が四点出土していることが注目される。

今川中流域の木山廃寺でも、重弧紋圏間弁付単弁軒丸瓦・重弧紋瓦のセット、複弁九弁軒丸瓦＋老司系退化型式の偏行唐草文軒平瓦が出土し、八世紀代の寺院跡と推定される（犀川町教育委員会一九七五）。

英彦山南東麓の朝倉市長安寺廃寺跡は八世紀前半の寺院跡で、礎石建物に伴い瓦、須恵器、土師器が出土した。『続日本紀』には、天智天皇が斉明天皇の冥福を祈願して観世音寺と筑紫尼寺を創建したとあり、古く「朝鞍寺」、「朝闇寺」とも呼ばれた長安寺は朝倉橘広庭宮跡に営まれた筑紫尼寺跡とする説もある。また鉄鉢形土器や多数の墨書土器、陶硯なども出土し、鎮護国家や識字層養成が求められたことをうかがわせる。

また、英彦山黒川院に近い朝倉市三奈木の堂ケ尾廃寺では、大宰府風の鬼瓦や軒瓦が出土し、本格的な官寺の存在をうかがわせる。

英彦山北麓をみると、添田町中元寺の観音寺遺跡では、蛇紋岩製の石帯《せきたい》が出土し、官人層の居住を物語る（添田町教育委員会二〇〇九）。

嘉麻市熊ヶ畑の宮ノ脇廃寺は、標高八一メートルの平坦地に立地する。一九八四年の発掘調査で、一五×一四メートルの方形区画の中に高さ一・五メートルの基壇や二・七×二・一メートルの建物が確認された。九世紀前半頃の軒丸・平瓦や土師器が出土した。標高こそ低いが、英彦山信仰の萌芽を考える上で山麓の動向を物語る。

奈良仏教と山居する僧侶

律令国家による仏教政策の基本となる法令が大宝元年（七〇一）の「僧尼令」である（『続日本紀』）。第五条では、僧尼が寺院以外に別に道場を立てて布教することを禁じる。一方、第十三条では禅林修行のための山居（山林寺院に籠る）手続きを規定している（上原真人二〇一四）。

八世紀の奈良仏教のもとでは、求聞持法という密教山林修行の作法に基づき、平城京内にある本寺に属しながら、一方で山房を持ち、白月《びゃくげつ》（新月↓満月）は山に入り、黒月《こくげつ》（満月↓新月）は寺に帰る、という如法修行の生活を送る学僧がおり、平地寺院と山林寺院とのネットワークは、こうした僧侶の往来に裏打ちされていた（薗田香融一九五七・上原真人二〇〇二）。

脊振山系の北麓に位置する那珂川町の別所次郎丸遺跡は、八世紀前半～中頃の平城宮様式の暗文土器杯AⅡや、「七」「十」などの墨書がある須恵器杯が出土した。また、「□寺湯□」墨書土釜、「塔」墨書土器、須恵器の鉄鉢形須恵器が四点出土した（福岡県教委一九九四）。ほど近い山の神遺跡でも、仏教的な雰囲気をうかがわせる土器群の供献遺構がみられ、いずれも脊振山地から派生する北斜面の森林地帯に位置する。当地は筑前から肥前に抜ける峠道の入口にあたることから、官衙・官寺の関わる境界祭祀としての性格をうかがわせる一方、仏僧の托鉢（乞食）に不可欠の鉄鉢形土器の存在は、福岡市南区柏原M遺跡とも通じ、山林修行を行う僧侶の存在をうかがわせる。

なかでも注目されるのは、「□寺湯□」墨書土釜である。上原真人氏によれば、法会にのぞむ僧や布教活動から戻った僧は寺の温室《うんしつ》で身を浄めた。『続日本紀』には、全国の僧尼に清浄沐浴させ、月内に二、三度、最勝王経を読ませたことがみえる。また、僧たちは半月ごとに集まり戒律の条文を読みあげ、自己の罪障を懺悔する布薩《ふさつ》を行った。布薩の前日には「大いに湯をわかしてあまねく僧にあむす」（永観二年〈九八四〉『三宝絵詞』）。つまり、身を浄めた上で、僧たちは心を清める布薩にのぞんだ（上原二〇一二）。さらに、禅林寺（永観堂）を開いた空海の弟子真紹は、貞観十年（八六八）に作った内規〔禅林寺式〕『平安遺文』一五六文書の十四条において、集落に入って数日を過ごした僧は洗浴した上で仏堂に入るよう定めている（上原真人二〇一四）。

さらに江戸時代の青柳種信は、『筑前町村書上帳』で、弥永村字下東郷（福岡市南区弥永）の国分田を「村の東に国分田とてあり。蓋昔の国分寺の領か」、今光村（那珂川町今光）の国分田を「此村の南にも国分田といふあり。国分寺の料か」と指摘しており、現在の南区から那珂川町に、複数の国分寺領があった可能性を指摘している（高倉洋彰二〇一五）。

以上を踏まえれば、別所次郎丸遺跡や近傍の山の神遺跡は、筑前国分寺や観世音寺・三宅廃寺などの僧侶たちが、寺領を足掛かりに、虚空蔵求聞寺法の作法に則り、山林修行をしていた可能性が指摘されるとともに、国衙機構に属する僧侶として、沐浴ののち、筑前と肥前の境界祭祀のため最勝王経を読誦した状況が想起される。

山本義孝氏は、『続日本紀』巻第八養老二年（七一八）冬庚午の条の、太政官が僧綱に「其居非二精舎一。行背二練行一、任レ意入レ山。輙造二庵窟一。混二濁山河之清一、雑二燻烟霧之彩一。」と告げている記事の「庵窟」を、参籠可能な窟のことと推定し、奈良時代の私的な山林修行での参籠行の存在を指摘し、法蓮の彦山玉屋窟参籠伝承をその実例に挙げた（山本二〇〇六）。

八世紀の宝満山では、上宮祭祀遺跡が成立し、三彩壺、二彩壺、銭貨など畿内色が強い遺物が顕著であることから、小田富士雄氏は「遣唐使派遣という中央政府の意図を受けて大宰府が直接関与したと思われる国家的祭祀」と考え、その後、九世紀に入ると、「遣唐使派遣を廃止した結果、中央政府の関与が急速に退潮し、対外的には新しく生じた新羅海賊からの防衛、国内的には天災・怪異などから鎮護するという筑前国神に対する本来の意義が、当時の世相不安とともに大きく期待されていた」と述べる（小田富士雄一九八三）。山頂祭祀では、巨岩の周囲から土器や、奈良三彩、緑釉陶器、皇朝銭、滑石製有孔円盤・形代銅製儀鏡が出土している。しかし、宝満山の祭祀遺跡を再検討した時枝務氏は、七世紀後半の辛野祭祀遺跡と同様な祭祀が八世紀後半になって山内各所で行われるようになったが、比較的短期間で衰退し、上宮祭祀遺跡に祭祀が収斂していくとした。そして祭祀の担い手は、従来考えられていた国家から派遣された神祇官僚ではなく、山麓の竈門山寺などに属する僧侶であろうと述べたが、その背景については今後の課題とした（時枝務二〇一三）。当初、祭祀の場として神聖視されていた大南窟は、行場へと変貌していく。

古代の山林寺院は愛知県（三河国）・静岡県（遠江国）境の山中に造営された大知波《おおちは》峠廃寺のように、国境に設けられることが多かった。筑前・筑後・豊前・豊後の国境にまたがる英彦山山系は、境界の山でもあった。

岩屋神社遺跡も筑前・豊後の国境祭祀の場としての性格も考える必要がある（西野元勝二〇〇八）。

宇佐の法蓮教団と彦山

八世紀初頭の英彦山山系周辺には、相原廃寺・椿市廃寺・木山廃寺・天台寺・大分廃寺等の渡来系寺院が既にあり、嘉麻市域では奈良時代初期の誕生仏も採集されており、七三八年には宇佐神宮境内に神宮寺の弥勒寺が建立された。八世紀中頃には、蔵持山に発する祓川流域に豊前国分寺が成立し、秦氏系氏寺や宇佐弥勒寺・豊前国分寺の僧侶のうちには、白月に長安寺廃寺・宮の脇廃寺などの山麓寺院に山居したり、托鉢の鉄鉢形土器を携えて英彦山山系の山林に入り、修行する者もいたと考えられる。

七三八年に宇佐弥勒寺別当となった法蓮は、彦山中興の祖ともされる。『続日本紀』大宝三年（七〇三）九月二十五日条や、養老五年（七二一）六月三日条によれば、法蓮は医術に長け、豊前国の野四十町を与えられ、宇佐君の姓を賜った。ただ法蓮が実際に活動し、足跡を残しているのは宇佐周辺で、彦山での活動は伝承の域を出ないが、『八幡宇佐宮御託宣集』霊巻五、菱形池辺部小倉山霊行事に、

一云。彦山権現為利・衆生。教至四年甲寅。自摩訶陀国持如意宝珠。渡日本国被納当山般若岩屋今号玉

屋。一百六十余年之後。流浪行者法蓮聖人聞彼珠徳。参籠件岩屋一一二年。一心不乱読金剛般若。備神冥法楽。此間霊異之人自然出来而時給仕。常応聖人。三所権現納受法味。満山護法随喜妙行之時。自岩屋中水流下。依彼験付此水。倶利伽羅含珠而出現。

とみえ、法蓮が超能力を得るため、長期間玉屋窟に籠る修法を実践していたとの伝承を記している。

この記事に信を置くなら、法蓮は僧尼令の規定を足掛かりに、当初は白月に山居（山林修行）のために彦山に入り、山中に長時間参籠して超常の法力を得、特例として第五条で禁じる道場を建てての布教を許され、古代の須恵器片が採集される政所坊付近に施設を営んだ可能性が考えられる。なお最近、東京の大倉集古館に「伝法蓮房坐像」が収蔵されており、玉屋講中に伝えられている「法蓮上人像」との図像的一致から彦山法蓮の像であることが判明した。寄木造玉眼入りであることや様式から、十三世紀後半〜十四世紀初めの造像と推定される（淺湫毅二〇一五）。

北岳山頂の経塚に埋納されていた金銅如来像は、高く盛り上がる肉髻、刻線で描く眉、U字形の弧を繰り返す衣の襞、弁先が反る台座の反花《かえりばな》などの特徴から、八世紀前半の統一新羅時代の制作と考えられ、彦山への将来は古代に遡る可能性がある。

鉄鉢形土器にみる托鉢僧の活動

『彦山流記』に「宝珠山窟」としてみえる朝倉郡東峰村宝珠山村の岩屋神社は、継体天皇二十六年（五三

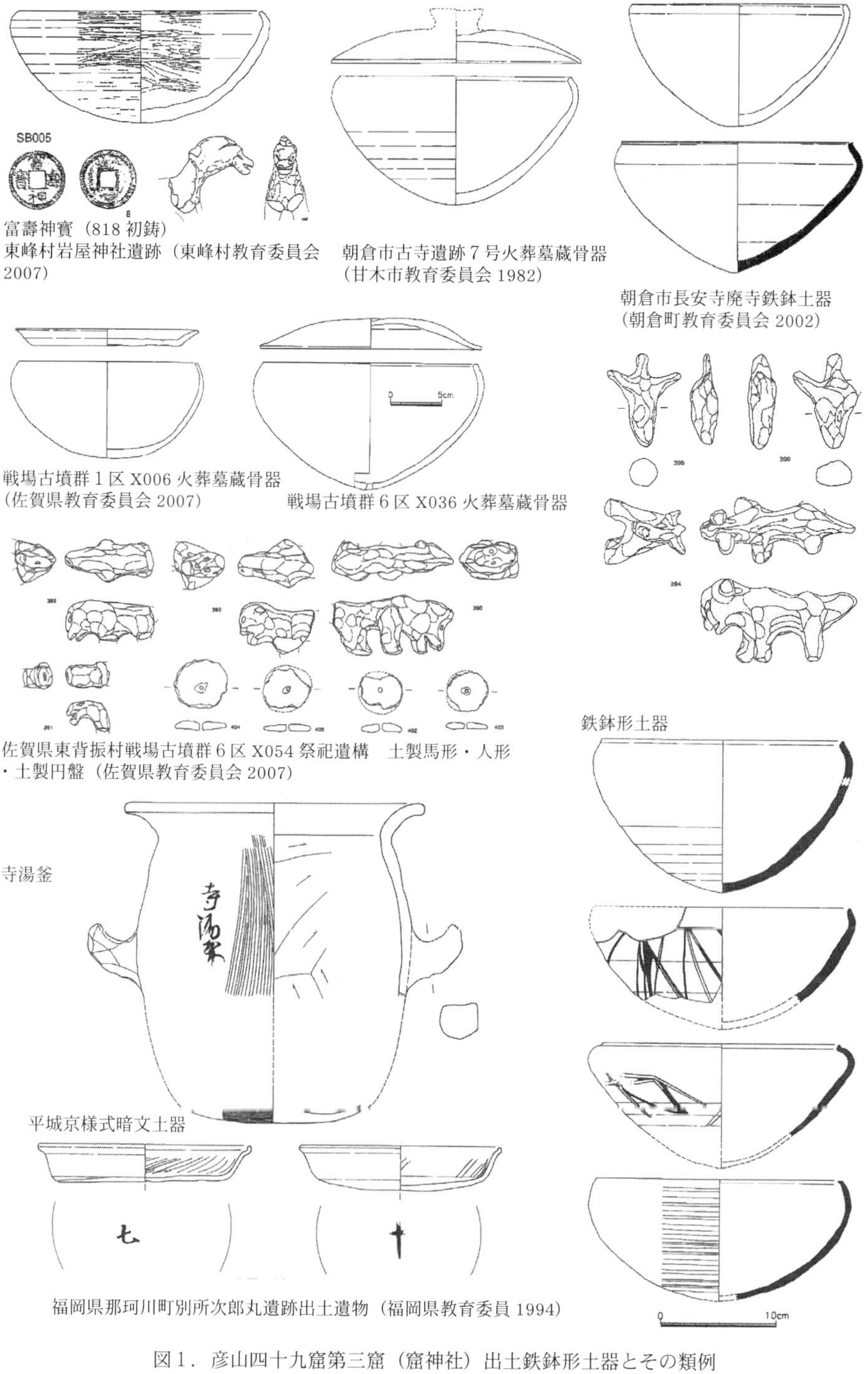

図１．彦山四十九窟第三窟（窟神社）出土鉄鉢形土器とその類例

二）、宝珠山宝泉寺大宝院として開創したと伝承する。欽明天皇八年（五四七）、宝珠山の由来となった宝珠石（星の玉）が天から飛来し、神体として安置されたと伝える。窟内に嵌入するように建てられた元禄十一年（一六九八）の社殿（国重要文化財）の下から、八〜九世紀の鉄鉢形土器・富寿神宝（八一八初鋳）・黒色土器椀、土師器杯が出土し、宝満山との出土遺物の類似から古密教（雑密）の修行者による参籠行が推定された（東峰村教育委員会二〇〇七）。

彦山の里坊である黒川院からさらに下った朝倉市甘木の古寺・池ノ上古墳群では、八〜九世紀代の火葬墓も見つかっており、七号火葬墓には鉄鉢形土器の蔵骨器も含まれている。この火葬墓の被葬者は地元の渡来系有力集団の出身で、長安寺廃寺や堂ヶ尾廃寺などの官寺に関わっていた人物であることがまず考えられる。しかし一方、奈良時代は多くの私度僧《しどそう》がおり、集落や山林内で活動していた私度僧の可能性も生じてくる。ここで注目すべき指摘がある。本朝火葬の創始者として知られる道昭（六二九〜七〇〇）が白雉四年（六五三）に遣唐使として入唐し、玄奘三蔵に師事、斉明天皇六年（六六〇）に帰国した際に将来した経典中に三階教《さんがいきょう》の教籍が含まれており、弟子行基らの菩薩行に大きな影響を与えたとの説である（井上光貞一九六九・吉田靖雄一九八二）。北斉〜隋の信行（五四〇〜五九四）が新たに創始した教派である三階教は、様々な善行・布施を利他＝他者のために徹底して行うことを説いた。その教義は、中国北朝系の浄土・観法（禅）の実践仏教系譜を引くとともに、大乗仏教の思想の延長線上にあり、仏教の汎神論性を前進させたもので、同時期の浄土教の一神論的側面とは対極にあり、来るべき密教諸尊への信仰や、中国における道教諸尊、八百万の神祇など、神仏習合への道筋をつけるものでもあった。また古代人にとって、天災飢餓は記憶にない七世父母の犯した罪業の現報と考えられ、乞食行を行う僧侶に対する布施行によって自己や七世父母六親眷属が救済されるとした。

佐賀県吉野ヶ里遺跡の北方三キロ、脊振山系の南麓に位置する戦場古墳群では、奈良～平安時代の火葬墓群が見つかり、土師質の鉄鉢形土器を火葬蔵骨器としたものが二点含まれているほか、「物」字の墨書のある土器片も見つかった。またSX〇五四祭祀遺構では、馬形五体分、人形七体分、有孔円板などの土製模造品が一括出土し、墓地全体に対する祭祀跡とみられる（佐賀県教育委員会一九九五）。

仏教的な火葬墓と、非仏教的な土製模造品の共存は何を物語るのだろうか。

『肥前国風土記』佐嘉郡の条に、「川上に荒ぶる神ありて、往来の人、半を生かし、半を殺しき。ここに県主らの祖大荒田《おおあらた》占問き。時に土蜘蛛、大山田女・狭山田女といふものあり、二の女子の云ひしく、『下田の村の土を取りて、人形・馬形を作りて、此の神を祭祀らば、必ず応和《やわら》ぎなむ』といひき。人荒田、即ち其の辞の随に、此の神を祭るに、神、此の祭を歆《う》けて遂に応和ぎき」とある。佐賀県小城市寺浦廃寺は八世紀前半代の新羅系瓦を葺く郡寺址だが、丸瓦に「荒田」の刻書がみられる（小城町教委一九九一）。

大荒田は古墳時代に土着した祭祀氏族ミワ部の末裔とみられ（桃﨑祐輔二〇一三）、土蜘蛛と称される土俗社会の巫覡《ふげき》と協力して荒ぶる神を鎮撫するとともに、同族が寺浦廃寺を建立して仏教をも受容していたと推定される。このようにみれば、山林と深い関わりを持つ渡来系の鍛冶集団や須恵器生産集団から輩出した僧たちは、霊山での山林修業にいそしみ、時には地主神や御霊の鎮圧にもかかわり、神仏習合思想の契機となる一方、集落での托鉢に使用するため鉄鉢形土器を携え、死してのちはそれが僧たちの火葬蔵骨器となったと考えられよう。

『彦山流記』には、承平・天慶年間（九三一～九四七）頃に蔵持山窟を開創した静暹《せいせん》聖人について、定恵兼備の禅侶で、飛鳥を地に落とすほどの法力をもち、彦山籠居のとき、山内の食糧が欠乏した。聖人は護法を念じると空鉢は飛び去ってのち帰ってきた。そこに一人の白髪の老翁が登山し、「私は九州の関守、門司の別当で、先日、門司関に繋がれていた船に積まれていた米が、悉《ことごと》くなくなり、思うに当山の空鉢が飛来して時料を乞うたが、船中の人々が布施しなかったので、空鉢は恨んで帰り、彼の米は、多分御山に飛騰したのであろう」といい、米を入れる蔵庫を寄進したとの伝承を記す。

類似の説話は『信貴山《しぎざん》縁起絵巻』の「飛倉の巻」にもあり、十世紀初めの延喜年間（九〇一～九二三）に、大和・河内国境にある信貴山寺で毘沙門天を祀り、奇蹟を起こした命蓮の物語を記す。

鉄鉢は托鉢僧の乞食行に不可欠な仏具であるとともに、法力のシンボルでもあった。蔵持山を水源とする祓川の中流には豊前国分寺が所在し、静暹聖人も豊前国分寺にあって白月に山居したか、国分寺から離脱した僧侶の可能性が考えられる。

以上、英彦山の山林寺院は僧尼令に定める官寺の山居が起源と推定され、集落内寺院の色彩は意外に乏しい。政所坊跡では奈良～平安期の須恵器大甕片も採集されている。いずれ英彦山内の窟で、山林修行者が遺した鉄鉢形土器が出土する日が来るだろう。

五　彦山の天台密教化

九～十世紀の対外的緊張と彦山

彦山が歴史に登場するのは、『本朝年代記』延喜十九年（九一九）に豊前守惟房が彦山神に幣帛を掲げた記事が見える。十世紀前半には、彦山に対する醍醐天皇（在位八九七～九三〇）の奉幣もあったとされる。

この頃、朝鮮半島では、後三国の争乱のさなかで、後百済の甄萱が九二二～九二九年にかけて大宰府に三度、使者を遣わし援軍を要請してきた。朝廷はこれを拒否するとともに、延喜二十一年（九二一）の八幡神託宣を受けて、筑前国穂波郡の大分宮を延長元年（九二三）、博多筥崎に遷座し、応神天皇・神功皇后・玉依姫命を祭神とする筥崎宮が草創されるなど、異国降伏の八幡神に対する信仰が強まった時期である。なお筥崎宮創建期の菊唐草文軒平瓦は鴻臚館《こうろかん》跡でも出土するため、筥崎宮設置には大宰府や鴻臚館も具体的に関与していた可能性が考えられる。

さらに天慶二年（九三九）三月三日に武蔵権守興世王や平将門の謀反を奏した武蔵介の源経基は、翌天慶三年（九四〇）二月に彦山に祈願したと伝える。これが事実なら、平将門・藤原純友による承平・天慶の乱（九三九）誅伐の祈願であろう。こうした契機で、宇佐の宮司家出身の義海が天台座主の宣命を受け、また石清水八幡宮の第二検校も兼ねる中、石清水以下の十二社に追討依頼がなされるなど、宇佐と石清水を統合する環境が整った。

彦山三所権現の勧請と香春岳

『鎮西彦山縁起』（一五七三成立）には、当初北岳には大己貴命《おおなむちのみこと》が鎮座したが、東方より飛来した天忍穂耳尊に北岳を譲ったとされる。天忍穂耳尊の「オシホミミ（忍穂耳）」は、威力（生命力）に満ちた稲穂の神の意とされる。

豊前地域の信仰史の中では、『続日本後紀』承和四年（八三七）に、大宰府が、香春《かわら》の峰の神は辛国息《からくにおき》長大姫大目命《ながおおひめおおめのみこと》、忍骨命《おしほねのみこと》、豊比咩命《とよひめのみこと》で、水旱や疾疫の際、郡司や百姓が神に祈ると必ず感応を蒙るとし、官社昇格を願い出、朝廷がこれを許したとある。さらに貞観七年（八六五）二月二十七日には、豊前国従五位上息長比咩神、忍骨神に従四位が授けられ、『延喜式』（九〇七）の神名に田川郡三座として、辛国息長大姫大目命神社、忍骨命神社、豊比咩命神社を挙げている。香春岳諸神の頻出の背景には、この地の産銅がある。香春岳採銅所では宇佐八幡神鏡を鋳造し、奈良大仏鋳造にも産銅が送られたと伝承する。銅の生産にあたっては、渡来系集団の関与が想定されている。

和銅六年（七一三）の『豊前国風土記』には、「昔新羅の国の神、自ら渡り来たりて此河原に住む。即ち、名づけて鹿春の神という」とあることも踏まえれば、彦山北岳の天忍穂耳命は、本来新羅系渡来神と考えられる香春岳の忍骨神を、勧請したと考えるのが妥当であろう。

彦山の天台宗化と「深山幽谷」

『続日本後紀』『叡山大師伝』には、延暦二十二～二十三年（八〇三～八〇四）頃、最澄が香春神に渡海の安全を祈願し、神宮寺の法華院を建てたこと、弘仁五年（八一四）に香春神宮寺で神恩を謝し、法華経を講じたことが記されている。

さらにその後、香春社が比叡山王の別社となり、香春寺は田地を寄進されて延暦寺の別寺となっていることからすれば、忍骨命をはじめとする香春岳諸神は、天台宗の守護神として位置付けられていたことになる。当然その彦山への勧請は、彦山が天台化したことを示唆するものである。

また最澄は、天台摩訶止観《まかしかん》の教説を説く中で、その修行の方便として、「閑居静処」の第一に「深山幽谷」を、第二に「頭陀抖擻《ずだとそう》」（欲望を払い除ける修行）をあげ、弘仁九年（八一八）に比叡山に大乗戒壇の建立を申請した。

彦山が天台化したと想定すれば、古墳時代の遙拝祭祀の延長上に、八～九世紀には奈良仏教的な僧尼令に基づく山居の場として、山麓の国分寺や官寺に近い四十九窟の構成要素とされている周縁部が主たる宗教空間であったのに対し、九～十世紀以降、天台摩訶止観に基づく閑居静処の深山幽谷・頭陀抖擻に変容した結果、最奥部に位置する北岳・中岳・南岳へと宗教活動の中核が変化してきた可能性が生じてくる。

後世の資料である『太宰管内志』『塵壺集』によると、増慶（九一七～一〇〇六）は延喜十七年（九一七）八月十四日、豊前国辛国里に生まれ、寛弘二年（一〇〇五）に彦山の社殿を修復し、松会の神事を興したと伝える。増慶の師・真慶は、自ら彦山に籠山修行をして山内に神祠を建て、衆徒に神祠参詣の習を興したとされ、彦山中興の祖とされる。

五来重氏は『熊野山別当代々記』の七代別当・増慶（康保二年〈九六五〉別当退隠とされる）と彦山十一世伝燈大先達・増慶（寛弘三年〈一〇〇六〉没）が時間的に接合することから同一人の可能性があるとして、熊野別当の増慶は彦山を熊野の支配下におくことを目的として彦山へ移ったと推測した（五来重一九八七）が、五来氏が根拠とされている『熊野山別当代々記』の成立は新しく、後世に熊野が彦山を系列化するための作為があると考えられる。

忍骨命をはじめとする香春岳諸神が、九世紀の段階に水旱の際に感応ありとされていたことを踏まえれば、彦山に忍骨命が勧請されたことによってその後の山麓の荘園開発を支えた水源神としての性格が確立し、十一世紀以降、農耕祭礼としての松会神事の創始につながったことも考えることができるだろう。

中岳山頂出土の土製六器と天台密教

英彦山中岳の山頂では、よく磨いて黒色処理も併用している特殊な祭祀土器群が出土しており、体部下面に鍔と高台を伴うものが少なくとも四個体認められ、森田勉氏の編年より十〜十一世紀頃に比定される（森田勉一九八四）。これと全く同形・同法量の灰釉陶器は静岡県湖西市大知波峠廃寺跡や、藤枝市仮宿堤ノ坪遺跡で出土しており、後藤健一氏はこれを密教法具の「六器《ろっき》」の成立と捉えた（後藤建一二〇〇三）。

磯部武男氏は、安然記『大悲胎蔵持誦不同記』巻二には供養具について、「其の食及び燈明等を献ずる諸

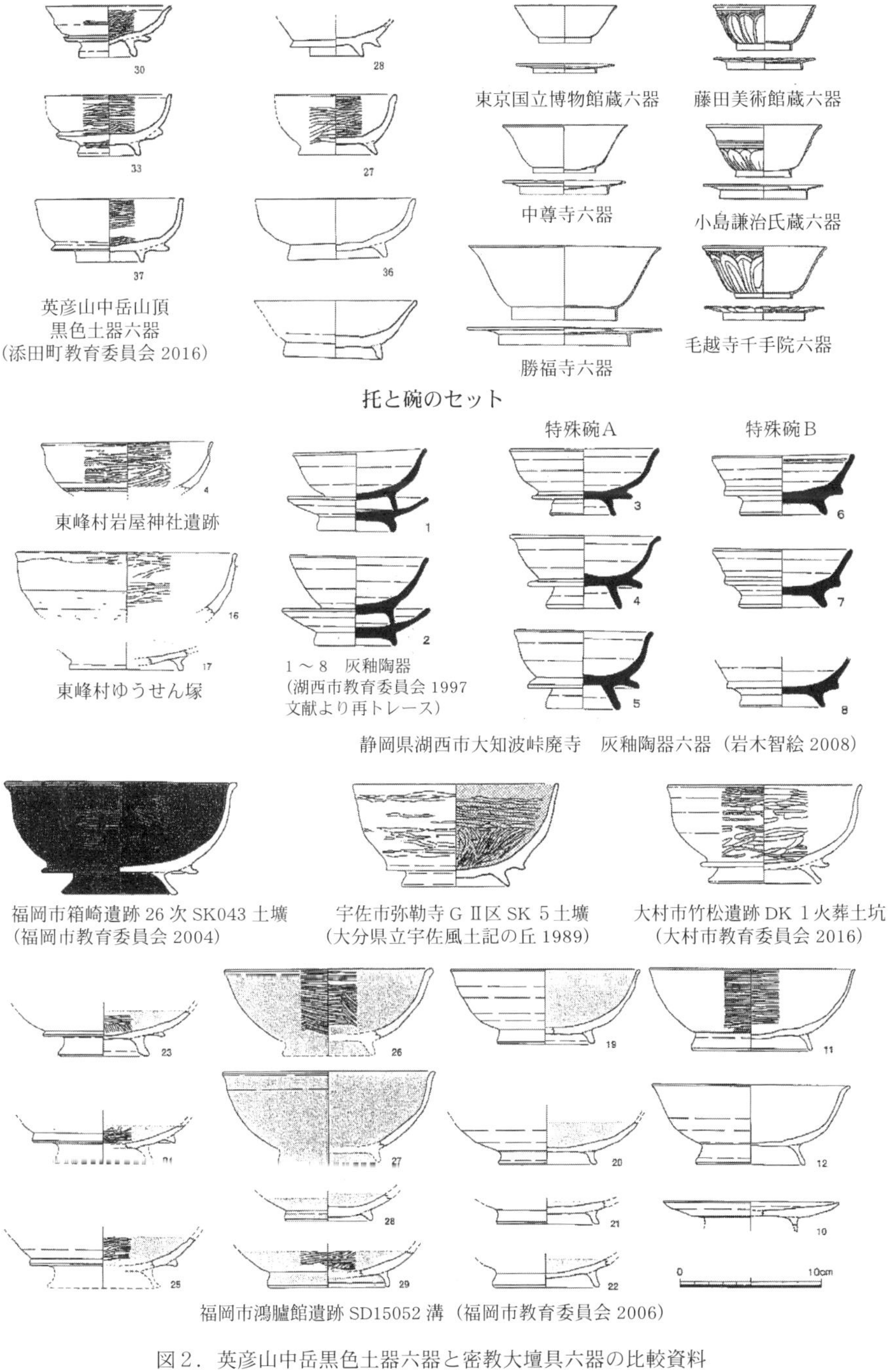

図２．英彦山中岳黒色土器六器と密教大壇具六器の比較資料

器には衆宝を以て上と為す、若し弁ずること能はざれば銀・銅等を用いよ、乃至新浄の瓦器亦事に充つるを得るなり」とあり、現在の真言密教（東密）では、閼伽《あか》を献ずる時に右手で鋺《かなまり》を持ち上げ、左手の托に水滴を垂らすが、天台密教（台密）では左手の托の上に鋺を乗せたまま、右手の無明指で水を前方に飛ばすという。よって大知波峠廃寺出土の碗・托合体の特殊碗と呼ばれる閼伽器は、台密で使用されたと推測している（磯部武男二〇〇六）。これを踏まえれば、英彦山中岳の黒色土器製の托付杯祭祀土器も、台密系の修法具と考えられる。

岩木智絵氏の検討（岩木智絵二〇〇八）を踏まえれば、英彦山中岳出土の無鍔タイプは、托・碗セットの碗部、有鍔タイプは特殊碗A類と呼ばれる陶製六器に該当し、東山七二号窯式（十世紀後半）の灰釉陶器と形状が一致する。よって十世紀後半〜十一世紀前半の中岳山頂では、護摩壇を設け黒色土器製の六器を配置する天台密教の修法が行われていたと推測できる。

宝珠山窟にあたる岩屋神社でも、同時期の黒色土器類が出土しているほか、谷を隔てた西側の尾根にあったゆうせん塚でも、中世後期の五輪塔や集石遺構から黒色土器が採集されており、先行する遺構の存在を示唆する。

彦山中岳山頂の黒色土器托杯＝土製六器と同様だが、ややおおぶりな黒色土器托杯三点が、鴻臚館遺跡SD一五〇五二溝で出土している。鴻臚館南館の東を画する十一世紀前半の溝とされるが、十世紀末頃まで遡るように思える。「開」石印、「厨」（？）墨書土器等が共伴している。この時期の鴻臚館は、国際情勢の変化で迎賓館の機能を失い、中国商人の宿坊に変容する一方、併設されていた警固所司との関係が推定されている。また、共伴した均整唐草文軒平瓦は、筥崎宮に同笵が見られることは先述の通りである。

箱崎遺跡第二六次調査区ＳＫ○四三でも、同様な黒色土器托杯が出土し、隣接する五四次調査区も含め、同時期の遺構や層位からは十世紀末前後の黒色土器や緑釉陶器、瓦類がまとまって出土しており、九二三年の筥崎宮創建後の周辺関連遺構群で、瓦葺建物を伴う施設であろう。

宇佐八幡宮弥勒寺でも十世紀後半のＳＫ五土壙より英彦山中岳と同様な黒色土器托杯が出土し、同時期の黒色土器や土師器を廃棄した土壙が複数検出されている（鋤柄俊夫二〇〇二）。

長崎県大村市竹松遺跡では、火葬の一括廃棄土壙と推定されるＤＫ一土坑から、黒色土器托付椀が出土し、地域有力者の葬送儀礼に伴うものとみられている（大村市教育委員会二〇一六・柴田亮二〇一六）。

以上の類例を踏まえれば、彦山の台密化には鴻臚館や筥崎宮が示す対外関係上の問題、すなわち十〜十一世紀の朝鮮半島・中国の動乱と、宇佐神宮弥勒寺の八幡信仰・神仏習合思想の影響をともに考える必要がある。

八幡信仰と天台法華経信仰の融合

最澄は「法華経」の一乗思想に基づき、千部法華経安置の宝塔を全国六カ所に建立することを発願した。藤原道長は、宇佐八幡宮神宮寺の弥勒寺を護国寺とし、法華経と八幡護国思想を結合する独自の国家鎮護体制を構想した。それを実現したのは宇佐宮弥勒寺の講師（寺家の長官）であった元命で、豊前国分寺の講師を父にもつ地方の一僧侶に過ぎなかったが、道長により抜擢された。長和三年（一〇一四）五月五日に石清水八幡宮の少別当よりはじめて、同年七月には権別当にのぼり、治安三年（一〇二三）にはついに石清水に八幡を勧請した紀氏一族の定清を廃して、岩清水八幡宮別当に就任した。以降、最澄の六宝塔院の一つでもある筥崎の塔院を再興し、石清水八幡宮の東宝塔院を再建するなど、道長の構想を積極的に進めた。

その背景には、寛仁三年（一〇一九）に、沿海州の女真族とみられる刀伊賊《といぞく》が壱岐・対馬・筑前に侵攻し藤原隆家の指揮で撃退された、所謂「刀伊の入寇」事件の影響が考えられる。東アジアの動静に疎い王朝貴族は、侵攻した刀伊と高麗や新羅を混同しており、夷狄撃退のため、三韓征伐を敢行したとされる神功皇后と、胎中天皇である応神天皇＝八幡神への信仰が強まった。

室町初期に描かれた『宇佐宮古図』には、西参道の北側に多宝塔を中心とした壮麗な伽藍が描かれているが、その多くは藤原道長と一門によって建立された。元命の子息信戒も父と同じく、延久四年（一〇七二）に石清水別当と弥勒寺講師を兼帯する。信戒の代には白河天皇の御願で弥勒寺に新宝塔院が建立されたが、『扶桑略記《ふそうりゃっき》』によれば、末法を強く意識した国家的建立であり、弥勒寺を天台法華経の道場たらしめるとともに、末法対策の弥勒の道場としての位置を改めて与えた（飯沼賢治一九九二）。弥勒寺出土瓦のうちには十一〜十二世紀の播磨産均整唐草文軒平瓦の一群がみられ、従来ほとんど検討されていないが、中央権門の寄進の建築に伴うものであろう。

こうして宇佐弥勒寺は石清水八幡宮を掌握し、両者の一体化が進展すると、宇佐八幡宮の所領内で八幡信仰と天台法華経信仰の融合が進んだ。大宰府観世音寺・竈門大山寺・筥崎宮・香春社・彦山・六郷山なども次々と傘下に組み入れられ、円仁流の如法経（法華経）信仰を奉ずる天台僧の活動舞台となったことは、北部九州が他地域に先駆けて経塚造営の隆盛を迎える前提となった。

現在知られる埋経《まいきょう》は、藤原道長の金峯山埋経（一〇〇七）を起源とし、道長の法華経重視は子孫にも受け継がれた。娘彰子も、比叡山横川の如法堂の地に円仁の如法経を埋経（一〇三一）した際結縁した。曾孫の師通は寛治三年（一〇八九）、石清水八幡宮に参籠し、般若心経一巻、法華経一部、仁王経一部を書写し、また道長に倣って、金峯山に参籠し埋経を行った（宮川禎一二〇〇七）。

九州では、壱岐鉢形嶺経塚で出土した、滑石製弥勒如来坐像形納経容器が古く、背面に延久三年（一〇七一）に始まる願文が刻まれ、弥勒如来の出世にそなえて法華経を仏像の胎内に奉籠した旨を記す（林文理一九八八・大分県立宇佐風土記の丘歴史民俗資料館一九九二）。

九州本土では、神功皇后の夫で応神天皇の父にあたる仲哀天皇を祀り、八幡信仰と関係の深い香椎宮に、承暦三年（一〇七九）に筑前国香椎宮惣大検校僧遍祐が別当護国寺に納めた二点のうち一点が最古で（小田富士雄一九八六）、吉野金峯山で同形の経筒が出土していることが注目される。

彦山霊山寺の丈六仏

『本朝年代記』によると、康平五年（一〇六二）源頼義が安倍貞任の鎮定を祈願し、これに勝利を得、その功により伊予守に任ぜられた。

彦山側では、この年、奉幣殿を改造したとされる。すなわち『彦山流記』には、「夫峙峰（直里反爰給也）頂有寺、名霊山寺、建立講堂、奉安置釈迦三尊・阿弥陀三尊・不動三尊像、是皆丈六仏也、其内阿弥陀三尊、伊予守源頼義朝臣本尊也云々」とあり、戦勝報賽の寄進と思われるが、この配置は臼杵や古殿などの豊後の磨崖石仏には見られず、十一世紀段階での彦山権現の本地仏を現すと考えられている（五来重一九八七）。

よってさきの黒色土器六器が示す天台密教の修法も、釈迦三尊・阿弥陀三尊・不動三尊などを本尊としたものであった可能性が考えられることになる。

また彦山では、保元元年（一一五六）に直方の畑（鷹取山北西麓）より日吉山王社が勧請されたと伝えることも、天台化の脈絡で捉えられる。

六　中世前期の英彦山

英彦山北岳・南岳の経塚造営と寺院大衆の出現

彦山の公式記録は、『中右記』の寛治八年（一〇九四）五月の記事を初見とする。『本朝世紀』によれば、嘉保元年（一〇九四）、安楽寺・弥勒寺・彦山の衆徒が乱闘事件を起こした。そのため大宰大弐藤原長房は彦山衆徒の強訴を恐れて京都へ逃げ帰って辞職し、朝野の笑い者となった。

事の起こりは筑前大山寺（竈門山＝宝満山）別当に石清水権別当頼清を補任し、大山寺を石清水の末寺にした（『宮寺縁事抄』）ことと考えられる。いずれにせよ、中央有力権門から送り込まれた学僧や勧進聖が地方寺社を末寺化するために様々な策謀を働き、旧来の寺社檀越《だんおつ》と対立する一方、開発の中で成長した名主や、中国商人など新興層を取り込みながら山岳霊場の形成が急速に進んでいくと考えられよう。この時期の彦山の実態をうかがわせる資料が、経塚の造営である。

北部九州の霊山では、十一世紀後半に経塚が出現し、十二世紀前半をピークとして造営が拡大し、十二世紀中葉以降激減する。経筒銘の分析より、造営開始には、関西から九州に西下した比叡山横川《よかわ》の円仁流如法（法華）経信仰を唱導する天台系勧進僧の関与が指摘されている。また北部九州各地の経塚のうち、群中最古の紀年銘経筒は、山岳寺社の本格的造営に先立ち、勝地となすための地鎮行為を兼ねて埋置されたとみなされている。

英彦山北岳経筒の墨書と宋海商

英彦山では北岳・南岳に経塚が確認され、特に北岳は参道の軸線上に位置し、その後の坊形成の起点との意味を有する。北岳からは銅製経筒のほか、銅製蓋と金銅仏一軀の出土が注目される。銅製蓋は茶筒形の鋳銅製容器の蓋で、身を欠失している。筒身には鏨で銘文が彫られ、法躰岳（北岳）から銅筒と金銅仏が発見されたこと、通蔵坊に滞在中の越後の僧慶俊が願主となって、永正十三年（一五一六）四月八日に同所に再埋納した記述がある。

北岳山頂出土の三段積上式経筒の基台裏面に「王七□」墨書銘がある。この墨書銘は、「王七房」「王七良（郎）」「王七部」と判読には諸説あるが「王七ß」と考えたい。中国風の宝瓶形水煙付相輪も珍しい。南岳では四段式積上経筒のほか、鋳銅製経筒の筒身に「彦御山住僧厳与　筑前国　鞍手郡日光寺山住　奉書与供養大仏頂一巻如法経　永久元年（一一一三）十一月廿七日　勧進僧厳与」銘がある（添田町教育委員会一九八五）。

三輪嘉六氏は、積上式経筒と宋人商人には深い関係があると考え、英彦山山頂で発見された三段積上式経筒の基台裏面にある墨書銘を「王七房」と判読し、宋人王氏の第七婦人の意ではないかとする（三輪嘉六一

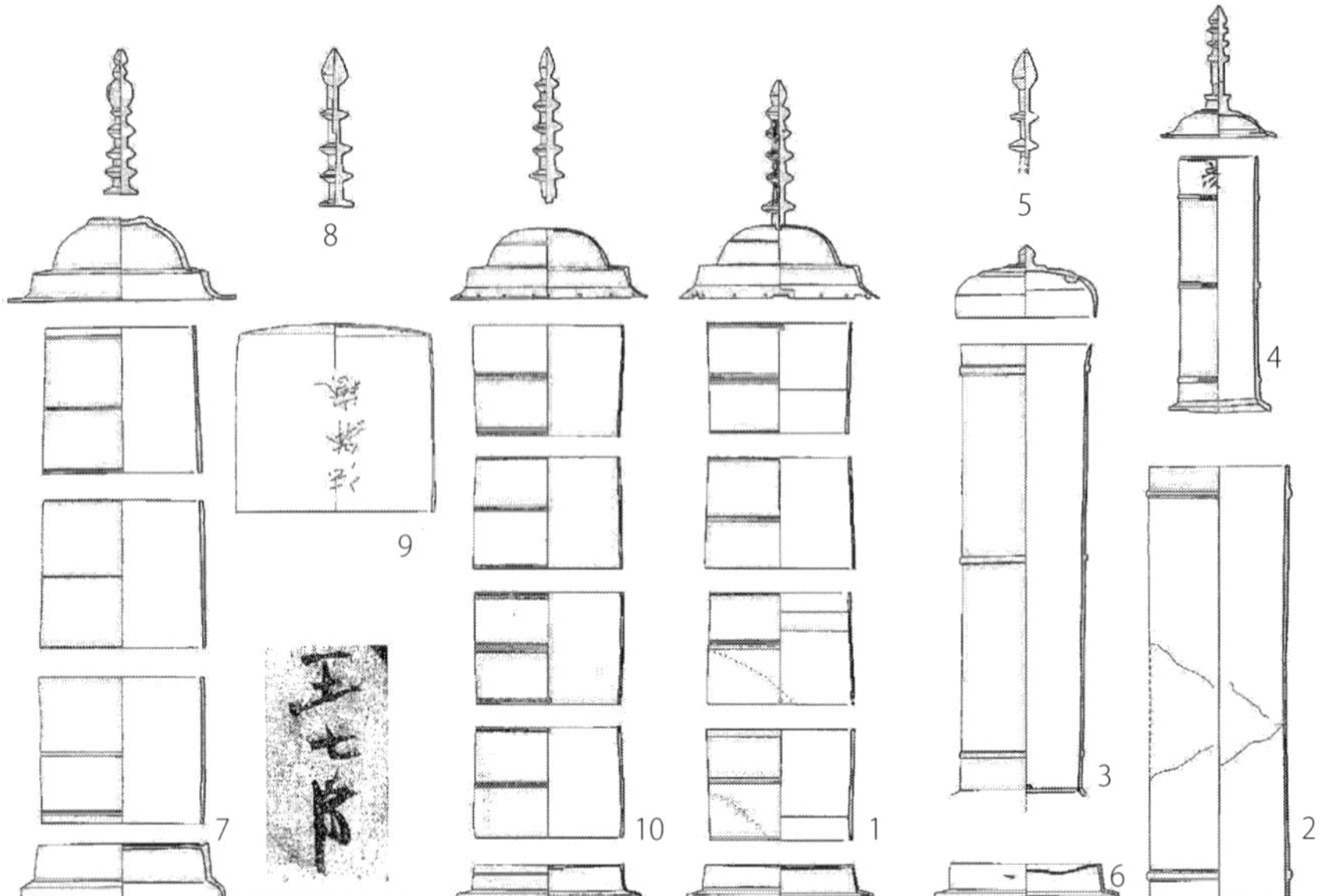

経筒台座墨書銘
（王七房）

英彦山北岳出土経筒
（永正十三年〈1516〉再埋納）

英彦山南岳出土経筒（4の経筒に永久元年〈1113〉銘）

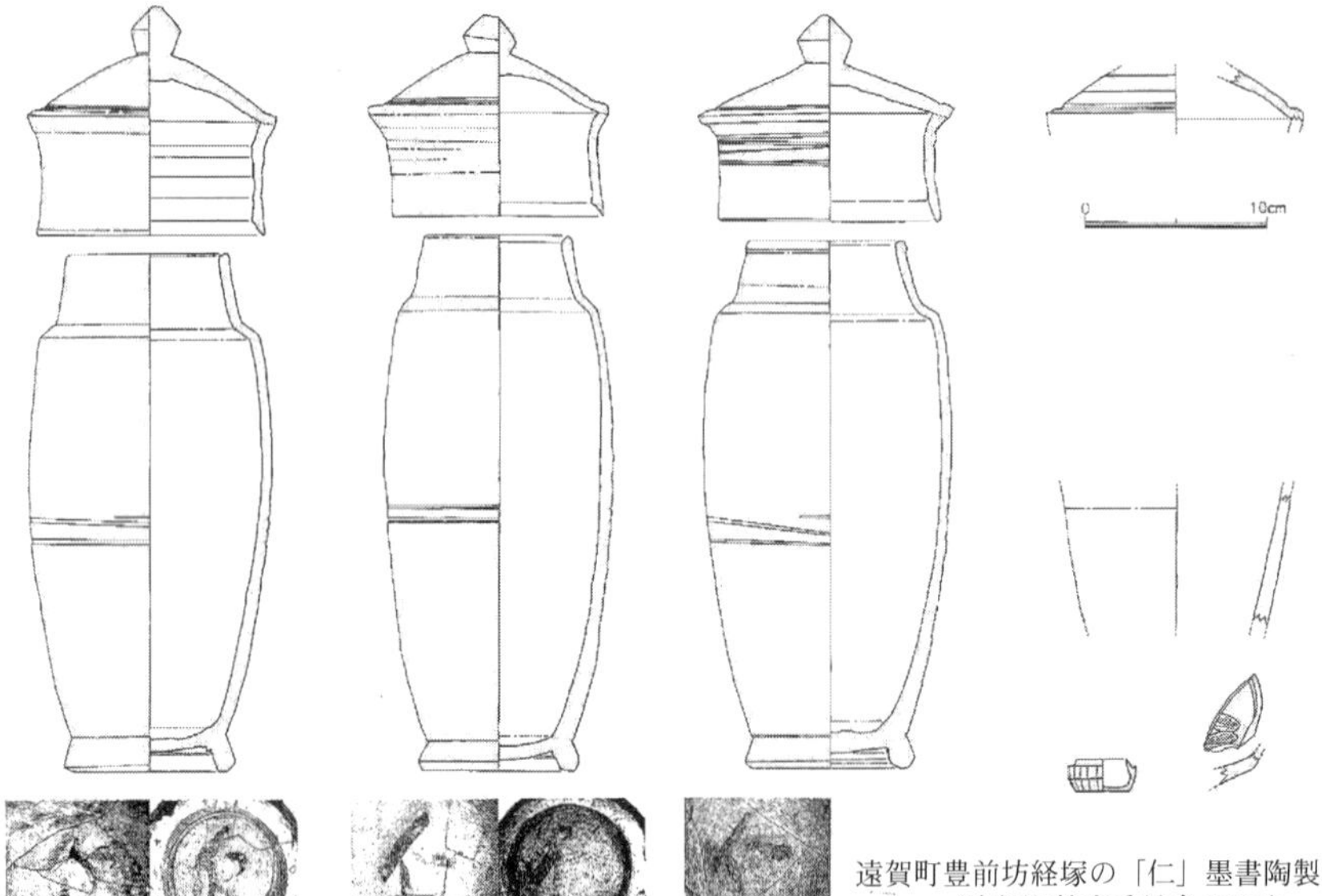

遠賀町豊前坊経塚の「仁」墨書陶製経筒
（遠賀町教育委員会 1996）

図３．英彦山出土鋳銅製経筒（添田町教育委員会 2016）・遠賀町豊前坊経塚出土陶製経筒
（遠賀町教育委員会 1996）

九八五）。

よって彦山にも、中国人檀越がいた可能性が考えられる。ここで注目すべき記事がある。『彦山流記』第二蔵持山窟について、「同窟内ニ虎珀窟ト云アリ、其ノ虎珀ノ珠彼窟ニ有、大宋国ノ商人彼ノ珠ノ由ヲ聞テ、五百人日本ニ渡リ之ヲ取ラント欲ス、権現幷ニ守護神之ヲ惜ム、一人不残生罸、件髑髏五百石ト成テ同臥五百ノ谷ニ矣、」とあり、五百人もの中国商人が蔵持山窟の虎珀窟の虎珀珠を奪らんとしたため一人残らず「生罸」られ、その髑髏が五百石となったという。英彦山山系に宋人商人の手が伸びていたことを示唆している。

因みに遠賀川下流の遠賀町豊前坊経塚では陶製経筒四点が出土し、宮小路賀宏氏は、経筒四点の蓋内面と高台内面にある「仁」の墨書を、宋人の名前と考える（宮小路一九九九）。当地は中世の芦屋津にも近く、豊前坊の地名も、彦山豊前坊（高住神社）の末社支坊の存在を示唆する。こうした中継地を介した中国海商との関係が想定される。北部九州の多くの寺社権門は、中国海商を神人・寺人として庇護し、対外貿易利権にも関わっていた。

松会の成立と山麓荘園の成立

中世に座主と寺院大衆が形成されることは、彦山内が多数の坊群を擁し、領主たる座主・坊主とこれに扈《こ》従《しょう》する末端の宗教者によって構成される宗教都市化することを示している。

またかつて英彦山最大の祭礼であった「松会《まつえ》」は、旧暦二月の修正会に由来し、古くは延年として、田楽・猿楽風流・御田・田遊や、様々な験競べが行われていたが、今日では御田だけが伝わる。

松会とは豊前の修験霊山で行われていた予祝的な農耕祭礼で、同様な行事は、求菩提山《くぼてさん》・苅田町《かんだまち》等覚寺《とかくじ》、上毛町《こうげまち》松尾山、中津市耶馬溪《やばけい》町檜原山に不完全ながら遺り、「屋理巻《やりまき》」とよぶ巻物に記された古謡を用い、古風を残す。柱松・御田祭・神幸・風流の四要素は、先行する個別の祭礼の系譜が組み合わされたと推定され、十三世紀初頭からの舎利会の系譜を引く法会系儀礼群、法会における芸能者集団の実践の系譜を引く芸能者集団系儀礼群、彦山独自に展開した修験道儀礼の系譜を引く柱松―峰入り系儀礼群の三種を中核とする。特に柱松は彦山における峰入りの整備とも密接に連動し、その成立は中世における彦山修験道の確立と表裏一体をなしているとされる（山口正博二〇〇九）が、同時に農耕とも密接に関わるこの祭礼は、山麓の荘園開発で台頭してきた新興名主層に対するものでもあろう。

これに対応して、英彦山麓の桝田遺跡六区一号墓や八区一号墓の白磁玉縁口縁碗（十一世紀後半～十二世紀前半）（添田町教育委員会二〇一二）、中元寺遺跡群観音寺遺跡三区七号墓の龍泉窯青磁・かわらけ・鉄鏃を副葬する墓（十三世紀）（添田町教育委員会二〇〇九）などに屋敷墓が出現する。これら土壙墓は、屋敷地や農地に開発者の遺骸を埋葬することで土地占有と相続を企図したと考えられる。

以上、彦山は十一世紀末頃には、大宰府を恐懼せしめる大衆を擁していた。

寺院造営に先立つ地鎮の役割をも含めた経塚の造営、特に北岳の経塚造営によって、山中に座標が設定され、この遙拝祭祀の場であった政所坊・奉幣殿を結ぶ軸線が参道として設定され、上宮・中宮・下宮が成立し、これによって山頂と山麓を貫く参道が固定化され、中宮（奉幣殿）以下の参道の両脇に住坊が形成され寺院大衆が展開していったと考えられる。

経塚造営や社殿・坊の建設に要する多額の資金や人員は、水系開発による荘園の形成と末社の展開が前提となり、山麓開発を担った新たな開発領主たちの出現とその結縁を物語る。大量に出土する宋代陶磁器・国産陶器類が物語る旺盛な消費生活は、遠賀川水運を通じて芦屋津との結合を物語るのみならず、北岳山頂経筒の「王七坊」墨書に見る如く、宋海商と彦山との結縁を示唆している。

彦山の銅板法華経奉納と求菩提山・六郷満山

『彦山流記』（一二一三）には、彦山の住僧龍南房が、参籠の結願に、上宮に銅板経を奉納したことが記されている。すなわち龍南房は、彦山参籠十二年の結願に、銅箔を以て、法華経一巻並びに梵本般若経一巻を打ち、上宮宝殿に奉納しようとの心願があった。ある日、八幡大菩薩の御示現があり、「経の地金の金銅は、上毛郡篠熊の塚屋にある。それを取って法華経を打つべし」といわれた。この夢告に従い、龍南房は、夫一人、牛一頭を伴って、築城角田村に下向すると、夢の塚屋があり、土を掘って銅を得、彦山明覚房厳西が執筆し、如法寺の円城房厳尊が彫手となり、宇佐神宮神官であった紀重永が細工者となって銅板経と経筥を仕上げ、久安元年（一一四五）十月廿五日、上宮に奉納したとある。

なお、求菩提山では、大永年間（一五二一～一五二八）に胎蔵窟の岩の割れ目から銅板法華経及び筥板が発見されている。同様の銅板法華経及び筥板は長安寺（六郷満山惣山）でも出土しているが、こちらは欠損があり、完存する求菩提山出土品から英彦山納入の銅板法華経を推定できる。

経筥は二枚ずつの大板と小板からなり、大板には阿弥陀三尊と釈迦如来・薬師如来が、また、小板には不動明王と毘沙門天がそれぞれ線刻されている。この四枚の銅板を四隅の鍍金の鍵板に鋲留している。

三十三枚からなる経板には般若心経と法華経を刻み、求菩提山中興の祖とされる頼厳が大勧進僧である。また、執筆僧の厳尊らは頼厳の高弟たちである。彦山・求菩提山・六郷満山の三所いずれの納入にも紀重永が関わっており、宇佐宮と六郷山・求菩提山・彦山が、密接な関係で結ばれていたことを物語っている。なお、銅版法華経の製作にあたり石清水八幡宮からも「米介銅」の提供を受けている。

先に述べたように、宇佐八幡宮神宮寺であった弥勒寺の元命が藤原道長の後押しで石清水八幡宮別当に抜擢され、紀氏一族の勢力は一時後退を余儀なくされたが、やがて情勢は反転し、勢力を回復した紀氏が逆に宇佐八幡宮を支配下に置くところとなった。よって紀重永による銅板法華経の奉納は、単なる作善《さぜん》にとどまらず、石清水八幡宮勢力による彦山・求菩提山・六郷満山への掌握が着実に進行していたことを物語っているといえよう。

なおこのような銅板経について、かつて中野幡能氏は百済益山弥勒寺や王宮里の例から朝鮮半島に由来するとみているが、契丹《きったん》の金属板経などからみて、遼代・宋代中国の影響を考えるべきではないかと考えている。

英彦山神宮奉幣殿小路で発見された壺を収めた小石室

昭和三十七年（一九六二）、英彦山神宮奉幣殿の避雷針工事中、山の斜面から、八五センチ×八五センチ×深さ五〇センチの小石室が発見され、内部には木炭が充満し、中央に滑石で石蓋した状態の褐釉壺が出土した。付近から腰刀と鉄鉾の残骸も出土した。

五来重氏はこれを増慶の蔵骨器と想定する（中野幡能編一九七七）が、平安末～鎌倉期の所産であり妥当ではない。

末永雅雄氏は、京都府愛宕《おたぎ》郡（現京都市）の花背別所経塚（一一五三）から出土した腰刀の考察を行っている（末永一九三二）。また三好幸一氏は、大阪府箕輪市小畑遺跡出土腰刀の復元を通じて、呑口様式から合口様式への移行を論じた（三好二〇〇二）。岡田賢治氏は、腰刀は中世の開始とともに現れ、近世的な大小脇差の成立とともに終焉を迎えること、武器だけでなく、山刀、包丁など多様な機能があることを指摘し、正倉院例（八世紀）が腰刀の祖型と目されるものの、一般化するのは十二世紀中葉以降とする。十二世紀前葉の例には、中尊寺金色堂藤原清衡（一一二八没）棺の例があり、また『兵範記』仁安四年（一一六九）条の記事を最古とするという（岡田賢治二〇〇二）。

九州では、十一世紀後半～十二世紀前半の経塚や土壙墓から腰刀が出土することは珍しくなく、全国よりも普及が遡ると考えられる。英彦山神宮石室の腰刀は、経筒外容器に添えた状態で副納されていた可能性が高いと考えられ、道教的・陰陽道的所作による経典の辟邪具として用いたと推定される。

熊野信仰と彦山

『長寛勘文』「熊野権現御垂跡縁起」にみる日子山

後白河上皇（一一二七～一一九二）は、平清盛・重盛父子に命じて京都東山の法住寺殿に鎮守社を造営させ、永暦元年（一一六〇）、熊野三所権現を勧請、新熊野社を創建した。

上皇は養和元年（一一八一）十二月八日、新熊野神社に対し、院庁下文をもって山城国など十六カ国にわたる荘園二十八カ所を、仏聖燈油料として寄進した。そのなかに「豊前国英彦山」がある（「後白河院庁下文案」）（宮家準一九九六）。

この時期、新熊野社の初代検校であったのは、仁平二年（一一五二）から治承四年（一一八〇）まで四代熊野三山検校の地位に在った覚讃で、上皇や平氏の帰依を利用し勢力拡大につとめたと考えられる。しかしこうした強引な荘園化の推進には反発もあった。

当時の式部大輔藤原永範による長寛元年（一一六三）の勘文である『長寛勘文《ちょうかんかんもん》』の『熊野《くまの》権現《ごんげん》御《ご》垂迹縁《すいじゃくえん》起《ぎ》』には「熊野山三所権現御垂跡縁起云　往昔甲寅唐の天台山の王子晋、日本国鎮西日子の山の峯に雨降り給ふ。その体八角なる水精の石、高さ三尺六寸なるにて天降り給ふ」とあり、「日子山」と表記し、神怪の説ながら、彦山の方が熊野に先んずる霊跡であるとの判定が下された。

五来重氏が「おそらく『長寛勘文』は彦山の縁起をもとにつくられたのかもしれない」と述べている通り、

近畿周辺の権門寺社による末社化に対する対抗措置であろう。

嘉応元年（一一六九）後白河法皇の撰による今様集である『梁塵秘抄』《りょうじんひしょう》には、「筑紫《つくし》の霊験所は、大山《おおやま》四《し》王寺《おうじ》清水寺《しみずでら》、武蔵清瀧《むさしきよたき》豊前国の企救《きく》の御堂《みどう》な　竈門《かまど》の本山彦《ひこ》の山《やま》」と詠まれている。

このように彦山が「三所権現」と称されるのは、熊野三所権現の前提があったと考えられる。彦山四十九窟のうち今熊野窟には鎌倉期の磨崖仏と磨崖梵字が現存し、一一六〇〜一一八一年の間に、熊野信仰、それも今熊野社の勧請による末社化があったと考えられる。

三女神の宇佐八幡、英彦山、宗像神宮への遷座

これは保元・平治乱後の後白河院・平氏政権の成立時期にあたる。平氏政権は厳島神社を崇拝したことはよく知られているが、ここで注目されるのが、先に触れた『鎮西彦山縁起』（一五七三成立）の記述である。

山名の日子山は日神之御子がこの地に降り、寺号の霊仙寺《りょうぜんじ》は霊鷹の大仙賓がいたことにちなむ。田心姫命・湍津姫命・市杵嶋姫命は日神の勅を得て、初めは宇佐嶋に天降りして、後に彦山に移った。大己貴神は田心姫命・湍津姫命を妃として北嶺に鎮座した。天忍穂耳尊は鷹となって東から飛来して、この峰にとどまった。その後、八角霊石の上に移り、大己貴命は北岳を天忍穂耳尊に譲った。田心・湍津の二妃を伴って山腹に降りて日子と号し、樹にとどまった。この後、三女神は宗像宮に遷り、大己貴神は許斐山に遷った。伊弉諾尊・伊弉冉尊が二羽の鷹となって飛来し彦山にとどまった。伊弉諾尊は中岳に移り、伊弉冉尊は南岳に移り、三羽の鷹は石造に変じた。頭・身・足・翅いずれも見事に備わっていた。

とある。八角霊石の件などは『長寛勘文』（一一六三）の縁起と対応し、また彦山では中世に牛王宝印《ごおうほういん》が発行されたが、三羽の鷹を象り、熊野権現の三羽の烏を意識したことは明らかである。よって彦山の宗像三女神伝承も、十二世紀後半前後に、先行する宇佐八幡信仰の前提に重ねるかたちで成立したと推定され、平氏政権の日宋貿易と宗像社の関係、厳島神社の市杵嶋姫命の尊崇に関係すると考えねばならない。

なお、宗像市興聖寺の色定法師が書写した一筆一切経三十八巻の奥書には、建久元年（一一九〇）八月から同二年七月の間に「彦山権現」、「彦山三所権現」の貴水を以て書いたことを記すことも、彦山と宗像神との関係が成立する時期を考える上で、留意しておく必要がある。

彦山三所権現図像儀軌の成立時期

嘉穂郡庄内町大字筒野にある五智如来板碑の碑背には「勧進僧円朝　奉立石体　五智如来像　彦山三所権現　八葉曼荼羅梵字　現世末代□□　行者修理　養和二年歳次壬寅（一一八二）」銘がある（多田隈豊秋一九七五・山本義孝二〇一一）。なお筒野五智如来板碑の最下段に彫刻された彦山三所権現は、僧形の天忍穂耳命（北岳＝阿弥陀）、女神の伊冊那美命（中岳＝千手観音）、俗体の伊冊那岐命（南岳＝釈迦如来）と判断される。これは十三世紀初頭に大友能直が奉納したと考えられる彦山三所権現御正体《みしょうたい》（英彦山神宮蔵）と全く儀軌が同一であり、図像の成立は十二世紀後半以前に遡ることが確かめられる。

ところが最近、東京国立博物館所蔵の線刻千手観音鏡像に「女躰」「上宮」の線刻があることから、彦山中岳の本地仏であることが判明した（伊藤信二〇一六、長嶺正秀・佐野正幸二〇一六）。その年代は十二世紀代に遡ると考えられることから、神像と別に本地仏による三所権現図像の存在も考える必要が生じてきた。

彦山今熊野窟の磨崖仏・磨崖梵字（一二三七）

磨崖種子《まがいしゅじ》は「梵字が岩」として知られ、磨崖仏は大きく崩落する。八尋・知足氏の報告に従って概観する。

『彦山流記』には「今熊野窟」について、

> 第八今熊野窟者宝殿八間熊野十二所権現幷若王子等悉ク之ヲ崇奉。本地垂迹如シ本宮日記又新殿前ニ有尖巌仙人中ニ居シテ修行法側ニ聞ク振鈴ノ声ヲ云云　腰窟奉崇千手観音ヲ傍ノ巌ニ彫付阿弥陀ノ三尊金色ノ像同傍巌ニ有一丈月輪其中ニ彫付釈迦弥陀大日ノ三尊ノ種子ヲ号之ヲ通窟ト矣

即ち四十九窟中の第八窟で、規模八間の懸崖造りの宝殿があったようで、熊野十二所権現や若王子を祀っていた。「尖岩」とは「天狗の鼻」岩のことか。前に神殿があり、仙人が修法する鈴の音が聞こえるという。

英彦山神宮奉幣殿より大南神社・鬼杉へ向かう回峰道を進み、智室谷を過ぎ、谷間を登って行くと、前方の谷奥に高さ六〇メートルの絶壁があり、

図４．種子が岩に刻まれた梵字が岩

その上方高所に巨大な月輪を伴う磨崖梵字が刻まれている。

知足美加子氏がキャドソフトを用い3Dデータ化をした結果、中央主尊の荘厳体胎蔵界大日種子（アーンク）は月輪径約二六九センチ（約九尺）、脇侍釈迦種子（バイ）は月輪径約二一八センチ（約七尺七寸）、脇侍阿弥陀種子（キリーク）は月輪径約二〇〇センチ（約六尺七寸）と計測された。

崖にある鎖を伝って登った先に磨崖仏があり、左手の銘文は一部判読が困難だが、勢至菩薩の左にある高さ八〇センチ、幅一二〇センチの長方形の中に十二行の銘文が刻まれている。知足氏の3D計測による最終的な判読によれば、

大勧進金剛仏子／奉書寫一字三礼如法経／奉造石面阿弥陀三尊／奉建立三所権現／奉彫石面月輪梵字大日／右志者僧慶春師長／貴賤霊等後生菩提乃至／平等利益供養如件／嘉禎三年歳次丁酉六月十□日／梵筆両界院門／金剛仏子僧／妙文房

となる。即ち、「法華経を書写し、阿弥陀三尊を石面に刻み、三所権現を建て、梵字を石面に彫りつけた。これは僧慶春とその他種々の供養のためであり、嘉禎三年（一二三七）に造った。梵字は妙文房が書いたものである」。

八尋氏は、法華経の書写は埋経のためと解釈したが、この時期には既に埋経が廃れ、また知足氏は、納経施設は見当たらないと述べている。現存する菩薩像は、銘文より阿弥陀三尊の脇侍勢至菩薩と判断され、本来その右に阿弥陀如来と観音菩薩が彫刻されていたと指定される。観音菩薩部分の破片は昭和五十八年（一

九八三）に発見され、下の祠に安置されている。

中尊の部分は行方不明で、破片となって付近の斜面に転落し、埋没していると考えられるが、隣接部の痕跡や類例より光背高一九八センチ、像高一三六センチの阿弥陀如来坐像の可能性が推定されている（知足二〇一四）。

明治四十七年七月の日付がある『英彦山案内記』には、今熊野窟について、「隣壁に三尊の影を刻み」との記述があり、この頃まで磨崖仏が遺存していた可能性がある（八尋一九八七）。

勢至菩薩　阿弥陀三尊のうち勢至菩薩だけが壁面に遺る。右手に高さ約一三〇センチ、光背高約一七〇センチ、光背幅七〇センチ。合掌する勢至菩薩の立像が厚肉彫りに彫り出されている。足部を欠く残高は一二〇センチ程度で、背後には頭光、身光を薄く段をつけて彫り出す。像を包むように彫り窪めた舟形光背は、やや湾曲している。

頭部は大きめの髷《まげ》を結い、前立てのある冠をつけ、面貌は童顔で清純な表情をたたえる。短い頸に小幅な三道を刻み、両掌を合わせて胸前で合掌する。菩薩像の胸元は開き、天衣に沿って襟前を持つ着衣をなすが、腹部近くにW字形の縁取りがあり、腹前にのぞく裙と紐の痕跡か、衲衣《のうえ》と褊衫《へんざん》の交錯部の写し崩れか、乳部の彫り込みの線がオーバーラップした可能性があるが明確でない。

両肩から懸けた長い天衣が胸前を通って両側に垂れるが、途中腕にかけて外に垂らして溜りをつくり、再び肘の内に戻して体側に垂らす。腹部衣文の襞は横の平行襞であらわし、下腹部以下は裾に広がる放射状の襞が彫り窪めの反復表現をなす。

図５．観音菩薩像。現在は崖下の小屋に安置されている

以上、この像では天衣が着衣のように扱われ、胸部を囲む襟元のように表現され、写し崩れを生じている。また天衣を二重にして肘外へ一度出して懸け、先を少し垂らす彫法は、後世の木彫仏に見られるため、手本になる木彫に倣ったと考えられる。

落下岩の観音菩薩像　磨崖仏発見の翌年、今熊野窟の磨崖仏への登坂道を塞いで横たわっていた岩塊の下面に磨崖菩薩像が発見された。磨崖仏のある面の高さ二・八メートル、幅二メートル、岩の奥行約三メートルで、岩塊は引き起こされ、尊像は立つ姿となった。岩壁の勢至菩薩像と舟形光背の形式、尊像背後の身光、頭光を浮彫りにする彫出、像高一二〇センチの寸法もほぼ同じである。左手に大きな蓮華蕾のついた茎を立て持ち、右手を蓮華に添える一般的な観音像の形式をとる。条帛、天衣、裙の彫り具合などが勢至菩薩と異なるが、頭部には勢至菩薩像と同様に髻を結い冠をつける。額の上の髪際線が額中央で僅かに緩むさまは、鎌倉時代の製作を示す。しかし、勢至菩薩像より下膨れの頬のふくらみが強い。眉は円弧を描き、切れ長の目も少し眦をあげ、小づくりだが厚めの唇をむすぶ顔である。そして、慈悲の温顔のなかに厳しさをたたえる。短めの首に三道を小幅にふくらみを持たせて刻む点や、不明瞭だが天衣を二重にして左右の腕に懸けて少し垂らす処理は共通するが、左肩から条帛をかけ、両肩に懸けた天衣が体の前をまわっているところは勢至菩薩にはない。

天衣が両裾とともに広がるさまは像に安定感を与えるための誇張で、両脚間に裙の縁の翻る表現など、藤原仏に比べ清楚さを欠き、鎌倉新様を加えた仏師の新様学習が所々にみえ、粗っぽさはあるものの、写し崩れはあまりなく、手慣れた彫技が感じられる。

阿弥陀三尊が完全な形で残っていたならば重要文化財級の価値がある。また左下、直径九〇センチの月輪中に僧形坐像が彫られている。

僧形坐像の奥にある空間は今熊野窟で、彦山に今熊野神社が勧請されるのは永暦元年（一一六〇）から養和元年（一一八一）の間とみられることは先述の通りである。

熊野は本宮・新宮・那智の三社権現からなり、彦山三所権現もこれに倣ったものであろう。

また宝珠山の岩屋窟よりさらに山を登った険しい絶壁に、天狗が蹴って穴を空けたという熊野岩の窟中の熊野神社は、貞享三年（一六八六）に村民が建立した懸造りの板葺き三間社流見世棚造りの社殿（国指定重要文化財）が現存する。当地にも平安後期に熊野信仰が受容されたことをうかがわせる。

聖光上人と智室窟、彦山諸窟

智室窟　奉幣殿よりほぼ水平に推移する参籠ルートより派生するのが智室谷である。道脇の岩塊上に五輪塔・宝篋印塔が並び、付近からは古代もしくは中世の蔵骨器片らしきものも採集された。ここより斜面を登った地点が智室窟で、古来、浄土宗第二祖聖光上人の修行窟の地として知られ、本来は谷奥に板碑《いたび》群があり、その手前の斜面に坊群が展開していたと考えられる。近年造立された大石碑の周辺が雛壇状に整備され、中近世の自然石板碑が整然と配列されている。また四阿《あずまや》の左手にある五輪塔は近年になって造立されたものである。

智室窟の板碑類は、窟麓の巨岩に刻出された、南北朝期に遡る特徴を示す金剛界五仏種子磨崖板碑が最も古く、板碑群中では嘉吉二年（一四四二）の金剛界大日如来種子板碑が最も古く、「権　宝尊三十三廻忌」「嘉吉二　三　六日　慶有　唯円坊」銘があるほかは、一六二〇年代以降の江戸期のものが大部分である。

政所坊　英彦山神宮奉幣殿より右手北側、現在の宝物館付近に所在した坊で、付近は英彦山内でも最大級の大規模な平坦面があり、現在、その庭園や蔵が名残りをとどめている。付近では奈良時代前後の須恵器大甕片も採集されており、古代の祭祀遺構の存在が推定されるほか、白磁玉縁口縁碗・同安窯・龍泉窯など、十一～十二世紀の陶磁器が多い。

英彦山では、奉幣殿付近に古い遺物が集中し、上方の坊ほど古く、下方の坊ほど新しい傾向がある。陶磁器は、白磁や同安窯など十二世紀のものがあるほか、五つ谷の岩屋坊跡では、十三世紀の龍泉窯劃花文碗、十五～十六世紀の明代輪花青磁碗、十六世紀では、明末の福建産華南三彩や緑釉と思われる色鮮やかな陶器片が散見される。

奉幣殿より北に中世の院（僧侶系山伏）があったらしい。奉幣殿下の斜面には多量の鉄滓が散布し、鞴型滓が多く、鍛冶で釘や工具を生産していたと考えられる。近世に西側に拡大していく。

牛　窟　鬼杉の傍らに谷川の流れ込む岩陰の窪地があり、これが牛窟である。付近は非常に遺物の散布が多く、ほとんどが同安窯系青磁や福建白磁で十二世紀後半～十三世紀前半。ここから左手に登った場所に大南窟がある。

大南窟（大南神社） 南向きの明るい投げ入れ堂を思わせる建物で、内部にはお籠りが可能。手前に護摩壇が設えてある。英彦山神宮には大南窟旧在の鋳銅製の不動明王坐像が伝世し、鎌倉時代のものとされる。

般若窟（玉屋神社） 玉屋神社は、法蓮ゆかりの英彦山四十九窟の般若窟の故地で、垂直に高く聳える絶壁の直下の左端の岩の窪みの下に水が湧く。左手に窟があり、前面を遮蔽して大小二つの祠が立つ。中央の堂の奥には不変の湧水がある。堂前には石灯籠や狛犬が置かれる。斜面側の阿弥陀三尊磨崖梵字には康永二年（一三四三）銘がある。

なお、宗像市興聖寺の色定法師が書写した一筆一切経三十八巻の奥書には、建久元年（一一九〇）八月から同二年七月の間に「彦山権現」、「彦山三所権現」の貴水を以て書いたことを記すが、本窟の湧水であろう。

九州各地にみる彦山信仰関連の仏教遺物

鹿児島県南九州市（旧川辺町）清水磨崖仏群と彦山住侶（一二六四）

鹿児島県南九州市の清水磨崖仏群内の月輪大梵字付近には、かつて「岩壁大抵高三丈余　大円相三笄　大梵字三ツ（梵字）／健願　願雇攵明／彦山住侶□□坊　敬白／右奉工写梵字志者為法界衆生平等利益之状如件　弘長二二年（一二六四）甲子二月」があったと伝えるが、現状では確認できない。

この年は彗星の出現があったことが知られており、本磨崖仏の形成にあたっても、彗星出現を凶事とし、これを調伏する意図があったとする見解もある。

磨崖入口付近には、「永仁二二年（一二九六）大才丙申二月二十八日　平家幸　敬白」、宝篋印塔付近には、「右奉為相当四十九日御忌□比丘尼清浄御出離／生死往生極楽乃至法界平等利益□□□□／永仁四年（一二九六）大才丙申三月十三日　平重景　敬白」の銘がある。

佐賀県発見の彦山関連懸仏（一二七一ほか）

近年、佐賀県下で彦山信仰にかかわる懸仏《かけぼとけ》がいくつか見出されている。

佐賀県佐賀市大和町水上の彦山権現の小祠に安置されていた懸仏は、一対の獅噛《しかみ》をもつ径三七・五センチの円盤に、蓮座に座す薬師如来像を取り付け、両脇に一対をなす華瓶が取り付けられていたと考えられる。また頭上の天蓋は失われている。背面に墨書銘があり、文永八年（一二七一）の造顕と判明する。

また、神埼市千代田町大字嘉納字丙太田の彦山権現社の神殿から発見された懸仏は、猪の目透のある獅噛金具一対を伴う径三二・五センチの円盤に、千手観音を取り付け、銅板製の蓮華座と蓮華光背を伴う。中世のものか近世の擬古作かは検討中である（井形進二〇一六）。

これらの懸仏は、全国的に分布する熊野三社権現の懸仏と共通点が多く、その製作地や彦山の本地仏であるのか否かは今後検討が必要である。

下関市豊浦町吉永八幡宮所蔵の金銅薬師如来坐像懸仏（一二九八）

山口県下関市、吉永八幡宮所蔵の金銅薬師如来坐像懸仏は、面径三一・〇センチの薄い円形の銅板の中央に、別鋳した高さ一四・三センチの薬師如来坐像を貼り付けた懸仏。上部二カ所に鐶座を設けて、吊り鐶《かん》で懸垂するようになっている。裏の杉板の銘文によると、永仁六年（一二九八）正月に彦（英彦山）から持ち来たったもので、正月七日の卯刻（午前六時）に英彦山を出発し、八日の申刻（午後四時）に吉永八幡宮に着いたと記されている。

七　黒川院の成立と彦山修験者の活動遺品

黒川院の成立と座主墓

黒川院の成立と山中結界の整備

彦山座主は、代々山中の清僧の中から選ばれていたが、権力闘争が頻発し、不穏な状態であった。正慶二年（一三三三）、豊前城井谷《きいだに》の宇都宮信勝は、京都から後伏見天皇の第六皇子と伝える安仁親王を迎え、彦山の初代座主に推挙した。親王は得度して長助法親王となり、彦山霊仙寺に座主として迎えられてからは助有法親王となった。建武元年（一三三四）、助有は宇都宮氏の娘を妻帯し、座主は現朝倉市黒川に御館「黒川院」を構えて常駐した。これまで朝倉市教育委員会による三十六次の発掘調査で、黒川院時代の建物跡や高級な龍泉窯青磁や河南三彩などが出土している。初代助有の墓は黒川北小路の天神森と伝え、頂上には天神社を祀る（中島圭二〇一五）。

こうして十四代舜有に至る二五〇年間、世襲妻帯の座主が彦山の衆徒・社僧・山伏を統括した。そして非世襲の衆徒方（僧職）の坊は減少に向かい、世襲化が進んだ。ただ無秩序な俗化は山内の風紀を堕落させかねないし、世襲化に伴う坊の屋敷化と、累代墓地の形成も不浄につながる。

図６．黒川院発掘現場

そこで彦山では段階的に結界の整備が進められ、山頂付近を最浄界とし、山腹までの窟群を参籠修行の場とし、山腹以下に坊群と墓地を設けるなど、概ね標高と地点に応じた区分が確立していった。

黒川院時代の座主墓は、九代興有墓と十四代舜有墓のみが知られる。

第九代興有は永正二（一五〇五）年に座主となり、永正四年（一五〇七）に早世した。墓は天神社の小陵から連なる尾根上、北小路地区の公民館の庭先にあり、自然石の表面に円相と「興有」の文字が刻まれる。

戦国時代から江戸期までの座主墓

永禄十一年（一五六八）、大友氏侵攻に際し、彦山座主家は佐田岳城に籠城したが、十三代座主連忠は自刃した。大友宗麟の三位公座主就任要求を拒否し、舜有が第十四代座主となった。天正九年（一五八一）、再び大友氏の侵攻を招き、舜有らは上仏来《かんぶく》山城に籠城し、大友氏に抵抗を続けた。

天正十五年（一五八七）、太閤秀吉との対面後、舜有は黒川院で死去した。舜有墓とされるものは、現在、迫地区と馬場地区の二カ所に伝わる。『筑前国続風土記』には、「サコヤマ」に舜有の墓があると記す。

また、大正時代の開墾に伴い馬場地区で舜有の墓石が発見され、同時に多くの五輪塔や宝篋印塔が掘り出され、元和九年（一六二三）に黒田長政死去後、忠之が二代藩主になると黒川の彦山領没収のうえ、黒川院の旧跡は徹底的に破壊された際に埋められたとも伝えられる（もうそうやね古墓）。

よって中世に遡る可能性が高いのは馬場の舜有墓で、迫の舜有墓は供養墓とみられる（中島圭二〇一五）。

彦山修験者の活動遺品

般若窟の磨崖阿弥陀三尊種子（一三四三）

玉屋神社は彦山四十九窟の般若窟の故地で、垂直に高く聳える絶壁の直下の左端の岩の窪みの下付近に水が湧く。左手に窟があり、その前面を遮蔽するように大小二つの祠が立つ。また中央の堂の奥には不変の湧

阿弥陀三尊種子
玉屋窟鬼仙酔岩磨崖板碑（1343）

智室窟板碑（1442）

智室窟磨崖板碑（1371）

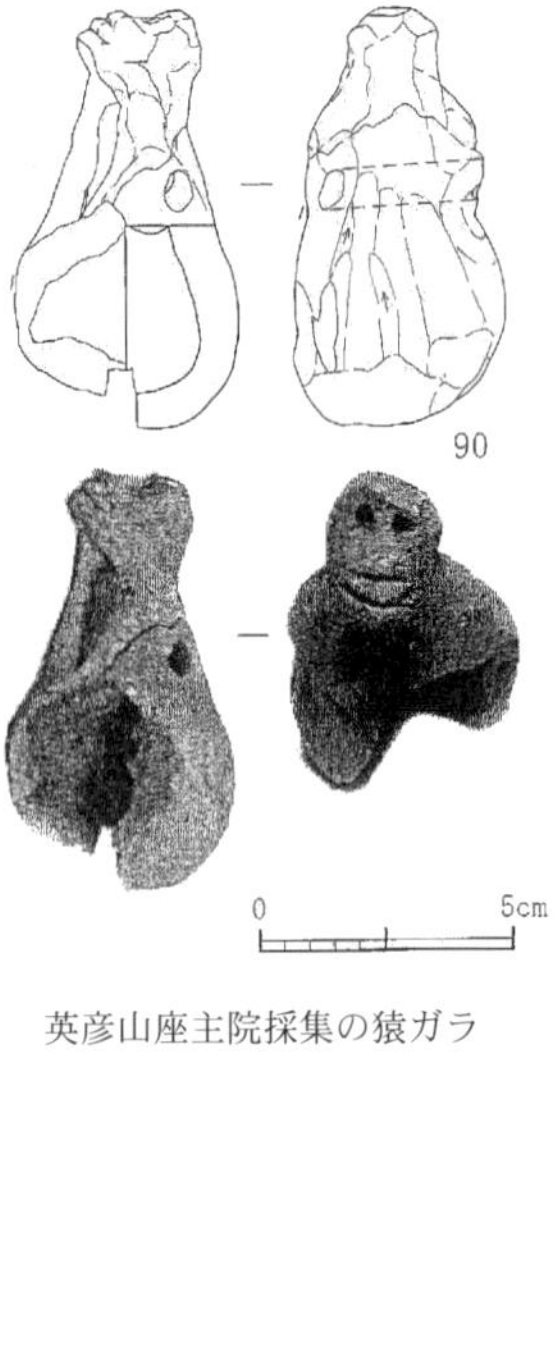

英彦山座主院採集の猿ガラ

図7．玉屋窟磨崖板碑（1343）・智室窟磨崖板碑（1371）・智室窟板碑（1442）（添田町教育委員会 2016）

水がある。奥の斜面を降りて岩の裏側に回り込んだ高所に磨崖梵字がある。

一つは彦山第一窟の般若窟にある。高さ三〇～四〇メートル程の陽石の中程に、約三メートルの半円形の龕《がん》を彫り、その中央に大小二基の磨崖板碑が並んである。一基は高さ七四センチ、幅七八ヤンチで、キリーク（阿弥陀如来）、サ（観世音菩薩）、サク（勢至菩薩）の阿弥陀三尊の種子を刻み、中央に北朝年号で「康永二□／阿閦□□」（一三四三）と刻む。

右横にあるもう一基はやや小ぶりで、高さ三六・五センチ、幅三二センチを測る。中央にキリークを刻み、下方に「尼光如」とある。いずれの磨崖梵字も下に小穴があり、奥行き八センチ程の長方形の龕が穿たれている。納経孔や納骨孔である可能性がある。足場の悪い場所にあり、供養碑よりも回峰行の一施設として使われたと考えられる（山口裕平二〇一一）。

岩石寺磨崖梵字

岩石寺《がんじゃくじ》は、彦山北方約一〇キロに位置し、『彦山流記』や『彦山縁起』にみえる彦山四境七里のうち、「北八限豊前国田川郡岩石寺」に該当する。

花崗岩塊の山頂には中世に要害として岩石城が築城され、大内・大友勢力角逐の場となり、十六世紀後半の三巴文軒丸瓦・桐文軒平瓦が散布する。

北東隅に眺望の良い国見岩があり、その一角に梵字岩がある。バン（金剛界大日如来種子）種子を刻み、別地点には二カ所にキャ種子を刻む。山内には大量のかわらけが散布している。山頂南西隅には山麓の白山宮の奥院を祀る（添田町一九七七）。

次郎坊太郎坊磨崖仏・小松の磨崖不動明王（正和年間〈一三一二～一三一七〉か）

次郎坊太郎坊磨崖仏は、福岡県東峰村大字福井、北彦山線路西側の村道沿いにある。村道から約三メートルの高さに岩を刳り抜いて間口一・二メートル、奥行き〇・三メートルの龕を設けた内部に高さ〇・二五メートル程の大日如来・釈迦如来・阿弥陀如来・普賢菩薩などの七体の尊像を彫刻する。

伝承では、鎌倉時代正和年間、父の仇を捜す山伏刀鍛冶の岩下金剛兵衛一派の太郎・次郎の兄弟が、福井村に来て刀鍛冶に励んでいたが、そこで敵と遭遇し敵討ちを挑み、返り討ちにあい殺された。そこで子孫が供養のために磨崖仏を彫ったと伝える。昭和四十九年（一九七四）の道路改修時には、刀剣や石灯籠の残片などが出土した。

小松の磨崖不動明王も東峰村大字福井に所在する。次郎坊太郎坊磨崖仏より村道沿いに南下すると、西側の少し高い位置に小堂があり、その上方に極彩色に塗られた不動明王が見える。高さ一・八メートル、幅一・二メートルの大型の磨崖仏である。こちらも岩下金剛兵衛が彫ったと伝える。岩盤に柱穴が穿たれており、磨崖仏を覆う堂社があったことがうかがえる。

これらの製作年代は鎌倉後期の正和年間とされるが、実際はそれより時期が降るものであろう。

乙宮神社石殿（一三五一）

福岡県大牟田市乙宮神社の御神体として祀られている石殿は、凝灰岩製で塔身と屋根部から成る。屋根は切妻造につくり、軒に二列の垂木、棟に勝男木《かつおぎ》、棟の押木の先端には獅噛を刻む。塔身（殿部）の正面に直垂・長袴姿の神像があり、左手に弓、右手に箭《や》をとり、それを膝前で交差させた神像形を浮彫し、その左右に花木の文様を配する。また左右両側には、共に三角形の頭巾を被り、両手に蛇のようなもの（弓か）を摑んだ侍者の坐像が刻まれている。

塔身背面に「奉造立　彦山第一之護法筑後国三池南郷藤田村　願主藤原経躬　大工藤原助継　貞和七季（一三五一）辛卯二月□日敬白」銘がある。

彦山護法とは、彦山の四至を守る狩込護法、柏木護法、天合護法、福益護法等で、彦山の第二祖忍辱上人の出家以前の姿である日田藤山村の猟師、藤原恒雄を狩込護法として第一においたもので、願主藤原経躬は恒雄を祖霊神として崇めたことをうかがわせる（多田隈豊秋一九七五）。

稲築熊野神社石仏群（一三五三）

福岡県嘉麻市稲築下平は、往古、彦山の神領で、銭代坊一帯は修験道場であったとされる。熊野社南側の小堂内部に三重層塔・阿弥陀如来石仏・十一面観音石仏を安置する。塔は砂岩製で現高一五三センチ。塔身正面に華頭形の仏龕を設け、如来坐像を彫るが尊名は不明。左側面に「正平八年　二月□壬大蔵　敬白」の銘。十一面観音石仏も細部が摩耗し不明。阿弥陀如来石仏に「敬白願主六郎三郎　正平八年癸巳」銘がある。いずれも南朝年号。

熊野神社の社伝によれば、正平八年（一三五三）に神主の西田六郎三郎によって社殿が再興された際に阿弥陀如来及び十一面観音の石仏を寄進し、また□王大蔵は三重石塔を吉城寺から現在地に移建したとされる。彦山権現の本地仏を表現したと推測される（多田隈豊秋一九七五）。

世襲座主と周辺石造物の関係

以上、助有法親王が彦山座主に就任して以降、黒川院や周辺地域の石造物造営が盛んになる。

なお、助有法親王を招いた豊前城井谷の宇都宮氏は、建久年間（一一九〇～一一九九）の入部以降、求菩提山・蔵持山を押領した。建保三年（一二一五）の『彦山流記』に、蔵持山が彦山四十九窟の第二窟として見えるのは、宇都宮氏の押領への対抗と考えられる。

蒙古襲来では宇都宮通房が下向し、正応年間（一二八八～一二九三）に宇佐宮式年遷宮の造営奉行となり、元寇恩賞地を上毛郡に得た。蔵持山麓を流れる祓川水系では、伊良原の大行事社の下流一キロに音無淵梵字岩がある。

息子の六代頼房は本拠地を東隣の城井川流域に移し、菩提所の正光寺には南北朝期の文殊菩薩獅子騎像が遺る。元弘三年（一三三三）には、一族を求菩提山の座主に据えた。『西大寺諸国末寺帳』（一三九一・一四三六）には「城井宿坊二聖院常福寺」がみえる。このためか、祓川・城井川流域周辺には西大寺様式を含む石造物が集中し、彦山信仰圏と著しい対照を示す。木井馬場には四方仏宝塔、木井神社には大型五輪塔がある。みやこ町蔵持山楞厳寺《りょうげんじ》には大型五輪塔部材が四基分あり、西大寺様式五輪塔は火輪頂までの高さ約一八〇センチを測る（小方泰宏ほか一九九〇）。

一方、黒川院に隣接した大蔵流秋月氏も西大寺末寺の秋月山安養寺（明元寺の前身）を建立し、大蔵流日田氏も永興寺を西大寺末寺とするなど、彦山周囲の有力武士は、いずれも硬質石材加工技術に長けた西大寺律に帰依しており、これらの地域での律宗系石工集団の活動が黒川院や彦山にも影響を与えたと考えられる。

大行事社の成立と彦山神領

大行事社と高木神

彦山祭神（仏）の変遷は、祭祀主体勢力の変遷と関係することが予測される。新羅仏が物語る七～八世紀の渡来系仏教信仰の導入から、九～十世紀の八幡信仰・天忍骨命信仰の影響を経て、十二世紀後半には熊野信仰・厳島信仰の影響を受け、彦山でも天忍穂耳尊・伊邪那岐・伊邪那美の三所権現信仰が成立したと考えられる。

これに対し、彦山をめぐる大行事社では、高木神を祀る。高木神（高御産巣日神《たかみむすびのかみ》、高皇産霊尊）は、高天原においては天照大神を凌駕するほどの存在とされ、『古事記』では天御中主神《あめのみなかぬしのかみ》、神皇産霊神《かんみむすびのかみ》と共に造化三神を形成するが、非常に観念的な存在で、神話体系化の過程で創出された存在と考えられる。

英彦山伝承では、高木神は自身の領域を天忍穂耳尊に譲り、娘の万幡豊秋津師姫命《よろずはたとよあきつしひめのみこと》（栲幡千千姫《たくはたちぢひめ》）を娶らせたとされている。記紀神話では天照大神と高木神は、天忍穂耳尊に天降って葦原中国を治めようとさせる。が、天忍穂耳尊は万幡豊秋津師姫命との間に生まれた「邇邇芸尊《ににぎのみこと》」を降すべきと答え、天孫、邇邇芸尊が降臨したという。

在野の論者には、高木神を彦山の原初祭神とする意見も多い。しかし実際は、十二世紀後半よりも新しい時期に、天忍穂耳尊に架上する形で追加されたと見るべきである。この時期を考える上で手掛かりとなるのが、大行事社＝高木神社の成立時期である。

宝珠山大行事社の成立と石躰

伊藤常足の『太宰管内志』によれば、「上代、彦山に領じたり地には、其神社を建て限とす。是を七大行事ノ社と云。其今ものこれり。七大行事と云は、日田郡夜開郷林村の大行事、又鶴河内村の大行事、筑前国上座郡福井村の大行事、同郡小石原村の大行事、豊前国田川郡添田村の大行事、下毛郡山国郷守実村の大行事などなり。此社今も有て神官是を守れり」と記している。

この英彦山大行事社は、弘仁十年（八一九）に彦山霊仙寺に嵯峨天皇の奉幣があり、七里四方が与えられ、七里結界といわれる彦山神領・彦庄が成立すると、弘仁十三年（八二二）に羅運《らうん》上人が四境七里内四十八箇所に高木神（高皇産霊尊・伊弉諾尊・伊弉冉尊）を祭神とする大行事社を勧請したと伝承している。山内大行事社、六峰内大行事社、山麓大行事社、各村大行事社から成っている。七大行事社は山麓大行事社のことで、神領の最外部の参道入口に所在する。

この中で注目されるのは宝珠山大行事社で、明和元年（一七六四）に造営された社殿の地下に永承三年（一〇四八）の年号を記す本宮供養碑とともに、三本の「石躰」が立ち、それぞれ社殿内に祀られた祭神に対応するとみられ、中央が高皇産霊尊、左が伊弉冉尊、右が伊弉諾尊と推定される（山本義孝二〇〇七）。

本社は数ある大行事社の中でも最も古態をとどめており、大行事社の勧請開始は、概ね十一世紀中葉前後と考えられる。ただ、この時点で、高皇産霊尊を祀っていたか否かは明らかではない。ここで大神信證氏の大行事社の検討に注目すべき指摘がある（大神信證一九七七）。後冷泉天皇の永承二年（一〇四七）、大宰府安楽寺金堂の領所として下妻荘と副田荘（添田町域）が記されている。摂関期から院政期にかけて北部九州の荘園が安楽寺領と宇佐八幡領に二分されたことを念頭に置けば、彦山信仰圏への安楽寺領による蚕食が進行している状況の中で、宇佐八幡宮圏の影響下にある彦山が、神領を明示する必要に迫られ（大神信證一九七七）、ために設置されたのが大行事社と考えるべきであろう。

図８．黒川高木神社

黒川高木神社と黒川院

黒川高木神社（旧黒川村大行事社）は、重要拠点に置かれた彦山麓七大行事社の一つに数えられる。

　黒川が彦山座主院の地であることからすれば、大行事社の高木神信仰は、座主院入府より大きく遡るとは考えにくく、むしろ座主院入府に契機があったと見るべきであろう。南朝に北畠親房がおり、南北朝期に本地垂迹説の躍進があったことを踏まえれば、天孫降臨、国譲り、神武東遷など、重要な場面で登場する高木神を天忍穂耳尊を凌駕する存在としてクローズアップすることで、皇胤《こういん》座主の支配を正当化しうる論拠としたことが考えられる。

実証は難しいが、試みに現在知られている英彦山麓の高木社を通覧すると、前身となる大行事社は、現在の添田町域には津野地区に上下二社、落合地区一社が明治維新期に「高木神社」と名称を変え残っている。添田村内の大行事社は既に廃絶している。津野の高木神社では御潮井採りや神幸祭と神楽、おくんち、卯の祭など、落合の高木神社では神幸祭と獅子楽、霜月祭など英彦山と関係の深い祭礼が執り行われている。小石原村の高木神社も、旧宝珠山村を守護する鎮守神の大行事社として、この時、勧請されたものとされる。

しかし、大行事社の設置は、彦山が寺院大衆を擁する中世領主化し、領域化したことを背景としたもので、古代的な聖域とは考えにくく、彦山が宇佐八幡信仰圏の荘園領主として安楽寺領と対峙し三社権現が成立した十二世紀以降に設置されたもので、さらに、天忍穂耳尊は稲穂の神とされ、松会神事にかかる農耕神としての性格が強く、天孫降臨を辞退したとされる天忍穂耳尊では皇胤座主の祭神とすることに抵抗があったこと、世襲座主の成立に伴い、創造神にして皇祖神としての伊弉諾・伊奘冉とともに、ニニギの父で外戚にあたる天忍穂耳尊に代わり、妻の栲幡千千姫の父で高皇産霊尊が前面に押し出されることになったと理解するのが最も無理がない。

また、同じく高御産巣日神を祭神とする隼鷹神社（小郡市横隈）も、彦山信仰との関係が示唆されるが、その社名からして、彦山三所権現の神鷹に因むことは明らかで、英彦山三所権現が成立した十二世紀後半以降と考えるべきであろう。

坊の世襲化による屋敷化と墓地の形成

英彦山では中世後期頃には各坊の世襲が確立し、坊が屋敷化し、附属墓地が成立する。

この時期になると、中小霊場の回峰型ネットワークに対抗するため、峰中宿が成立し大廻行の整備による山内回峰ルートの整備が進む。なお、現在行橋市今元の浄喜寺にある梵鐘（高さ一一三センチ、口径八九・五センチ）の銘文には、「彦山霊山寺／大講堂洪鐘一口／座主惣衆合力諸人助成／大勧進当山住／権律師弥海勝光房、助成当国今居住沙弥道本／右志者為天下泰平国土豊饒／山上安穏興隆仏法十方／旦那息災延命而巳／應永廿八年辛丑六月廿七日／鋳物師大工豊前国今居住／左衛門尉藤原安氏作米斤助成」とみえ、応永二十八年（一四二一）の鋳造とわかり、彦山の繁栄期と重なる（坪井一九六二）。

朝鮮王朝の『海東諸国記』（一四六八）「豊前州」の記事に、「戊子年遣使来朝　書称　豊前州彦山座主黒川院藤原朝臣俊幸　以宗貞国請接待　大友殿管下　居彦山有武才」とある。対馬宗氏を介して朝鮮交易に関与した彦山座主黒川院藤原俊幸は、豊後大友家の管下にあり、彦山に居し、武才があると記されている。藤原俊幸とは、七代彦山座主頼有を指すと考えられる。「深川文書」、「深川隆道置文」中には、「一法泉寺殿様下向以後、仁保新左衛門尉殿彦山に被楯籠之趣、弘国忍入、彼岳承合致案内者、御成敗之時、中村修理進討取之　御感書之事」とみえ、大内政弘被官の深川弘国が頼有と連携し、謀反人の大内道頓（教華）方で彦山にたて籠っていた仁保弘名を討ち取ったことがわかり、応仁の乱に伴う大内氏の内紛に彦山や座主が巻き込まれていたことが判明する（田村杏士郎二〇一七）

なお、英彦山ゆかりの銅造釈迦如来坐像（像高二四・四センチ）が伝世しており、背面には天徳二年（九五八）二月に英彦山に奉納された旨の刻銘がある。しかし「英彦山」の表記は享保十四年（一七二九）以降であり、後刻と考えられる。釈迦如来像は高麗末〜朝鮮王朝初期（十四世紀）の様式を示し、鉛同位体分析でも朝鮮半島産の可能性が高い（大分県立歴史博物館二〇一一）。

彦山諸坊中古証文之写によると、室町時代前期の永享七年（一四三五）から、近世初頭における大友氏による彦山来攻直前の天正八年（一五八〇）の間に、彦山山伏の檀那に関する文書が二十点ある。そのほとんどは、坊舎・同敷地・持仏・持経・檀那等の譲状である。譲与の対象となった檀那の所在は、豊前・豊後・筑前・筑後・肥前・肥後・薩摩・大隅の九州諸国と長門に分布し、この諸国に日向・壱岐・対馬を加えた範囲が江戸時代の英彦山信仰圏の範囲であった。

そうした中で、南谷華蔵院大先達承運は、永正六年（一五〇九）に日光山からの客僧阿吸房即伝に修験の奥義を授け、即伝は、秘密の口伝の筆写による神罰を恐れながらも、後世に記録を遺すべく、その後、彦山に永住して『修験道修要秘訣集』『三峰相承法則密記』等を中心とする彦山修験道儀軌を完成した。

智室窟の板碑群（一四四二〜）

奉幣殿よりほぼ水平に推移する廻峰ルートより派生するのが智室谷である。

道脇の岩塊上に五輪塔・宝篋印塔の部材を寄せ集めた塔が四基並ぶが、いずれも銘はない。付近からは蔵骨器片も採集された。ここより斜面を登ると彦山第七窟の智室窟だが、入口から左手の藪を抜けた所に高さ三メートル程の巨石があり、磨崖板碑を刻む。高さ八三センチ、幅四〇センチ、上方は山形で二条線がある。

碑面中央にバン（金剛界大日如来）、四方にバク（釈迦如来）、ベイ（薬師如来）、キリーク（阿弥陀如来）、サ（観音菩薩）の種子を刻む金剛界五仏種子板碑で、「重□／建徳二　九月□日」銘があり一三七一年の造立である。なお、連続して磨崖碑があったと思われる切り込みが残るが欠落する。

谷奥には手前に近年造立された大きな石碑があり、その背後が雛壇状に整備され、中近世の自然石板碑が整然と配列されている。また四阿の左手には五輪塔があるが、これも近年になって造立された。

智室窟右手の壇上に、二十一基の板碑が並ぶ。最古の一基は、高さ一五五センチ、最大幅七〇センチ、厚さ二三センチの安山岩製自然石板碑で、中央上部にバーンク（荘厳体金剛界大日如来種子）を刻み、下に「権□宝尊三十三廻忌／嘉吉二　三　六日／慶有／唯円坊」銘があり、供養碑である。しかし大半の板碑は十七世紀後半〜十八世紀初頭のものである。

奉幣殿の宝篋印塔部材（一四九三）

奉幣殿北の修験道資料館に程近い「嶺ノ廟地」内に、「明応二年」（一四九三）銘を持つ宝篋印塔が一基所在する。また山内の墓地に室町〜戦国期頃の五輪塔や宝篋印塔の部材が少数点在する。

池野宿の板碑群（一五七六〜）

池野宿は秋峯の山中宿の起点で、護摩壇が遺る。岩場の間が狭い窟状の空間をなし、板碑が大量に投げ込まれている。最古の一基は阿弥陀一尊種子と「天正四丙子（一五七六）／権大僧都法印豪周逆修／八月彼岸」銘を刻む。豪周は山内各所に署名ある板碑を遺している。

他は一六五六年以降、江戸時代の板碑で占められる。下方の谷川を望む地点に塊石を積み上げた中世末～近世の氷室遺構が残り、土砂に埋没しているが保存状態は良い。

戦国期の彦山の荒廃

毛利氏が九州進出を再開すると、秋月氏や筑紫氏は毛利氏に呼応して大友氏から離反する。永禄十年（一五六七）の休松の戦いで秋月氏が大友氏に勝利すると、一斉に他の国人領主たちは反大友の旗を掲げた。それに同調し、彦山座主家も大友氏の参陣要請を拒否し、大友氏から離反する。その結果、永禄十一年（一五六八）には大友軍が彦山に侵攻し、山谷に火を放ち、下宮・北山大行事・講堂が破却され、数千の坊舎が焼失したという。翌年には秋月種実が大友氏に降伏し、後盾を失った彦山座主家は佐田岳城に籠城し抗戦する。二カ月の籠城後、十三代座主連忠や外祖父の福井弾正種善が自刃し、彦山は降伏した。

大友宗麟息の三位公の座主就任要求を彦山は拒否し（『塵壺集』によれば、この年肥前の龍造寺隆信が英彦山に侵攻し坊舎は焼失したとされる）、翌永禄十二年（一五六九）舜有が第十四代座主となった。天正六年（一五七八）、大友氏が日向耳川の戦いで大敗すると秋月種実は謀反し、大友側となった黒川院を焼き討ちした。翌年、彦山座主家と秋月氏は和睦し秋月種長に舜有の娘が嫁いだ。このため天正九年（一五八一）、再び大友氏の侵攻を招き、上宮神殿、拝殿、諸社、諸坊が焼亡した。そのため舜有らは上仏来山城に籠城して抗戦した。

天正十五年（一五八七）三月、太閤秀吉の九州征伐に際し、舜有は南関で秀吉と対面したが、直後の六月に黒川院で死去した。舜有墓とされるものは、現在、迫地区と馬場地区の二カ所に伝わる。舜有没後、秋月種長と舜有の娘との間に生まれた昌千代（深有尼）が座主代職へ着き、後室の孝鳳尼が後見することになった。

九州征伐後の戦後処理の中で七里四方の彦山神領は没収され、この後は経済的基盤を在地領主・農民に求めることを余儀なくされた。小早川隆景は、祈禱料として筑前七カ村（上座郡の黒川村・佐田村・菱野村・白木村・越原村・宝珠山村・福井村）を彦山に寄進した。

英彦山神宮境内鐘には、「千手院／権大僧都法印／豪継大和尚位／玉屋般若崛／寄進之／彦山　靈山寺／奉寄進鐘一口／三所権現／毘沙門天王／法蓮上人／大願主／毛利久八郎吉勝／天下太平武運／長久祈而巳／座主惣中／文禄三（一五九四）甲午季／十二月吉日」銘があるが、形状は博多櫛田神社鐘（一三五二）や唐津市医王寺鐘（一三七六）に近く、十四世紀中葉の肥前鐘である可能性が高い。当初の銘文を抹消し、追刻したと考えられる（坪井良平一九六二）。

しかし文禄四年（一五九五）の検地後、神領は没収され、慶長四年（一五九九）三月には豊前国田川・企救郡の森吉勝が兵を送って彦山を占領する。座主代深有尼らは豊前黒田家中津藩領へ避難し、黒田長政を頼って訴訟を起こしている。

慶長五年（一六〇〇）には、細川忠興の斡旋で深有尼が忠有（京都相国寺僧の玄賀）と婚姻し、忠有が座主職を相続した。また忠興は豊前側の彦山旧領を寄進した。

豊前入府後、城井谷の宇都宮氏を滅ぼした黒田氏も、官兵衛・長政とも彦山の神領回復に協力し、長政は黒川村三百石を寄進し、慶長年間（一六〇一頃）には宋風の僧形像、唐装の女神像、唐装の男神像からなる彦山三所権現坐像も寄進したが、戦国期の焼失以前には、島根県の赤崎八幡社や和歌山県熊野社などの鎌倉期神像の唐装の女神像に通じるような、原型となる中世の彦山三所権現坐像が存在した可能性がある。
この頃まで、彦山座主家と黒田家の関係は比較的良好だったと考えられる。

八　近世の彦山信仰

座主院の帰山と座主坊の建設

元和九年（一六二三）に黒田長政が死去すると、黒田家と彦山の関係は急速に悪化した。二代藩主忠之は黒川院の旧跡を徹底的に破壊させ、さらに三代光之は彦山の神領を接収、秋月・三奈木に黒田家を配し支藩秋月藩を置いた。黒川院が破壊されるに至った経緯は不明であるが、黒田家と仲の悪かった細川家と、座主家の関係が強かったことが一因と考えられる。座主や扈従の坊主らは英彦山中に帰還し、黒川院は山郷に痕跡を残すのみとなった。

座主坊は高千穂家の寄進によって、現在、九州大学生物研究所となっている。英彦山坊中でも卓越した規模を誇り、巨大な石段や石垣で周囲を威圧するが、参道から離れた旧華蔵院の付近に設けられている。またその立地は尾根で、谷を基盤としない成立経緯を物語る。座主院の背後には座主院墓地があり、三〇×三〇メートルの範囲に五十基あまりの基壇墓があるほか、背後の山林中に巨大な自然石供養碑が多く遺る。

座主院の敷地内や周辺の山林からは初期伊万里や伊万里青磁、京焼、織部角形向付などの高級品を含む膨大な陶磁器片が採集されているほか、古唐津や古高取・上野《あがの》も含む。

　十七世紀末から十八世紀前半には、優美繊細な唐草文に飾られた所謂「藍柿右衛門」が比較的多く、この時期の豊かな生活を感じさせる。十八〜十九世紀には、高取上野系の小石原や、萩焼などの陶器が多いほか、高級陶磁である鍋島の七宝繫文皿の存在が目に付く。彦山と佐賀藩・小倉藩との良好な関係が陶磁器にもうかがえる。

　慶長五年（一六〇〇）、豊前に入った細川忠興は、元和二年（一六一六）には大講堂（奉幣殿）を再建した。また肥前佐賀の領主鍋島勝茂により寛永十四年（一六三七）銅鳥居が寄進された。享保十四年（一七二九）霊元法皇の院宣により、「英彦山」の勅額が下賜され、享保十九年銅鳥居に掲げられたが、明治初年の神仏分離令は英彦山修験道に壊滅的打撃を与え、多数の仏像や経典、仏堂が破却された。

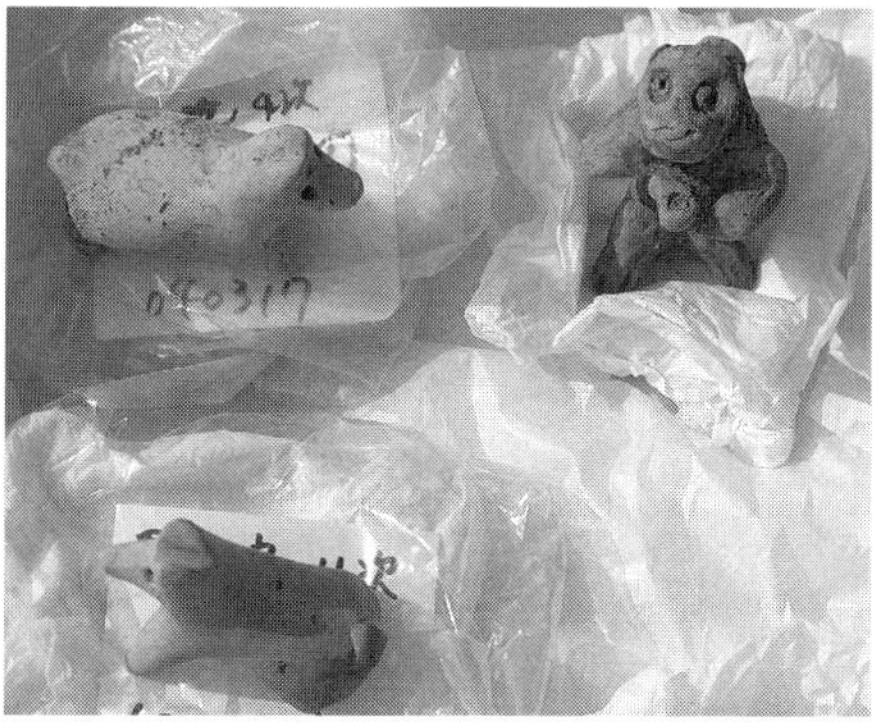
図 9．黒川院から発掘された犬型、猿型土製品

図 10．英彦山ガラガラ

猿ガラから英彦山ガラガラへ

　福岡県下には、「英彦山ガラガラ、口ばっかり」という諺があるが、英彦山ガラガラは当初は猿形の「猿ガラ」であった。『英彦山土鈴考』によれば、文治二年（一一八六）、肥前綾部居城奥平四郎太大、神器に模し大鳥形飛騨鈴、獅子首等を肥前神水土駅（現・佐

賀県みやき町寒水《しょうず》）付近の土器作者に作らせ、彦山に奉納したのが起源とされるが、伝承の域を出ず、実際は中世末から近世初頭まで降ると考えられる。

朝倉市黒川院では犬形土製品、亀形土製品、土鈴とともに猿形土製品が出土し（中島圭二〇一五）、同巧の猿形・犬形品は大分県大分市豊後府内町跡第十三次調査出土品にみられ、いずれも十六世紀後半前後に比定される。

土製猿の下部に土鈴を作りつけた「猿ガラ」は、彦山ガラガラの祖型といわれ、座主院で採集されている（岩本教之氏のご教示。添田町教育委員会二〇一六）ほか、佐賀県鳥栖市藤木遺跡ＳＤ四〇八溝、佐賀県みやき町寒水の長崎街道遺跡（長野覺先生ご教示）。（添田町教育委員会二〇一六）、久留米市久留米城下などで出土し、十七〜十八世紀に使用されているが、型式学的検討や年代の確定は今後の課題である。

未報告だが、福岡城五十九次調査でも、初期伊万里など一六三〇〜一六五〇年代の遺物とともに猿ガラが出土していることをご教示いただいた。なお彦山では保元元年（一一五六）に直方の畑（鷹取山北西麓）より日吉山王社が勧請されたと伝え、猿ガラと山王信仰の関係が推測される。

人形浄瑠璃・歌舞伎『彦山権現誓助剱』

梅野下風・近松保蔵の合作による全十一段の人形浄瑠璃である『彦山権現誓助剱《ひこさんごんげんちかいのすけだち》』は、天明六年（一七八六）に大坂道頓堀の東の芝居で初演された。その四年後には、大坂で歌舞伎として上演、その翌年には江戸で上演され、以来、歌舞伎、文楽共に上演を重ねている。特に歌舞伎では、原作の九段目に当たる「毛谷《けや》村《むら》」が単独で上演されることが多く、人気狂言のひとつとなっている（博多座上演二〇一二）。

主人公の六助は、素朴な人柄の好人物で、彼は織豊期に実在した毛谷村六助、また剣豪として知られる宮本武蔵をモデルとしているという説があり、江戸時代の民衆が考える「武道」の理想を体現する人物として描かれている。小倉藩指南役をめぐり、母への孝心に打たれた六助は、ライバルの微塵弾正《みじんだんじょう》との剣術試合にわざと敗れるが、実は微塵弾正は師の吉岡一味斎の仇の京極内匠で、その非道の悪事を知り、吉岡の娘で許嫁のお園と吉岡の後家のお幸に見送られて微塵弾正＝京極内匠との対決に出発するまでのシーンを描いたのが「毛谷村」の段である。衣装や舞台装置に派手さはないが、コミカルな台詞回しとテンポの良さが見どころである。なお、毛谷村は英彦山南東麓の大分県側に現在もあり、毎月六日を六助の縁日とする行事が今に伝わるといい、また英彦山神宮の資料館には六助の鉄棒とされるものが伝わっている。

彦山山伏勢力の拡大――薩摩・大隅地方における英彦山山伏の伝承

鹿児島県下の修験道伝承を採録した森田清美氏の『さつま山伏』（森田清美一九九六）には、英彦山山伏の法力を伝える話が多い。他地域の人々の英彦山山伏の法力への畏怖を知る上で興味深い。

逆　貝

鬼神神社縁起として語り伝えられている話。昔、英彦山の山伏が薬を売るために小川内の関（大口市）を通って薩摩の国に入った。関所守は、この山伏はきっとたくさんのお金を持っているに違いないと思い、亀坂を越えた所で殺して金を奪い取ってしまった。

山伏が突然、行方不明になったことを不審に思った英彦山では、隊列を作り、薬売りの山伏を探しに来た。小川内の関の近くに来て、山伏は関所守に殺されたという噂を耳にした。

英彦山の山伏たちは、その恨みを晴らそうとして、亀坂の上から逆貝《さかげ》を吹いた。すると不思議なことにホラ貝から火の粉が飛び出すではないか。火の子は小川内の集落に飛んで行き、集落の全戸が焼き尽くされてしまった。この災難は、きっと自分が殺した山伏の祟りであろうと悔いた関所守は、鬼神神社を造ってその霊を慰めた（『南九州郷土研究』）。

七山七迫枯らす一貝

英彦山の山伏が一貝《ひとつがい》を吹けば、七山七迫枯れる、といって、ホラ貝の一声は非常に恐れられていた。

昔、弓木野のある人が、ホラ貝を吹いている山伏をはずみで殺してしまった。その人は山伏を丁寧に葬り、自然石で墓を建てて祀ってやった。その後、その付近に大きな椎の木が生い茂った。ある時ある男が、この木は田に障るといって切り倒してしまった。ところが、その男は山で大怪我をした。村人は、ホラ貝を吹いていて殺された山伏の祟りであると噂した（『阿久根のむかし話』）。

口に吸いついたホラ貝

幕末のお由羅騒動に関係したとされる牧仲太郎が黒羽子で修行中のある日、英彦山の山伏が東隣の幾野家に立ち寄り、仲太郎の法力の強さを耳にした。そこでひとつ、法力比べをやろうと思い、黒羽子の方を向いて、すぐ帰って来るようにホラ貝を吹いた。

仲太郎は急いで駆け戻ったが、英彦山山伏は挨拶もしないで囲炉裏にあった五徳を畳の上に飛び出させ、それをぐるぐると回し始めた。その様子をただ笑って見ているだけで、何の反応も示さない仲太郎を見て、千手院山伏など噂ほどにもないわい、と言って、縁側に伏せておいたホラ貝を取ろうとした。ところが、ホラ貝は微動だにしない。満身の力をふりしぼって持ち上げたら、床板がはがれてしまった。

英彦山山伏は、自分の法力がとうてい仲太郎に及ばないことを悟り謝った。しかし、どう考えても口惜しい。そこで山伏はホラ貝を口に当て、千手院の山伏は糞山伏、という意味のホラ貝を吹いた。すると今度は、山伏の口にホラ貝が吸いついて離れなくなってしまった。

英彦山山伏は再び、丁重な詫びを入れて許してもらった（原話　吾平町　牧快世氏）。

近世墓碑と廃仏毀釈

文殊窟途上の墓地には、一基の一石宝篋印塔があるほかは殆どが近世墓碑で、十七世紀末～十八世紀のものが多い。それらのうちには、特定の年号銘が集中してみられ、特に享保四年（一七一九）には宝生院から出火し中尾谷・上霊仙谷の坊屋六十軒が焼失したとされ、同年銘の墓碑にはそうした火災の犠牲者を含む可能性が考えられる。

英彦山参道石段の入口付近にある江戸時代宝篋印塔は、文化十四年（一八一七）に建立された総高七・九メートルの塔で、発願主の豪潮律師は、寛延二年（一七四九）に肥後国玉名郡に生まれ、八万四千塔の建立を発願し、享和二年（一八〇二）に肥前大興善寺に最初の塔を建立し、以後、各地に造塔、英彦山にも造塔し、土台に巨石を据え、基礎、塔身、屋根、相輪によりなる。廃仏毀釈時に破壊の危機にあったが、基礎の半花座を亀甲座とし、塔身の梵字を削り「燈」を刻み、内部を刳り抜いて火袋に改造し石灯籠として破壊を免れた（浜田茂宏一九六一・知足美加子二〇一四）。

九　おわりに

英彦山は記録や遺品の多くが焼亡し、伝承と遺跡・遺物の事実も錯綜しており、その通史はいまだ不明の点が多いが、概ね以下のように整理できる。

①かつて英彦山は、豊前・筑前・筑後の国境にある優秀な狩猟場で交通の要衝でもあった。
②遠賀川・筑後川支流をはじめ九州北部の主要水系の水分でもあったことから、弥生時代前期末以降、水源として信仰を集め、山麓には庄原遺跡のような特殊な遺跡も営まれた。
③古墳時代中期の五世紀には山麓水系に渡来系集団が多く入植し、また六世紀には多数の屯倉が営まれた。北岳の当初祭神とされる大己貴神の信仰はこの時期まで遡る可能性があるが、該期の信仰遺跡は未確認。
④六世紀の継体朝とされる彦山の開創伝承にかかわる善正上人や藤原恒雄は、欽明朝の仏教伝来に先立つ由緒を主張するため三階教や檀君神話の影響下に中世頃架上された人物か。該期の信仰遺跡は未確認。

⑤白鳳～奈良時代には山麓に新羅系渡来人の寺院や、国分寺・大宰府系官寺が営まれた。奈良時代末～平安前期にこれら官寺僧の一部が、白月に彦山中に入り、窟で山林修行を開始したことが彦山信仰の萌芽と考えられるが、彦山本体は遙拝対象に留まり、修行の場は四十九窟を構成する周縁部に主体があった。

⑥宇佐の法蓮は教団を形成し、その一部が彦山玉屋窟で参籠行を行ったり、政所坊付近に最初の寺院施設を設けた可能性があり、須恵器片や土師器片が出土する。また宇佐神宮系の祭祀集団を介して、奈良～平安前期に豊前地域の蛇神信仰の形で大己貴神の信仰が導入された可能性もあるが、のちに天忍骨命に交代する。

⑦九世紀には渡唐の安全と謝恩を祈願した最澄の崇拝をうけて、香春岳が豊前の天台信仰の拠点となる。香春神は水旱や疫病時の祈願に感応ありとされ、特に農業神的側面をもつ天忍骨命が重視された。この影響をうけて彦山北岳に天忍骨命が勧請され、大己貴神と祭神が交替し、天台宗化も開始された。最澄の止観行でいう「閑居静処」の「深山幽谷」・「頭陀抖擻」の実践のため、山麓や周縁部から北岳・中岳・南岳など中核地域での修行が本格化した。

⑧十世紀後半～十一世紀には朝鮮後三国争乱や刀伊賊襲来などの対外的危機をうけて異国降伏の八幡信仰が高まり、藤原道長の支援を受けた宇佐神宮寺弥勒寺が躍進し、天台法華信仰の拠点となる。

英彦山中岳などでもこの影響下に黒色土器六器を用いた天台密教の修法がなされ、中堂には多数の丈六仏も造顕された。

⑨十一～十二世紀にかけて彦山麓に貿易陶磁器を副葬する屋敷墓が出現し、荘園開発が進み開発領主が出現したと考えられ、これに呼応するように修正会が変容し、農耕の予祝神事としての松会に発展していくと

考えられる。

なお、十一世紀中葉の永承年間（一〇四六～一〇五三）頃には彦山麓も太宰府天満宮安楽寺領荘園に蚕食されるようになり、彦山領の範囲を明示するための大行事社の設置が確かめられることから、松会神事には開発領主の囲い込みの意図があったと考えられる。
⑩十一世紀末～十二世紀中葉には、山麓荘園や日宋貿易などの経済基盤の確立を受けて彦山は山中都市化し寺院大衆が形成され、大宰府をも恐懼せしめる存在となる。また石清水八幡宮や比叡山、宇佐弥勒寺の影響で如法経（法華経）信仰が高まり、山麓開発領主や中国海商との結縁のため経塚造営や納経が盛んに行われる。
⑪後白河院政・平氏政権期の熊野信仰の高まりで、彦山は一一六〇～一一八一年頃、熊野社領とされ、今熊野社が勧請される。さらに熊野三社権現や熊野牛王宝印の儀軌を模倣する形で彦山三所権現や彦山牛王宝印の儀軌が成立する。庄内町筒野の五智如来板碑の彦山三所権現像（一一八二）を最古とし、鎌倉幕府成立後の一一九七年頃に大友能直が寄進した彦山三社権現御正体も同様の儀軌をとる。同時期には平氏政権の厳島崇拝の影響で宗像神が宇佐・彦山の原初神に位置付けられ、一一九〇年には宗像の色定法師が玉屋窟の霊水で一切経を書写する。
⑫十三世紀前半には『彦山流記』が成立するが、この時期には入植した宇都宮氏が蔵持山周辺を押領するなど彦山周辺の土地の領有関係に問題が頻発し、これに対処するため『彦山流記』が編纂されたと考えられる。
⑬十二世紀末～十三世紀初めには、天台僧でのち法然の弟子となり浄土宗第二祖となる鎮西聖光上人が智室

窟で修行する。一二三七年には今熊野窟に磨崖梵字・磨崖仏が営まれ、国東半島に発する天台浄土信仰による磨崖仏造顕の影響が考えられる。この影響は薩摩清水磨崖仏群（一二六四）にまで及ぶ。

⑭十四世紀前半には宮座主が招かれ黒川院が成立し、世襲化に伴う結界の整備で大行事社も再編される。
　南北朝以降は隣接する城井谷宇都宮氏・日田大蔵氏・朝倉秋月氏地域での西大寺律の公布と律宗系石塔、耶馬渓羅漢寺などの禅宗系石窟の影響を受け、彦山内に五輪塔や宝篋印塔が出現し、修行窟も石窟化していく。

⑮座主の世襲化の影響で各坊も次第に世襲化し、この過程で山内の結界が整備され、各坊付属の墓地が形成される。歴代座主墓や各坊付属墓地では板状節理自然石の墓碑・供養碑を用い、奉幣殿から水平に展開する廻峰路より下位に立地するものが多く、死穢を嫌う不浄観のためか本格的造塔は忌避される傾向にあった。

⑯十五世紀には、朝鮮の『海東諸国記』（一四六八）に彦山七世座主頼有とみられる藤原俊幸が大友麾下の武将としてみえ、朝鮮王朝との通交がうかがえる一方、永正六年（一五〇九）以降、日光山からの客僧阿吸房即伝によって『修験道修要秘訣集』『三峰相承法則密記』等が著され、十五世紀までに確立した彦山修験道儀軌が記録された。

⑰十六世紀後半には大友氏の侵攻（一五八七）によって彦山諸堂が炎上し、秀吉の九州仕置で神領も没収されるが、黒田官兵衛・長政親子、細川家の外護で復興が図られる。しかし、十七世紀前半には座主は山内への帰還を余儀なくされ黒田忠之と対立し、黒川院が破却される。

⑱十七世紀以降、細川家や鍋島家の外護で彦山は復興し、座主坊や有力坊は大名家や有力武士と縁組し、西

国全体の檀家網を背景に経済的・文化的な存在感を強め、山の繁栄が享保十四年（一七二九）の霊元法皇による、「英彦山」勅額下賜につながった。また、『彦山権現誓助剱』（一七八六）のような歌舞伎の演目ともなった。

⑲十九世紀に入ると豪潮宝篋印塔の造立（一八一七）など依然として繁栄は続いたが、幕末の尊皇派・佐幕派の対立が山内にも影響を与えたほか、明治維新後の神仏分離令で廃仏毀釈の嵐が吹き荒れ、多くの仏像や文書が失われ、坊家の山伏も離散した。

謝辞

本論は英彦山報告書掲載の論考を基礎に、紙幅制限により割愛した内容を大幅に増補して成稿しました。本稿をなすにあたり長野覺先生、森田清美先生、小田富士雄先生、武末純一先生、知足美加子氏、岩本教之氏、西山紘二氏、小池史哲氏、山口裕平氏、中島圭氏、田村杏士郎氏、多くの皆様にご教示を賜りました。執筆の機会をいただきました白川琢磨先生に御礼申し上げます。

所在地	年 号	種 子	銘	形状備考
今熊野窟	嘉禎四年（1237）	釈迦（バイ）・荘厳体胎蔵界大日（アーンク）・阿弥陀（キリーク）の巨大な梵字	「大勧進金剛佛子□□／奉書写一字三礼如法経／奉造石面阿弥陀三尊／奉建立三所権現□□／奉彫石面月輪梵字大日／右志者僧慶春師長□□／貴賤靈等後生菩薩乃□□／平等利益供養如件／嘉禎三年六月中旬／清筆両界院門／金剛佛子僧／妙文坊」	
玉屋谷 鬼仙酔岩	康永二年（1343）	阿弥陀三尊種子 （キリク・サ・サク） 阿弥陀一尊種子 （キリーク）	「康永二□阿囡□□」 「尼光如」	般若窟の下方の祓川の西岸に聳える溶岩壁の上部に約３ｍ程の半円形の龕を設け中央に２基の板碑風の彫込み。下部に納入孔。
智室窟麓	建徳二年（1371）	金剛界五仏 （バク・ベイ・バン・キリク・サ）	「重口」 「建徳二　九月□日」	高さ３ｍ位の自然石上部に碑伝形磨崖板碑。上方に２本の刻線・金剛界五仏種子。左方にも欠落あり双碑であった可能性。
智室窟境内	嘉吉二年（1442）	金剛界大日如来種子 （バーンク）	「権　寳尊三十三廻忌」 「嘉吉二　三　六日　慶有　唯円坊」	全高 155㎝、最大幅 70㎝、厚 23㎝、自然石、竹彫
智室谷板碑	寛永元年（1624）	胎蔵界大日如来種子（ア）	「寛永元季甲子／奉讀誦大乘妙典三十三部権律師継覚／覺乗坊相当三十三年處／十二月十一日／敬白」	全高 171㎝、幅 31㎝、厚 14㎝、自然石
智室谷板碑	寛永三年（1626）	虚空蔵菩薩種子 （タラーク）	「寛永三丙寅年／□□相当妙厳禅定尼三十三回忌／奉修三部合行曼荼羅供一会供養所施主／□□祈　乃至法界平等利益／七月廿六日／敬白」	全高 60 ㎝、幅 30 ㎝、厚 18㎝、自然石
智室谷板碑	寛永十年（1633）	胎蔵界大日如来種子（ア）・蓮坐	「胎金両部曼荼羅供一会　寛永十癸酉年／奉勤修相当妙善禅定尼第三十三回忌奉開眼供養一如也／法華妙典三十三部　卯月九日／施主敬白」	全高 75 ㎝、幅 40 ㎝、厚 16㎝、自然石

所在地	年 号	種 子	銘	形状備考
智室谷板碑	寛永十三年（1636）	虚空蔵菩薩種子（タラーク）・蓮坐	「寛永十三季丙子年　第三十三回忌孝子／年奉厳修両部合行曼荼羅供一会　供養所／右□以相妙厳禅定尼／七月廿五日　菩提資量　祈敬白」	全高 116㎝、幅 56㎝、厚 28㎝、自然石
智室谷板碑	寛永十三年（1636）	虚空蔵菩薩種子（タラーク）	「寛永十三丙子年　清次相権律師／奉読誦法華妙典六軸十巻供養所／敬白／五月十一日／三十三回忌」	全高 72㎝、幅 40㎝、厚 13㎝、自然石
智室谷板碑	正保第四丁亥年（1647）	虚空蔵菩薩種子（バク）	「正保第四丁亥年／奉読誦大乗妙典五十部現当安楽祈者也／八月吉日願主権律師敬尊坊慶重敬白」	全高 71㎝、幅 34㎝、厚 17㎝、自然石
智室谷板碑	万治二年（1659）（タラーク）	虚空蔵菩薩種子	「乃至法界平等利益／奉読誦大乗妙典五六軸右志処者相当／權律師歸豪□廿三回忌佛界円満祈処／施主敬白　万治二巳亥天四月三日」	全高 96㎝、幅 54㎝、厚 15㎝、切石
智室谷板碑	寛文五年（1665）	虚空蔵菩薩種子（タラーク）	「寛文五乙巳白十二月廿九日施主敬白／乃至法界平等利益／奉読誦大乗妙典五六軸廿番所右祈処者相当妙義禅定尼／三十三回頓證仏果祈而己」	全高 64㎝、幅 40㎝、厚 11㎝、自然石
智室谷板碑	寛文八年（1668）	虚空蔵菩薩種子（タラーク）	「寛文八戊申白／奉読誦法華妙典卅三巻右志処者相当／権律歸栄　卅三回祈　施主　敬白／二月初九日」	全高 80㎝、幅 50㎝、厚 18㎝、自然石
智室谷板碑	寛文十年（1670）	虚空蔵菩薩種子（タラーク）	「寛文十庚戌季　孝子／一印真言用遍法界乃至法界／奉修胎金合行曼陀羅供一会　仏界祈／草木国土　成仏道平等利益　七月十二日　敬白」	全高 92㎝、幅 43㎝、厚 16㎝、自然石
智室谷板碑	延宝三年（1693）	虚空蔵菩薩種子（タラーク）	「延宝三乙卯白／相当卅三回忌／／奉読誦法華経十二部権律師継関八月十五日／頓證仏果祈処」	全高 80㎝、幅 38㎝、厚 16㎝、自然石

所在地	年 号	種 子	銘	形状備考
智室谷板碑	延宝七年（1697）	虚空蔵菩薩種子（タラーク）	「貞享元甲子年　卅三回忌行／奉修胎金合行曼荼羅供一会之処右相当／妙任禅尼／正月廿三日　仏果」	全高 98 ㎝、幅 50 ㎝、厚さ 18㎝、自然石
智室谷板碑	不明	虚空蔵菩薩種子（タラーク）	「□□□□□□／奉読誦大乗妙典十部□□□□／五月廿八日□□□□」	全高 101㎝、幅 50㎝、厚さ 16㎝、自然石
智室谷板碑	不明	金剛界大日如来種子 （バン）	「実任三十三　唯回房」	全高 196㎝、幅 40㎝、厚さ 23㎝、自然石
増慶堂板碑	永正十二年（1515）	釈迦如来種子（バク）	「南無三十番神　當山参部権律師法□坊栄智／曼供一會六十六部妙経奉納／永正十二年三月日　敬白」	全高 121.5㎝、最大幅 33㎝、自然石。※三十番神は法華守護諸尊。※曼供は曼荼羅供養の意。
増慶堂板碑	大永八年（1528）	釈迦・阿弥陀・釈迦種子（バク・キリーク・バク・ア）	「南無十羅刹女　大永戊子天　同一部通奉納／法華妙典六十六部成就砌権少僧都長誉俊宗房／南無三十番神　二月吉日　中尾谷住侶　小聖長順」	
増慶堂板碑	天文八年（1539）	釈迦・千手・阿弥陀種子（バク・キリク・キリーク）	「富春信士雅號也　穐屋／江湖友石道人書之／二月」	※三種子は英彦山権現の本地仏。
増慶堂板碑	慶長二年（1597）	胎蔵界大日如来種子（ア）	「奉供養両部曼荼羅供一会攸／奉讀誦大乘妙典一千部大越家権大僧都法印豪周池房逆襲／慶長二天丁酉卯月吉日／敬　白」	全高 157㎝、幅 46㎝、自然石
増慶堂板碑	明暦四年（1658）	釈迦如来種子（バク）	「明暦戊戌年／乃至法界平等利益／奉漸読誦法華経妙典一千部當前座主權僧正忠有大和尚卅三回忌願証佛果祈処／施主　圓妙院□有敬白」	全高 137㎝、幅 27㎝、厚 19㎝、切石
増慶堂板碑	寛永四年（1627）	釈迦・観音・阿弥陀種子（バク・キリク・キリーク）	「前肥前修験臈耳ム彦流山西持院九世　寛永四丁卯／奉修彦山権現□地三万度并造立當山佛神七十躰／三部大阿闍梨法印内供奉叡盛大和尚　八月中幹」	全高 140㎝、幅 42㎝、自然石　頭部欠失
増慶堂板碑	貞享二年（1685）	虚空蔵菩薩種子（タラーク）	「貞享二乙丑年　奉読誦大乘妙典卅三部并五六軸十巻／當子傳燈大先達前座主権僧正有清大和尚卅三回忌辰　仏果圓満／二月十八日　敬白／祈処」	全高 160㎝、幅 58㎝、自然石

所在地	年号	種子	銘	形状備考
増慶堂板碑	宝暦十一年	なし	「奉閲大乗妙典五十部追資宣糧／英彦山重興嚴王院前大僧正相有公當五十年諱荘嚴祖徳／座主不肖孫權僧正孝有謍首識之」 右「宝暦十一年」・左「十二月二十八日」	全高 96 ㎝、幅 38 ㎝、五角形整形碑 台座縦 52㎝、横 61㎝、高 22㎝
宿ノ谷池尾宿	天正四年	阿弥陀一尊種子 （キリーク）	「明暦二丙申白／大先達権律師成圓房有シ	全高 78 ㎝、幅 35 ㎝、自然石 ※生前の供養碑
宿ノ谷池尾宿	明暦二年	金剛界大日如来種子 （バン）	「明暦二丙申白／大先達權律師成圓房有シ全／九月上旬／逆修」	全高 78 ㎝、幅 35 ㎝、自然石 ※巨石の間の窟内
宿ノ谷池尾宿	延宝八年	虚空蔵菩薩種子 （タラーク）	「奉読誦法華経五六軸廿巻相当三十三回忌覺路祈処／傳燈大越家権大僧都法印真純大和尚位／延宝八庚申天　三月廿九日　孝子敬白」	全高 110㎝、幅 28㎝、板状自然石
宿ノ谷池尾宿	延宝九年	虚空蔵菩薩種子 （タラーク）	「延宝九　天／奉読誦大乗妙典十部大先達権律師真教／三十三回忌菩提覺路祈所　十一月廿三日」	全高 103㎝、幅 54㎝、厚さ 31㎝、自然石
宿ノ谷池尾宿	元禄十年	胎蔵界大日如来種子 （ア）	「奉読誦大乗妙典十二部仏果菩提祈而已／大先達前仏石坊義真三十三回忌処／元禄十丁丑年　卯月　施主敬白」	全高 90 ㎝、幅 28 ㎝、自然石 ※巨石の間の窟内
宿ノ谷池尾宿	元禄十四年	金剛界大日如来種子 （バン）	「元禄十四辛巳祝／大先達権大僧都法印通乗坊賢隆／八月下旬／逆修」	全高 80 ㎝、幅 38 ㎝、厚 27㎝、自然石
宿ノ谷池尾宿	享保元年	金剛界大日如来種子 （バン）	「大乗妙典七百三十部自読／傳燈大越家大阿闍梨法印前池坊有連／享保元年丙申天八月廿二日豪俊造立之」	全高 107㎝、幅 31㎝、厚 22㎝、自然石尖頭
宿ノ谷池尾宿	寛保三年（1743）	胎蔵界大日如来種子（マ）	「寛保三癸亥白六月吉日／妙法蓮華経一千部悉地成就祈処／大阿闍梨竪者法印池坊豪俊」	全高 133㎝、幅 35㎝、厚 18㎝、自然石尖頭

所在地	年号	種子	銘	形状備考
別所板碑	永禄五年（1562）	阿弥陀三尊種子（キリーク・サ・サク）	「永禄五壬戌年／権大僧都法印種攻／卯月三日」	※松岡氏調査
別所板碑	天正六年（1578）	阿弥陀三尊種子（キリーク・サ・サク）	「天正六年／妙恵禅定尼／十二月十日」	※松岡氏調査
別所橿原神社境内不動堂板碑	天正二十年（1592）	不動明王種子（カンマーン）	「奉讀誦大乗金文十三部供養祈　別所谷／奉建立不動堂一宇／大願主敬白／森民部九郎右衛門　藤原朝臣矩行逆襲／天正二十季壬辰八月二十三日　衆中」	全高 122㎝、幅 65㎝、自然石 ※生前の供養碑 ※大乗金文は大乗経典の意。華厳経・法華経・涅槃経等をさす。
別所橿原神社境内不動堂板碑	文禄四年（1595）	不動明王・毘沙門天・地蔵種子（カンマーン・バイ・イー）	「奉讀誦大乗妙典一千部供養之祈　／奉建立北山堂一宇／大願主敬白／文禄四季乙未三月十八日／権律師澄祐覚泉坊」	全高 125㎝、幅 84㎝、自然石 ※大乗妙典は法華経の意。
別所橿原神社境内不動堂板碑	慶長二年（1597）	阿弥陀如来種子（キリーク）	「右志者□□　忌為／奉讀誦経王□□□□　祈／慶長二丁酉稔八月時正十六日／敬　白」	全高 70㎝、幅 36㎝、自然石 ※下部埋没
別所板碑	寛永四年（1627）	阿弥陀三尊種子（キリーク・サ・サク）	「寛永四季丁卯／善村貞元　禅定尼／六月廿三日」	
別所橿原神社境内不動堂板碑	正徳二年（1712）	虚空蔵菩薩種子（タラーク）	「奉読誦大乗妙典五六軸十巻／権律師安流三十三回忌／正徳二壬辰八月十六日」	全高 54㎝、幅 28㎝、自然石 ※下部埋没
別所橿原神社境内不動堂板碑	正徳三年（1713）	虚空蔵菩薩種子（タラーク）	「奉読誦大乗妙典五六軸十巻／妙淳禅定尼三十三回忌所／正徳三癸巳年十月十一日」	全高 70㎝、幅 42㎝、自然石 ※下部埋没
別所橿原神社境内不動堂板碑	元文四年（1713）	虚空蔵菩薩種子（タラーク）	「奉読誦大乗妙典五六軸十巻／妙淳禅定尼三十三回忌所／正徳三癸巳年十月十一日」	全高 70㎝、幅 42㎝、自然石 ※下部埋没
別所橿原神社境内 不動堂板碑	元文四年（1739）	虚空蔵菩薩種子（タラーク）	「先厳瑶坊權律師豪□奉読誦大乗妙典三十三部□□／元文四己未年二月四日」	全高 40㎝、幅 40㎝、自然石 ※下部埋没
阿弥陀尾墓地板碑	天正八年（1580）	阿弥陀三尊種子（キリーク・サ・サク）	「天正八年庚辰／天然妙蓮禅定尼／二月廿四日」	全高 84㎝、幅 35㎝、自然石
阿弥陀尾墓地板碑	天正十一年（1583）	阿弥陀三尊種子（キリーク・サ・サク）	「天正十一年癸未／妙光禅定尼／六月三日」	全高 59㎝、幅 53㎝、自然石

所在地	年 号	種 子	銘	形状備考
阿弥陀尾墓地板碑	天正十八年（1590）	阿弥陀三尊種子（キリーク・サ・サク）	「天正十八年庚寅／貞位禅定尼尊儀／三月廿八日」	全高 53 cm、幅 46 cm、自然石
阿弥陀尾墓地板碑	慶長五年（1597）	阿弥陀如来種子（キリーク）	「慶長五天庚子　敬白／中貞厳禅定尼尊儀／八月十七日　願主」	全高 86 cm、幅 36 cm、自然石
阿弥陀尾墓地板碑	慶長十年（1605）	阿弥陀三尊種子（キリーク・サ・サク）	「慶長十天己巳　施主／貞純禅定尼尊儀／八月一日　敬白」	全高 98 cm、幅 55 cm、自然石
阿弥陀尾墓地板碑	慶長十七年（1612）	阿弥陀種子（キリーク）	「慶長十七天／権大僧都法印有守尊儀／六月十一日／敬　白」	全高 88 cm、幅 24 cm、自然石　額突出
阿弥陀尾墓地板碑	元和五年（1619）	胎蔵界大日如来種子（ア）	「奉讀誦大乗経十三部□□／妙泉禅定尼／元和五己未年　三月□□」	全高 79 cm、幅 45 cm、自然石 ※下部埋没
下谷宗像神社板碑	寛永十二年（1635）	胎蔵界大日如来種子（ア）	「奉読誦法華妙典五六軸二十巻／妙意禅定尼三十三回忌祈所／八月一日　鑾泉　敬白　栄秀」	全高 148 cm、幅 49 cm、自然石、倒壊
下谷宗像神社（弁天社）板碑	元禄十五年（1702）	虚空蔵菩薩種子（タラーク）	「前什乗坊権律師賢春／奉読誦大乗妙典三十三部／三十三回忌／仏果菩提」	全高 91 cm、幅 29 cm、厚 27 cm、頂部は宝珠形。正面に箔
下谷宗像神社旧参道横山中板碑	寛延三年（1750）	虚空蔵菩薩種子（タラーク）	「奉読誦法華妙典十部五六軸二十巻／前浄境坊權律師賢祐三十三回／為菩提也　寛延三庚午年七月二十八日」	全高 120 cm、幅 54 cm、自然石
嶺ノ廟境内	寛文四年（1664）	釈迦如来種子（バク）・蓮坐	「寛文四甲辰天　現世安穏後生菩所／奉読誦法華妙典一千部處圓妙院春月深有大禅定尼　攸／二月吉祥日／乃至法界平等利益」	全高 153 cm、幅 40 cm、厚 17 cm、花崗岩切石尖頭形
上宮産霊神社行者堂	承應二年（1653）	胎蔵界大日如来種子（ア）	「承應二癸巳年／傳燈大先達前座主権僧正有清大和尚位／二月十八日」	全高 110 cm、幅 31 cm、自然石
上宮産霊神社行者堂	延宝二年（1674）	胎蔵界大日如来種子（ア）	「延宝二甲寅歳／傳燈大先達前座主権僧正大和尚□／三月二十七日」	全高 90 cm、幅 42 cm、自然石 ※下部埋設
上宮産霊神社行者堂	延宝七年（1679）	胎蔵界大日如来種子（ア）	「延宝七巳未天／前座主小僧都廣有□位／一月二十八日入寂」	全高 50 cm、幅 30 cm、自然石 ※廣有座主の入寂年より推定。

所在地	年号	種子	銘	形状備考
上宮産霊神社行者堂	宝永三年（1706）※推定	胎蔵界大日如来種子（ア）	「延宝二甲寅歳／傳燈大先達前座主権僧正大和尚位」	全高 137㎝、幅 44㎝、厚 30㎝、角柱板状。※座主相有は亮有二男、兄廣有没後座主44世を継承。宝永3年入寂。
上宮産霊神社行者堂	宝暦三年（1753）か	胎蔵界大日如来種子か（ア）	「前座主修験傳」燈大先達大僧正有誉」「□□役氏正統四十□□」	全高 76㎝、幅 43㎝、厚 29㎝、切石。※頭部欠失。座主有誉は46世（1713 － 1752）の供養碑か。
上宮産霊神社行者堂	明和九年（1772）	胎蔵界大日如来種子（ア）	「寛保三季癸亥三月十日入峯／役公四十七世正嫡／前座主傳燈大先達僧正孝助大和尚／明和九季壬辰七月十九日定慶」	全高 140㎝、幅 58㎝、自然石
上谷伽藍様境内	不明	金剛界大日如来種子・勢至菩薩種子・観音菩薩種子（バン・サク・サ）	種子のみ不明	全高 98㎝、幅 39㎝、自然石
奉幣殿下方参道脇	延宝（1673 ～ 1681）	虚空蔵菩薩種子（タラーク）	「延宝□□／奉修胎金曼荼羅供□□／六月□□」	全高 45㎝、幅 30㎝、自然石　講堂坂板碑
奉幣殿下参道脇	元禄二年（1689）	虚空蔵菩薩種子（タラーク）	「奉読誦大乗妙典五六軸二十巻所／當晴空妙月三十三回忌　希仏界菩提也／元禄二己巳年六月廿六日　孝子敬白」	全高 70㎝、幅 35㎝、自然石長方形
高住神社境内豊前坊板碑	元禄十一年（1698）	金剛界大日如来種子（バーンク）	「元禄十一戊寅年／三国第一大廻行運歩読経若二十巻所／二世安楽祈処／六月上旬　権律師　勝琳坊□□／権律師　連乗坊　□□／　権律師　随□坊　□□」	全高 127㎝、幅 59㎝、自然石長方形
鳥尾観音板碑	享保十四年（1729）	虚空蔵菩薩種子（タラーク）	「右志処者覺／妙真三十三回忌為并也／奉読誦大乗妙典十部五六軸二十巻攸／享保十四天十二月　日　孝子」	全高 60㎝、幅 40㎝、自然石　※下部埋没
鳥尾観音板碑	18 世紀前半	胎蔵界大日如来種子（マ）	「奉読誦法華妙典一軸三巻為如漢菩提」	全高 66㎝、幅 38㎝　自然石　※下部埋没
旧羅漢窟板碑	寛保三年（1743）	胎蔵界大日如来種子（マ）	「權律師宗俊／大阿闍梨竪者法印豪連　證大菩提祈処／妙法蓮華経三百部／夢心妙蓮／寛保三癸亥年六月吉辰日　願主／前池坊豪俊」	

所在地	年号	種子	銘	形状備考
中岳北麓磨崖板碑	延享三年（1746）	虚空蔵菩薩種子（タラーク）	「延享三丙寅季八月吉日／奉修求聞持法一百日悉地成就祈処／前池a坊大阿闍梨竪者法印／十行院　豪俊」読誦大乗妙典三十三部□□／元文四己未年二月四日」	全高200㎝、幅95㎝、自然石
中岳北麓磨崖板碑	延享三年（1746）	阿弥陀如来・釈迦如来・千手観音種子（キリーク・バク・キリク）	延享三年	中岳上宮から北岳への途上が急落する地点の節理状玄武岩の露頭の北岳に向く2基の自然石に英彦山三所権現種子を刻む。
西谷板碑	安永四年（1775）	虚空蔵菩薩種子（タラーク）	「安永四乙未白八月二日／奉看読法華妙典廿一部五六□□／右志者胥丁妙性自□□／三十三回忌景爲佛□□」	残高72㎝、幅34㎝、自然石
豊前坊板碑	寛政四年（1792）	金剛界大日如来種子（バン）	「寛政四壬子年五月吉日／三国第一大廻行為二世安楽也／奉自読仁王妙典三千部大回越家前常満坊慶音」	全高104㎝、幅30㎝、長方形碑
豊前坊板碑	文政十年（1827）	金剛界大日如来種子（バン）	「文政十丁亥歳／奉自読大乗妙典一千部／奉修三国第一諸社大廻行二十三度越家定行（以下埋没）」	全高95㎝、幅45㎝、自然石
地蔵坂板碑	寛政四年（1792）	釈迦如来種子（バク）	「寛政四壬子季　前善能坊　妙法蓮華経自読二千部　並一字一石／三月吉祥日／尊聞敬立」	全高173㎝、幅38㎝、割り石
地蔵坂板碑	寛政四年（1792）	釈迦如来種子（バク）	「寛政四壬子年三月吉祥日／妙法蓮華経自読三千部塔／前梅本坊權大僧都法印榮昌」	全高163㎝、幅40㎝、自然石

参考文献

朝倉市教育委員会『黒川院Ⅰ　福岡県朝倉市黒川所在中世黒川院関連遺跡群の調査』朝倉市文化財調査報告書第10集、二〇一〇年。

朝倉市教育委員会『黒川院Ⅱ　福岡県朝倉市黒川所在中世黒川院関連遺跡群の調査』朝倉市文化財調査報告書第15集、二〇一二年。

淺湫毅「〈研究ノート〉大倉集古館蔵『伝法蓮房坐像』の像主について」『MUSEUM』六五九号、東京国立博物館、二〇一五年、四三-五七頁。

朝日新聞社西部本社『英彦山』葦書房、一九八二年。

朝日新聞社西部本社『英彦山発掘』葦書房、一九八三年。

有川宜博・永尾正剛「文書資料」『研究紀要1　特集・豊前修験道』北九州市立歴史博物館、一九七九年。

飯沼賢司「道長の夢」『弥勒憧憬　道長の夢　五十六億七千万年後の救い』大分県立宇佐風土記の丘歴史民俗資料館、一九九二年、四三頁。

石川八朗「第五章第二節　連歌と俳諧」『行橋市史』中巻〈中世・近世・建築・美術〉行橋市史編纂委員会、二〇〇六年。

磯部武男「密教法具「六器」をめぐる問題」『坂詰秀一先生古稀記念論文集　考古学の諸相Ⅱ』匠出版、二〇〇六年、四四一-四五五頁。

板谷敏明「窟を中心とした遺跡」『英彦山の民俗』添田町教育委員会、一九七三年。

板谷敏明「英彦山の修験道遺跡　英彦山四十八窟の調査」『増補英彦山』田川郷土史研究、一九七八年。

伊藤信二「線刻千手観音鏡像」『国華』一四四四号、国華社、二〇一六年。

伊都国歴史資料館『国境の山岳信仰』伊都国歴史資料館・九州歴史資料館共同開催特別展、二〇一六年。

岩木智絵「静岡県における山茶碗の托付器種について――藤枝市仮宿堤ノ坪遺跡出土資料からの一考察」『吾々の考古学』、

二〇〇八年。

井上光貞「東域伝灯目録より見たる奈良時代僧侶の学問」『史学雑誌』第五七巻三四号、史学会、一九四八年。

上原真人「古代平地寺院と山林寺院」『仏教芸術』第二六五号、毎日新聞社、二〇〇二年。

上原真人『古代寺院の資産と経営』すいれん社、二〇一四年。

宇都宮泰「第六章第一節　幕藩体制の危機と小倉藩　五、六」『行橋市史』中巻〈中世・近世・建築・美術〉行橋市史編纂委員会、二〇〇六年。

大分県立宇佐風土記の丘歴史民俗資料館『弥勒憧憬　道長の夢　五十六億七千万年後の救い』一九九二年。

大分県立宇佐風土記の丘歴史民俗資料館「六一　求菩提山出土銅板法華経・同筥板」「六二　銅板法華経・同筥板」『みやこの仏世界と豊の国』〈平成二三年度　開館三〇周年記念特別展〉一九九六年、七四-七七頁。

大分県立宇佐風土記の丘歴史民俗資料館（高宮）「四〇　銅造釈迦如来坐像1軀」『仏さまの〝ひみつ〟』〈平成二三年度開館三〇周年記念特別展〉二〇一一年、七六頁。

大神信證「英彦山大行事社をめぐる信仰について」『英彦山と九州の修験道』山岳宗教史研究叢書13、中野幡能編、名著出版、一九七七年。

大坪志子「九州の大珠」『先史学・考古学論究』Ⅳ、二〇一四年、六七-八四頁。

大村市教育委員会『竹松遺跡　株式会社コスモス薬品宮小路店建設に伴う埋蔵文化財発掘調査報告書』大村市文化財調査報告書第四一集、二〇一六年。

大分県立宇佐風土記の丘歴史民俗資料館『弥勒寺　宇佐宮弥勒寺旧境内発掘調査報告書』一九八九年。

小方泰宏・松本階昌・中野直毅「英彦山踏査報告」『郷土田川』No.32、一九八九年。

小方泰宏・中野直毅・松本隆昌「中世の城井・宇都宮氏と彦山」『地域相研究』地域相研究会、一九九〇年、五七-六九頁。

大河内智之「熊野信仰の祈りのかたち」『熊野三山の至宝――熊野信仰の祈りのかたち』和歌山県立博物館、二〇〇九年、一二九-一三四頁。

小田富士雄「英彦山の経塚」『研究紀要1　特集・豊前修験道』北九州市立歴史博物館、一九七九年。

小田富士雄・永尾正剛「考古資料」『研究紀要1　特集・豊前修験道』北九州市立歴史博物館、一九七九年。

小田富士雄・永尾正剛・武末純一「修験民俗資料」『研究紀要1　特集・豊前修験道』北九州市立歴史博物館、一九七九年。

小田富士雄「出光美術館所蔵の九州発見経筒」『出光美術館館報』三二号、一九八〇年、一四–一五頁。

小田富士雄編『太宰府・宝満山の初期祭祀「宝満山の地宝」拾遺』太宰府天満宮、一九八三年。

小田富士雄「九州経塚資料拾遺・I」『古文化談叢』第十六集、九州古文化研究会、一九八六年、九九–一三六頁。

梶谷敏明「副田荘年譜」『岩石城』添田町、一九七九年。

北九州市立歴史博物館『豊前修験道・英彦山展』一九七六年。

北九州市立歴史博物館『研究紀要1　特集・豊前修験道』北九州市立歴史博物館、一九七九年。

城戸淳一「第五章第一節　村上仏山と水哉園」『行橋市史』中巻〈中世・近世・建築・美術〉行橋市史編纂委員会、二〇〇六。

木村達美「眠る修験の霊山［蔵持山］の世界――現存資料からみた蔵持修験の姿」『郷土史さいがわ』第一四号、蔵持山特集（その1）犀川町郷土研究会、一九九五年。

木村達美「中世北豊前の石造文化を巡る諸環境」『石造文化研究』第一八巻、二〇一〇年。

古賀俊祐「〈資料紹介〉深川文書」『市史研究ふくおか』第一二号、福岡市博物館市史編さん室、一〇一七、六〇–七〇頁。

後藤健一「山林寺院」『静岡県の古代寺院・官衙遺跡』静岡県教育委員会編、二〇〇三年、三〇二–三〇三頁。

五来重「彦山の開創と熊野信仰」『英彦山と九州の修験道』山岳宗教史研究叢書13、中野幡能編、名著出版、一九七七年。

佐賀県立教育委員会『戦場古墳群　戦場ケ谷遺跡、浦田古墳群寺ケ里遺跡』佐賀県文化財調査報告書第一四〇集、一九九九年。

佐々木哲哉「彦山山伏の生活」『豊前修験道・英彦山展』北九州市立博物館、一九七六年。

佐々木哲哉「彦山の松会」『豊前修験道・英彦山展』北九州市立博物館、一九七六年。

佐々木哲哉「修験道彦山派の峰中修行」『英彦山と九州の修験道』山岳宗教史研究叢書13、中野幡能編、名著出版、一九七七年。

佐々木哲哉「彦山の松会神事（講演録）」『研究紀要1　特集・豊前修験道』北九州市立歴史博物館、一九七九年。

柴田亮「初期貿易陶磁の出現と竹松遺跡」『9～11世紀における大村湾海域の展開――東アジア世界の中の竹松遺跡』平成二十八年度長崎県考古学会大会、二〇一六年。

鋤柄俊夫「都鄙のあいなか　中世の京都をめぐって」『国立歴史民俗博物館研究報告』第九二集、二〇〇二年、一六七-二〇九頁。

杉山洋「北部九州の陶製経筒」『楢崎彰一先生古希記念論文集』楢崎彰一先生古希記念論文集刊行会、一九九八年、一六一-一七三頁。

添田町教育委員会『英彦山修験道遺跡』一九八五年。

添田町教育委員会『英彦山大河辺山伏墓地』一九九六。

添田町教育委員会『庄原遺跡』Ⅰ、一九九七年。

添田町教育委員会『津野遺跡群』添田町埋蔵文化財調査報告書第6集、二〇〇七年。

添田町教育委員会『中元寺遺跡群Ⅰ』添田町埋蔵文化財調査報告書第7集、二〇〇九年。

添田町教育委員会『桝田遺跡』添田町埋蔵文化財調査報告書第9集、二〇一一年。

薗田香融「古代仏教における山林修行とその意義――特に自然智宗をめぐって」『南都仏教』第四号、東大寺図書館、一九五七。

田川郷土会編『増補英彦山』葦書房、一九七八年。

武末純一「北部九州の弥生時代生産遺跡」『第4回　共同研究会　日韓集落の研究――生産遺跡と集落遺跡』日韓集落研究会、二〇〇八年、八八-一一七。

多田隈豊秋『九州の石塔』上、一九七五・『九州の石塔』下、西日本文化協会、一九七七年。

田村杏士郎『中近世移行期を生き抜いた一大内氏被官――深川氏の研究』『市史ふくおか』第一二号、福岡市博物館市史編さん室、二〇一七、七一-九二頁。

筑紫豊「英彦山の歴史」『豊前修験道・英彦山展』北九州市立博物館、一九七六年。

筑紫豊「英彦山の歴史」『研究紀要1　特集・豊前修験道』北九州市立歴史博物館、一九七九年。

東峰村教育委員会『岩屋神社遺跡』東峰村文化財調査報告書第一集、二〇〇七年。

知足美加子「3Dデータ化による修験道美術の再現――英彦山今熊野窟を中心に」『山岳修験』第五四号、日本山岳修験学会、二〇一四年、七八-九二頁。

坪井良平「英彦山と岩亀八幡の古鐘」『郷土田川』№20、田川郷土研究会、一九六二年、四-七頁。

時枝務「八世紀後半の筑前宝満山」『坂詰秀一先生喜寿記念論文集　考古学の諸相Ⅲ』坂詰秀一先生喜寿記念会、二〇一三年、一七一-二一〇頁。

中島圭「黒川院関連遺跡群の調査」『温故　甘木市資料館だより』第五五号、平成二七年度秋季企画展「黒川院調査と山岳宗教」、二〇一五年、一七-二五頁。

長野覺「日本人の山岳信仰に基づく聖域観による自然護持（その1）」『駒澤地理』第二五号、駒澤大学地理学教室、一九八九年
永尾正剛「近世熊野・彦山修験本末論争の素描」『研究紀要1　特集・豊前修験道』北九州市立歴史博物館、一九七九年。

中野幡能「総説　英彦山と九州の修験道」『英彦山と九州の修験道』山岳宗教史研究叢書13、中野幡能編、名著出版、一九七七年
長嶺正秀・佐野正幸『豊前国彦山　その歴史と信仰』海鳥社、二〇一六年。

長嶺正秀『豊前国の松会　その歴史と精神世界』海鳥社、二〇一五年。

錦織亮介「英彦山の絵画」『研究紀要1　特集・豊前修験道』北九州市立歴史博物館、一九七九年。

西野元勝「福岡県朝倉郡東峰村宝珠山の山岳信仰」『七隈史学』第9号、二〇〇八年、一九八-二一五頁。

西本照真『三階教の研究』春秋社、一九九八年。

博多座「彦山権現誓助劔　毛谷村」『六月博多座大歌舞伎』、二〇一二年。

服部英雄「日宋貿易の実態――『諸国』来着の異客たちと、チャイナタウン「唐坊」九州大学二十一世紀COEプログラム（人文科学）『東アジアと日本－交流と変容』第二号、二〇〇五年、三三-六四頁。

服部英雄「旦過と博多」『中世都市研究』10　港湾都市と対外貿易』新人物往来社、二〇〇四年、二一－三六頁。

服部英雄「日宋貿易の実態」『東アジアと日本――交流と変容』二、二〇〇五年。

花村利彦「豊前国下毛郡所在の窟について」『英彦山の民俗』添田町教育委員会、一九七三年。

花村利彦「英彦山の修験道遺跡と文化財」『修験道の美術・芸術・文学』山岳宗教史研究叢書15、名著出版、一九八一年。

浜田茂宏「燈籠に化けた宝篋印塔」『郷土田川』No.18、一九六一年、二二頁。

林文理「中世如法経信仰の展開と構造」『中世寺院史の研究　上』一九八八年、一八四－二一四頁。

林文理「博多綱首の歴史的位置」『古代中世の社会と国家』清文堂、一九九八年。

英彦山民俗資料緊急調査委員会編『昭和四七年度英彦山民俗資料緊急調査報告書　英彦山の民俗』添田町教育委員会、一九七三年。

広渡正利「中世の彦山」『研究紀要1　特集・豊前修験道』北九州市立歴史博物館、一九七九年。

広渡正敏校訂「彦山流記――彦山流記の概要」『研究紀要1　特集・豊前修験道』北九州市立歴史博物館、一九七九年。

福岡県教育委員会『別所次郎丸遺跡　筑紫郡那珂川町大字別所所在遺跡の調査』福岡県文化財調査報告書第一一四集、一九九四年。

福岡市教育委員会『箱崎21――箱崎遺跡第26次調査報告書（1）』福岡市埋蔵文化財調査報告書第八一五集、二〇〇四年。

福岡市教育委員会「鴻臚館　鴻臚館跡16――平成一五年度発掘調査報告書」福岡市埋蔵文化財調査報告書第八七五集、二〇〇六年。

三品彰英「東洋神話学より観たる日本神話」『日鮮神話伝承の研究』一九四三年。

宮川禎一「藤原道長の金峯山参詣」『金峯山埋経一千年記念　藤原道長極めた栄華　願った浄土』京都国立博物館、二〇〇七年、六－一七頁。

宮家準「修験道と仏教」『修験道と日本宗教』春秋社、一九九六年。

宮小路賀宏「経塚資料覚書（二）」『九州歴史資料館　研究論集』二四、九州歴史資料館、一九九九年、二六－四八頁。

三輪嘉六「積上式経塚試論」『日本史の黎明』一九八五年、七一八―七二〇頁。

村山修一「如意宝珠と八幡信仰」『習合思想史論考』塙書房、一九八七年。

村上龍生『願心荘厳―英彦山の石造物』一九八七年。

村上久和「豊前・豊後における古代山林寺院の成立とその特徴について」『坂詰秀一先生古稀記念論文集　考古学の諸相Ⅱ』、二〇〇六年。

桃﨑祐輔「経塚と瓦からみた首羅山の歴史」『首羅山遺跡―福岡平野周縁の山岳寺院』久山町教育委員会、二〇〇八年、四一―六四頁。

桃﨑祐輔「九州の屯倉研究入門」『還暦、還暦？　還暦！―武末純一先生還暦記念献呈文集・研究集』武末純一先生還暦記念事業会、二〇一〇年、二一七―二五五頁。

桃﨑祐輔「九州出土子持勾玉研究入門」『福岡大学考古学論集２―考古学研究室開設二五周年記念』、二〇一三年、八七―一三六頁。

桃﨑祐輔「北部九州の山岳宗教―英彦山を中心として」『温故』第五五号　平成二七年度　秋季企画展　黒川院調査と山岳宗教　甘木市資料館だより、二〇一五年一〇月六日、三―一六頁。

森井啓次「宋人銘の書かれた経筒」『九州と東アジアの考古学―九州大学考古学研究室五〇周年記念論文集』下巻、二〇〇八年、六二五―六三四頁。

森弘子「彦山・宝満山縁起と諸伝承」『仏教民俗大系７　寺と地域社会』名著出版、一九九二年。

森田清美『さつま山伏　山と湖の民俗と歴史』かごしま文庫35、春苑堂出版、一九九六年。

森田勉「筑前型瓦器椀の成立過程」『古文化談叢』第十四集　九州古代研究会、一九八四年、七三―七九頁。

八尋和泉「英彦山の彫刻」『研究紀要１　特集・豊前修験道』北九州市立歴史博物館、一九七九年。

八尋和泉『〈九州在銘彫刻シリーズ〉英彦山今熊野窟嘉禎三年銘磨崖仏』『九州歴史資料館　研究論集』一二、一九八七年、三一―五二頁。

山口正博「松会の成立へ――中世彦山における儀礼群の集約宗教研究」『宗教研究』83（3）日本宗教学会、二〇〇九年、九〇五-九二八頁。

山口裕平「英彦山関係の石造物について――中世の作例について」『北部九州の交流点　日田とその周辺の石造物文化』〈平成二三年度大会シンポジウム資料集〉おおいた石造物研究会、二〇一一年、一三-一六頁。

山本義孝「英彦山玉屋窟跡をめぐる諸問題」『山岳修験』第5号、日本山岳修験学会、一九九三年。

山本義孝「英彦山を中心とした墓制上の問題点――集石墓と経塚形成・入定信仰の関わりから」『山岳修験』一七号、岩田書院、一九九六年。

山本義孝「彦山四十九窟の信仰――玉屋窟を中心として」『山岳修験』一九号、日本山岳修験学会、一九九七年。

山本義孝「彦山四十九窟をめぐる諸問題」『岩屋神社遺跡』東峰村文化財調査報告書第1集、東峰村教育委員会、二〇〇七年。

山本義孝「筒野権現窟・五智如来板碑について」『求菩提資料館ジャーナル』24、二〇一一年。

八尋和泉「〈九州在銘彫刻シリーズ〉英彦山今熊野窟嘉禎三年銘磨崖仏」『九州歴史資料館　研究論集』一二、一九八七年、三一-五二頁。

吉田美弥子「古代山林寺院の展開」『坂詰秀一先生古稀記念論文集　考古学の諸相Ⅱ』匠出版、二〇〇六年、八三三-八四九頁。

吉田靖雄「行基の思想基盤について」『ヒストリア』九七号、大阪歴史学会、一九八二年、九〇-一一〇頁。

読売新聞西部本社社会部編『英彦山』赤間関書房、一九七五年。

渡辺正気「英彦山発見褐釉四耳壺埋納の小石室」『研究紀要1　特集・豊前修験道』北九州市立歴史博物館、一九七九年。

英彦山の伝燈大先達
――英彦山修験道を牽引した山伏たち

山口　正博

一　はじめに

英彦山が大和（奈良県）の大峰山、出羽（山形県）の羽黒山と並んで日本三大修験霊山として名を馳せたことは、近年地元の観光案内などで見聞きする機会も多く、このことは何の知識もなく登山のためだけに訪れた人々にも知られていることであろう。

しかし、英彦山では明治の神仏分離・廃仏毀釈によって修験道が廃絶してしまい、今となっては一部の祭礼や年中行事にその名残をとどめるほかには、修験道館や山伏文化財室といった山内の展示施設の展示品から修験道の断片に触れるほかはない。また、参道の両脇にある旧坊舎跡から往時の繁栄を偲ぶなど、かつての華やかなりし修験道文化の漠然としたイメージを描くことしかできない。

英彦山は平成二十九年二月九日に国の史跡に指定された。添田町が他の地域と差別化を図るこの上ない文化資源としての英彦山と修験道の再評価がなされている昨今の風潮に関しては、英彦山を研究する筆者にとってても喜ばしいことである。

ただし、こうした機運が盛り上がったのは、なにもここ数年来だけの話ではなく、古くは昭和初期の「日本新八景」選定や国立公園指定・編入運動、戦後の英彦山学術調査など過去百年間でも振り返れば何度かあったのである。(1) その都度見られた現象は、英彦山を文化資源として再評価して地域を活性化しようとする試みと、そのための学術的な関心の深化が表裏一体となって進められてきたということである。こうして特に戦後になって英彦山修験道の実態がわずかながら次第に明らかになってきたが、まだまだ不明な部分も多い。

とはいえ、佐々木哲哉による松会《まつえ》の研究、(2) 長野覺による峰入りや檀家廻りといった山伏の活動に関する諸研究(3)は今日の英彦山研究の土台を形成したといっても過言ではない。

これら先学の研究に基づきながら、筆者も中世末から幕末の約三百年間に英彦山霊仙寺《りょうぜんじ》の峰入り、法会、祭礼・神事を司った当役に関して考察を行った。(4) 本章との関連で言えば、峰入りを行う行者方《ぎょうじやがた》の宣度《せど》当役を務めた山伏のほとんどを捕捉することができた。こうした行者方の実態もさることながら、中世から幕末にかけて英彦山修験道を牽引した最上位の山伏である伝燈大先達《でんとうだいせんだつ》という存在は無視できないだろう。前近代の山伏の世界は今日断片的なイメージで語られるものとは異質の世界でもあった。

本章では「学問的に正しく英彦山修験道を知る」手がかりの一端を提供することを目的としている。

山伏組織の重層性

一口に山伏といってもその内実は様々である。他の身分、例えば武士といっても、上は将軍・大名から下は足軽まで様々な階層があり、容易に上昇するのは困難なほど固定された側面もあった。また、大名といっても百万石から一万石まで所領には様々な規模があった。だとすれば、山伏にも多様な階層が存在したことは容易に想像できるだろう。

英彦山修験道に置き換えてみると、本山である英彦山とその末山・末派の山伏との格差もさることながら、山内でも格差は存在したわけである。大先達《だいせんだつ》とは一般的に修行や教学に習熟した山伏とされるが、英彦山ではどの山伏でも大先達に昇進できたわけではなく、限られた層の山伏にしかその資格はなかった。つまり、松尾山（現福岡県上毛《こうげ》町）、檜原山（現大分県中津市）や唐津藩領内（現佐賀県唐津市など）などの末山・末派山伏だけでなく、英彦山内の惣方《そうがた》・衆徒方《しとがた》の山伏も同行《どうぎょう》までしか昇進できず、そこから上の段階である初先達以上には昇進できなかったのである。

行者方の昇進

英彦山は近世には元禄九年（一六九六）に幕府より天台修験別本山として認められ、北部九州を中心に英彦山派修験道の本山として各地に末山・末派をかかえ、英彦山の諸坊が九州全土と壱岐、対馬、長州などに檀家を抱え、季節ごとに檀家廻りを行い、檀家の参詣を宿坊で受け入れていた。

　こうして多くの檀家を抱えれば、坊の経済力も向上する。宣度当役を務めるには莫大な費用を要し、なおかつそれを自弁しなければならず、坊の格式などの階層的側面だけではなく、経済的側面からも大先達に至るのは容易なことではなかったのである。

　英彦山で峰入りが成立したのは中世の段階からであり、文安二年（一四四五）の『彦山諸神役次第』[5]ではすでに松会との連動も見られ、山内組織にもある程度の分化が見られたようではあるが、史料的制約もあるので、ここでは近世の例を基に概説しておきたい。近世英彦山の山内組織は約二五〇～三〇〇の坊中が惣方（神事《しんじ》両輪《りようわ》組）、衆徒方（如《ね》法《ふ》経《ぎよう》組）、行者方（宣《せ》度《ど》長床《ながとく》組）の三派に分かれており、大先達以上に昇進できるのは三季峰入りを担う行者方の山伏だけであった。

　それでは、行者方の山伏が昇進する過程はどのようなものであったのだろうか。英彦山の峰入りに関しては長野覺が詳細な研究を行っているので、その研究を参照しながら簡単に見ておこう[6]。

　まずは、初めて峰入りする山伏を「新客」という。新客は十四、五歳の者が目立つという。このことから峰入りを経験することが英彦山山伏にとっての成人儀礼の機能を果たしていたと思われる。これは初回のみの呼称であり、二度目からは「同行」という。新客・同行に共通するのは、ほとんどが二十歳前後であること、行者方だけでなく惣方・衆徒方末山・末派からも参加していること、坊家の当住（当主）・その弟・同宿など身分は多様であったということである。

　ただし、英彦山内の惣方・衆徒方、あるいは各地の英彦山の末山・末派の山伏は、いくら回数をこなしても同行より上に昇進できなかった。それより上は行者方の山伏だけが、宣度祭という六年に及ぶ昇進のための儀礼サイクルによって大先達へと至ることができたのである。その入口が三度目入峰の初先達である。ただし、上述のように同行に有資格の若年者がいた場合、同行として順番を待つこともありえたであろう。

ここでは説明の便宜上簡略化して述べる。初先達は旧暦二月二十九日から四月十九日までの夏峰をこなし、翌年（四度目）は松会終了間際の二月十五日から四月十日までの春峰を指揮する宣度大先達を務める。次に五度目は同年七月晦日（三十一日）から九月四日までの秋峰を指揮する駈返（頭返）大先達を務める。次の六度目は夏峰を三年駈先達として勤める。やがて九度目の華供大先達を終え、入峰回数が十度から三十六度までを「大越家《おおおつけ》」という。

このように昇進していく過程で修行を通じて実践面で習熟していくと同時に、様々な印信《いんじん》が授与され、民衆の要望に応えるための祈禱に必要な知識であるとか、修験道関連の用語・儀礼に関するより深い理解を得るための教養などを身につけていったのである。

こうして行法や教学に習熟した最高位の山伏が伝燈大先達である。ただし、大越家から伝燈大先達へと昇格するのが条件を満たせば可能であったのか、有資格者のなかから承認される必要があったのか、詳細は不明である。いずれにせよ、中世から幕末まで英彦山修験道を牽引した山伏の名が伝燈大先達として記された史料が何点か伝わっているので、次に詳しく見てみよう。

英彦山修験道における伝燈大先達

英彦山における伝燈大先達の系譜を記した史料がいくつか残存している。血脈《けちみゃく》と呼ばれるこの種の史料のうち、筆者が確認できたものは「彦山修験伝法血脈」[7]（以下、「彦山血脈」）や「修験系譜座主清僧代　助有法親王妻帯座主始」[8]（以下、「修験系譜」）、「修験系　彦山烈祖伝　高千穂家系図」[9]（以下、「烈祖伝」）、「(口伝・伝燈)」（以下、「(口伝)」[10]）である。こうした血脈以外では印信に中世の伝燈大先達の授受の履歴が記されていることもある。

「彦山血脈」は大正期に編まれた『日本大蔵経』の『修験道章疏《しゅげんどうしょうそ》』に収録されたもので、今日まで活字で確認できるほぼ唯一の英彦山の血脈という位置づけとなってきた。このため、英彦山修験の伝法に関してはほぼこれに基づいて論じられてきた。『修験道章疏』に収められているのは周防の本山派修験の末裔で明治期の仏教学者島田蕃根が収集した修験道史料であるから、今日英彦山に残存するものではない。英彦山に残存するのは「修験系譜」と「烈祖伝」、「(口伝)」である。「修験系譜」に関しては長野覺や宮家準も言及しているが[11]、「(口伝)」は管見の限り未だ言及されていない。

なお、「烈祖伝」は歴代座主と明治前期の高千穂宣麿・俊麿までが記載されており、近世までの血脈のどれかを踏襲して高千穂家の当主を付加したものであり、本章での言及は参考程度にとどめる。

それでは、まずはこれまで言及されなかった「(口伝)」の史料紹介も兼ねて全文の翻刻を掲載し、疑問点を検証しておこう。

「(口伝・伝燈)」の検証〈翻刻〉

「高田文書」には題名が書かれていないが、伝燈大先達に伝わる口伝を記し、歴代の伝燈大先達が記された史料がある。内容が口伝と伝燈大先達の名前とから成っているので、仮に「(口伝・伝燈)」とし、「(口伝)」と略しておく。ここでは当山伏、すなわち宣度先達の境内移動中の作法の秘伝が記され、次に役行者《えんのぎょうじゃ》から始まる歴代の伝燈大先達が座主妙有まで記してある。

「彦山血脈」と比べると記された人数は少ないが、「彦山血脈」での継承の中核となった人物だけを抄録しているとも捉えられる。また、「彦山血脈」・「修験系譜」と違い、伝燈大先達の間で授受した年号が一部記載されており、歴史上の時間軸に落とし込むことができる点で貴重な情報を有している。

全文は次の通りである。

口伝

一　春者従二八葉ノ蓮花一出生ノ表示ナリ大悲胎蔵之義也
　　春二者 役行者当山伏
一　執テ二彼ノ地ノ土ヲ一安二此地ニ一可観
一　不退転之義可レ観想レ之
一　先白餅二盛土器供大黒神　此時ヨリ毎月ノ御供最初ニ可供大黒神
一　次白餅十五 三膳五宛　十五童子

一　次御酒酌当山伏　加御供炊行人

此夜者飯御供無之

一　勤行法施古先達一人ニテ勤之

右伝燈大先達代々ノ口授ナリ而雖レ無レ載ルコト二筆頭一ニ恐テ二後廃ヲ一為二末資ノ一書‐記(ス)之也　若シ未伝ノ人手自《ミツカラ》二舒巻セハレ之ヲ諸祖ノ冥罰在ンコト二汝カ躬ニ一者必□□

閲見

一　下宮ヨリ笈箱供奉ノ宣度先達菩提樹下マテ慈救呪唱ヘレ之
菩提樹下ヨリ鳥居マテ光明真言唱ヘレ之鳥居ヨリ梅樹下マテ
又慈救呪唱レ之梅樹下ヨリ下宮宿帰路間勿レ顧レ後ヲ　秘中深秘也

伝燈

日子山修験根本祖師役優婆塞行者

籠水崛付法玉蓮行者　法蓮和尚　羅雲　法寿　善久　木練

智行

真慶　増慶　静羅　清算　観空　智光　海全　真豪

竪血脈至乗真坊蓮覚十朩七世　于時天養元年

于時文永二乙丑年三月吉日　伝燈廿四世大僧都尊良示之

受子伝燈大先達讃岐房豪虫〔忠〕

永仁四丙申八月吉辰日　授与伝燈大先達覚祐律師
伝燈大先達少僧都朗観
伝燈大先達般若坊深空

役行者三十二世

旹文明十五癸卯二月吉祥日　伝燈大先達権律師宰相宥快
伝燈大越家権少僧都賢印坊瓊重

正
于時永正七庚午卯月吉旦　伝燈大先達金剛位阿吸坊即伝
伝燈大先達権律師安楽院豪慶
伝燈大先達権大僧都法印舜有
伝燈大先達権大僧都瀧泉坊有周⑿
伝燈大先達権律師瀧泉坊讃栄⒀
伝燈大先達権大僧都法印惣厳坊真海
(伝燈大越家権大僧都法印宗賢坊祇暁⒁)
伝燈大先達権大僧都法印宗賢坊慶淳
伝燈大先達権律師学琳坊実源
伝燈大先達権僧正有清

天正五丁丑三月吉祥日
伝燈大越家権大僧都法印正覚坊真純

伝燈大先達権僧正亮有
伝燈大先達権大僧都法印正覚坊真陽
伝燈大先達権少僧都広有
伝燈大先達前大僧正相有
伝燈大越家権大僧都法印徧照坊宗淳
授子　　　　　　　　　　　示之
于時元禄二己巳歳二月吉旦　伝燈大先達権大僧都法印亀石坊広恩
伝師大越家広恩
于時享保七壬寅年十月吉日授与　伝燈大先達少僧都有誉
伝燈大先達大僧正有誉
伝燈大先達正僧正孝助（始名孝有）
四十八世正統大越家瑞華院広延
賜修験座主
明和六丁酉三月之吉
伝燈大先達位少僧都妙有

検証一　現存史料の成立時期

以上が「(口伝)」の全文の翻刻である。未だ誰も言及していない史料であるため、史料批判を行う必要があるものの、中世以来の伝燈大先達に関して従来の「彦山血脈」系の情報を相対化したり傍証したりするのに意義のある史料と言えるだろう。

ただし、疑問点もあり、それを確認しておかねばならない。これは後に各世代で検討する部分で述べるべきであるが、この史料の検証として必要な作業であるので、予めここで検証を加えておく。

まず、この現存する史料が「書写」された年代の確定が必要となってくる。もちろん、いつのころからか紙に示され、書き継がれたものであろうから厳密な成立時期は中世にまで遡る可能性もある。

一方で、これが富松坊広延によるものということで、まさに紙に記されることのない口伝として口承されていたものを初めて筆録したものと受け取ることもできる。したがって、参照された紙史料としての原本が存在したのか否かも不明である。あるいは後半部の血脈に類する伝燈大先達の列記部分のみは書写されていたのかもしれない。たとえそうだとしても、記述内容の性質上、他人に見せることなく燃やすのが通例だったのかもしれない。それでは現存するこの「(口伝)」を検証しておこう。

まずは、末尾の記述を見ると、明和六年（一七六九）三月となっており、この時に書かれたものと解釈できる。そして当時大越家であった瑞華院広延（富松坊隠居）から座主妙有に伝法されたものということになる。後述の基準の設定でも触れるが、この点は「彦山血脈」でも広延が四十八世の伝法者であり、妙有が四十九世であることから納得できる。

問題は伝法の年月である。妙有は詔有の死去に伴い公家から入った座主であるから、詔有の死去で後継座主が求められる事態になるまで英彦山に居住しておらず、したがって座主に就任する前に伝法されることはありえない。妙有が座主に就任したのは安永三年（一七七四）で、当時わずか十五歳の少年であった。峰入りを経験したのは十八歳となった安永五年（一七七六）三月の春峰修行であり、伝法もこれ以降であったと思われる。したがって、年代が若干ずれているのである。

明和六年三月時点では妙有の先代座主韶有が存命であり、事実と食い違いが生じる。念のために韶有の経歴を確認しておくと、少僧都に任ぜられたのは明和六年（一七六九）六月で、同年三月時点では少僧都ではない。また座主就任は安永元年（一七七二）である。つまり、明和六年時点の座主は孝有（孝助）であり、韶有は座主でもなければ少僧都でもなかったのである。さらに言えば、明和六年の干支は己丑であり、丁酉ではない。

それでは干支の面から確認するとどうなるだろうか。明和六年に近い丁酉の年は安永六年（一七七七）である。そこで、明和ではなく安永六年三月と仮定してみた場合、妙有は安永三年（一七七四）に座主に就任し、同年に少僧都に任ぜられ、安永五年には春峰修行も行っており、僧位も伝法の条件もすべて満たしている。このように考えると、妙有に関する情報では年号以外は五年・丁酉・少僧都・座主といった条件を満たしており、明和と安永の年号を誤記した可能性が高いと言えるのではないだろうか。ただし、なぜ年号を誤記したのかはあくまで推測の域を出ないが、広延が七十六歳という当時としてはかなり高齢であったことも影響しているのかもしれない。

検証二　本文中に確認できる年代

さて、本文中に見られる年号とそれに関連した山伏を挙げると次の通りである。

天養元年（一一四四）：一八（一七）世乗真坊蓮覚
文永二年（一二六五）：二四世大僧都尊良・讃岐房豪忠
永仁四年（一二九六）：覚祐律師・少僧都朗観
文明十五年（一四八三）：権律師宰相宥快・権少僧都賢印坊璿重
永正七年（一五一〇）：阿吸房即伝
天正五年（一五七七）：権大僧都法印舜有
元禄二年（一六八九）：偏照坊（鬼石坊）宗淳・亀石坊広恩
享保七年（一七二二）：亀石坊広恩・有誉
明和（安永）六年（一七七七）：瑞華院（富松坊）広延・妙有

乗真坊蓮覚は、「筑前鞍手郡畑村　山王権現灌頂記」に、保元元年（一一五六）に同地に山王権現を勧請する導師を務めたとあり、いくつかの史料でも活動時期が傍証できる。ここでは詳説は避けるが、『修験三十三通記』にも引用される「秘記」などの文献は現存していないものの、そうしたベースとなった文献の成立に携わった「智光・蓮覚」がこれに当たると思われる。「彦山血脈」・「修験系譜」を基に数えると十八世に当たる（表1：二四九ページ）が、「（口伝）」では「十八」を消して「十七」と訂正してある。他の伝承で「十七代座主」などと表記されたものもあり、それに合わせたものかもしれない。

ところで、「彦山血脈」・「修験系譜」では十八世であるのに、「（口伝）」で一旦「十八」と書きながら訂正して「十七」としてあるのはなぜだろうか。実際「（口伝）」では十七人目である。これらを対照した表1を見てみると、「彦山血脈」・「修験系譜」での六世に当たる最能が「(口伝)」では抜けている。その理由は不明である。

大僧都尊良から讃岐房豪忠へと伝授されたのが文永二年（一二六五）であるが、これは近世にも伝わった「彦山順峯四十八宿次第」と「彦山逆峯四十八宿次第」にも記載された年号と同じである。尊良には「廿四代」と付記されており、次節で説明する表1での二十四世尊良と二十五世讃岐房豪忠と合致している。

永仁四年（一二九六）の覚祐律師・少僧都朗観は特に伝承があったり、印信の授受履歴が残っていたりするわけでもない。覚祐が二十六世で朗観が二十八世である。「彦山血脈」と「修験系譜」を見ると、二十七世が助有法親王、二十八世が浄有と初代・二代の世襲座主が同時代にいたことがわかる。この二人の座主が欠落しているのも「(口伝)」の特徴である。助有法親王が如法寺で得度し彦山座主となったのが元弘三年（一三三三）であるから、それよりも四十年前に二十六世から二十八世に伝法されたことになる。

文明十五年（一四八三）二月には、権律師宰相宥快から権少僧都賢印坊璿重へと伝授されたが、次節で言及する「峯中灌頂略私記　極秘」が八月に伝授されており、峰入り修行での一部の規則が定められるのに寄与した人物と考えられる。

永正七年（一五一〇）には阿吸房即伝もこの口伝を伝授された。前年の永正六年（一五〇九）に華蔵院承運から「五箇證文」「三有六大事」「峯宿小柴事」「山伏道付法印證」の印信が伝授されたのが現在確認できる彦山における即伝の足跡のはじめである。したがって、その翌年には早くも口伝が伝授されたことになる。

ただし、伝燈大先達に関する「(口伝)」は、承運ではなく三十七世の阿光からの伝授であろう。即伝が、伝授される前に彦山でどれだけ修行を積んだのかは定かではない。仮に一年もしくは数年であったとしたら、金峯山での修行の実績も考慮されてのものかもしれない。即伝が突出した存在であったから特別に伝燈大先達となれたのか、他にも即伝のように外部から彦山にやってきて伝燈大先達となった山伏がいたのかは不明である。

天正五年（一五七七）には座主舜有が伝授されている。「惣役帳」には「座主大僧都舜有公　但シ天正五丁丑年秋入峯アリ」[15]と注記があり、「(口伝)」も伝授されたのであろう。これはすなわち、伝燈として「(口伝)」に初めて記載された座主ということになる。[16]これは、自ら峰入りを行って伝法を受ける近世的な座主のスタイルの先駆けとも言える。

舜有は天正九年（一五八一）には四十世の総厳坊真海から「付法之下行記」[17]を伝授されたようである。この奥書には次のようにある。

「天正九年九月五日　舜有従㆓真海㆒附法之下行記」
(前略)
文明十五癸　卯二月吉日
任㆘御尊下之被㆓書示㆒旨㆖而与
宥快
璿重
有周
讃栄

真海　在判
真覚　在判
真純
座主　有憲

これは三十四世の宰相律師宥快から三十五世の賢印坊璿重へ、さらに三十七世の瀧泉坊有周、三十八世の瀧泉坊讃栄、四十世の総厳坊真海、四十一世の総厳坊真覚、四十二世の正覚坊真純と継承され、座主有憲に伝えられたものであり、その一過程で舜有にも伝授されたのであるが、史料の原本は近世のものである(18)。

彦山では永禄年間から豊後の大友宗麟との紛争が起こり、彦山にも攻め込まれ山伏たちが各所でゲリラ戦を展開して抵抗した。こうしたなか、永禄十二年（一五六九）五月七日には、舜有の先代座主連忠が戦死しており、山内の山伏と座主が一致団結して大友宗麟に対峙しようという機運があったのではないだろうか。

中世において座主は山内には居住せず、甘木の黒川院に居所があったが、戦国大名との抗争を繰り広げる状況下で舜有は峰入り修行を行ったのである。そして天正六年（一五七八）には、大友氏と結んだ和議を破棄し島津氏と結んだことで、難を避けるために黒川院から彦山に入った。つまり、彦山内に居住した最初の座主でもある。

また、その場所は華蔵院であり、今日の座主院跡（現・九州大学農学部附属英彦山生物学実験所）でもある。つまりは、華蔵院は中世彦山においても中心的な場所だったことを暗示していよう。こうした経緯によって組織面だけではなく、宗教的にも座主と山伏たちとの連帯が強まったのではないだろうか。

元禄二年（一六八九）には、偏照坊（鬼石坊）宗淳から亀石坊広恩へと伝授された。なお、偏照坊は鬼石坊へと改称したのだが、当役の記録や「彦山血脈」・「修験系譜」では鬼石坊とあるのに対して、「（口伝）」では偏照坊として記されている。

さて、宗淳は四十五世であり、明暦三年（一六五七）に宣度当役を務めた。広恩は四十六世で延宝七（一六七九）に宣度当役を務めているので、その十年後に伝授されたことになる。すでに肩書は伝燈大先達なので、かなり短期間で昇進したことになる。

享保七年（一七二二）には大越家の亀石坊広恩から座主有誉に前半部の口伝が伝授されたことになるが、有誉が秋峰修行を行ったのは正徳三年（一七一三）であり、伝燈大先達となって九年後のことである。

安永六年（一七七七）に瑞華院（富松坊）広延から座主妙有に伝授されたのが現存する「（口伝）」であると思われる。明和ではなく安永の誤記の可能性は先に検証した通りである。

検証三　「彦山血脈」・「修験系譜」との比較

「（口伝）」は、「彦山血脈」・「修験系譜」のように各世代の全てを記載しているわけではなく、また一人も記載がない世代もある。かといって、乗真坊蓮覚を除くと世代の数が前倒しになっているわけでもない。

乗真坊蓮覚は「十八世」と書いたものを打ち消して「十七世」と訂正されている。これは他で六世になっている最能の記載がないので前倒しとなっているためである。そのほかで明記されているのは二十四世大僧都尊良、三十二世般若房深空、四十八世富松坊広延で、これは「彦山血脈」・「修験系譜」とも合致する。

また、同世代の全員を書かず伝法者だけを記載しているが、記載がない世代もある。記載がないのは

六世最能、十九世善空・敬算律師、二十世両界房智円・福泉房幸誉・権少僧都快源、二十一世不動院明賢、二十二世源海律師・少納言了賢、二十三世秀尊、二十七世助有法親王、二十九世栄順律師・学頭房豪盛、三十世泉光房慶淳、三十一世大僧都法印有依・法城房亮玄・仏光房長誉、三十三世華蔵院雲海・是妙律師・自寛、三十四世頼有僧都・妙観房連信である。

また、四十世舜有と四十一世学琳房実源の間に三十七世瀧泉房有周、三十八世瀧泉房讃栄、四十世総厳房真海、三十九世宗賢房祇暁、四十世宗賢房慶淳が記載されている。三十九世宗賢房祇暁は四十世宗賢坊慶淳の前に挿入されているように、後から追記されたかのようである。

十六世紀の混乱期の伝燈大先達に関する知識に、系譜上の混乱が生じたかのようにも見える。座主に成り代わって法燈を継承し新たな座主に伝法するという大役を担った富松坊広延が、何ゆえに「彦山血脈」系の史料を参照しなかったのかは不明である。今後の史料の充実を俟ちたい。

以上、簡単に「(口伝)」を検証してみた。従来の「彦山血脈」・「修験系譜」の記述をうのみにするのでもなく、翻って「(口伝)」をことさらに持ちあげることなく議論するための最低限の検証を行った次第である。

基準の設定

「彦山血脈」は彦山修験の伝法を記した系図状の史料であり、毘盧遮那如来《びるしゃなにょらい》から始まり六番目に役行者《えんのぎょうじゃ》が位置している。後の「修験系譜」・「(口伝)」と対比するために役行者から数えていくことにして、三者を対比する形でまとめたのが表1である。

これを見ると、役行者から数えて四番目の羅運は法寿に継承していることになるが、羅運には「同世代」に人聞《にんもん》(19)など六人がいることになる。この一団を「一世」として数えていく。したがって、羅運は役行者から数えて四世、羅運から伝法された法寿が五世ということになる。このように数えていくと幕末の岡坊宣宗・門坊有雋まで五十七世となる。

こうして数えると、「彦山血脈」の座主・山伏らが何世であるかは表1の名前の左側の数字で示している。ただし、これだけでは筆者の恣意的な判断基準による数え方と疑われかねないので、史料に何世であるかを明記している例があるので、そこから基準を設定しておく必要がある。

基準を抽出するには、伝燈大先達の事績が記されたものが必要である。これが確認できるのは印信や墓碑・石碑などであるが、後者の石造物は現状では調査も十分になされておらず、また収集できる情報量も少ないので、紙の史料として翻刻（印刷物）や紙焼き・マイクロフィルムなど披見できる量が十分にある印信を中心に用いて情報を抽出してみたい。

その際、着目するのは印信の奥書にある署名である。伝燈大先達は英彦山修験道の伝法卜の権威であるから、わずかであるが印信にはそれが散見される。

まず浮かぶのは、近世英彦山を代表する富松坊広延であろう。そこで、印信や著述を多く残した広延が何世であると称していたかを明らかにしておこう。すでに「(口伝)」で、広延が四十八世で妙有に伝法したことがわかるので、妙有は四十九世と思われるが、別の史料でも確認しておこう。『修験道章疏』「彦山修験最秘印信口決集」(20)にも収録されている「撫物加持」の奥書には次のようにある。

「四十九　撫物加持」

（前文略）

右非㆓十八道修成人㆒漫不㆓授与㆒秘法也。然此法者英彦山座主室所属之法故奉㆑授㆑之

安永九庚子十二月吉　　伝燈四十八世正統

大越家広延

天許修験座主

四十九世伝燈妙有僧都　尊下

この記述から広延が四十八世、座主妙有が四十九世であることが確認できた。このことは表1とも符合する。[21]

松養坊文書の「引御供次第」にも、中世の伝燈大先達に関する情報が見いだせる。

「引御供次第」（「備宿護摩時引御供之次第[22]」）

（前文略）

授与

万延二辛酉年三月吉日　　松養坊栄晃

役氏正嫡三十四世前貫主頼有十五代末資

華供大先達法印有允示之

この印信は三十四世の伝燈大先達で前貫主（座主）頼有から十五代の子孫である寂円坊有允が授けたものであることがわかる。また、「彦山血脈」にある頼有僧都が表1を参照すると三十四世に当たるのとも合致する。

中世では先の「(口伝)」にあった乗真坊蓮覚が十七世（十八世[23]）、大僧都尊良が二十四世、般若坊深空が三十二世とあり、表1の作業を傍証する情報となっている。

ところが、松養坊文書の「九度三祇之論」には次のような記述がある。

「九度三祇之論」（「九度三僧祇論[24]」）

（前文略）

伝燈四十九世末資大先達法印浄観著

弘化三丙午年七月吉祥日　大先達浄典写

嘉永三辛亥七月良辰　伝燈大先達浄淵示之

授与大先達亨典

この浄観とは、明和六年（一七六九）に宣度当役を務めた法城坊浄観である。後に正応坊を兼帯し、安永九年（一七八〇）に正応坊浄観として衆徒方の如法経会当役も務めている[25]。浄観以降、正応坊が行者方、法城坊が衆徒方という具合に坊の所属が移動した。

さて、正応坊浄観に関して、この印信では四十九世の伝燈大先達とされているが、「彦山血脈」では伝燈四十九世である座主妙有の次世代にあたり、それによると浄観は五十世になるはずであるが、情報が食い違っている。したがって表1とも異なることとなる。「彦山血脈」に類似する「修験系譜」でも妙有の次世代に当たるので五十世となる。なお、やや性質が異なる「(口伝)」では妙有までの記述であり、浄観が四十九世であることを記す血脈はなく、現状では五十世としてよいのではないだろうか。

これには伝法に関して四十九世の予定だったものが五十世に繰り下げになったなどの可能性が推測できるが、浄観が「九度三僧祇論」を記した年代が記されていないので現状では判断できない。

二　中世彦山の伝燈大先達

中世の伝燈大先達に関しては、準拠しうる史料が乏しく詳細は明らかではない。ただし、誰がいつの時代の山伏であるかが断片的にうかがえる記述は散見され、近世に伝わる印信にも確認される。宣度当役の記録もほとんどわからないし、そもそも制度化されていたのかも不明であるが、一世紀単位で概観していこう。

十三世紀

「彦山順峯四十八宿次第」(26)

（前文略）

伝曰弘仁五甲午年令宝満許与当道入峯行事畢

鎮西彦山

役翁附法四世

羅運行者

伝曰文永二乙丑歳聴許宝満山九人先達職位定当道軌則矣

彦山伝燈廿四代

大僧都尊良

金剛直質山伏

讃岐房豪忠

授与

初先達良容

天保九戊戌年二月吉日

伝燈大越家法印光盈示之

この印信では、本文で宿を列記したあとに古代中世の行者の名前が記されている。弘仁五年（八一四）の羅運行者の事績に関しては史実かどうか疑わしいが、四世とあり、表1にも符合する。一方、二十四世大僧都尊良が、文永二年（一二六五）に宝満山先達職を定めたというのはかなり信憑性のある年代と言える。(27)

いずれも「彦山血脈」と表1に符合し、また讃岐房豪忠が二十五世であることから、尊良から豪忠へ伝授された印信が近世にも伝えられていた、あるいは彼らの名に仮託したと考えられる。

なお、「彦山逆峯四十八宿次第」にも羅運・尊良・豪忠の名が見えるが、情報としては同じものなので割愛する。

十四世紀

十四世紀で特筆すべきことは、元弘三年・正慶二年（一三三三）に皇族から助有法親王を初代の世襲座主として迎えたことであろう。

「彦山血脈」・「修験系譜」では、二十七世伝燈大先達として記載があるが、「(口伝)」には記載はない。また、助有法親王が峰入り――当時は彦山における峰入り修行の体系が確立しようとしていた過渡的状況であっただろう――を行ったのかは不明である。

いずれにせよ、英彦山修験道が独自性を確立しようとしていた時期に皇族出身の座主という権威を獲得したのである。

十五世紀

十五世紀の記録はさほど確認できないが、「峯中灌頂略私記　極秘」の奥書には次のようにある。

「峯中灌頂略私記　極秘」[28]

（前略）

文明十五癸卯二月吉日

宰相律師　宥快　有判

大越家　璿重　有判

大先達　瀧泉房　有周

同後房　讃栄

真　海　慶淳

学琳房　実源

正保三丙午年八月吉日　大越家権大僧都正覚坊真純（花押）

伝燈大先達権大僧都法印座主有憲伝授之

これは、文明十五年（一四八三）八月に三十四世の宰相律師宥快から三十五世の賢印坊璿重へと伝授されたか、さらに上の世代から宥快と璿重に授与されたかのいずれかであろう。また「(口伝)」の年月とも合致する。

表1にまとめた三十四世・三十五世の山伏たちが活躍したのが十五世紀後半であったことも確認できる。その後、三十七世の瀧泉坊有周、三十八世の瀧泉坊讃栄、四十世の総厳坊真海・宗賢坊慶淳、四十一世の学琳坊実源と伝わり、正保三年（一六四六）に座主有憲が四十二世の正覚坊真純へ授けたところで終わっている。実に一六三年にわたる伝法の履歴が記されているわけである。

ただし、有憲という座主はおらず、正保三年当時の座主は有清である。同年は後の座主亮有が秋峰修行を行っており、そこには「座主有憲様」と記載された史料がある。したがって、亮有と名乗るまでの名前である可能性が高い。

同じころに成立した「彦山當道法度事」では次のようにある。

「彦山當道法度事(29)」

（前略）

明応四年乙卯十一月　日

越家福蔵坊　幸重（花押）
亀　石　坊　有讃（花押）
積　善　坊　有純（花押）
一臈泉蔵坊　賢海（花押）

これは明応四年（一四九五）に山内の法度を定めたものであるが、ここにも伝燈大先達が名を連ねている。泉蔵坊賢海は三十六世、亀石坊有讃・積善坊有純は三十七世である。明応四年当時に彼らが伝燈大先達であったかは不明であるが、英彦山修験道が整備されていくなかで一層の組織化を推進した山伏たちでもあったことは確かであろう。

十六世紀

十六世紀前半から半ばの時代は、修験道で最も有名な山伏の一人である阿吸房即伝が活躍した時代である。畿内の修験霊山が応仁の乱などの戦乱で混乱・衰亡する一方で、前項で見たように、伝燈大先達となる山伏たちを中心に彦山では宗教的にも組織的にも成熟段階に入りつつあったわけである。こうした状況下で、大和の金峯山で彦山の華蔵院承運と兄弟弟子であった縁で日光出身の阿吸房即伝が華蔵院の客分として彦山で修行することとなったのである。即伝の足取りを印信や著述の伝授記録でたどると次のようになる。(30)

永正六年（一五〇九）華蔵院承運から印信を伝授される
永正七年（一五一〇）「(口伝)」を伝授される　＊阿光からか
大永五年（一五二五）『三峯相承法則密記』を撰す
天文十九年（一五五〇）定珍に印信を授ける
天文二十年（一五五一）　庚海・真覚・真純に印信を授ける
永禄元年（一五五八）『彦山峯中灌頂密蔵』、『修験頓覚速証集』を撰す

日光から金峯山を経て彦山で伝燈大先達になり、その後全国を遍歴しながら、求めに応じて彦山で修得し

た儀規や教義を核としてまとめて各地の山伏に伝授していったのである。こうした過程で『三峯相承法則密記』を手始めとして『修験修要秘訣集』や『彦山峯中灌頂密蔵』など修験道の教義・思想の体系化を推進したのである。このように、彦山の伝燈大先達としての実に半世紀に及ぶ即伝の足跡がその後の修験道に与えた影響は計り知れないものがある。

即伝以外の伝燈大先達の足跡としては、享禄五年（一五三二）に萱坊賢栄から安楽院豪慶に授与された「山伏結袈裟事」「形箱口決」の二通の印信によってその活動がうかがえる。奥書には次のようにある。

「**山臥結袈裟事**」「**形箱口決**」(31)

（前略）

当山大越家権大僧都萱坊賢栄授与畢

伝燈三部阿闍梨権大僧都安楽院法印豪慶

享禄伍年壬辰五月吉日

これは、四十世の萱坊賢栄が三十九世の安楽院豪慶に授与したものである。伝燈大先達の世代では逆転しているが、近世においても、何十年も前に宣度当役を務めた場合でも世代が逆転することはあり、両者が伝燈大先達を名乗っておらず矛盾する事態ではないだろう。

元亀二年（一五七一）には三十九世の伝法者である宗賢坊祇暁が『鎮西彦山縁起』を撰している。

以上が中世の伝燈大先達の主だった事績である。大友宗麟による焼き討ちによって史料がほとんど残っていないことが惜しまれるが、わずかな史料に記載された山伏の多くが伝燈大先達であったことは確認できた。

三　近世英彦山の伝燈大先達

ここでは近世の伝燈大先達に関して概観しておこう。「彦山血脈」に関してはすでに宮家準の考察がある[32]が、概観したのちに分析と併せて検討することとする。

宣度当役記録との照合

中世の伝燈大先達に関しては印信などから断片的な情報を捕捉するしかなかったが、十六世紀末の天正年間以降はより確実に捕捉する手段がある。それが宣度当役に関する記録である。

座主以外の伝燈大先達は大先達から大越家を経てその地位に至るはずであるから、原則としては大先達になる過程としての宣度祭の宣度当役を経験していなければならない。そこで、宣度当役の記録と照合していけば、「彦山血脈」のような就任や生没年がほぼ不明の系譜にも、ある程度の歴史性を付与することができるのではないだろうか。筆者はかつて衆徒方・惣方も含めた当役の記録に関する議論を行ったので[33]、それをふまえて行者方に絞って掘り下げていきたい。

「彦山血脈」において近世期の当役の記録と照合可能なのは学琳坊実源・池坊豪周らの一団以降である。

これらは系図のように系譜づけて記してあり、一団の一人から次の一団に線が引いてある（図1・二五八頁）。次の一団へとつながるのは概ね座主の名を起点とした線であるが、まれに座主以外の者から続いていることもある。この者が次の世代に伝法したと思われる。こうした人物を「伝法者」と呼ぶことにする。

その一団ごとの山伏を列記し、合わせて宣度当役担当の履歴も記載してみると以下のようになる。なお、伝法者は□で囲った。また、名前に網かけをした山伏は、当役の記録に見られない者である。表1に示した各世の当役記録と照合していくが、それが可能なのは四十一世以降となる。以下、各世を検証していこう。

なお、座主の事績はすでに広渡正利によってまとめられているので、基本的にはそれに依っている。[34] また、各山伏末尾のアラビア数字は宣度当役を務めた順番で、座主の場合は伝法を受けたと思われる座主就任か峰入り修行の年で数えている。

四十一世

学琳坊実源：慶長二（一五九七）　宣度1
池坊　豪周：慶長二十（一六一五）　宣度3
泉蔵坊秀海：慶長五（一六〇〇）　宣度2
総厳坊真覚　不明

四十一世は十六世紀末から十七世紀初頭の十五年ほどの間に宣度当役を務めた者の一団である。なお、当役記録には総厳坊真覚という山伏は見当たらない。天正二年（一五七四）以降で総厳坊が宣度当役を務めたのは天正十二年（一五八四）の総厳坊真清だけであり、他の者は幕末まで如法経会や誕生会の当役を務めており、天正元年以前に当役を務めた可能性も考えられるが現状では不明である。

また、泉蔵坊秀海の泉蔵坊には聖護院との本末論争の資金調達のために山内の杉を売却しようとした際に、私財をなげうって伐採されそうになった杉を守った逸話がある。残念ながら近年の大型台風で倒壊してしまい切株しか残っていないが、この杉がかつての泉蔵坊杉である。このことが影響したのか、秀海以降泉蔵坊は行者方に属しながらも江戸時代を通じて宣度当役を務めていない。

なお、慶長六年（一六〇一）に細川忠興の斡旋で座主となった日野家出身の忠有は寛永三年（一六二六）の遷化まで二十六年間座主の地位にあったが、「彦山血脈」には記されていない。後に検討するが、伝法の要件としての峰入り修行をしなかったからではないだろうか。

四十二世

座主・有清：寛永三（一六二六）　就任・秋峰3

正覚坊真純：慶長十三（一六〇八）　宣度1

立石坊有延：慶長十六（一六一一）　宣度2

学琳坊英源　不明

依正坊有快　不明

座主有清は寛永三年（一六二六）に就任し、同年に秋峰修行を行った。また、有清のころに聖護院や宝満山との本末論争が起こっており、江戸滞在中の承応二年（一六五三）に遷化した。このためか、この一団で伝法を行ったのは正覚坊真純となっている。

この世代には不明な点が多く、当役の記録では立石坊有延が政所坊有守へと改名したとあるが、宣度当役以降の改名と思われる。

また、「彦山血脈」では「栄琳坊英源」とされているが、「修験系譜」では「学琳坊英源」となっているので誤記と思われる。ただし、当役の記録に学琳坊英源の記録はない。別名で宣度当役を務めて学琳坊を継いだ後に伝燈大先達となった人物とも考えられるが詳細は不明である。

最後の依正坊という坊は当役の記録には見られない。ただし、有快という名の山伏は立石坊有延の次代におり、寛永十年（一六三三）に宣度当役を務めている。何らかの理由で立石坊から依正坊に坊号が改称したとも考えられるが、現在確認できる範囲では、その後依正坊が記録に登場することはない。

四十三世

座主・亮有：正保三（一六四六）秋峰・承応二（一六五三）就任2
門坊有種：寛永元（一六二四）　宣度1
座主亮有は寛永六年（一六二九）に有清の長男として生まれ、正保三年（一六四六）十八歳の時に秋峰修行を行った。承応二年（一六五三）に父である有清の遷化に伴い座主に就任し、同じく聖護院・宝満山との本末論争のなか一山を率い、延宝二年（一六七四）に京都で遷化した。
門坊は座主の一門でもある曖《あつかい》坊で、亮有就任の二十二年前に宣度当役を務めたベテランでもあり、後見役的側面も担ったのであろう。

先代有清の例もあり、座主が伝法できない危険性もあったが、亮有が伝法したためかこの一団は二人しかいない。これ以降も、一世代が座主と補佐役とも言える山伏の二人だけの構成がしばしば見られるので注目しておきたい。

四十四世

学頭坊有覚

正覚坊真陽[35]：慶安五（一六五二）　宣度1

政所坊有賀：万治三（一六六〇）　宣度2

学頭坊は世襲ではなく教学で優れた者が就任するので、宣度当役を務めた行者方の山伏が就任したとも考えられるが、当役の記録では有覚という名の山伏はいない。しかし、「諸事書入帳」の寛文七年（一六六七）年十月六日に、小倉藩巡見上使を迎えた際の記述に「同七日之朝、大講堂迠御上使御参詣被成候処、政所坊有賀、學頭坊之老僧智樂院有覺、此両人罷出（以下略）[36]」とあり、知楽院有覚のことだとわかる。

ところが、天正二年（一五七四）以降確認できる当役の記録には、寛文七年までの期間で知楽院が宣度当役を務めた記録はない。ただし、知楽院以外で坊名のみで個人名がわからないものがあり、その人物が坊名を改称した可能性もある。また、名前に座主や曖坊の者にしか用いない「有」の字があるので該当者は限られるだろうが、今後の研究の進展を俟つほかない。

一方、伝法を行った正覚坊真陽と政所坊有賀は四十三世の座主亮有就任間もないころに宣度当役を務めて昇進した者であり、政所坊は曖坊でもある。このことから、英彦山の危機的状況のなかで、留守がちとなる座主が江戸や京都など外部で遷化する可能性もあり、早めに伝法された世代とも言えるだろう。したがって、座主の留守を任されると同時に、いざというときには代わりに伝法を行う使命を負っていた一団でもあったと言えるのではないだろうか。

四十五世

座主・広有：延宝二（一六七四）　就任・秋峰4
座主・相有：延宝七（一六七九）就任・天和二（一六八二）　華供峰5
正覚坊真栄　不明
寂円坊永親　＊永讃：正保三（一六四六）　（宣度2）
鬼石坊宗淳：明暦三（一六五七）　宣度3
成円坊有洤：正保元（一六四四）　宣度1

四十三・四十四世の事情も反映しているのが四十五世である。

広有は承応元年（一六五二）に亮有の長男として生まれ、寛文八年（一六六八）に得度し、延宝二年（一六七四）の亮有の遷化に伴い座主に就任し、同年に秋峰修行を行った。延宝六年（一六七八）十二月に将軍家綱に拝謁するが、延宝七年（一六七九）一月に江戸で遷化した。就任からわずか五年でここに名前があるということは、就任から五年以内に四十四世正覚坊真陽から伝法されたようである。江戸参府を考慮すれば、就任後、英彦山にいたのは実質四年間ほどである。

伝法を受けた時期としては、就任した延宝二（一六七四）の秋峰修行の時である可能性が高い。忠有が二十五年間座主であったにもかかわらず「彦山血脈」に載らず、広有は在任五年でも載っていることからも、座主就任だけでなく峰入りが伝法を受ける条件と言えそうである。この点にも着目して検証を続けていこう。

こうした仮説を想定すると、相有も同様に就任後まもなく伝法されたと考えられ、他の座主に対する伝法も同様のことが推測できる。

相有は兄広有の遷化に伴い延宝七年（一六七九）に座主に就任した。天和二年（一六八二）に華供峰修行（夏峰）を行っており、この時に伝法されたのではないだろうか。そして宝永三年（一七〇六）に長男保有に座主職を譲り、正徳四年（一七一四）に遷化した。相有の代に長らくの懸案であった聖護院・宝満山との争いが決着し、元禄九年（一六九六）に天台修験別本山として幕府に認定された。四十五世はこうした混乱から英彦山派成立という過渡期に英彦山修験道を支えた人々である。

さて、座主以外の各人を検討すると、正覚坊真栄だけは宣度当役を務めた記録がない。座主広有が就任まもなく遷化し、伝法の危機を感じ保険として四十四世正覚坊真陽が自坊の後継者にも伝えていた可能性はあるだろう。寂円坊永親という山伏は記録には見当たらないが、永讃であれば正保三年（一六四六）に宣度当役を務めており、成円坊有洤とも同世代となるので、永親は永讃の誤記か改名の可能性がある。鬼石坊宗淳は明暦三年（一六五七）に、成円坊有洤は正保元年（一六四四）に宣度当役を務めている。いずれも四十四世正覚坊真陽の前後の世代である。

仮に四十五世で伝法されたのが延宝二年の広有以降であるとすると、鬼石坊宗淳が宣度当役から十七年以降、寂円坊永讃が二十八年以降、成円坊有洤が三十年以降に伝法されたと考えられる。したがって、伝燈大先達がどの程度修行を積んだ者であるかを探るヒントにはなるだろう。

近世における伝法者は座主であることが多い。しかし、座主が大越家となる要件である三十六度以上の峰入りを行ったとは考えられず、座主以外で名を連ねた山伏たちが伝法の実質を支える存在であったと言えるだろう。

四十六世

亀石坊広恩：延宝七（一六七九） 宣度4
常照坊英閭：延宝八（一六八〇） 宣度5
法城坊真安：寛文元（一六六一） 宣度1
池坊　宥連　＊有連：寛文十（一六七〇） 宣度2
鏡徳坊覚澄：寛文十二（一六七二） 宣度3
座主・有誉：正徳元（一七一一）就任・正徳三（一七一三） 秋峰6

四十六世は、四十五世の伝法者である座主相有就任（一六七九）の十八年前に宣度当役を務めた法城坊真安を上限として、四十六世の伝法者である座主有誉（一七一一就任）を下限とする集団である。

享保十四年（一七二九）には、霊元法皇から「英」の字を賜り、「英彦山」と称するようになった。そうした一つの画期に英彦山修験道を牽引した一団でもある。

「彦山血脈」には名前がないが、相有と有誉の間には就任わずか五年で退任した座主保有がいる。保有は貞享二年（一六八五）に座主相有の嫡男として生まれ、宝永三年（一七〇六）に相有から座主職を譲られて就任した。しかし、病のために正徳元年（一七一一）に弟の有誉に座主職を譲った。以後は南谷で療養し、寛保三年（一七四三）に死去した。

保有には峰入りを行った記録がなく、そのため伝法も受けなかったのであろう。同じく五年しか座主職になかった四十五世広有が「彦山血脈」に名を連ねていることからも、伝法を受けるには峰入りの経験が必須であったことが確認できる。

四十六世の伝法者である有誉は、貞享四年（一六八七）に相有の次男として生まれ、正徳元年（一七一一）に兄保有から座主職を継いだ。正徳三年（一七一三）に秋峰修行を行った。宝暦五年（一七五五）に嫡男孝有に座主職を譲り、明和二年（一七六五）に遷化した。

亀石坊広恩は、元禄四年（一六九一）に松尾山が彦山の末山となることを斡旋した。

四十六世に関して気になるのは修験道以外に英彦山における三輪流神道の定着に尽力した山伏がいることである。広恩は三輪流神道の血脈にも登場し、三輪流神道の本尊まで付与されたとある。[37]ただし、英彦山における三輪流神道の完全な修得は亀石坊広恩が最初であるかは現時点では確認できない。また、広恩の一つ前に有連という名がある。同じ四十六世には広恩の九年前に宣度当役を務めた池坊有連がいるが、「彦山血脈」・「修験座主清僧代」で記載されているのは宥連である。「有」と「宥」の違いがあるので別人の可能性もあるが、他に可能性のある人物はおらず誤記として同一人物と考えてよいのではないだろうか。[38]

三輪流神道はさらに富松坊広延や能円坊亨安へと伝授された。この世代の伝燈大先達が宗教的にも近世英彦山の一つの画期をなす下地を作ったと考えられるだろう。

常照坊英闇は宣度当役時点でも「彦山血脈」・「修験座主清僧代」でも常照坊を称すが、以後常照坊は橋本坊と改称した。なお、四十八世富松坊広延は『修験三派大綱』に次のように記している。

（前略）法寿、善久、寿元、最能、能行、これ上古の明哲なり。中古に智行、連覚、尊良、豪忠、覚祐、朗観、智光、阿光、即伝なども純粋の行者なり。近世に秀でたるは実源及び座主の相有大僧正広恩英誾なるのみ。(39)

このように、五世法寿、六世善久、七世最能、遡って四世能行が列記されている。寿元は四世であるが「彦山血脈」には記載がなく、「修験系譜」に「太能一名寿元」とあり、四世であることがわかる。なお、能行と寿元は伝法者ではない。

次に九世智行、十七（十八）世連覚、二十四世尊良、二十五世豪忠、二十六世覚祐、二十八世朗観、三十六世智光、三十七世阿光、三十八世即伝と中世の伝燈大先達の数名が列記されている。そして近世期では四十一世学琳坊実源、四十五世座主相有、四十六世亀石坊広恩・常照（橋本）坊英誾を「近世に秀でたる」先達として評価し、四十六世の二名も即伝らと並ぶ伝燈大先達とされているのである。

四十七世

実門坊章海：元禄六（一六九三）　宣度1
西坊　賢義：宝永五（一七〇八）　宣度2
正覚坊真澄：正徳五（一七一五）　宣度3
橋本坊保慶：享保三（一七一八）　宣度4
座主・孝有：寛保三（一七四三）春峰　・宝暦五（一七五五）就任6

真瀧坊幸範：享保十六（一七三一）　宣度5

四十七世は、四十六世の伝法者である座主有誉就任（一七一一）の十八年前に宣度当役を務めた実門坊章海を上限として、四十七世の伝法者である座主孝有を下限とする集団である。孝有は座主有誉の嫡男であるが、生年は不明である。寛保三年（一七四三）に春峰修行を行っており、継承の準備もさることながら、英彦山内坊家一般の成人儀礼としての峰入りと捉えることもできる。

座主就任は十二年後の宝暦五年（一七五五）であり、伝法は座主就任以後とも考えられるが、孝有の峰入りに関して次のような記述がある。

寛保癸亥三月十日御入峰、初先達法眼龍王院孝有、第四度大南ゟ伝燈大先連(達)ト御成被レ遊、坊中不レ残御供被二仰付一。

龍王院様先達真瀧坊幸範、入越家正覚坊真盛、初先連(達)橋本坊、四月十三日ゟ十九日迄清□成、(40)

孝有の寛保三年の峰入りは初先達まで至ったもので、四度目であったこと、これによって伝燈大先達となったことが読み取れる。初先達は宣度先達の前段階であり、座主や嫡子が宣度先達を務めるわけにはいかないであろうから、ここまでしか峰入り行はできなかったのではないだろうか。(41)

次に、末尾に三人の山伏の名が記載されている。

真瀧坊幸範は「龍王院様先達」として記されており、入峰作法などの指南役として供奉したのであろう。この役割を果たすことが理由かは不明であるが、「彦山血脈」に記載がある。

「入越家」の正覚坊真盛は元文六年（一七四一）に宣度先達を務めており、寛保三年はその二年後であるので六度の峰入りを終えて大越家となったことを示しているのだろう。ただ、「彦山血脈」には記載がないので伝燈大先達には至らなかったと思われるが、「彦山血脈」と人物がほぼ重複する「修験系譜」には四十八世の伝燈大先達として記載がある。

「初先連（達）」の橋本坊は、寛保四年（一七四四）に宣度を務めた橋本坊誉栄のことだろう。誉栄も「彦山血脈」には記載がない。

　さて、孝有は後に孝助と改名したが、その理由は定かではない。[42]

　この世代の特徴は、実門坊章海の宣度当役担当年から座主孝有就任まで六十二年もの開きがあるということだろう。したがって、実門坊章海・西坊賢義・正覚坊真澄・橋本坊保慶ら、特に前二者が孝有就任時に存命していた可能性は低いのではないだろうか。これは四十六世の座主有誉の在任が四十四年にわたっており、その前の座主と比較すると有清二十七年・亮有二十一年・広有五年・相有二十七年と、広有を除けば長くて三十年弱であり、二十年～三十年のスパンでの伝法を想定して座主のサポート役としてのベテランを配置する意図が見えるのではないだろうか。

　だからといって健在の座主が交代するわけにもいかず――実際、孝有は就任十七年で遷化したので在任期間はやや短い――来るべき次の座主を補佐する役目として実門坊以下橋本坊の四人は漸次伝法されていったのではないだろうか。

　正覚坊真澄・橋本坊保慶は、寛保三年の孝有の春峰修行の際には宣度当役を務めてから、それぞれ二十八年後と二十五年後であり、両名とも存命であった可能性がある。ただ、両坊の後継と思われる正覚坊真盛・

橋本坊誉栄が孝有の峰入りに供奉しており、伝燈大先達の坊の代替わりと座主の嫡子への伝法のタイミングが重なったため、真瀧坊幸範が新たに指南役として伝燈大先達の列に加わったとも考えられる。このように、有誉から孝有への継承へ向けた準備がなされていたのだろう。

四十八世

亀石坊誉真：享保十七（一七三二）　宣度2
池坊　豪清：寛延四（一七五一）　宣度3
富松坊広延：享保十一（一七二六）　宣度1
（正覚坊真盛：元文六（一七四一）　宣度）

四十八世は、四十七世の伝法者である座主孝有就任（一七五五）の二十九年前に宣度当役を務めた富松坊広延を上限とし、孝有就任四年前に宣度当役を務めた池坊豪清を下限とする集団である。

座主が伝法者でないのは四十四世以来であり、約百年ぶりのこととなる。在任期間が半世紀近くに及んだ四十六世の座主有誉を継いだ四十七世孝有は、在任期間十七年で遷化し、後継の詔有は座主に就任することなく一年余りで死去した。有誉・孝有二代六十年間の安定期から一転して、伝法の危機が訪れた時期とも言える。

亀石坊誉真は、四十七世の伝法者である孝有就任の二十三年前に宣度当役を務めた曖坊で、池坊豪清は孝有就任とほぼ同時期に宣度当役を務めた奉行坊である。そこに新たに加わったのが、亀石坊誉真よりも遡る時期に宣度当役を務めた富松坊広延である。

富松坊広延は近世英彦山を代表する山伏で、『英彦山大先達印信六々通』を集成したとされ、それ以外にも多数の著述を残しており、英彦山修験道の思想面で近世の新たな展開を促した人物である。したがって、山内でも当代一の大先達という認識があったと思われる。

富松坊は行者方のなかでは家格はそれほど高くはなく、広延はまさにたたき上げであった。座主から後継者へとなされていた伝法をたたき上げの広延が代行したのである。

なお、「修験系譜」は五十世の途中まで「彦山血脈」とほぼ同じであるが、四十八世に正覚坊真盛の記載がある点が異なっている。正覚坊真盛は、元文六年（一七四一）に宣度当役を務め、孝有の入峰修行に「入越家」として供奉したのは四十七世の項目で触れたとおりである。

ちなみに、次の四十九世の伝法者である座主妙有の寛政元年（一七八九）に英彦山が幕府寺社奉行に提出した書上には、英彦山内および末山・末派の各坊の当主・隠居・弟子・庵室の名前やその年齢が記されている。[43] そこには亀石坊誉真・池坊豪清・正覚坊真盛は名前がなく、すでに死去していたと思われるが、富松坊広延は隠居として記載があり「八十八歳」と記されている。逆算すると、孝有が遷化した安永元年（一七七二）においても七十一歳の長老であった。

表1を作成する基準の設定にも用いたのは、広延が四十八世であることを印信や著述の奥書に頻繁に記しているということであるが、それではいつごろから「四十八世」と署名していたのであろうか。

管見では宝暦十二年（一七六二）の『無則書浅略』の奥書に「役祖四十八世伝燈大先達富松坊廿一世瑞華院法印権大僧都広延敬艸」とあるのが最古のものである。このことから、四十七世の座主孝有が就任（一七五五）して七年の間には伝法されていたことがわかる。

「彦山血脈」には載っていないが、孝有と妙有の間には就任してわずか一年で死去した韶有という座主がいた。韶有は宝暦五年（一七五五）中山大納言愛親の次男として生まれ、明和五年（一七六八）年に嫡子がなかった座主孝有の養嗣となり、安永元年（一七七二）に孝有の遷化に伴い座主に就任したが、翌安永二年（一七七三）に死去した。これは保有の五年よりもさらに短く、峰入りを行っていないために伝法を受けていないと推測される点で同じである。

基本的に座主が伝法者となった近世期においては、座主一代の在任と伝燈大先達の世代がほぼ一致している。仮に韶有が伝法を受けていれば、四十八世となったであろう。

こうした状況下で、座主が受ける伝法を代行したのが富松坊広延であり、印信の奥書に事あるごとに「役氏四十八世」や「正統」と書いているのは伝法をつないだという誇りを抱いていたからであろう。

先述の二節の「基準の設定」の項で「撫物加持」の印信の奥書を引用したが、そこには座主だけが行える修法を新たな座主に伝授するために修得しており、こうした点も広延がこのことを誇りに感じていたことの証左であろう。

四十九世

座主・妙有：安永三（一七七四）就任　・安永五（一七七六）春峰2

亀石坊有慶：宝暦十三（一七六三）　宣度1

四十九世は、座主妙有とその就任十一年前に宣度当役を務めた曖坊の亀石坊有慶の二名だけである。

妙有は、宝暦九年（一七五九）に持明院中納言宗時の次男として生まれ、安永二年（一七七三）の座主韶有の早世に伴い、翌三年（一七七四）に十六歳で座主に就任した。安永五年（一七七六）に春峰修行を行った。次の座主有宣に座主職を譲るまで三十二年間座主の地位にあり、文化八年（一八一一）に遷化した。

亀石坊有慶は、寛政元年の書上では五十六歳となっており、妙有の峰入り修行時には四十三歳であった。

さて、妙有の峰入りに関しては次のような記述がある。

> 一安永五丙申年三月十日、貫主真浄院少僧都公御入峰、御先達亀石坊、入先達能円坊、初先達橋本坊代岡坊（以下略）[44]

四十七世の孝有の入峰の例を踏まえれば、「御先達亀石坊」は入峰の指南役であり、妙有と同じく四十九世の伝燈大先達に名を連ねた亀石坊有慶のことだろう。「入先達能円坊」は、二年前の安永三年（一七七四）に宣度当役を務めた、後の五十二世の伝燈大先達でもある能円坊亨安のことであろう。「初先達橋本坊」は、翌安永六年（一七七七）に宣度当役を務め、五十世の伝燈大先達でもある橋本坊助周のことであろう。ただ、何らかの事情で峰入りできなかったと思われ、岡坊が代行したようである。代行したのは、すでに明和二年（一七六五）に宣度当役を務め、後に五十世の伝燈大先達となる岡坊有懿ではないだろうか。

寛政元年の書上では能円坊亨安は四十九歳、橋本坊助周は四十四歳、岡坊有懿は四十七歳となっており、妙有の峰入り修行時にはそれぞれ三十六歳、三十一歳、三十四歳と亀石坊有慶の一世代下の青壮年の山伏たちであった。

先の基準設定の抽出のために検討した際に、正応坊浄観が四十九世と記されている印信「九度三祇之論」

を紹介した。しかし、「彦山血脈」・「修験系譜」では浄観は五十世にあたる。

五十世

門坊　有元：宝暦九（一七五九）　宣度2
真瀧坊幸雄：寛延二（一七四九）　宣度1
厳瑶坊亮重：宝暦十（一七六〇）　宣度3
岡坊　有懿：明和二（一七六五）　宣度4
正応坊浄観：〈法城坊〉明和六（一七六九）　宣度5
橋本坊助周：安永六（一七七七）　宣度6
有謙：寛政十一（一七九九）得度　＊入峰の有無不明（現状）
真瀧坊光雄：安永八（一七七九）　宣度7
亀石坊有秀：寛政三（一七九一）　宣度8

五十世は最多の九人が名を連ねる世代である。

四十九世の伝法者である座主妙有は、嫡子である有謙に座主職を譲る予定であった。有謙は寛政十一年（一七九九）に得度し、その準備が進んでいたと思われる。ところが、得度して七年後の文化三年（一八〇六）に座主に就任することなく死去した。(45)

にもかかわらず、「彦山血脈」には五十世の伝法者として記されている。なお、「彦山座主系図」(46)には、「役氏五十世正統」との付記があり、「彦山血脈」だけに記載されているわけではないことが確認できる。

これは保有・韶有が座主職に就きながら、峰入りを行っていないために「彦山血脈」に載っていなかったこととは正反対の事例である。すなわち、座主に就かなかったにもかかわらず、伝法を受けているという点である。

孝有のように座主の嫡子で座主就任前に峰入りを行って伝燈大先達になる例はあるので、峰入りの記録があるかもしれない。しかし、峰入りが確認できなければ、座主就任が既定路線であったとはいえ、父妙有からの直接の伝法ということになる。この点に関しては今後の史料の充実を俟ちたい。

伝法の要件としての峰入り経験の有無はおくとしても、実際に有謙が有宣に伝法したとは考えられない。本来は有謙が座主となった際に伝法を補佐する者として選ばれ、有謙死去後は有謙に替わって有宣に伝法を行ったのではないだろうか。

五十世も、先に触れた幕府への書上によって寛政元年（一七八九）当時の年齢もわかるので列挙してみよう。（ ）内は、有謙が得度した寛政十一年（一七九九）当時も存命していたと仮定した推定年齢である。

門坊　有元：七十六歳（八十六歳）
真瀧坊幸雄：七十一歳（八十一歳）
厳瑶坊亮重：六十二歳（七十二歳）
岡坊　有懿：四十五歳（五十五歳）
正応坊浄観：五十二歳（六十二歳）
橋本坊助周：四十四歳（五十四歳）
真瀧坊光雄：三十七歳（四十七歳）

亀石坊有秀：二十六歳（三十六歳）

このようにみてくると、四十八世の富松坊広延のように当時としては非常に高齢な例があるものの、門坊有元と真瀧坊幸雄は存命していたかどうかわからない年齢である。厳瑶坊亮重も存命していたかは微妙である。残りの岡坊有懿・正応坊浄観・橋本坊助周・真瀧坊光雄・亀石坊有秀はおおむね青壮年の世代である。

また、亀石坊は四十九世の有慶が寛政元年当時五十六歳であり存命の可能性（六十六歳）もあるものの五十世で有秀が名を連ねている。真瀧坊は同じ五十世に幸雄と光雄二人が名を連ねている。この場合は死去や高齢の可能性もあるが、亀石坊と同様に代替わりも理由の一つにあると思われる。

「修験系譜」も「彦山血脈」とほぼ類似しているが、記載は五十世までである。また、五十世では門坊有元から橋本坊助周までで真瀧坊光雄と亀石坊有秀は記載されていない。このことから、系図状の記載の場合は、伝燈大先達となった順番に右から左へと書き足されていったと考えてよいのではないだろうか。

五十一世

座主・有宣：文化八（一八一一）　春峰・就任2

増了坊有栄：天明三（一七八三）　宣度1

五十一世は、座主有宣と増了坊有栄の二人だけである。

有宣は天明元年（一七八一）に鷹司家に生まれ、有謙の死去に伴い文化三年（一八〇六）に英彦山座主の養嗣となった。文化八年（一八一一）三月に春峰修行をし、十二月に妙有の遷化に伴い座主に就任した。そして文政十二年（一八二九）に遷化した。[17] 座主就任が三十歳の時であり、近世以降の歴代の中では遅く、結婚も文政七年（一八二四）と就任して十三年後である。

したがって、子供を授かるのも遅く、遷化の四年前である。そのため嫡子の教丸はわずか五歳であった。ちなみに、中世の世襲座主は皇族出身とされる助有法親王の子孫が世襲していたが、戦国期に女性の昌千代が座主となったが男系は途絶えた。有宣は五摂家の出身であり、それに次ぐ格式の出自ということになる。

近世においても座主は公家の出ではあったが、幕末になって実質的には門跡寺院並となったことを表していると言えよう。地方寺院としては異例であることは言うまでもない。

いずれにせよ、五十世の伝法者は有謙のはずであるが、死去を契機として有宣が後継者として英彦山にやってきたわけであるから、有宣に伝法したのは五十世の岡坊有懿から亀石坊有秀までの五人のいずれかであろう。文化八年（一八一一）時点で存命であれば、年齢が上は正応坊浄観の七十四歳から下は亀石坊有秀の四十八歳であり、十分に考えられる。

増了坊有栄は、曖坊で有宣の座主就任時にはすでに宣度先達を務めて二十八年のベテランでもあり、孝有・妙有の例にもあったように、峰入りの指南役の側面もあるだろう。宣度当役を務めたのは五十世の真瀧坊光雄と亀石坊有秀の間の時期である。寛政元年の書上には三十八歳と記載されているので、有宣の座主就任時には六十歳となる。

五十二世

能円坊亨安：安永三（一七七四）　宣度1
鬼石坊文宗：寛政十（一七九八）　宣度2

政所坊有紉：文化十一（一八一四）　宣度6
正応坊浄源：寛政十二（一八〇〇）　宣度3
橋本坊有邦：文化三（一八〇六）　宣度5
浄境坊賢恵：享和三（一八〇三）　宣度4

五十二世は能円坊亨安をはじめとして六人いるが、亨安以外の五人は十八世紀末からの十六年のうちに宣度当役を務めた者である。能円坊亨安は、他の五人より四半世紀前に宣度当役を務めており、五十世の後半の山伏たちと同世代である。

有宣は就任から十四年間結婚しておらず、したがって実子がいない以上、後継者を公家から迎える可能性が高かった状況であっただろう。それは近世に何度かあったように、有宣の遷化をきっかけとするだろうということでもある。その意味では、継承に向けた準備として伝法された山伏たちとも言えるのではないだろうか。

このなかに、一人だけ長老の能円坊亨安が選ばれているのはなぜだろうか。それは、亨安が富松坊広延の実質的な後継者とも言える存在だったからだろう。

伝法自体は座主や噯坊といった組織上の上位層が継承しているが、峰入り経験や教学といった宗教的側面での権威にはたたき上げとも言える山伏の存在がある。

能円坊亨安が伝法されたのは座主有宣就任後であるはずだから、文化八年以降となる。亨安は寛政元年の書上で三十四歳であるから文化八年には七十一歳であった。富松坊広延を継承する「たたき上げ」の山伏として彼が法燈を継承する役割を担ったと思われる。実際に、今日も残る広延の著述や『宣度大営次第』などの重要な史料は亨安が筆写したものを起点として、さらに筆写されたものが数点残っている。[48]
正応坊浄源は有宣が就任した文化八年には四十六歳であり、同年に誕生会の当役を務めた。富松坊広延や能円坊亨安ほどではないが、浄源もわずかではあるが著述がある。

五十三世

宝泉坊栄椿：寛政九（一七九七）　宣度1
真瀧坊光盈：文化六（一八〇九）　宣度3
厳瑶坊亮強：文化五（一八〇八）　宣度2
亀石坊宣恵：文化十三（一八一六）　宣度4

五十三世は、寛政九年（一七九七）に宣度当役を務めた宝泉坊栄椿から文化十三年（一八一六）に宣度当役を務めた亀石坊宣恵までの四人である。

有宣の遷化した文政十二年（一八二九）の時点で宣度当役後十三年から三十二年経過しており、当時五歳の教丸が成人し峰入り修行を行った際に伝法を行えるよう準備していた世代であろう。

過去には有謙や保有・韶有のように若くして病気や死去する例もあり、幼少の座主であればなおさらその可能性は想定せねばならなかったであろう。したがって、この四人は教有の成長の間、法燈を守った人々と言える。

五十四世

座主・教有：天保二（一八三一）就任・天保十五（一八四四）　秋峰2
円印坊良信：文化九（一八一二）　宣度1

五十四世も座主教有と円印坊良信の二人だけである。

教有は、文政八年（一八二五）に座主有宣の嫡男として生まれ、文政十二年（一八二九）の有宣の遷化の時にはわずか五歳であり、座主の職責を果たすことは困難なので、政所坊が代行した。代行したのは五十二世の伝燈大先達政所坊有紉ではないだろうか。

天保二年（一八三一）には、教丸から教有と名を改め七歳で座主に就任した。天保十五年（一八四四）に二十歳で秋峰修行を行っており、成人儀礼と同時に伝法も受けたと思われる。

すでに座主に就任していたとはいえ、歴代の成人の座主とは果たせる役割には限界があったであろう。特に伝法に関しては、教有が成人となる間にも五十二世・五十三世と継承が行われていたわけで、先代座主有宣との間に二世代挟まっているのはそのためと思われる。

なお、「彦山座主系図」[49]には「役氏五十三世」とあり、「彦山血脈」・「修験系譜」に基づく本章の推測とはズレがある。これに関しては他の血脈の発見などの史料の充実を俟つほかにないが、そのように明記してある事実は重要である。

円印坊良信は、教有が峰入りを行った天保十五年（一八四四）には宣度当役を務めた三十二年のベテランであり、「甘露明王院教有公御入峯日簿」[50]には「御供奉先達瑞巌院長信〔良〕[51]」とあり、峰入りの指南役として供奉したものと思われる。

五十五世

正応坊浄淵：文政四（一八二一）　宣度1
鬼石坊徳宗：文政八（一八二五）　宣度3
浄境坊賢相：文政十（一八二七）　宣度4
政所坊宣慶：文政七（一八二四）　宣度2

五十五世は、文政四年（一八二一）に宣度当役を務めた正応坊浄淵から文政十年（一八二七）に宣度当役を務めた浄境坊賢相までの四人である。ただし、他の世代と異なり六年の幅しかない。

教有が秋峰修行を行って伝燈大先達となった天保十五年（一八四四）にはいずれも宣度当役から二十年前後であったが、円印坊良信という適任者がいたために、教有と同じ五十四世にはならなかったのであろう。

教有もまだまだ若く、新たな座主の修行に供奉したり、伝法したりする可能性も低い中継ぎ的な状態の世代とも言える。

五十六世

寂円坊宣悦：文政十一（一八二八）　宣度1
増了坊有馨：天保十二（一八四一）　宣度2

五十六世は二人だけであるが、いつごろ伝燈大先達になったのかは不明である。

寂円坊宣悦は宣度当役を務めたのが五十五世の正応坊浄淵の七年後、浄境坊賢相の翌年であり、五十五世の山伏たちと変わらない。増了坊有馨は、教有が秋峰修行をする三年前に宣度当役を務めており、年齢的にも同世代であろう。したがって、座主が代替わりする可能性もあまり想定できない状況だったのではないだろうか。

五十七世

岡坊宣宗　不明
門坊有雋　＊仙翁：文政十二（一八二九）　宣度1

「彦山血脈」最後の五十七世は岡坊宣宗と門坊有雋の二人である。

岡坊宣宗は当役の記録にはなく、宣度当役を務めていない山伏が「彦山血脈」に載っているのは十七世紀の四十五世以来のことである。岡坊で宣度当役を務めたのは明和二年（一七六五）の有懿以来出ていない。十九世紀には享和二年（一八〇二）に有真が、安政二年（一八五五）に有衷が、ともに御田祭の当役を務めただけである。有衷が改名して宣宗となったと考えれば時期的には妥当であろう。ただし、宣度当役は務めておらず伝燈大先達に名を連ねているのは不可解である。

このことを理解するには、文久三年（一八六三）に座主教有が小倉に連行された事件を考慮すべきかもしれない。すなわち、座主が小倉藩に捕らわれて小倉藩兵が山内に駐屯するという前代未聞の事態である。

これによって座主を代行したのが本立院であり、坊号は岡坊だったのである。座主がいつ帰山するかわからない非常事態のなかで伝法を受けた可能性もある。このように見ると、四十三世と四十五世の座主が英彦山を留守にし、なおかつ山外での遷化という危惧があった状況で中継ぎ役を果たした四十四世の正覚坊真陽と事情が似ている。

ただし、決定的に事情が異なる点は宣度当役を務めたかどうかである。とはいえ、五十八世は存在しておらず、伝法者となり得たのかどうかはわからない。座主を除いて宣度当役を務めたことが確認できない者が伝法者になった例だけは存在しない。もちろん、成人儀礼としての峰入りは経験したであろうから、座主妙有嫡子で五十世の伝法者である有謙のように峰入りが確認できず、座主にも就任していないにもかかわらず伝法を受け、さらには伝法者として記載されている例と比べれば、むしろ岡坊宣宗のほうが資格を有していると言えるかもしれない。

宣度当役の記録に門坊有雋という名はないが、文政十二年（一八二九）の宣度当役である門坊仙翁が改名した可能性が高い。十九世紀の門坊の当役経験者は仙翁の宣度だけである。また、先述のように、宣度当役を経験せずに岡坊宣宗が伝法を受けたとした場合、文久三年に座主が英彦山から連れ出された事件を契機とする以外には考えられない。だとすれば門坊有雋は宣度当役を務めて三十五年後ということになり、伝燈大先達となるだけの経験を積んでいると考えるのは妥当であろう。

実際、幕末の印信の奥書に門坊有雋と署名されたものがかなりの数残っていることも、こうした推測を裏付けてくれる。行者方とはいえ、宣度当役も務めていない岡坊宣宗が座主代行として山内政治だけではなく宗教的権威としても山伏たちの頂点に君臨するには、しかるべき補佐役が不可欠であったとも言えるだろう。

座主とその補佐役と思しき山伏の二人だけの世代が何度かあったが、この五十七世はその変異型と言えるのではないだろうか。

四　まとめと今後の課題

以上、「彦山血脈」の系譜を基に各世代を概観した。五十世以降は「彦山血脈」と比較対照するものがなく、厳密性に欠く側面もあったかもしれない。それでも、別稿で検討した宣度当役の記録との対比で、血脈に歴史性を付与する試みは成功したと言えるのではないだろうか。

先に述べたように、伝燈大先達へと至る第一歩は宣度当役を務めることであるから、座主を除けば原則として当役記録に記された宣度当役の中に後の伝燈大先達が含まれていることになる。

そこで、これまで筆者が明らかにしてきた宣度当役を務めた山伏のうち、どの程度の割合で伝燈大先達となったのか、またそこに至るまで何年ほどかかっているのかも大まかに把握することが可能となった。

以下では主に近世の記録を中心に全体の分析を行っておこう。

伝燈大先達の比率

最終的に伝燈大先達に至るのは宣度当役を務めた山伏のうちどのくらいの比率であったのだろうか。

天正二年（一五七四）以降の宣度当役一覧[52]を基に作成したのが表2（二五三頁）である。この表の中で網かけしたのが伝燈大先達となった山伏である。明治二年（一八六九）までの二九六年間で二九八人の宣度当役経験者がおり、一覧と照合可能な五十二人と宣度当役の記録には現れない六人、それに座主（伝法を受けながらも就任前に死亡した座主の継嗣含む）十人を加えた六十八人が伝燈大先達として名を連ねていることになる。

この二九六年間を仮に九九年・九九年・九八年と三期に分けてみると次のようになる。

天正二年（一五七四）〜寛文十二年（一六七二）：十六人

寛文十三年（一六七三）〜明和八年（一七七一）：十六人

明和九年（一七七二）〜明治二年（一八六九）：二十人

このように見ると、ほぼ均等に輩出しているように見えるが、伝燈大先達に至るには三十六度の峰入りまでの大越家を経るのが通常であるはずなので、二十年以上の修行が必要となるだろう。伝燈大先達で最後に宣度当役を務めたのは天保十二年（一八四一）の五十六世の増了坊有馨であるから、七十年間で二十人と捉えてよい。

このことから、時代が下るにつれて多くなっているように感じられるが、はっきりと浮かび上がらせるために少し角度を変えて三期に分けてみよう。

伝燈大先達のうち、天正二年以降最初に宣度当役を務めたことが確認できる山伏と最後に務めた山伏が宣度当役を務めた期間に絞ればどうなるだろうか。この基準で見ると、天正五年（一五七七）に宣度当役を務めた四十世宗賢坊慶淳から天保十二年（一八四一）に宣度当役を務めた五十六世増了坊有馨までの二六四年間に絞り、三等分して八十八年ごとに区切ると次のようになる。

天正五年〜寛文四年（一五七七〜一六六四）：十四人

寛文五年〜寛延四年（一六六五〜一七五一）：十三人

宝暦二年～天保十二年（一七五二～一八四二）：二十五人

このように、十八世紀半ばごろから伝燈大先達に至る山伏の頻度は、それまでと比べてほぼ倍増していることがわかる。

また、尺度を変えて伝燈大先達の世代と座主の関連性を見てみると次のようになる。近世の伝燈大先達になった座主がそれぞれ何世であるかを列記すると、四十二世有清、四十三世亮有、四十五世広有・相有、四十六世有誉、四十七世孝有、四十九世妙有、五十世有謙、五十一世有宣、五十四世教有となる。

五十世有謙は座主には就任せず、死去したが伝燈大先達として記載があるので、座主の世代との対応と考えてよいだろう。ここに伝燈大先達にはなっていない座主及び後継者がどの世代に対応するのかを考慮すると、忠有が四十一世、保有が四十六世、韶有が四十八世となる可能性があったので、それぞれの世代に対応すると捉えられる。すなわち、近世期には四十一世に対応する忠有から五十一世有宣まで十一世の間に十一人の座主がおり、座主一代と伝燈大先達の世代の進行がほぼ対応していたのである。ところが、幕末の最後の有宣・教有二代の間に伝燈大先達は五十一世から五十七世まで七世代進んでいるのである。

これが何を表しているのかは十分に判断する材料はない。まずは、伝燈大先達選出の規定が存在したのか否かが不明なことである。ただし、いくつかの推論は展開できるので示してみよう。

もしも、大越家のなかから伝燈大先達にふさわしい者を選出していたのだとしたら、やがて適任者の選出から規定に基づいて手順を踏んで昇格する形式に変わったとも考えられる。あるいは、幕末に近づくにしたがって人々の健康状態の向上や平均寿命が延びたことも影響して、峰入り回数を積める山伏の母数が増加したために、それに比例して伝燈大先達の数も増えたとも考えられる。史料から導き出すことが困難な側面ではあるが、極端に伝燈大先達の数が増えたことは注目すべきであろう。

宣度当役経験のない伝燈大先達

このように宣度当役の経験と照合して詳細に見てくると、はっきりと照合可能な近世期においてさえも宣度当役を務めていない者が名を連ねていることに気付く。歴代座主が宣度当役からの昇進過程を経ないのは当然であるとして、それ以外の坊号を持った行者方の山伏も散見されるのである。以下、それらを拾い上げてみよう。

四十一世　総厳坊真覚
四十二世　学琳坊英源・依正坊有快
四十四世　学頭坊有覚
四十五世　正覚坊真栄
五十七世　岡坊　宣宗

この六人が、近世期において宣度当役を経験していない伝燈大先達である。

ただし、総厳坊真覚・学琳坊英源・正覚坊真栄は中世末期から近世中期の間に何人か伝燈大先達を輩出した坊という共通点がある。総厳坊は三十九世の栄海、四十世の真海と四十一世の真覚まで三世連続で伝燈大先達を輩出している。学琳坊も四十世の英勝、四十一世の実源、四十二世の英源と三世連続で伝燈大先達を輩出している。正覚坊は四十二世の真純、四十四世の真陽、四十五世の真栄、四十七世の真澄、四十八世の真盛と連続する七世の間に五人の伝燈大先達を輩出している。さらには、総厳坊真覚と学琳坊英源には先代・先々代が伝燈大先達という共通点もある。このため、師弟（親子）関係による秘伝の伝授という側面があったのかもしれない。

四十二世の依正坊有快と四十四世の学頭坊有覚も当役の記録には名前がない。それどころか依正坊という名の坊は「彦山血脈」以外では確認できない。学頭坊は世襲ではなく教学に秀でた者が選ばれるという性質であり、先に考察したように宣度当役を務めた誰かが改名して学頭坊を名乗ったとも考えられる。

それに対して、岡坊宣宗だけはやや事情が異なり、座主教有不在の英彦山で座主を代行したという特異な例と言えるだろう。このことは前節で推測したとおりである。

このように、近世期に宣度当役を務めたことが確認できない伝燈大先達にも、三タイプの性質があることがわかる。いずれにしても当役の記録と照合不能なのは岡坊を除いて十七世紀半ばごろまでの例外であって、近世を通じて当役記録とも照らすことで、系譜が立体的になったと言えるだろう。

中世の伝燈大先達をめぐる課題

本章は、中世末期以降幕末までの宣度当役の記録が確かな期間の考察が中心である。これに基づいた推測が、中世を通じて適用可能であるかは十分に注意を払わなければならないであろう。すなわちそれは、「彦山血脈」や「(口伝)」で記された伝燈大先達は全てがいわゆる「山伏」と即断するわけにはいかないかもしれないということである。

近世の伝燈大先達に至る要件としては、行者方の山伏が宣度当役から大先達・大越家を経て伝燈大先達に至るか座主が入峰を行って伝法を受けることで伝燈大先達となることである。行者方であれば大越家より上位であるから入峰三十六度以上であり、座主であっても一度は峰入りを行わなければ伝燈大先達となれなかったように、近世期には峰入り行の経験が必須の要件となっていた。近世最初の座主である忠有が伝燈大先達でないのはこのためである。

その一方で、中世の伝燈大先達にも近世的な規則がそのまま当てはまると言えるだろうか。まず、英彦山での峰入りの確立が鎌倉末から南北朝ごろとされており、峰入りに関する組織や規則が整備されていくのは二十四世の尊良、二十五世の讃岐房豪忠あたりと考えてよいのではないだろうか。これに関しては第二節の中世の伝燈大先達の項で触れた。それ以前には大峰山など各地でも修行を行っていたと考えてよいだろう。

したがって、伝燈大先達に至る修行の体系やそれを支える組織が英彦山内で整備される以前と以後とで様相は異なってくるのである。宣度当役を経たかどうか、そして、それを経ずに伝燈大先達となった者が特異なのは近世に通じる組織の確立をもって初めて浮かび上がるものであり、中世の主流はもっと個人の資質などによるものであったのではないだろうか。また、彦山の華蔵院承運が金峯山で修行を行ったり、そこで知り合った阿吸房即伝が華蔵院の住客として修行を重ねて彦山で伝燈大先達へと至ったり、所属もかなり流動的なものであったと思われる。

そのため、中世の伝燈大先達のなかにどれだけ外部からの山伏が含まれているのか否かといった疑問も浮かび上がってくる。華蔵院承運が金峯山で正大先達となり、阿吸房即伝が金峯山と彦山で正大先達・伝燈大先達となったように、各地の山伏が彦山で伝燈大先達となっていても何ら不思議ではない。この意味で、中世彦山の伝燈大先達の名を頭の片隅に置いておくことは中世修験道史の研究においても無駄ではなかろう。こうした側面も今後の課題となるだろう。

また、中世には座主が伝燈大先達となることは稀であり、「彦山血脈」・「修験系譜」では二十七世助有法親王、二十八世大僧正浄有、三十一世大僧都法印有依、三十四世頼有僧都、三十七世有胤、四十世舜有と、中世の座主十四人中の六人が名を連ねるのみである。「(口伝)」にいたっては、中世の座主で記載があるのは舜有のみである。

先に「(口伝)」を検証した際に、中世の座主、とりわけ皇族を座主に迎えたとして英彦山の格式を誇示する意図があまり見られない点が「彦山血脈」・「修験系譜」との著しい違いであることを指摘した。これは峰入り行を行っての伝法と教学面での伝法の存在を示唆しているのかもしれない。中世の座主は英彦山外の黒川に居を構えており、舜有を除いて英彦山内で執行される峰入り行に関与したかは不明である。その意味では伝法に異なる性質が存在したことを暗示しているとも言えるのではないだろうか。

実際、佐々木哲哉は「彦山血脈」と「彦山伝法嗣法譜」[53]の性質の違いを「事の血脈」と「理の血脈」として対比的に指摘していた。[54]これは前者が英彦山内で峰入りを共にした師弟関係によって伝法されるのに対して、後者は各地の様々な山伏に伝法されていることを踏まえての議論であった。

しかし、英彦山内の伝法にも修行と教学という二つの側面からの伝法がありえたとすれば、峰入りを行ったとは思えない中世の座主が伝燈大先達として名を連ねていることにも、また坊号のない僧侶と思われる者――果たして英彦山内の者であるのかも確証はない――の名があることにも納得がいく。後者にはしばしば僧正や僧都、律師など僧侶としての階層が付記してあることは表1を確認すればわかるだろう。同じ伝燈大先達でも大僧都と律師では僧侶としての階級差があり、修行を極めたことと僧官は区別されていたのであろう。なお、座主を除けば、坊（院）号がないのは三十七世の阿光が最後である。このころに、伝法の条件や伝燈大先達に至る規定が整備されたとも考えられる。その意味では次の三十八世の伝燈大先達が阿吸房即伝であることはそうした変革を暗示しているとは言えないだろうか。『英彦山神事神役帳』[55]には天文九年（一五四〇）に「今年宣度規式定ル」という注記があり、まさに即伝が彦山の修験道を思想的にも制度的にも体系化していた時期と考えれば納得できる。

表層の権威と底流の権威

かつて宮家準が述べたように、近世以降は座主が伝法の主役として君臨していたと言える。[56]これは中世と対照的に、近世には伝燈大先達となった座主は必ず伝法者でもあるし、峰入り修行を行っていない忠有・保有・韶有といった座主を除けば十二人中九人が伝燈大先達となっているように、比率の上でも明らかである。つまりは近世の組織において、そのような制度が確立したということでもある。そして一門である曖坊がそれを補佐したのであろう。したがって、宮家が指摘したように、伝燈大先達には座主やその一門としての曖坊といった政治組織の上位の山伏が多くなるのは不思議ではない。その意味ではこうした層が近世英彦山の宗教的・政治的権威として存在したことがわかる。

一方で、富松坊広延や能円坊亨安のようにひたすら修行に打ち込み、多くの大先達に印信を授与したり著述を残したりしたたたき上げの山伏が存在したことも事実である。特に富松坊広延は聖護院との本末論争に勝ち、熊野・大峰とは異なる世界観の構築が急務となる中で、近世の英彦山修験道の世界観を体系づけた山伏である。

行者方の山伏が大先達となる過程で伝授された『英彦山大先達印信六々通』の三十六通の印信も広延が集成したものであるとされる[57]。そして、広延の忠実な継承者としての能円坊亨安が果たした役割も無視できないことは五十二世の項目で触れたとおりである。これを反映してか、現存する印信には広延を起点とし、亨安を経たものも多い。また、行者方山伏の昇進過程である宣度祭の過程を記した『宣度大営次第』のいくつか現存する写本は亨安所蔵のものを起点として書写されたものである。

このように、広延や亨安の筆になるものをベースとしたテキストがいかに当時の大先達たちに尊ばれていたかが表れている。それは彼らの修行を重ねた見識に裏打ちされたものだったからにほかならない。だとすれば、座主や曖坊といった政治的上位層によってほぼ占められているかのように見える近世英彦山の宗教的権威には、そうした表層のものとは別の底流に流れる、修行によって獲得できる中世以来の権威――「たたき上げ」として区別できる――も存在したと言えるだろう。こればかりは血脈のような史料ではなく、印信などを丁寧に見ていかなければ気付きづらい側面でもある[58]。

もちろん、近世英彦山の宗教的権威がそのように単純に二極化されていたわけではなく、こうした両極の内側で個々の山伏の性格付けはなされるものであろう。たとえば、広延に伝法し、著述での記述から広延も敬慕していたと思われる亀石坊広恩は曖坊であると同時に優れた伝燈大先達でもあったわけである。

ここでは、宮家が指摘したような大まかな傾向は当然認められるが、中世的な山伏の評価のされ方も依然として重視されていたということを指摘したまでである。こうした突出した山伏はいつも登場するわけではないから少数であり、それがゆえに存在感が増したとも言えるだろう。

神仏分離・修験宗廃止と峰入り

英彦山修験道は、中世以来大規模な組織と法脈を伝えるシステムの整備によって発展してきた。中世から近世へと社会体制が変化するのにも適応して連綿と続いてきたのである。

ところが、明治の神仏分離・廃仏毀釈によってこの伝燈は突如断絶した。修験道英彦山派本山である英彦山霊仙寺が英彦山神社となったのである。座主教有も還俗し高千穂教有と名乗った。こうした動きを「修験道が否定された」であるとか、「修験道を放棄させられた」であるとか外部からの圧力によって強制的に変更させられたかのように評する論者がいるが、英彦山は慶応四年（一八六八）の神仏判然令を受けて、峰入りや法会といった仏教色のある儀礼やそれを支える組織基盤を自ら積極的に放棄したとするほうが適切である。

もちろん、神仏判然令を過剰に拡大解釈し、比叡山の支配下に置かれていた日吉神社の社家がいちはやく廃仏毀釈を起こした事件があり、神仏判然令と廃仏毀釈が連動しているかのように思われがちであり、それと英彦山を連動させて理解しようとする向きは今も絶えない。[59] しかし、即座に明治政府が否定したように、神仏判然令は厳密には廃仏を意図していなかったのである。この法令の意図を正確に理解して英彦山でも仏教を存続させようとした山伏たちもいたのである。[60]

しかし、結果として神仏判然にとどまらず、仏教的要素を分離させて廃仏毀釈へと至ったのである。それを推進したのは神兵隊を組織した下級山伏や山内の商人などであった。指導層には政所坊や亀石坊など行者方の曖坊もいたものの、そうした集団が修験道廃絶を決定づけたと言ってよいだろう。今日でも神社と寺院が並立する羽黒山のような事例をみると、別の道筋もあったとも思われる。事実、明治中頃から戦後間もないころまで修験道復興の機運は何度かあったようであるが、結局実現しなかった。[61]

とはいえ、非公式ながら峰入りは細々と続けられたが、それは官幣社となった英彦山神社が公式に認めるものではなくなったのである。[62]明治・大正期に峰入りを継承したのは多聞坊であったが、明治初頭における英彦山の坊家を記した「社中旧職交名録」によれば、多聞坊は近世までは大先達を輩出する行者方ではなく惣方の延年担当の坊であった。[63]しかし、そうした細々と非公式に継承された伝燈も大正期には遂に途絶えてしまったのである。

おわりに

以上が、伝燈大先達の概観と若干の考察である。本章のほとんどを数百年、特に近世を中心とした三百年間の英彦山修験道を担った伝燈大先達の考察に費やしてきた。ここでは長年の峰入り行を積み重ね英彦山の宗教的権威の中枢に位置した人々に言及したが、個々の伝記は存在せずとも英彦山における組織や峰入りに関する複雑な儀規を考慮すれば、彼らがいかに真摯に修行に打ち込んできたかがうかがい知れるだろう。

にもかかわらず、明治の改元前に突如として英彦山修験道は終結した。この驚きは本章のようにかつてほとんど触れられてこなかった伝燈大先達たちの存在を知ることでより大きな驚きとして我々の前に立ち現れてくるのではないだろうか。この驚きこそが学問的探究の原動力ともなるのである。

近年、英彦山神宮奉幣殿前での柴燈護摩や宝満山修験会が中心となった峰入りが「復興」されるなど、英彦山修験道の復興への機運が高まっている。しかし、単なる行事の再興だけをもって英彦山修験道が復興したといえるだろうか。廃絶以前の姿を知らずして英彦山独自の修験道の復興はないだろう。

それには修験道の基礎となる密教的な知識もさることながら、近代以前の儀礼・思想・組織に関する学問的成果も不可欠となるであろう。その上で現代の価値観にも合った新たな英彦山修験道を樹立するという課題が見えてくるだろう。その意味では、中世以来約五百年間英彦山修験道を牽引してきた伝燈大先達という存在を知ることは無駄ではあるまい。

表1　史料における伝燈大先達の記載比較

「彦山血脈」		「修験系譜」	「(口伝)」	
1	役行者	役行者		役行者
2	玉蓮	玉蓮		玉蓮
3	法蓮	法蓮		法蓮
4	羅運	羅運		羅運
	人聞	人聞		
	太能	太能（一名寿元）		
	覚満	覚満		
	能智	能智		
	能行	能行		
	久聞	久聞		
5	法寿	法寿		法寿
	寿鎮	寿鎮		
	法怡	法怡		
	行延	行延		
	義性	義性		
6	善久	善久		善久
7	最能	最能		
8	木練	木練		木練
9	智行	智行		智行
	練覚	練覚		
	良円	良円		
10	真慶	真慶		真慶
11	増慶	増慶		増慶
12	静羅	静羅		静羅
	理玄	理玄		
	理行	理行		
13	清算	清算		清算
14	観空	観空		観空
	徳養	徳養		
15	智元	智元		智光
16	海全	海全		海全
	智海	智海		
17	海蔵房真豪	海蔵房真豪		真豪
18	乗真房連覚	乗真房連覚	17	乗真坊蓮覚
	華厳房淳澄	華厳房淳澄	(18)	
19	善空	善空		
	敬算律師	敬算律師		
20	両界房智円	両界房智円		
	福泉房幸誉	福泉房幸誉		
	権少僧都快源	権少僧都快源		

「彦山血脈」		「修験系譜」	「(口伝)」	
21	不動院明賢	不動院明賢		
22	源海律師 少納言了賢	源海律師 少納言了賢		
23	秀尊	秀尊		
24	尊良僧都 龍智阿闍梨 弘善	尊良僧都 龍智阿闍梨 弘善	24	大僧都尊良
25	讃岐房豪忠	讃岐房豪忠		伝燈大先達讃岐房豪虫
26	大僧都覚祐 亀石房讃隆 大僧都真恕	大僧都覚祐 亀石房讃隆 大僧都真恕		覚祐律師
27	助有法親王	助有法親王		
28	大僧正浄有 大僧都朗観 龍南房乗運	大僧正浄有 大僧都朗観 龍南房乗運		少僧都朗観
29	栄順律師 学頭房豪盛	栄順律師 学頭房豪盛		
30	泉光房慶淳	泉光房慶淳		
31	大僧都法印有依 法城房亮玄 仏光房長誉	大僧都法印有依 法城房豪玄 仏光房長誉		
32	般若房深空	般若房深空	32	般若房深空
33	華蔵院雲海 是妙律師 自寛	華蔵院雲海 是妙律師 自寛		
34	頼有僧都 妙観房連信	頼有僧都 妙観房連信		
35	権少僧都宥快 善光房重俊大越家	権少僧都宥快 大越家善光房重俊		権律師宰相宥快
36	智光 賢印房璿重 密蔵院暁尊 泉蔵房賢海	智光 賢印房璿重 密蔵院暁尊 泉蔵房賢海		権少僧都賢印坊璿重
37	阿光 積善房有純 亀石房有讃 瀧泉房有周 有胤	阿光 積善房有純 亀石房有讃 瀧泉房有周 有胤		
38	阿吸房即伝 瀧泉房讃栄 政所房有乗	阿吸房即伝 瀧泉房讃栄 政所房有乗		金剛位阿吸坊即伝

	「彦山血脈」	「修験系譜」	「(口伝)」
39	安楽院豪慶	安楽院豪慶	権律師安楽院豪慶
	総厳房栄海	総厳房栄海	
	宗賢房祇暁	宗賢房祇暁	
	成円房有尹	成円房有尹	
	真鏡房厳昌	真鏡房厳昌	
40	舜有	舜有	大僧都法印舜有
	宗賢房慶淳	宗賢房慶淳	大僧都法印瀧泉房有周
	萱房賢栄	萱房賢栄	権律師瀧泉坊讃栄
	学琳房英勝	学琳房英勝	権大僧都法印惣厳坊真海
	善光房求俊	善光房永俊	権大僧都法印宗賢坊祇暁
	総厳房真海	総厳房真海	権大僧都法印宗賢坊慶淳
	小少路房乗栄	小少路房乗栄	
41	学琳房実源	学琳房実源	権律師学琳坊実源
	池房豪周	池房豪周	
	泉蔵房秀海	泉蔵房秀海	
	総厳真覚	惣厳房真覚	
42	座主有清	座主権僧正有清	権僧正有清
	正覚房真純	正覚房真純	権大僧都法印正覚坊真純
	立石房有延	立石房有延	
	栄琳房英源	学琳房英源	
	依正房有快	依正房有快	
43	座主亮有	座主権僧正亮有	権僧正亮有
	門房有種	門房有種	
44	正覚房空陽	正覚房真陽	権大僧都法印正覚坊真陽
	学頭房有覚	学頭房有覚	
	政所房有賀	政所房有賀	
45	座主広有	座主少僧都法眼広有	権少僧都広有
	座主相有	座主法印大僧正相有	前大僧正相有
	正覚房真栄	正覚房真栄	
	寂円房永親	寂円房永親	
	鬼石房宗淳	鬼石房宗淳	権大僧都法印偏照坊宗淳
	成円房有沧	成円房有沧	
46	亀石房広恩	亀石房広恩	少僧都有誉
	常照房英闇	常照房英闇	権大僧都法印亀石坊広恩
	法城房真安	惣厳房真安（一名法城房）	
	池房宥連	池房宥連	
	鏡徳房覚澄	鏡徳房覚澄	
	座主有誉	座主有誉	
47	実門房章海	実門房章海	正僧正孝助（孝有）
	西房賢義	西房賢義	
	正覚房真澄	正覚房真澄	
	橋本房保慶	橋本房保慶	
	座主孝有	座主孝有	
	真瀧房幸範	真瀧房幸範	

	「彦山血脈」	「修験系譜」		「(口伝)」
48	亀石房誉真	亀石坊誉真	48	瑞華院広延
	池坊豪清	池坊豪清		
	富松坊広延	富松坊広延		
		正覚坊真盛		
49	座主妙有	座主妙有		少僧都妙有
	亀石房有慶	亀石坊有慶		
50	門房有元	門坊有元		
	真瀧坊幸雄	大越家真瀧坊幸雄		
	厳瑶坊亮重	厳瑶坊亮重		
	岡坊有懿	岡坊有懿		
	正応坊浄観	正応坊浄観		
	橋本坊助周	橋本坊助周		
	有謙			
	真瀧坊光雄			
	亀石坊有秀			
51	有宣			
	増了坊有栄			
52	能円坊亨安			
	鬼石坊文宗			
	政所坊有紉			
	正応坊浄源			
	橋本坊有邦			
	浄境坊賢恵			
53	宝泉坊栄椿			
	真瀧坊光盈			
	厳瑶坊亮強			
	亀石坊宣恵			
54	教有			
	円印坊良信			
55	正応坊浄淵			
	鬼石坊徳宗			
	浄境坊賢相			
	政所坊宣慶			
56	寂円坊宣悦			
	増了坊有馨			
57	岡坊宣宗			
	門坊有雋			

表2　座主・宣度当役と伝燈大先達

年	座主	宣度当役		世	
		坊名	名前	血脈	口伝
慶長 14（1609）	忠有	福蔵坊	幸詮		
慶長 15（1610）		賢印坊	永俊		
慶長 16（1611）		立石坊	有延	42	
慶長 17（1612）		亀石坊	有継		
慶長 18（1613）		財徳坊	慶海		
慶長 19（1614）		萱坊	栄詮		
慶長 20（1615）		池坊	豪周	41	
元和 2（1616）		新坊	長照		
元和 3（1617）		了玉坊	重栄		
元和 4（1618）		宗賢坊	栄讃		
元和 5（1619）		仏石坊	舜盛		
元和 6（1620）		法城坊	真教		
元和 7（1621）		円実坊	良善		
元和 8（1622）		覚泉坊	乗俊		
元和 9（1623）		実門坊	栄海		
寛永 1（1624）		門坊	有種	43	
寛永 2（1625）		泉祐坊	英淳		
寛永 3（1626）		祐学坊	盛海		
寛永 4（1627）	有清 42	能円坊	安心		
寛永 5（1628）		明照坊	良尹		
寛永 6（1629）		仏石坊	有善		
寛永 7（1630）		真瀧坊	幸源		
寛永 8（1631）		桜本坊	幸淳		
寛永 9（1632）		奥坊	実運		
寛永 10（1633）		立石坊	有快	42	
寛永 11（1634）		慈栄坊	慶淳		
寛永 12（1635）		政所坊	有運		
寛永 13（1636）		鏡徳坊	養勝		
寛永 14（1637）		岩屋坊	栄秀		
寛永 15（1638）		最勝坊	幸海		
寛永 16（1639）		寛蔵坊	栄俊		
寛永 17（1640）		円印坊	宗俊		
寛永 18（1641）		亀石坊	—		
寛永 19（1642）		行乗坊	重栄		
寛永 20（1643）		覚乗坊	良継		

年	座主	宣度当役		世	
		坊名	名前	血脈	口
天正 2（1574）	舜有 40	成円坊	尭珍		
天正 3（1575）		仏石坊	義海		
天正 4（1576）		門坊	—		
天正 5（1577）		宗賢坊	慶諄	40	
天正 6（1578）		海蔵坊	真覚		
天正 7（1579）		新坊	幸栄		
天正 8（1580）		奥坊	実隣		
天正 9（1581）		桜本坊	舜海		
天正 10（1582）		財徳坊	栄運		
天正 11（1583）		瀧蔵坊	—		
天正 12（1584）		総厳坊	真清		
天正 13（1585）		乗泉坊	養俊		
天正 14（1586）		玉賢坊	—		
天正 15（1587）		小少路坊	慶賢		
天正 16（1588）		福泉坊	舜賀		
天正 17（1589）	昌千代	乗覚坊	—		
天正 18（1590）		寂円坊	永祐		
天正 19（1591）		賢印坊	—		
天正 20（1592）		本勝坊	重覚		
文禄 2（1593）		桜本坊	良淳		
文禄 3（1594）		能円坊	安海		
文禄 4（1595）		明照坊	尭尹		
慶長 1（1596）		両界坊	有範		
慶長 2（1597）		学琳坊	実源	41	
慶長 3（1598）		正覚坊	真清		
慶長 4（1599）		栄尊坊	浄全		
慶長 5（1600）		泉蔵坊	秀海	41	
慶長 6（1601）	忠有	富松坊	良延		
慶長 7（1602）		円実坊	—		
慶長 8（1603）		唯歓坊	重栄		
慶長 9（1604）		増了坊	幸教		
慶長 10（1605）		覚乗坊	—		
慶長 11（1606）		鬼石坊	宗円		
慶長 12（1607）		賢勝坊	重栄		
慶長 13（1608）		正覚坊	真純	42	

年	座主	宣度当役		世	
		坊名	名前	血脈	口伝
正保 1（1644）	有清 42	成円坊	有淦	45	
正保 2（1645）		乗泉坊	良俊		
正保 3（1646）		寂円坊	永讃	45	
正保 4（1647）		学琳坊	実淳		
正保 5（1648）		福蔵坊	幸俊		
慶安 2（1649）		実門坊	栄真		
慶安 3（1650）		小少路坊	栄海		
慶安 4（1651）		池坊	豪英		
慶安 5（1652）		正覚坊	真陽	44	
承応 2（1653）	亮有 43	仏石坊	義真		
承応 3（1654）		栄尊坊	浄隆		
承応 4（1655）		財徳坊	慶運		
明暦 2（1656）		宗泉坊	鎮賢		
明暦 3（1657）		鬼石坊	宗淳	45	
万治 1（1658）		増了坊	幸運		
万治 2（1659）		富松坊	覚延		
万治 3（1660）		政所坊	有賀	44	
寛文 1（1661）		法城坊	真安	46	
寛文 2（1662）		什乗坊	賢珍		
寛文 3（1663）		通乗坊	賢隆		
寛文 4（1664）		奥坊	実鎮		
寛文 5（1665）		賢秀坊	永珍		
寛文 6（1666）		門坊	有識		
寛文 7（1667）		泉祐坊	英闐		
寛文 8（1668）		覚乗坊	泉継		
寛文 9（1669）		円印坊	幸俊		
寛文 10（1670）		池坊	有連	46	
寛文 11（1671）		真瀧坊	幸覚		
寛文 12（1672）		鏡徳坊	覚澄	46	
寛文 13（1673）		増鏡坊	永盛		
延宝 2（1674）	広有 45	慈栄坊	慶重		
延宝 3（1675）		南坊	守真		
延宝 4（1676）		厳瑤坊	亮允		
延宝 5（1677）		松養坊	栄盛		
延宝 6（1678）		行乗坊	種重	42	
延宝 7（1679）	広有	亀石坊	広恩	46	
延宝 8（1680）	相有 45	常照坊	英闇	46	
延宝 9（1681）		了玉坊	—		
天和 2（1682）		岩屋坊	—		
天和 3（1683）		本勝坊	重高		
天和 4（1684）		西坊	賢真		
貞享 2（1685）		門坊	亮種		
貞享 3（1686）		賢秀坊	永詮		
貞享 4（1687）		耀寛坊	隆栄		
貞享 5（1688）		政所坊	有常		
元禄 2（1689）		萱坊	栄賢		
元禄 3（1690）		解脱院	良雄		
元禄 4（1691）		財徳坊	永運		
元禄 5（1692）		学琳坊	実伝		
元禄 6（1693）		実門坊	章海	47	
元禄 7（1694）		覚乗坊	宗継		
元禄 8（1695）		仏石坊	義範		
元禄 9（1696）		増鏡坊	永恩		
元禄 10（1697）		奥坊	実真		
元禄 11（1698）		行乗坊	重延		
元禄 12（1699）		能円坊	安隆		
元禄 13（1700）		法城坊	真蓮		
元禄 14（1701）		成円坊	相敬		
元禄 15（1702）		慈栄坊	慶海		
元禄 16（1703）		蓮乗坊	良海		
元禄 17（1704）		泉祐坊	英陽		
宝永 2（1705）		宗泉坊	光鎮		
宝永 3（1706）	保有	鬼石坊	宗賢		
宝永 4（1707）		什乗坊	賢盛		
宝永 5（1708）		西坊	賢義	47	
宝永 6（1709）		増了坊	幸慶		
宝永 7（1710）		真瀧坊	幸弁		
宝永 8（1711）	有誉 46	鏡徳坊	陽純		
正徳 2（1712）		亀石坊	相延		
正徳 3（1713）		了玉坊	重清		

年	座主	宣度当役 坊名	名前	世 血脈	口伝
寛延 2（1749）	有誉 46	真瀧坊	幸雄	50	
寛延 3（1750）		覚乗坊	真憲		
寛延 4（1751）		池坊	豪清	48	
宝暦 2（1752）		桂陽坊	重胤		
宝暦 3（1753）		浄鏡坊	賢隆		
宝暦 4（1754）		松寿坊	永運		
宝暦 5（1755）	孝有 47	宝泉坊	栄寿		
宝暦 6（1756）		本勝坊	義豊		
宝暦 7（1757）		増鏡坊	永雄		
宝暦 8（1758）		円印坊	良雄		
宝暦 9（1759）		門坊	有元	50	
宝暦 10（1760）		厳瑶坊	亮重	50	
宝暦 11（1761）		学琳坊	実詳		
宝暦 12（1762）		大蔵院	永重		
宝暦 13（1763）		亀石坊	有慶	49	
宝暦 14（1764）		実門坊	周海		
明和 2（1765）		岡坊	有懿	50	
明和 3（1766）		成円坊	有輝		
明和 4（1767）		西坊	賢峯		
明和 5（1768）		鬼石坊	恵宗		
明和 6（1769）		法城坊	浄観	50	
明和 7（1770）		正覚坊	真桂		
明和 8（1771）		富松坊	広侃		
明和 9（1772）	韻有 48	桂陽坊	重賢		
安永 2（1773）		政所坊	有允		
安永 3（1774）	妙有 49	能円坊	亨安	52	
安永 4（1775）		寂円坊	有琢		
安永 5（1776）		池坊	豪歓		
安永 6（1777）		橋本坊	助周	50	
安永 7（1778）		賢秀坊	探諄		
安永 8（1779）		真瀧坊	光雄	50	
安永 9（1780）		蓮乗坊	良泰		
安永 10（1781）		解脱院	広雄		

年	座主	宣度当役 坊名	名前	世 血脈	口伝
正徳 4(1714)	有誉 46	寂円坊	永雄		
正徳 5(1715)		正覚坊	真澄	47	
正徳 6(1716)		池坊	豪俊		
享保 2(1717)		浄境坊	賢張		
享保 3(1718)		橋本坊	保慶	47	
享保 4(1719)		政所坊	相慶		
享保 5(1720)		泉蔵坊	宗海		
享保 6(1721)		勢実坊	慶潤		
享保 7(1722)		行乗坊	重憲		
享保 8(1723)		什乗坊	賢海		
享保 9(1724)		萱坊	栄授		
享保 10（1725）		桂陽坊	重昌		
享保 11（1726）		富松坊	広延	48	48
享保 12（1727）		厳瑶坊	亮闇		
享保 13（1728）		耀寛坊	隆弁		
享保 14（1729）		賢秀坊	永常		
享保 15（1730）		学琳坊	実延		
享保 16（1731）		真瀧坊	幸範	47	
享保 17（1732）		亀石坊	誉真	48	
享保 18（1733）		鬼石坊	宗珍		
享保 19（1734）		松養坊	栄海		
享保 20（1735）		了玉坊	重義		
享保 21（1736）		本勝坊	義珍		
元文 2（1737）		鏡徳坊	利勝		
元文 3（1738）		法城坊	幸詮（幸賢）		
元文 4（1739）		政所坊	誉隆		
元文 5（1740）		実門坊	敬海		
元文 6（1741）		正覚坊	真盛		
寛保 2（1742）		壮厳坊	止貞		
寛保 3（1743）		什乗坊	賢弘		
寛保 4（1744）		橋本坊	誉栄		
延享 2（1745）		耀寛坊	隆重		
延享 3（1746）		寂円坊	誉清		
延享 4（1747）		知楽院	覚純		
延享 5（1748）		萱坊	栄重		

年	座主	宣度当役		世	
		坊名	名前	血脈	口伝
文化 13（1816）	有宣 51	亀石坊	宣恵	53	
文化 14（1817）		荘厳坊	栄保		
文化 15（1818）		学琳坊	慶伝		
文政 2（1819）		増進坊	大栄		
文政 3（1820）		解脱院	真雄		
文政 4（1821）		正応坊	浄淵	55	
文政 5（1822）		瀧蔵坊	尭珍		
文政 6（1823）		本勝坊	義徳		
文政 7（1824）		政所坊	宣慶	55	
文政 8（1825）		鬼石坊	徳宗	55	
文政 9（1826）		宝泉坊	栄澄		
文政 10（1827）		浄境坊	賢相	55	
文政 11（1828）		寂円坊	宣悦	56	
文政 12（1829）		門坊	仙翁	57	
文政 13（1830）		浄琳坊	永琢		
天保 2（1831）	教有 54	真瀧坊	光邦		
天保 3（1832）		大本坊	真永		
天保 4（1833）		能円坊	安航		
天保 5（1834）		賢秀坊	永孝		
天保 6（1835）		良厳坊	公重		
天保 7（1836）		厳瑶坊	亮雄		
天保 8（1837）		増進坊	栄融		
天保 9（1838）		橋本坊	有伝		
天保 10（1839）		円印坊	良容		
天保 11（1840）		松養坊	栄周		
天保 12（1841）		増了坊	有馨	56	
天保 13（1842）		玉泉坊	栄椿		
天保 14（1843）		松寿坊	永諄		
天保 15（1844）		正応坊	浄典		
弘化 2（1845）		浄境坊	高親		
弘化 3（1846）		良什坊	幸貫		
弘化 4（1847）		玉蔵坊	桓徳		
弘化 5（1848）		政所坊	有繇		
嘉永 2（1849）		鬼石坊	宗瞰		
嘉永 3（1850）		亀石坊	有稟		

年	座主	宣度当役		世	
		坊名	名前	血脈	口伝
天明 2（1782）	妙有 49	浄境坊	佑賢		
天明 3（1783）		増了坊	有栄	51	
天明 4（1784）		増進坊	栄充		
天明 5（1785）		成円坊	有芳		
天明 6（1786）		大蔵院	貞弁		
天明 7（1787）		円印坊	珀雄		
天明 8（1788）		荘厳坊	栄昌		
天明 9（1789）		政所坊	有応		
寛政 2（1790）		厳瑶坊	亮賢		
寛政 3（1791）		亀石坊	有秀	50	
寛政 4（1792）		勢実坊	慶嘉		
寛政 5（1793）		学琳坊	法実		
寛政 6（1794）		西坊	賢章		
寛政 7（1795）		松寿坊	継帖		
寛政 8（1796）		解脱院	操雄		
寛政 9（1797）		宝泉坊	栄椿	53	
寛政 10（1798）		鬼石坊	文宗	52	
寛政 11（1799）		池坊	豪潭		
寛政 12（1800）		正応坊	浄源	52	
寛政 13（1801）		能円坊	澄安		
享和 2（1802）		賢秀坊	永寛		
享和 3（1803）		浄境坊	賢恵	52	
享和 4（1804）		本勝坊	義厳		
文化 2（1805）		寂円坊	有範		
文化 3（1806）		橋本坊	有邦		
文化 4（1807）	有宣 51	正覚坊	真操		
文化 5（1808）		厳瑶坊	亮強		
文化 6（1809）		真瀧坊	光盈	53	
文化 7（1810）		実門坊	照海		
文化 8（1811）		蓮乗坊	良歓		
文化 9（1812）		円印坊	良信	54	
文化 10（1813）		増了坊	宣厚		
文化 11（1814）		政所坊	有紉	52	
文化 12（1815）		能円坊	安国		

年	座主	宣度当役		世	
		坊名	名前	血脈	口伝
嘉永4（1851）	教有54	宝泉坊	栄珉		
嘉永5（1852）		法城坊	覚真		
嘉永6（1853）		池坊	豪雄		
嘉永7（1854）		玉泉坊	栄伝		
安政2（1855）		勝琳坊	宗海		
安政3（1856）		寂円坊	有尋		
安政4（1857）		蓮乗坊	幸堅		
安政5（1858）		大本坊	永立		
安政6（1859）		玉蔵坊	桓徳		
安政7（1860）		政所坊	有繇		
万延2（1861）		鬼石坊	宗顥		
文久2（1862）		亀石坊	有稟		
文久3（1863）		宝泉坊	栄珉		
文久4（1864）		法城坊	覚真		
元治2（1865）		池坊	豪雄		
慶應2（1866）		玉泉坊	栄伝		
慶應3（1867）		勝琳坊	宗海		
慶應4（1868）		寂円坊	有尋		
明治2（1869）		蓮乗坊	幸堅		

図1　彦山修験伝法血脈

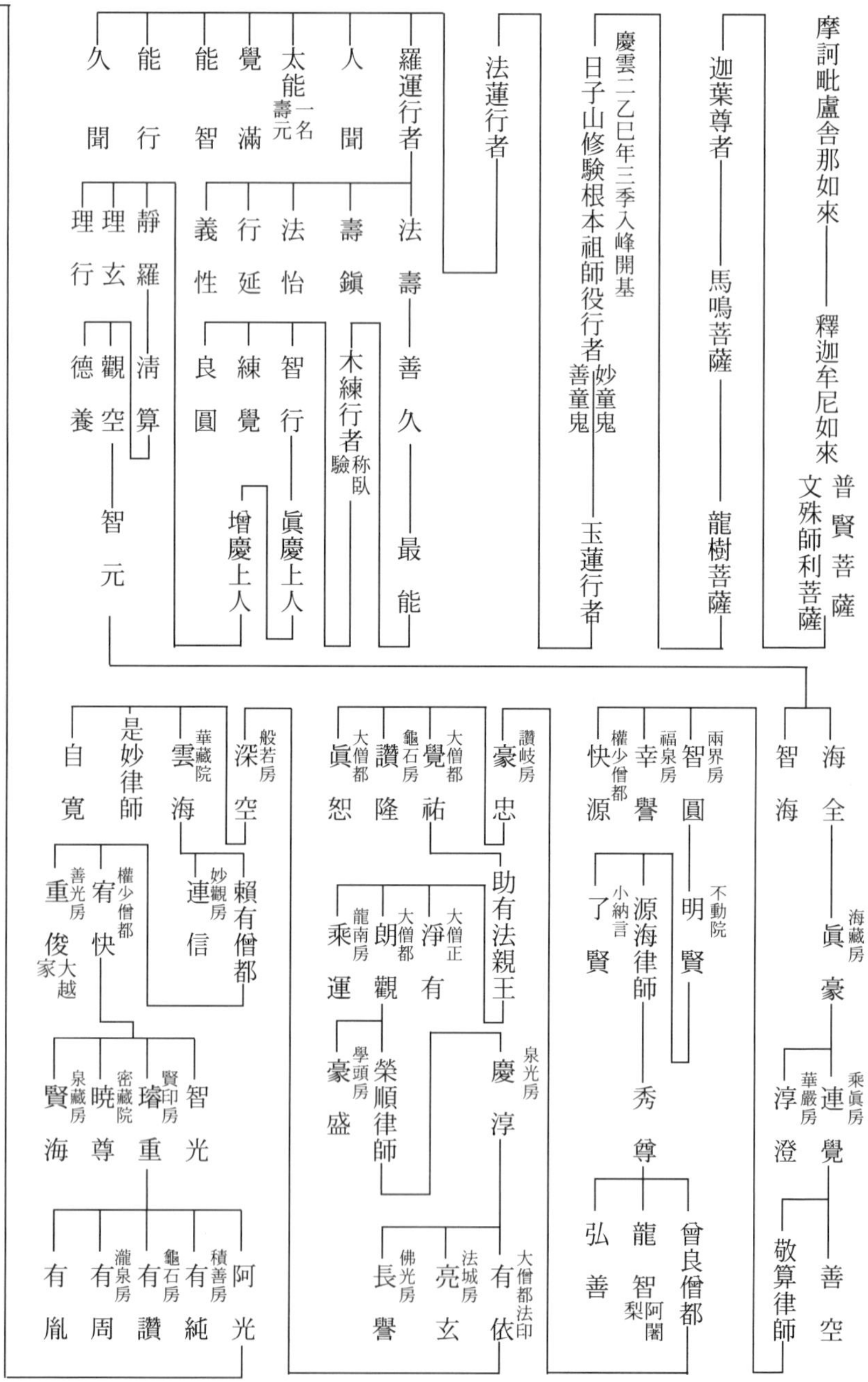

摩訶毘盧舎那如來 — 釋迦牟尼如來
普賢菩薩
文殊師利菩薩
迦葉尊者 — 馬鳴菩薩 — 龍樹菩薩
慶雲二乙巳年三季入峰開基
日子山修験根本祖師役行者 — 玉蓮行者
妙童鬼
善童鬼
法蓮行者
羅運行者
人聞
太能 一名 壽元
覺滿
能智
能行
久聞
法壽 — 善久 — 最能
壽鎮
法怡
行延
義性
木練行者 称臥験
智行 — 眞慶上人
練覺
良圓
増慶上人
靜羅 — 清算
理玄
理行
觀空 — 智元
徳養
海全 — 海藏房 眞豪 — 乘眞房 連覺 — 善空
華嚴房 淳澄
敬算律師
智海
兩界房 智圓 — 不動院 明賢
福泉房 幸譽
權少僧都 快源
源海律師 — 秀尊
小納言 了賢
曾良僧都
龍智 阿闍梨
弘善
讃岐房 豪忠
助有法親王
大僧正 淨有
大僧都 朗觀
龍南房 乘運
榮順律師
學頭房 豪盛
泉光房 慶淳
大僧都法印 有依
法城房 亮玄
佛光房 長譽
大僧都 覺祐
龜石房 讃隆
大僧都 眞恕
般若房 深空
華藏院 雲海
妙觀房 連信
賴有僧都
是妙律師
自寛
權少僧都 宥快
善光房 重俊 大越家
智光
賢印房 瓊重
密藏院 曉尊
泉藏房 賢海
阿光
積善房 有純
龜石房 有讃
瀧泉房 有周
有胤

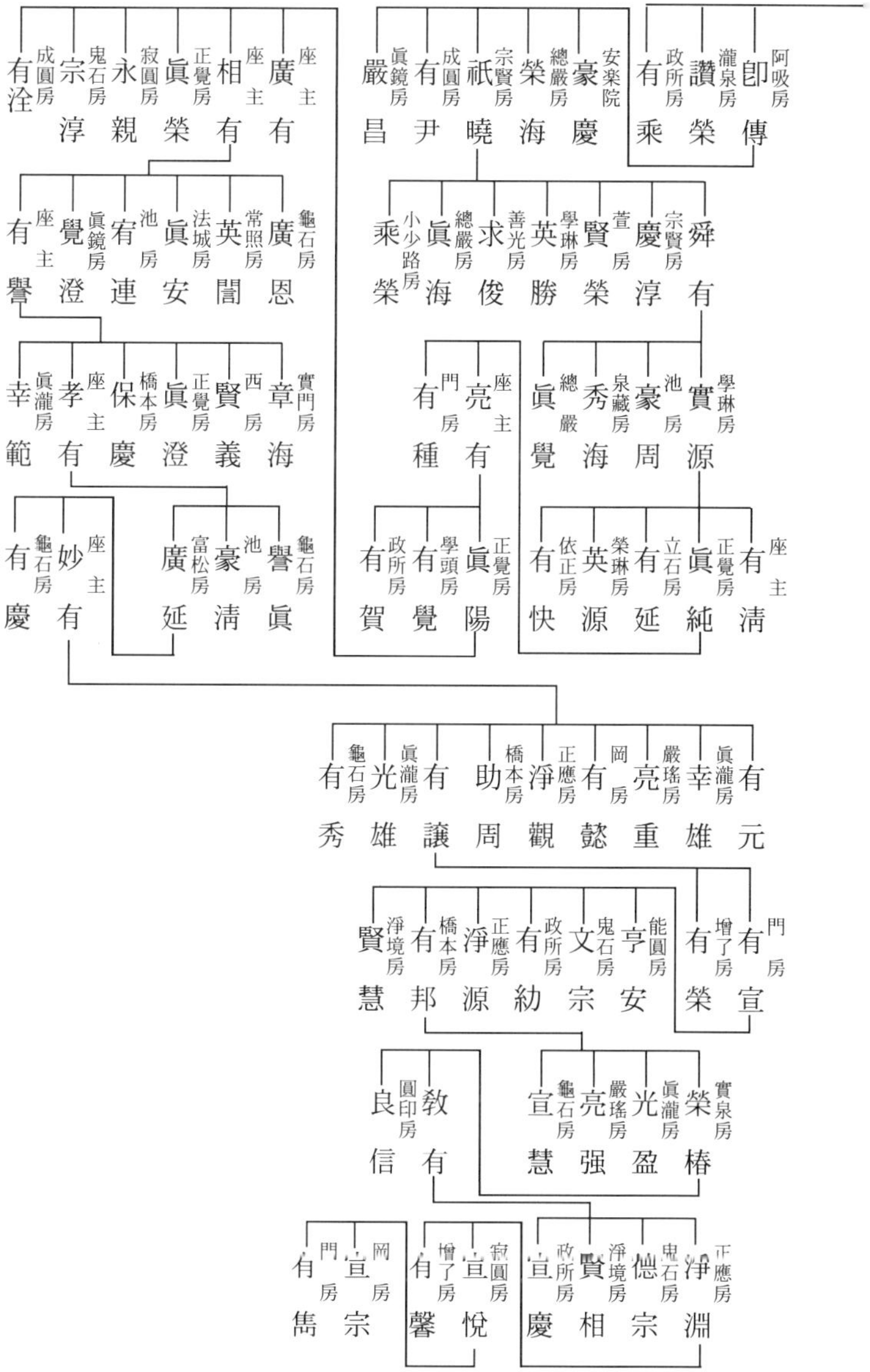

＊『修験道章疏 五』（鈴木学術財団編、1977 年）を基に作図

註記

（1）昭和二年（一九二七）には東京日日新聞と大阪毎日新聞が主催し鉄道省が後援した「日本新八景」選定の紙上イベントが行われ、英彦山は山岳部門で全国五位の九六万票（一位は雲仙の三二〇万票）を獲得し、「日本百景」に選出された。各地の運動がやがて国立公園指定・編入運動へと展開し、戦前には英彦山も求菩提山と共に運動を展開し、戦争での中断を経て戦後の国定公園指定へとつながる。こうした経緯についてはかつて議論した（山口正博「《発見》された修験霊山――求菩提山をめぐる表象の力学」『神道宗教』一九九・二〇〇合併号、二〇〇五年。山口「「郷土」へのまなざしの生成」由谷裕哉・時枝務編『郷土史と近代日本』角川学芸出版、二〇一〇年）。

（2）佐々木哲哉「彦山の祭事と信仰」（田川郷土研究会『英彦山』田川郷土研究会、一九五八年）、「彦山の松会と祭礼絵巻」（五来重編『山岳宗教史研究叢書一五　修験道の美術・芸能・文学〔Ⅱ〕』名著出版、一九八一年）が代表的である。

（3）長野覺『英彦山修験道の歴史地理学的研究』（名著出版、一九八七年）をはじめとして峰入り、坊の経済状況、山内組織など多角的な研究を積み上げている。

（4）山口正博「近世英彦山の祭祀組織」『山岳修験』五三、二〇一四年。

（5）神道大系編纂会『神道大系　神社篇五〇　阿蘇・英彦山』神道大系編纂会、一九八七年所収。

（6）長野覺、前掲書註（3）、一九八七年。

（7）鈴木学術財団編『増補改訂　日本大蔵経第九十六巻　修験道章疏　五』鈴木学術財団、一九七七年B、六六─六七頁。

（8）蒲池文書。

（9）高千穂家文書。

（10）高田文書。前欠・後欠なども不明。

（11）宮家準「第十章　修験道組織の構造　第二節　修験道の系譜」『修験道組織の研究』春秋社、一九九九年。

（12）舜有の前・即伝の前。

(13)舜有の前・即伝の後。
(14)薄く行間に挿入。追記か。
(15)勝円坊文書。広渡正利編『彦山編年史料　古代中世篇』文献出版、一九八六年、四三八頁。
(16)「彦山血脈」・「修験系譜」には舜有以前にも二十七世助有法親王、二十八世浄有、三十一世有依、三十四世頼有、三十七世有胤の五人の座主が記載されている。まとめて触れる。
(17)広渡正利、前掲書註(15)、一九八六年、三一三−三一五頁。
(18)これは次節でも触れる「峯中灌頂略私記　極秘」と継承した伝燈大先達は総厳坊真海までは同じである。その後の経路は相違があるが、座主有憲(亮有)へと伝えられたのは同じである。
(19)豊後の六郷満山を開いた僧である。
(20)鈴木学術財団編『増補改訂　日本大蔵経第九十五巻　修験道章疏　四』鈴木学術財団、一九七七年A、五一頁。
(21)広延が四十八世であることは様々な印信の奥書で書き継がれているが、ここではそれらを逐一あげて傍証することはせず、伝燈四十九世妙有の情報までも含まれていた『修験道章疏』所収の「撫物加持」で代表させた。
(22)松養坊文書。
(23)十八世を訂正して十七世とされているのは前節で言及した。
(24)松養坊文書。
(25)山口正博、前掲書註(4)、二〇一四年。
(26)高田文書。
(27)宝満山側の板碑も含めた峰入りに関する検証は佐々木哲哉が行っている(佐々木哲哉「修験道彦山派の峰中修行」『英彦山と九州の修験道』名著出版、一九七七年)。
(28)広渡正利、前掲書註(15)、一九八六年、一九〇−一九二頁。
(29)広渡正利、前掲書註(15)、一九八六年、一九五−一九六頁。

(30) 広渡正利、前掲書註(15)、一九八六年。なお、永正七年(一五一〇)の「(口伝)」の伝授は筆者が追加した情報である。
(31) 広渡正利、前掲書註(15)、一九八六年、二二三-二二六頁。
(32) 宮家準、前掲書註(11)、一九九九年。
(33) 山口正博、前掲書註(4)、二〇一四年。
(34) 広渡正利『英彦山信仰史の研究』文献出版、一九九四年。
(35) 山伏文化財室に展示されている符箱にも墨書がある。
(36) 「諸事書入」(英彦山神宮文書)。広渡正利編校訂『彦山編年史料近世篇』文献出版、二〇〇三年、一九四頁。
(37) 大神神社史料編纂会編『大神神社史料一〇 三輪流神道篇 続坤』一九八二年。
(38) 筆者が細かく検討した当役の記録においても「英」と「栄」・「永」、「連」と「蓮」など同音異字の差異は頻繁にあった(拙稿、二〇一四)。この経験から言えば同一人物の可能性がかなり高いという実感がある。
(39) 成立年不詳。『福岡』五六号、一九三二年、六頁。
(40) 「書入帳」(英彦山神宮文書)。前掲、広渡、二〇〇三年、四三〇頁。
(41) 座主就任前で峰入りを複数回行えたとはいえ、四度行ったということが一般的なことであったかどうかはまだわからない。今後、入峰日記などの詳細な検討が必要であろうが、今後の史料の充実を俟ちたい。
(42) 宮家は歴代座主が名前に「有」をつけているなか、「有」を用いない例外的な座主としているが(宮家準、前掲書註(11)一九九九年)、この点は訂正すべきであろう。なお、「彦山血脈」でも「修験系譜」でも「孝有」と書かれており「孝助」と書かれているわけではない。原文に「孝有　後改孝助」と孝助と改名した旨も注記してあるのは「(口伝)」である。
(43) 寛政元年(一七八九)『豊前国田川郡英彦山坊中幷諸国末山人別帳写』(謄写本)(九州大学九州文化史研究所蔵)。
(44) 「智室谷書入帳」(勝円坊文書)。前掲、広渡、二〇〇三年、四六五頁。

(45)「彦山座主系図」(蒲池文書)では文化元年(一八〇四)と記載されている。
(46)蒲池文書。
(47)広渡の記した略歴では四十八歳となるはずであるが、「彦山座主系図」(蒲池文書)では三十六歳と記載されている。
(48)佐々木哲哉によると、英彦山内で確認された『宣度大営之次第』の写本三種(一つは焼失)はいずれも延享三年(一七四五)に真瀧坊幸範(四十七世)が筆写したものが岡坊有懿(五十世)・鬼石坊恵宗・能円亨安(五十二世)と書き継がれ、それ以降書写経路が枝分かれしているので、いずれも亨安が書写したものが現存史料の大本になっており、史料集にも翻刻がなされている(元興寺文化財研究所編、前掲書、一九七八年)。
(49)蒲池文書。なお広渡が概要を紹介している(前掲、広渡、一九九四年)。
(50)蒲池文書。
(51)長信ではなく良信であろう。例えば「牛玉宝印」の印信(高田文書)の奥書にも「瑞厳院良信」とある。瑞厳院は円印坊良信の隠居後の院号である。
(52)宣度当役以外の如法経会や色衆・刀衆など他の当役も含めた考察はすでに考察したのでそちらを参照(前掲、山口、二〇一四)。
(53)鈴木学術財団編、前掲書註(7)、一九七七年B、六五頁。
(54)佐々木哲哉、前掲書註(27)、一九七七年。
(55)小林健三編『稿本英彦山神社誌』英彦山神社、一九四四年。
(56)宮家準、前掲書註(11)、一九九九年。
(57)これに含まれる印信の全てを広延が作ったわけではない。なかには中世の項で扱った「彦山順峯四十八宿次第」などのように、室町前期ごろから伝承されたと思われるものもある。一方で、「火柱松口決」のように広延以前にさかのぼる年代の史料が確認できないものもある。
(58)印信の分析は史料の数が多いこともさることながら、奥書の署名に登場する山伏が一体何者なのかといったプロフアイリングに近い作業も必要となるため容易ではなく、時折学術大会において口頭発表するだけにとどめていた。しかし、当役記録の概観（前掲、山口、二〇一四年）と本章における伝燈大先達の考察によってその下地はできたのではるかに議論の展開が容易になったと感じている。今後はこうした印信の分析にも着手していく予定である。

(59) 安丸良夫『神々の明治維新』岩波新書、一九七九年。

(60) 長野覺「英彦山修験道における神仏分離の受容と抵抗」桜井徳太郎編『日本宗教の正統と異端――教団宗教と民俗宗教』弘文堂、一九八八年。

(61) こうした経緯はかつての英彦山の末派であった壱岐の旧修験からの申し出が発端であったようである（須永敬「明治初年の英彦山神社教会設立に関する一考察――壱岐の旧英彦山派修験との関係から」『九州産業大学国際文化学部紀要』六二、二〇一五年）。

(62) 英彦山神社は国幣小社から官幣小社・官幣中社と昇格した。

(63) ただし、天正年間以降幕末までいずれの当役も担当していない。

江戸時代後期における唐津の英彦山派山伏について

中村　琢

はじめに

近世英彦山派末派山伏については、次にあげる諸氏がその存在について触れている。

長野覺は、英彦山派の末派山伏が、豊前では福智山・蔵持山・松尾山・檜原山、豊後は九重山、肥前は唐津城下、壱岐、対馬と北部九州に広く存在しているとする。そして各地域には、英彦山座主の任命を受けた、修験総代たる世襲の法頭がおかれているとし、末派山伏集団が組織化されていることをうかがわせる(1)。

続いて山口正博は、本山派や当山派の山伏を含めた九州の在地修験を紹介する。その中で、英彦山派の末派山伏について、寛政元年（一七八九）の「豊前国田川郡英彦山坊中幷諸国末山人別帳写」に基づいて示す(2)。

これらの研究によって、江戸時代中期における英彦山派の末派山伏の、肥後・日向・薩摩・大隅を除く、九州各地への展開や分布が明らかになっている。しかしながら、これはあくまで末派山伏の分布といった概況的な理解にとどまり、今なおその内情を理解するに至っていない。本稿では、こうした末派山伏の内情を理解するために、唐津を事例に検討する。

江戸時代の末派山伏の組織（末派組織）の一端を示す史料に次のものがある。

明治元年（一八六八）になると、周知のように神仏分離令が出される。その中で従来の神仏習合による神祇の祭祀や僧形にての神勤が禁止され、復飾（還俗）が命じられる。英彦山派の末派山伏もこの対象で、衣服や姓名を改めて復飾し神職になる。ここで紹介する史料は、こうした改変の過渡期における英彦山の指示を示すもので、神祇官の指示があるまで、従来の組織の形態を維持しながら衣装や呼称を改めるとする。

摂社称号之事
右者是迄之諸国末山取扱方向且国之格式之振、明細ニ書載致、神祇官江伺出候、■（塗抹）以来末山之称号被
廃止摂社ト相改候様被　仰出候、神務向之処ハ此返之形ヲ以被　仰付候、政体向者総而其府藩県三ツ為
附属旨附紙ヲ以被　仰付候事、
　社務　法頭之変号　萌黄ノ狩衣紫差貫
　元色衣　赤色之狩衣浅黄差貫
　元法印官　水色之狩衣浅黄差貫
　法務方者社吏ト相改候事、
右当分於当山取極置、追々　神祇官御沙汰次第可申通候、併差支之筋有之候ハ者、社務江殊示候上、混
雑無之様相定可申候事、
（後略）(3)

まず、神祇官に指示により、今までの末山（本稿では末派山伏とする）の称号を改めて「摂社」とする。政府の指示に関わることは府藩県に従うようにとする。そして、山伏のころの法頭・色衣《しきえ》・法印官・法務方について、神祇官の指示があるまで、英彦山が次のように取り決め改めるとする。その取り決めによると、法頭の装束が、他の神職と異なる萌黄の狩衣《かりぎぬ》と紫の指貫《さしぬき》に、役職の名称が「社務」へと変わる。色衣と法印官についてはとくに呼称の変更はなされず、装束の色の指定がなされる。最後の法務方は、装束の色の指定がなく、役職名の変更のみの指示で「社吏」とされる。ちなみに、社務とは一般的に神職の長を指す。唐津の旧英彦山派山伏の神職を統べるということであろう。

このように、神仏分離に関わる改変の過渡期の史料から、末派山伏集団における特定の山伏の位置付けを示す法頭・法務方・色衣・法印官を見出すことができる。本稿では、これらが江戸時代後期にどのように機能していたのか検討する。

それでは、検討に入る前に、本稿にて取り上げる唐津の末派山伏の分布と規模を概観しておこう。

貞享二年（一六八五）の「末山付」によると、唐津の末派山伏について、「右両人触内四十坊余有之」と見え、法頭の龍清坊と藤崎坊の触内に四十坊の山伏が存在したとする。江戸時代中・後期の規模は、「豊前国田川郡英彦山坊中幷諸国末山人別帳写」（以下「人別帳写」）や「彦山末山中」（以下「末山中」）より後住や弟子、隠居を含む人数は六十八人で、坊数は四十四坊を数える。[4] この規模は、貞享二年の「末山付」に見える「四十坊余有之」とも一致する。幕末においても、無住を含むが四十五坊存在し、[5] 江戸時代初期から幕末までほぼ一定の規模を維持したといえる。[6]

唐津藩内の件の英彦山派と当山派を併せた山伏全体については、「唐津拾風土記抄」に所収されている

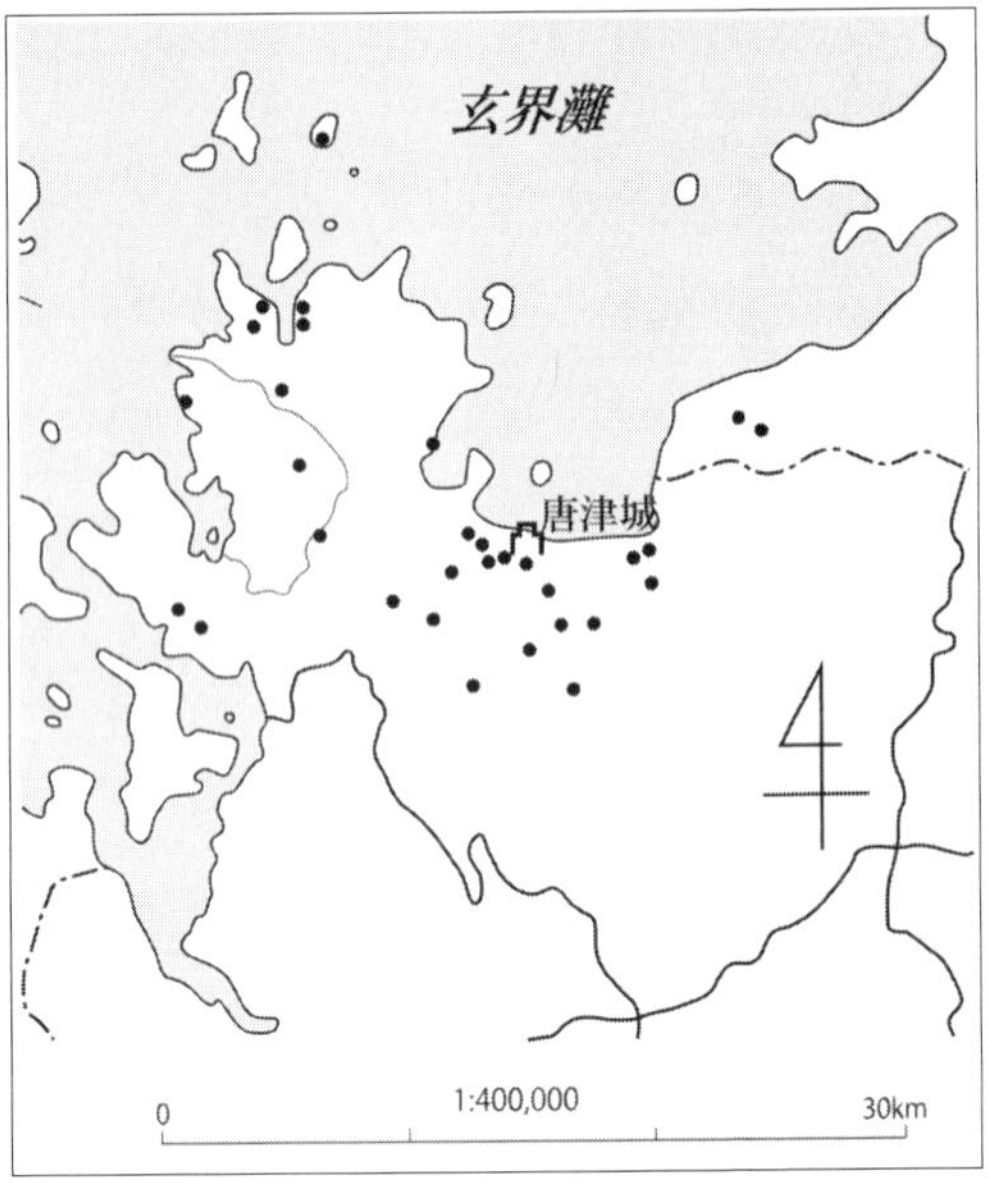

唐津の英彦山派末派山伏のおよその分布[7]

「山伏両派名寄」にみえる。年号は未詳であるが、英彦山派の法頭が一条坊になっていることから天明五年〜文化九年（一七八五〜一八一二）に書かれたものと考えられる。ここには九十五の英彦山派山伏が書き上げられているが、坊号や院号のない者もおり、弟子などを含む人別であると見られる。それらは唐津藩の藩主に対する御目見得《おめみえ》以上と御目見得以下とを分けて書き上げられている。そして、英彦山派と当山派の規模の比較も可能で、当山派の山伏は、英彦山派の九十五人に対し三十三人で、英彦山派の三分の一程度である。御目見得山伏についても英彦山派の二十二人に対し、当山派は七人と圧倒的に少ない。なお、本山派はみえない。

ここで、本稿にて主に使う史料を紹介しておこう。

英彦山の史料については、主に「年番日記」を使用する。[8] 年番日記は、次に説明する英彦山の年番によって書かれた。年番については長野覺が詳しい。それにより、まず江戸時代の英彦山の自治組織の中核について説明しよう。江戸時代の英彦山には、「役僧」と総称される執当・年番・四奉行・作事奉行・山奉行・町奉行がそれぞれおり、英彦山の内政・外交のすべてを執行する。彼らは、一般的には座主の血脈を受けた世襲の坊である曖《あつかい》坊、もしくは年中行事の主要な祭主を務めた坊から選ばれる。ちなみに、政所坊・亀石坊・立石坊・門坊・増了坊・成円坊・福泉坊・両界坊・中坊・岡坊・寂円坊・橋本坊の十二坊が曖坊にあたる。年番はこうした役僧が就任する役職の一つで、一年を任期に四奉行の中の一人が就く。

年番は祭礼・儀式の采配、貢祖の徴収、祠堂銀・関銭の管理を行い、山内の諸事である訴訟・成敗・冠婚葬祭・家督相続・檀那株の権利移動の承認・山内物価の調整といったことを吟味する。これらは年番の吟味の後、執当と仲間（奉行）中に取り次がれ、重要事項は役僧が協議する。[9] 本稿で取り上げる末派山伏に関する諸事も、この山内の諸事と同様に年番で吟味し、執当と仲間中に取り次がれる。

末派山伏については、主に呼子村の龍泉坊の記録、「龍泉坊豊城院記録」（八幡家文書）と浦村の黒崎坊の記録、「龍宝山黒崎坊一家録」（山邉家文書）を使用する。「龍泉坊豊城院記録」（八幡家文書）は、龍泉坊豊城院盛圓（林観と名乗った時期もある）から瑞雲院盛音にかけて書き継がれた、天明七年三月〜文化八年十二月（一七八七〜一八一一年）の龍泉坊の記録であり、もう一方の「龍宝山黒崎坊一家録」（山邉家文書）は、黒崎坊最勝院歓敬から圓照院歓亮へ、天保二年〜明治二年（一八三一〜一八六九年）から書き継がれた黒崎坊の記録である。[10]

一　法頭と法務方

本章では「摂社称号之事」に見える法頭と法務方に注目し、唐津の末派山伏集団の組織について検討する。

法頭の継承

長野が世襲で継承されるとした法頭について、実際にどのように継承されてきたのか見てみよう。まず、貞享二年（一六八五）の「末山付」には龍清坊と藤崎坊が見える。それ以降の法頭は、弘化三年（一八四六）に唐津城下の末派山伏が書き上げたものによると、次のようになる。

彦山流法頭職往古之儀八年暦世代等巨細ニ相分不申候へ共、中古元初年龍清坊藤崎坊両法頭ニ而相勤申候処、享保十三年藤崎坊之儀本山より子細有之候而石本御坊召被仰付受儘龍清坊石本坊両法頭ニ而相勤罷在候処、龍清坊儀享保十九年休役仕候而石本坊一役ニ而相勤申候処、是亦天明五年ニ休役仕候、後役一条坊法頭被仰付相勤罷在候処、文化九年一条坊休役被仰付、俊成坊へ法頭代役被仰付相勤罷在候処、同暦十二年龍清坊へ法頭被仰付当春迄相勤罷来候、在役中八年已前後住心華院へ法頭代役被仰付候、右之通相違無御座候、此段書附ヲ以申上候以上

藤崎坊

観龍院
俊成坊
南（東カ）琳坊
濱田院
一条坊
龍清坊

右城下坊中連印
寺社方御役所[11]

弘化三年（一八四六）や元治二年（一八六五）の「年番日記」によると、はじめの法頭を龍清坊と藤崎坊とする。これは貞享二年（一六八五）の「末山付」に見える法頭藤崎坊と龍清坊に一致する。享保十三年（一七二八）になると、藤崎坊が「本山より子細有之候」として休役になり、石本坊が替わりに就く。それにより法頭は龍清坊と石本坊になり、この二坊が享保十九年まで務めている。享保十九年になると今度は龍清坊が休役となり石本坊の一坊となる。ここから法頭が一坊になる。この石本坊も天明五年（一七八五）には休役となり一条坊に代わる。法頭一条坊については、「龍泉坊豊城院記録」や年番日記にて確認ができる。[12]この一条坊も文化九年（一八一二）には法頭を休役になり、一時、法頭代役（法頭代勤、以下法頭代勤とする）として俊成坊が務め、再び文化十二年に龍清坊が法頭になる。龍清坊の法頭は弘化三年まで続く。弘化三年以降は観龍院という山伏が法頭代役を務め、[13]元治二年になってようやく龍清坊心華院が法頭に任命され、[14]

表1　歴代の法頭[16]

～享保 13（1728）年	龍清坊	藤崎坊
享保 13 ～ 19（1734）年		石本坊
享保 19 ～天明 5（1785）年	石本坊	
天明 5 ～文化 9（1812）年	一条坊	
文化 9 ～ 12（1815）年	俊成坊（法頭代勤）	
文化 12 ～弘化 3（1846）年	龍清坊 天保 10（1839）年以後は、心華院（龍清坊後住）が法頭代勤	
弘化 3 年～	観龍院（法頭代勤）	
元治 2（1865）年～	龍清坊（心華院）	

幕末まで務める。[15]

以上をまとめると表1のようになる。龍清坊・藤崎坊→龍清坊・石本坊→石本坊→一条坊→俊成坊（代勤）→龍清坊→観龍院（代勤）→龍清坊となっており、唐津の英彦山派末派組織の場合、法頭は世襲ではなかった。

それでは、法頭はどのように継承されるのであろうか。文化十二年（一八一五）から法頭を務めてきた龍清坊興雲は、「唐津法頭龍清坊病気相重、去月廿四日死去仕ニ付、法頭後役御鑑を以早々被仰付たく旨、真瀧坊心華院書状到来被差出」[17]と、法頭龍清坊の代行をしてきた法頭代勤の龍清坊後住の心華院が、法頭の龍清坊当住が弘化三年（一八四六）三月二十四日に死去したため、適切な者に命じてほしいと願い上げている。[18]

ここから、末派組織の法頭は、英彦山が任命することがわかる。ここで心華院は、法頭の見立てにおいても英彦山に依頼しているように見えるが、それは、次の口上書に見るように「此度御本山願之儀ニ付数度出会仕候へ共評儀取究り兼申候」状態で、「数度御本山へも以惣代願書差上奉懸御苦労候之通之混乱」と、末派山伏集団の惣代が数度英彦山へ願書を提出する事態に陥っていたからである。ところが、実際には次の口上書の前半に見るように末派山伏集団の側で適当な人物を見立てる。

それでは、次に法頭任命に至るまでの過程を見てみよう。

口上覚

一、今般龍清坊法頭隠居仕度存心ニ付、唐津御役所江被願上候処、尤之願ニ候へ共、跡役相立双方一時ニ願出候様被仰渡候ニ付、一派中出会仕候得共、跡役見立取究り不申候ニ付、当時城下坊中ニ而年番ニ仕度儀内々役所へ相窺申候処、一派帰伏仕候ハ者願出可申候、帰伏不仕儀者御本山より申来候儀ニ而も当御役所へ御受不申候間、一派一流帰伏ニ相成候ハ者以連印願出可申候、尤法頭之儀者当役所ニ而相定申儀者無之候段被仰渡候、就而者此度御本山願之儀ニ付数度出会仕候へ共評儀取究り兼申候処、漸く一派和熟ニ付御本山へ願出申候、右之子細者近年一派混乱之儀御座候ニ付、数度御本山へも以惣代願書差上奉懸御苦労候之通之混乱御座候（後略）[19]

これは末派山伏集団が英彦山に出した口上書[20]の一部である[21]。これによると龍清坊が長病につき唐津藩に隠居願を出したところ、唐津藩に跡役願を一緒に出すよう求められている。そこで、末派山伏が出会し議論する。このときは跡役を決めかね、今の城下坊中で年番で務めたいと内々で申し出ている。ところが、唐津藩は、この城下坊中で法頭（代勤）を務めたいとする内々の申し出に対し、「一派帰伏仕候ハ者願出可申候、帰伏不仕儀者御本山より申来候儀ニ而も当御役所へ御受不申候」と、藩は末派山伏集団に対して一派の合意のうえで申し出るように、合意がない場合は、英彦山の命であっても唐津藩の寺社方役所が受け付けない旨を言い渡している。そこで、一派が連印し合意をして願書を出す。この願書の写しが年番日記に見られるので次にあげる。

以書附奉願候事

一、龍清坊長病ニ付、隠居願出に相成候、依之一派一流相談之上、城下坊中ニ而法頭代勤之儀、年番相勤申度奉願候、右願之通被仰付可被下置候様此段以連印奉願候以上、

午四月

龍清坊、一条坊、藤崎坊、東琳坊、観龍院、濱田院、俊成坊、黒崎坊、妙泉坊、龍泉坊、宝泉坊、福蔵坊、小松坊、俊覚坊、如珍坊、覚善坊、阿光坊、妙善坊、覚密坊、観音坊、甘木坊、中嶋坊、真行坊、大和坊、行光坊、宗音坊、大野坊、大善坊、石本坊、密乗坊、宝性坊、蓮乗坊、宝蔵坊、金剛院、学琳坊、清実坊、清永坊、照明院、

英彦山

御奉行所

右前書之通一派中連印ヲ以願申上候処、相違無御座候、依之奥印仕候以上、

唐津法頭代

心華院(22)

城下坊中で年番で法頭代勤を務めたいと願い出て、末派山伏が連印している。そして、このときの法頭代勤の龍清坊後住が奥書をしている。このように、法頭の人事については末派山伏が出会して見立てる。そのうえで唐津藩の了承を得る。

ここまで見てきた法頭の継承一件において、唐津藩が、了承の条件として英彦山や特定の者による専断を拒否し、末派山伏集団の「帰伏」を求めていることは、唐津藩もこの法頭人事における末派山伏集団による見立てを重視していることを示している。さらにこうしたことは、法頭の権限を相対的なものに止めよう。ちなみに、これ以降の法頭については、英彦山においても何度が議論が行われた末に、弘化三年（一八四六）の九月十八日に法頭代勤ということではあるが観龍院に決まっている。[23]

英彦山は、このように城下坊中の山伏が法頭代勤を担うことについては受け入れる。ところが「年番相勤申度」との願いについては、「当時八年番ニ而御用方相勤候共、往々者如前々無御座候而者諸般差支可申ニ付」[24]と、今は年番で務めているが、やがては前々の通りしなければ諸般差支えるとして、年番で回すことに難色を示す。こうしたこともあってか、法頭代勤の観龍院は年番ではなく、その後七年以上にわたって法頭代勤を務めている。

法頭の役割

呼子村の龍泉坊は、文化五年（一八〇八）十一月一日に当時の住職、豊城院盛円が死去したために、後住が龍泉坊を継ぐ必要が生じた。法頭の役割を検討するにあたって、このときの龍泉坊の住職願いを見てみよう。

以書附奉願候事

一、呼子村龍泉坊無住ニ付、新発意瑞雲院へ住職為仕度奉願候、願之通被仰付可被下候様ニ以書附奉願

候已上

文化六己巳年

正月十三日

法頭

一条坊

寺社方

御役所㉕

この願書は法頭一条坊が唐津藩に願い上げているもので、無住になっている呼子村の龍泉坊の住職に、新発意の瑞雲院盛音という山伏を就かせたいとする。

この盛音については盛圓が、もともと生前の寛政六年（一七九四）六月に、呼子村海士分の庄屋谷左衛門より三男与之助を養子として迎え龍泉坊の後住としていた者で、英彦山で入峰を行うなど山伏として成長しており、いつでも龍泉坊を相続できるようになっていた㉖。それにもかかわらず、この住職願いから住職の相続においては一度無住とし、法頭が唐津藩に住職願を差し出さなければならないということがわかる。

この住職願のほか、法頭は末派山伏のために、養子縁組、婚姻、祭礼日の変更、各種届や補任に関わる英彦山登山のための旅行の許可、通行手形願、自坊修理許可願といった寺社方役所と宗旨方役所の許認可が必要な願書のすべてにおいて、奥印や奥書をしている㉗。このように、法頭は、末派山伏の生活や坊の経営に関わる手続きにおいて奥印や奥書を行い、ときに直接願書などを作成し、保証人のようなはたらきをなす。

次に、いま一つ例として、本山である英彦山に対する文政九年（一八二六）願書を見てみよう。

一、当地有喜村宗音坊当住行厳院儀（脱官之後長俊と相改申候）右之者六年已前巳六月、対州領浜崎村におゐて不法之儀有之、地頭御役所ハ勿論　御本山迄奉懸御苦労候段奉恐入候、依之御宗法之通官位御取上脱衣被　仰付奉畏以併御咎蒙候、後者弥先非ヲ悔ミ断酒等仕急度相慎罷在候様子、一派も近々見請申候、然処親宗音坊事次第ニ老衰仕殊ニ近年病身ニ御座候而担用法用難相務、就而者坊内之者共日々万方も行届兼甚難渋仕候段一派中へ度々願出申候ニ付、奉恐入候儀ニハ御座候得共此度別段之御慈悲ヲ以右長俊無官之儘法衣着用為仕候儀　御赦免被成下置候者一派中生々世々難有仕合奉存候、何卒以御憐憫右願之通被　仰付被下置候様一派一同御願申上候以上、

文政九年戌二月

唐津一派惣代
同　宝泉坊　印判
同　濱田院　印判
同　大野坊　印判
同　龍泉坊　印判

法頭
龍清坊　印

右前書之通一派中熟談仕候所相違無御座候、依之格別之御慈悲ヲ以一同願之通御許容被成下置候様、以奥印奉願候以上、

英彦山
御奉行所㉘

唐津の有喜村の宗音坊当住行厳院長俊が、六年以前に対馬藩領浜崎村で不法をはたらいたため、英彦山より脱官脱衣を命じられていた。それ以後、長俊の親が法用などを務めてきたが老衰で、近年では病をも患っていて以前のように務めることが難しくなっている。そこで、長俊に対して、不法をはたらいたことを悔やみ断酒し間違いなく慎んでいるので、無官のままの法衣の着用を許してほしいと末派山伏集団が願いあげている。以上のような願書の結びに、法頭が改めて添え書きをして、さらにこのときは、この他に添状も認めている。なお、この願いは英彦山に聞き入れられ、長俊の無官のままの法衣着用が許される。この他においては、次章にて紹介するが、山伏個人を対象とするもので、末派山伏の「転衣証文」という色衣の願書を法頭が記していて、山伏の昇進に関わる。このように法頭は、末派山伏の保証人としての役割を担う。

一般に江戸時代には、本寺と幕藩の寺社奉行の窓口として触頭が設置され、触頭は末寺への命令を伝達するとともに末寺と寺社奉行の仲介者としての役割を担った。触頭は、江戸幕府が本寺に幕命を伝え、逆に本寺や宗派の意向を幕府に伝えるために設置されたが、各藩でもこれにならってこうした触頭の制度を採用した。[29] 葉貫一樹は、こうした触頭の末寺と江戸幕府を取次ぐ際の具体的な方法は添状の発行で、保証人的な役回りをするとしている。[30] 唐津の英彦山派の法頭も、末派山伏が唐津藩や英彦山へ願書を出す際の、添書や添状を書き、あるいは奥印を捺し、保証人としての役回りを担っており、触頭のようなはたらきをなしているといえよう。

法頭が触頭と見られていたことを示す史料については、次のものもある。

まず一つ目は、植村平八郎が紹介した弘化三年（一八四六）以降に法頭代勤を務めた観龍院観達の活動に関わる史料である。この中に天保五年（一八三四）二月の唐津藩寺社奉行から、僧侶や神官、山伏に発せられた「御定書」が含まれている。そこに「寺院社人移転或は致隠居其外公事出入不寄何事願之儀有之候はゞ夫々之本寺触頭奥印之願書可差出候事」と見える。[31]この末派山伏の願書の奥印については先ほど確認したとおりで、法頭は藩から触頭[32]と見なされている。そして、嘉永五年（一八五二）六月二日から四日、六月五日から七日に、唐津藩の命令で行われた雨乞い祈禱では、当山派とともに祈禱を執行しており、英彦山派と当山派ともに触頭が見える。ここでも英彦山派は法頭（このときは法頭代勤観龍院）が触頭とされている。[33]やはりこのように、法頭は触頭に位置付けられている。

もっとも、唐津の英彦山派末派山伏集団は、島原を除く、寺沢時代（江戸時代のはじめ）の唐津藩の領域に分布している。ところが、唐津藩がその後、上げ地などを行い領域を縮小しているので、唐津の末派山伏集団のなかには唐津藩の領域から外れていく山伏もいる。たとえば、宝暦十二年（一七六二）に天領に、文政元年（一八一八）に対馬藩領になった横田村・浜崎村・大村・吉井村に宝蔵坊（横田村）・金剛院（浜崎村）・西光坊（浜崎村）・学琳坊（大村）・清実坊（吉井村）・清永坊（吉井村）、文化十四年（一八一七）に天領になった星領村・厳木村に蓮乗坊（星領村）・宝性坊（厳木村）がいる。こうした唐津の末派山伏集団にありながら唐津藩領から外れていった山伏の藩との関わり方の変化、それに関連しての法頭との関わり方の変化については、今後詳しく検討したい。

このように触頭のはたらきを担う法頭は、唐津でも、文字通りの触頭として触を廻し、藩の命令を末派山伏に伝えている。そのときの様子を「龍泉坊豊城院記録」から見てみよう。

嘉永五年雨乞い祈禱の配置図[34]

寛政十一巳未年六月十四日夜八ツ過頃、妙泉坊より廻状参、一条坊より之廻状ニ而、御代官役所より御添書附赤紙付之添書、村々大庄屋へ村方ニ而少し茂無遅滞継合候様之御添書也、直ニ当五方へ参り、照明院へ為継申候也、於作礼嶽雨乞御祈禱三日三夜被仰付候、[35]

これは、寛政十一年（一七九九）六月十七日早朝より二十日の朝まで行われた唐津藩の依頼による雨乞い祈禱の際の招集の様子である。緊急につき、遅れないよう大庄屋へ注意を促した赤紙が付けられた廻状が、法頭一条坊より発せられ、それを龍泉坊は六月十四日に妙泉坊より受け取った。

次に廻状の内容を見るために、文化六年（一八〇九）のときのものをあげよう。

一、明十三日より於西浜に雨乞御祈禱被仰付候ニ付、此回文持達次第ニ出勤可有之候、尤法衣之義者、
修験衣并直綴等両様共ニ御用意ニ而可然候、尚亦勤経之義者出会之上可申話詰以上、

巳六月十二日　一条坊

同　十三日(36)

これは、文化六年の六月十三日から十五日にかけて行われた雨乞い祈禱のものであるが、一条坊から発せられ、時と場所、目的を記し出勤するように達している。そして、出勤する際の衣装や、場合によっては使用する経典、修法についても予め指示を行う。このように、法頭は末派組織で合同で行う祈禱の招集をかける廻状を発している。

以上のように、唐津における英彦山派の法頭は、一般的にいうところの触頭の役割を担っている。ただし触頭は、唐津の場合、当山派に「触頭」とされる山伏が見え、法頭の触頭としての役割は英彦山派のみに限られ、山伏全体におよぶものではない。

法頭の立場

次に、法頭の末派山伏集団内での立場について見てみよう。

弘化三年（一八四六）の年番日記に見える「口上覚」の写によると、龍清坊の隠居願は長病のためとする。ところが、実はこの隠居願は単なる長病のためというよりは、次にみるように末派山伏の反発が要因であることをにおわせている。

「龍清坊法頭一存ニ而、町在ニ法務方勝手ニ被相立候へ共、而後者一派相談之上見立御本山江御願申上候」、「色房、螺之緒、法務方、或者法頭代勤、法頭次席等被相立候、而後者法印官より色衣迄其外一階ニ而も御

立被下間敷奉存、」と、法頭が、色房、螺之緒《かいのお》、法務方、法頭代勤、法頭次席等について一存にて取り決めようとしている。そしてこのことについて、「先法頭一条坊在役之通ニ相成候得者混乱之儀無御座候、龍清坊代色々新規被相立候ニ付一派混乱仕候」と、先の法頭一条坊の在役のとおりであれば混乱はなかったのに、龍清坊の代においてはいろいろ新規を立てたので混乱したとしている。

このように、法頭龍清坊の長病のための隠居願というよりは、法頭が一存で新しいことを決めるという今までの法頭になかったような権力的なはたらきに対し、末派山伏たちは反発し、実質的には法頭龍清坊を辞めさせようと訴えている。

それでは、法頭は末派山伏たちにとってどのような存在なのであろうか。植村平八郎の「江戸末期に於ける唐津領内の宗教及び宗教政策の一班について」をもとに検討しよう。

嘉永四年（一八五一）七月に、浜崎通札偽造事件が起きる。ここでは、末派山伏の俊成坊・真鏡坊・宗音坊・行光坊・大和坊が、唐津藩に隣接する対馬藩の飛び地の浜崎村への通札の偽造に関わっており、取り調べを受けている。その結果、大和坊のみが八月五日から十月七日まで揚屋入《あがりや》になった。その際に、法頭代勤観龍院が、英彦山の沙汰があるまで袈裟の着用を遠慮するようにと命じながらも、蚊帳などを入れるといった世話をしている。この事件についてはこれだけでは収まらず、さらにこの間に偽札引替問題が生じている。本件の偽造事件にて取り調べを受けていた英彦山派の宗音坊が、その後、さらに幾四郎と茂平という俗人とともに大和坊に残札を引替える旨を内談していたことが発覚したのである。これに対し大和坊は返事を渋ったが、観龍院がこの内談について気付き、偽札引き替えを持ちかけた宗音坊を咎める。宗音坊はこのことについて、嘉永四年（一八五一）八月三日に観龍院に対し謝罪する運びとなる。また、法頭代勤は、飲酒に因り失態を演じた山伏に対して次のように関わっている。偽札事件に登場した宗音坊だが、今度は十人町という場所で酩酊して打擲《ちょうちゃく》を受ける。この際に観龍院は、宗音坊を叱責し、禁酒身持慎む旨の一札を入れさせる。(37)

このように、揚屋入りの山伏に対し直接に生活用品の差し入れをするなど、親身になって世話をしたり、飲酒による事件を起こした山伏を叱責し生活についての指導を行うなど、一般の山伏に対し隔絶されたような権力的な存在ではなく、身近な存在として振舞っている。

法務方について

法務方は「摂社称号之事」によると、弘化三年（一八四六）の年番日記に「東琳坊、黒崎坊、御免　大野坊、新御沙汰　甘木坊、観音坊(38)」とあり、三坊から四坊が存在していたことがわかる。

この法務方の任命については、黒崎坊の天保七年（一八三六）の記録に、「於本山、法務方目附役相勤候様被仰渡(39)」とあるように、山伏本人が直接英彦山に登山することで補任される。補任までの過程においては、末派山伏集団が、法頭龍清坊の一存にて法務方が決めたことに抗議し、「一派相談之上見立御本山江御願申上候」と、一派が相談して見立て、そのうえで英彦山にお願い申し上げると訴える。法頭と同様に末派組織の側が適当な者を見立て、その者を英彦山が任命するかたちがとられてきたとみられる。

これら法務方においては、「無常導師之作法東西郷方、法務目附へ伝法被仰付候事」と見え、葬祭の作法の伝法を受けている。この葬祭については、呼子村の英彦山派山伏は、宗旨証文に見える宗旨を、「豊州英彦山霊仙末寺肥州唐津領呼子村天台宗修験(40)」としており、唐津の末派山伏は、自葬祭を行っていると考えられる。法務方を中心とした「無常導師作法」を持つ山伏が葬祭を執行するのであろう。[41]
「無常導師作法」については、英彦山から末派山伏へ達せられた「修験中ニ申渡覚」の中で「無常導師者当道面授之秘法候条、已後弥於二本山一伝授可レ有レ之候、若無二其儀一相務候ハバ勿論越三昧耶候条、令二伝授一候輩遷化之節者、従二法頭一無常分之印信、本山教授方江返納可レ有レ之候事」[42]と、まず無常導師作法が英彦山の秘法であること、そして英彦山から伝授されなければならない、英彦山から伝授されることなく葬祭を執行したら戒に背くことになる。伝授された山伏が遷化したら、法頭より印信を英彦山に返すようにと命じている。こうしたことから、厳重に管理すべき印信であることがわかる。

二　色衣と法印官について

本稿では、「摂社称号之事」に見える色衣と法印官について見ていこう。

色衣の補任

まず、呼子村の龍泉坊盛円を事例に、色衣の補任を見ていこう。

龍泉坊盛圓は、寛政十二年（一八〇〇）八月一日に呼子村の自坊を発ち、五日後の六日に英彦山に着く。色衣の補任は、二日後の八日に行われている。[43]この龍泉坊の登山については、龍泉坊の支配する藤津山八幡宮の祭礼日変更の報告を兼ねてのものであるが、[44]色衣の補任は本人が英彦山に登山することでなされている。このように、基本的に末派山伏本人が英彦山に登山し諸補任を受ける。[45]

それでは、色衣の補任のための願書を見てみよう。

一、転衣証文

肥前国唐津唐津村

藤崎坊快雲

此度夏衣襲色衣奉願候、為御法流観光願[46]之通御許容可被為下候、為其証文仍而如件、

同国唐津法頭代熊野原山

心華院

弘化三年午五月十一日

英彦山

御奉行所[47]

願書は正式には「転衣証文」という。内容は、藤崎坊快雲の願いの通りに色衣の補任がなされるようにとする。奥付は、故障のある法頭を代行する法頭代勤になっている。願書は、このように補任を希望する山伏本人ではなく、法頭が書く。ここから、末派山伏は勝手に英彦山に願い出るのではなく、法頭の承認を得て願い出ることが分かる。

願書の提出に際し、どのような手順でなされたのであろうか。藤崎坊が登山したときの年番日記の記述を

見てみよう。

唐津藤崎坊登山、色衣幷　座主様御婚礼御祝儀献、坊格として家督御礼、無常導師伝法之儀ニ付登山、門坊より申出、尤宿坊者立石坊ニ候処当時代僧門坊被勤候ニ付也[48]

藤崎坊が色衣、座主の婚礼祝いと「家格」の礼、無常導師の伝法を受けるために登山していることを、このときに藤崎坊の宿坊立石坊の代わりとして、門坊という英彦山の山伏が年番に申し出ている。このように末派山伏が宿坊に到着すると、その旨を宿坊が年番に取り次ぐ。

色衣の補任が決まると証文提出から二日ほど後にお目見えが命じられ、そこで色衣の補任がなされる。次に色衣補任状を見てみよう。

黒崎坊

今般御馳走金速令献納段、御満足被　思召上候、依之色衣御免許被　仰付候、尤於本山者着用可為遠慮候

天保十一年

子十一月（判）[49]

これは、天保十一年（一八四〇）に黒崎坊に対して出された色衣補任状である。色衣の許可においては、

馳走金を献納したことによるとある。色衣補任の際の献納金は、弘化三年（一八四六）の藤崎坊を見てみると、色衣料三両のほかに昆布料百疋、筆料百二十文などを要した。

なお、末派山伏に補任された山伏は本山においては通用しなかったようで、補任状にて本山での着用を禁じている。

色衣の形

それでは、色衣の形を見てみよう。
前に確認した弘化三年の年番日記に、藤崎坊の色衣補任の際の記事に「此度夏衣襲色衣奉願候」と見える。[50]ここから、色衣が、夏衣・襲《かさね》という法衣であることがわかる。この法衣は、現在では東大寺の修二会《しゅにえ》の際に練行衆が着用している。これは重衣ともいって、形は僧綱襟《そうごうえり》で身丈は等身、単《ひとえ》の麻地に白麻の下襲を着ける。僧綱襟とは、細く折らないで立てて付ける襟のことで、襟を立てるために襟立衣とも言われる。また、襟頸のところが背後から見ると三角になって見えるので方立襟ともいう。[51]
次に、英彦山における夏衣・襲の位置付けを見てみよう。これについては、文化十二年（一八一五）に英彦山座主有宣が写した「大講堂僧綱職之事」の「夏衣襲衣ノ事」に、「夏衣ハ忍辱《にんにく》法師ニ始ルト云伝フ（中略）用明二年忍辱召シテ参内ノ時、此衣ヲ着スル乎、忍辱本朝僧ノ始ナレハ聖徳太子此衣ヲ模シテ衣ヲ製シ南都ノ諸寺天王寺等ニ用ヒ玉イシト思ハル、[53]」と由緒が示される。忍辱法師が、用明天皇に召され参内した折に夏衣を着ていたとする。この忍辱法師は日本における最初の僧侶なので、聖徳太子が忍辱法師が着てい

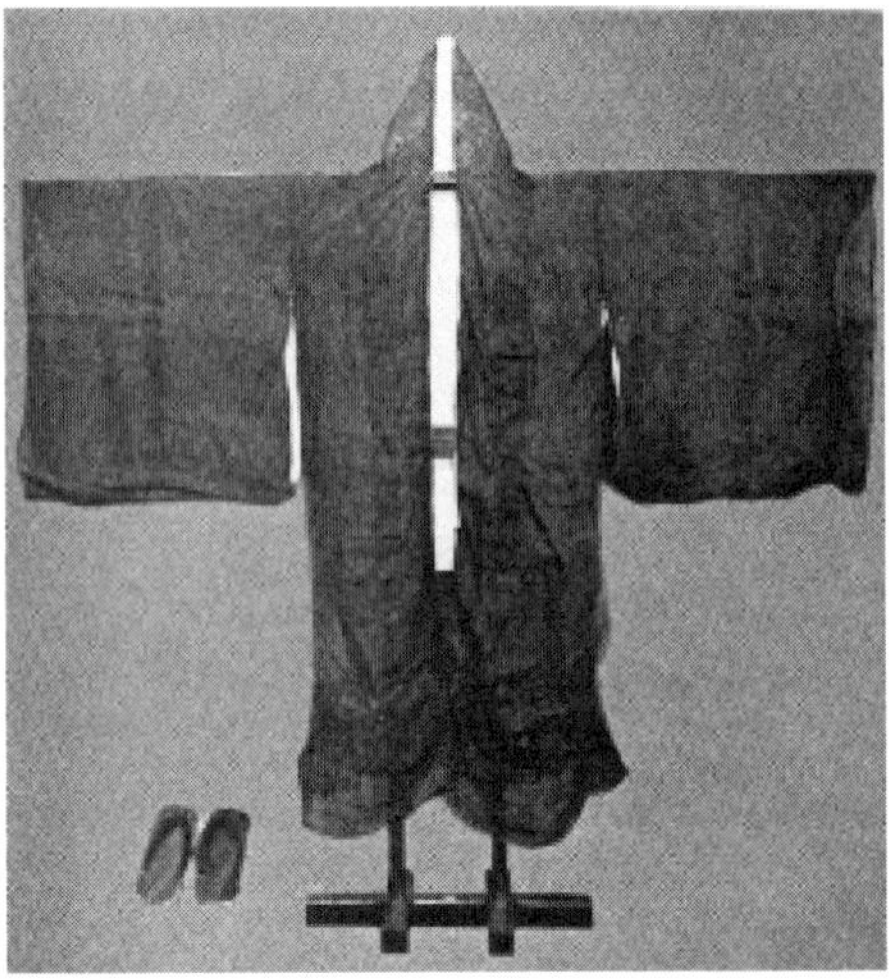
襲（但し、東大寺練行衆のもの[52]）

た夏衣を模して衣を作り南都の諸寺、天王寺などの法衣として用いたと伝える。ちなみに忍辱法師とは、元亀三年（一五七二）の英彦山の縁起、「鎮西彦山縁起」によると、魏より渡来した英彦山の開山僧善正の弟子とされる。[54]
このように夏衣においては、単に夏衣の由緒ばかりではなく、これに関わって日本仏教における英彦山の正統性をも主張している。ここから、この法衣が、英彦山にとってとりわけ大切なものであることがうかがわれる。

末派組織における色衣の位置づけ

寛政十二年（一八〇〇）八月八日に龍泉坊盛圓は色衣を補任される。[55]このときに、龍泉坊の宿坊[56]であり、年番および執当を務めていた亀石坊が、龍泉坊に対し、「此節色衣ニ相成候ニ付法頭次席ニ可申付筈ニ候得共、龍清坊義ハ先年法頭次席ニ被仰付候ニ付黒衣たり共上席也、其次ニ座席申作也や、黒衣之下ニハ不相成之由御申旨御坐候、尤一条坊へも此段可申渡ス候旨被仰出候、」と述べる。

龍泉坊はこの節に色衣を補任されたので、法頭次席にも補任されるはずであるが、すでに龍清坊が黒衣にもかかわらず法頭次席になっており、上席になっている。もともと、黒衣の下に色衣の者の座を設けることはないが、黒衣の龍清坊の下座に、今回、色衣を補任された龍泉坊が着すことになるので、その旨を法頭の一条坊にも申し渡すというのである。ここから、本来であれば、今回の龍泉坊の色衣の補任は、法頭次席の補任とともになされることになっていたことがわかる。

弘化三年（一八四六）には、次のような座次相論が起きる。

一、龍清坊席者黒衣たり共極官、色衣等之上席と相心得有之候ニ付混乱仕候ニ付此度先規之通法頭休役之後者先官順席一派同様ニ相定度奉存候(57)

龍清坊が黒衣であるにもかかわらず、色衣の上席であると心得ていたために混乱が生じてしまっている。このときに法頭であった龍清坊が長病のために隠居を申し出ており、法頭を休役した際に先官順席に戻そうと末派組織の中で申し合わせている。この件についての別の口上書に、「龍清坊黒衣多り共法頭次席与申儀ニ御座候得共、（中略）色衣等之上席に相成法式相立不申、猶又他宗派之見聞茂趣不宜、末々歎ヶ敷奉存候(58)」と見える。黒衣の者が色衣の者の上席にすることを、「他宗派之見聞茂趣不宜、末々歎ヶ敷奉存候」と、他宗派のからの英彦山派への見聞もよろしくなく、「末々歎ヶ敷」として拒否しようとしている。

法頭次席の役割については今もって明らかにし得ないが、触頭たる法頭の次席とする名称から法頭の補佐的役割を担ったと考えられる。前にあげた座次の混乱に陥った弘化三年の事例において、黒衣のまま法頭次席になった山伏は、「龍清坊黒衣多り共法頭次席与申儀ニ御座候」とあるように、法頭龍泉興雲の後住の大雲とみられる。法頭次席が法頭の補佐的役割を担ったとすると、実務的に見た場合に法頭と気心の知れた者が就くのが適当であったということであろう。これに対しその他の山伏たちは、他宗派の見聞を引き合いに出しこれを拒否しているのである。

法印官について

はじめに紹介した「摂社称号之事」に見た法印官とは何であろうか。これを解く鍵が、文政九年（一八二六）の年番日記に見える。それは、「大和坊登山御入峰之節、法眼官拝領」との、唐津の末派山伏、山田村の大和坊についての記事で、大和坊が入峰修行をした折に法眼官を拝領したとしている。この法眼官は法眼を指していて、法印官の法印と同じように、法印大和尚位、法眼和尚位という僧綱[59]（僧位と僧官）における僧位の一つである。この僧綱は、僧侶や山伏の身分を確保する上で最も基本的な補任の一つで、江戸時代の英彦山には、英彦山の定めるものがある。

さて、この英彦山の僧綱は、英彦山座主保有（一六八五〜一七四三）、座主職を継いだのは宝永三年（一七〇六）が勅許を得て再興した[60]。もともとの由緒は「彦山霊仙寺奉行職並座主院由緒之坊」[61]に、「従往古旧彦山霊仙寺僧綱職之事、嵯峨天皇御宇弘仁年中、法蓮座主参内院御加持之節、蒙補任永宣旨以来一山総衆中諸国雖為末派官位補任所儀者、大講堂別当奉行ヨリ旧僧官位補任状差出之来、」とある。嵯峨天皇の治世の弘仁年中（九世紀はじめ）に、彦山を中興開山した僧侶、法蓮座主が参内して御加持を行った際に永宣旨を受けた。それ以降、一山の総衆から末派に至るまで、大講堂別当奉行より補任されるようになったという。この英彦山の僧綱は、大法師位・法橋上人位・権律師・法眼和尚位・権少僧都・権大僧都・法印大和尚位の三官四位

にて構成される。(62)

それでは、実際に末派山伏が受けた補任状を見てみよう。

補任
　　霊仙寺
大講堂僧綱職之事
　　　大法師春教
　　　　宜叙法橋上人位
右以　勅撰(宣カ)　之旨令補与処也
宜被承知者執啓如件
　享保十五年庚戌年五月日
　　彦山大講堂別当職
　　　真瀧坊法印幸範（花押）(63)

これは、唐津の呼子村の山伏龍泉坊春教が、享保十五年（一七三〇）に大講堂僧綱職として大法師から法橋上人に昇進した際の補任状である。「勅宣之旨令補与之処也」とあり、朝廷の永宣旨を法蓮が受けたとする由緒を示している。春教は、このほかにも享保十六年に法橋で権律師に、さらに三年後の享保十九年（一七三四）には権少僧都から権大僧都に昇進している。補任状は残っていないが、享保十六年から十九年の間に権律師で法眼和尚に、さらに法眼和尚で権少僧都への昇進が考えられるので、およそ一年ごとに昇進していることがわかる。

龍泉坊春教は権大僧都までの補任を受けたようだが、法印も同じような補任状にて補任を受ける。次に、龍清坊興雲が文化十年（一八一三）に受けた法印の補任状を紹介しよう。

補任
　　霊仙寺
大講堂僧綱職之事
　　権大僧都興雲
　　宜叙法印大和尚位
右以　勅宣之旨令補与処也
宜被承知者執啓如件
　文化十年巳閏十一月
　　補任所
　　法印権大僧都正応坊浄源（花押）(64)

以上のように、末派山伏は、やはり三官四位の大法師・法橋上人・権律師・法眼・権少僧都・権大僧都、法印の順に補任される。

ただし、こうした末派山伏に与えられた僧綱は、次の事情から山内の山伏のものとは異なる系統のものと考えられる。英彦山山内の山伏の場合、入峰九度以上で大先達とし、これを権大僧都とするなど入峰の回数に伴って昇進している。また行者方とは別の惣方や衆徒方という山内の組織においては、山内の儀礼の当役を務めるなど、山内の儀礼に関わって昇進する。[65]ところが、末派山伏においては、法印官になった者でも入峰修行を頻繁に行った記録は見えず、英彦山山内の儀礼の当役を務めることもない。

三　唐津藩における英彦山派

ここまで、「摂社称号之事」にみえる、英彦山によって定められる法頭と法務方、色衣と法印官を中心に見てきたが、本章では視点を変えて、唐津藩によって定められる英彦山派末派山伏の序列について検討する。

唐津藩による祈禱

まず、ここで史料を一つ紹介しよう。

天明八戊申年六月

一、当国之城主水野左近将監忠鼎《ただかね》公より御武運長久国家安全幷五穀成就之御祈禱、於西浜三日三夜六月

十七日より十九日迄修行仕候、尤十六日ニ担場荘り置、十七日朝六つ時より出勤仕廿日明ケ六ツ時引取候、大衆方左之通

法頭　一条坊　俊成坊　龍清坊
　　濱田院　龍泉坊　妙泉坊
　　宝泉坊　黒崎坊　藤崎坊
　　観音坊　甘木坊　中島坊
　　宝性坊　宗音坊　大和坊
　　真鏡坊　大野坊　大善坊
　　行光坊　蓮乗坊　善光院

右廿一坊ニ而勤也

一、御祈禱所幷休所一軒ニして四間ばり八間也、惣道具新敷品ニて造ル也、御上より

一、当山派茂此節相勤ル也、尤別道場、

一、彦山派ノ秘法務方、護摩、牛玉さいへ、仁王経、三日三夜之間温座持斎之格式也、食事賄等之儀ハ銘々より仕出ス

　出勤之諸士方

十七日　家老　（拝郷典膳殿
　　　　　　　水野平馬殿

同日　寺社奉行　剣持嘉兵衛殿
　　　　　　　　岸嶺（嶺岸）勘ヶ由殿
　　　　　　　　志賀図書殿

同日　御代官　二人替り

十八日　家老　二本松右京殿
　　　　　　　山田多膳殿

同日明ケ六ツ時御名代として
　　野田次郎左（右）衛門殿参詣

同日　寺社奉行三人

十九日　家老　野田次郎（次郎右衛門）門殿
　　　　　　　大道寺舎人殿

同日　寺社奉行三人

右之外代官衆八昼夜三時替り両人宛、足軽衆領内大小庄屋昼夜相詰、
此節　御上へ大木札弐枚其外諸役所へ、木札　紙札等拙僧相認也、
金子　弐百匹　御布施
百文　参銭也　配分(66)

これは、「龍泉坊豊城院記録」に見える天明八年（一七八八）六月に行われた祈禱の記録である。当時の唐津藩主、水野左近将監忠鼎に命じられ、武運長久国家安全と五穀成就の祈禱が、唐津の西浜にて行われている。期間は十六日に準備をし、十七日から十九日にかけて、英彦山派二十一坊と別の場所では当山派の山伏が集められ為された。出勤の諸士を見てみると、家老や寺社奉行と唐津藩の主要な藩士が出勤し、代官は三交代で、村役人については昼夜詰めている。

龍泉坊盛圓は、この祈禱について「古今無双之祈禱」と評価しているが、藩の命令による祈禱はこればかりではない。「龍泉坊豊城院記録」には、この祈禱の前の天明七年三月に、唐津藩の命令で英彦山派十坊にて正行が三月二十三日から二十六日までの三日三夜の祈禱を行っており、「若殿様」が参詣している。

その他にも、しばしば藩の命令により一条坊から廻達され、山伏が集められ雨乞い祈禱を行い、龍泉坊の別の記録には、嘉永五年（一八五二）六月二日から四日にかけて、天明八年の祈禱と同じように家老などが出勤する規模の大きな祈禱を、今度は当山派と合同で行っている。

唐津藩内の格式

藩の命令で行う祈禱を、長谷川成一は国家に対する奉仕ないし義務の性格を持つ「役」[67]に位置付け、こうした祈禱の性格について「各藩領では法事執行、藩主家の繁栄と延長祈禱を基調とするものであった。しかし次第に藩体制の安定と維持を主眼とする祈禱へと移行し」[68]たとする。

唐津では、藩主水野忠鼎は藩主家の延長祈禱と藩体制の維持のための祈禱の双方を、英彦山派と当山派の双方の山伏に命じていたことになる（嘉永五年の雨乞い祈禱のときの藩主は小笠原長国）。こうした「役」としての祈禱は、長谷川の津軽藩の事例では、寺社財政の救済を契機に、寺社軒数・員数改めを行い領内寺社の徹底的な掌握を実施した。またその際、藩国家の安泰と藩主家の繁栄、五穀成就の祈禱が、領内寺社に賦課された国家的な役務であり、領内寺社はそれを励行すべき責務を負っているということを再認識させもした[69]。

現在の唐津城

唐津藩においてはどうであろうか。藩から山伏への寄進や、「役」に関する規定といったものを見出すことはできない。ところが、唐津藩では領内の宗教者に対して次のような格式を設けている[70]。これについて、旧龍泉坊の明治時代の史料に、「旧領主待遇旧領内社寺ニ、御目見得以上以下ノ格別アリ、当八幡家ニ於テハ御目見得以上ノ家格ニテ、年甫慶事等ニハ、伺候拝謁ヲ賜ハル家柄ナリ」と見える。唐津藩の寺社において、御目見得以上と以下の家格があり、御目見得以上の家格であった八幡家（龍泉坊）は年甫慶事等の際に、藩主に拝謁を賜ったという。

おわりに

明治維新の神仏分離において、英彦山派山伏は他宗派に属す社僧と同様に復飾（還俗）したうえで神勤を続けることが求められた。その過渡期の対応として、従来の組織の形態を維持しながら装束や呼称が改められた。本稿では、そのときの様子を記した史料「摂社称号之事」に見える法頭・法務方・色衣・法印官を中心に検討してきた。それによって、次のことが理解できた。

まず、従来の研究では法頭は世襲とされてきたが、唐津ではそうではなく唐津の末派山伏集団が見立て、それを唐津藩が承認し、英彦山が任命していた。このことによって、その権限は相対的なものに止まらざるを得なかった。法頭の一存で末派山伏の人事を改めたり、秩序についての認識を変えようとした場合には、末派山伏たちによって抗議され隠居に追いやられた。こうした法頭は、唐津藩では触頭に位置付けられ、末派山伏と唐津藩や英彦山との仲介をするような役割を担っていた。その中で、末派山伏の唐津藩への住職願、英彦山への袈裟補任の願書を記したり、その他、山伏の人生に関わる願書の奥印、奥書、あるいは添書をしたりと、末派山伏の保証人としての役割を担っていた。

法務方については、英彦山が任命した。そしてその任命までの過程では、通常は末派山伏集団の側が見立て、それを法頭が承認し英彦山に任命を求めたとみられる。役割については、英彦山派の秘法とされ厳重に管理された印信、「無常導師作法」の伝法がなされ葬祭に関わった。唐津の英彦山派末派山伏の集団は、こうした法頭や法務方を軸に組織されていた。

色衣については、末派山伏本人が英彦山に登り、法頭が記した証文の提出と補任料の支払いを行うことで補任がなされた。色衣の形は襲衣で、この襲衣は英彦山において重要な法衣と見なされていた。色衣が許されると、通常は法頭次席になり末派山伏集団の中で上席に着した。色衣は、唐津の末派山伏集団の秩序の保持において重要な要素になっていて、色衣と上席の組合せが揺らぐと座次を巡って混乱が生じた。

法印官は法印大和尚位（法印）のことで、僧侶や山伏の身分を確保する上で最も基本となる補任の一つ、僧綱（僧位と僧官）の最高位にあたるものであった。英彦山派には、宝永三年（一七〇六）に彦山座主に就任する保有が再興させた独自の僧綱があり、最高位の件の法印のほかに、法師・法橋上人・権律師・法眼（官）・権少僧都・権大僧都の三官四位から成っていた。

末派山伏の色衣は、英彦山山内の山伏のそれとは区別されていて、「於本山者着用可為遠慮候」と、本山での着用を遠慮するようにとされた。また僧綱においても、末派山伏の場合は、複数回の入峰修行を積むことや、諸儀礼の当役を担って昇進する英彦山山内の山伏の僧綱とは異なる系統であったとみられる。

一方で唐津藩内の宗教者の秩序に目を向けると、唐津藩によって定められる御目見得以上と御目見得以下の格式があった。これは、唐津藩の宗教者たちが担った藩主家の延長と藩体制の維持のための祈禱といった唐津藩の祈禱に関わっての編成とみられる。

本稿において検討したものの他に、末派山伏は、英彦山から金襴地結袈裟・螺之緒・色房を補任されている。これらについては、直接に末派山伏集団の組織や秩序に関わるものではないと考え本稿においては割愛したが、今後さらに検討したい。

註　記

（1）長野覺『英彦山修験道の歴史地理学的研究』名著出版、一九八七年。

（2）山口正博「九州の霊山・修験・神社」（宮家準編『修験道の地域的展開と神社』、國學院大學21世紀COEプログラム研究センター）二〇〇六年、二七一-二八一頁。

（3）「唐津社務より来紙他」（守静坊文書一六一〔福岡県立図書館所蔵マイクロフィルム〕）。

（4）「英彦山末山中」（守静坊文書七六〔福岡県立図書館所蔵マイクロフィルム〕）、「豊前国田川郡英彦山坊中幷諸国末山人別帳写」寛政元〔一七八九〕年（『小笠原文庫』福岡県立図書館所蔵マイクロフィルム）。
寛政元年（一七八九）の「人別帳写」と「末山中」は、個々の山伏の年齢といった個人情報についてはほぼ共通しているものの、記述の仕方において次のような違いがある。寛政元年（一七八九）の「人別帳写」は、幕府に提出した人別帳の写しであり公文書的性格を有する史料といえようが、その名の通り人別帳であり当時の末派山伏とその出身地、居所が列挙されているのみである。また無住の坊が省かれており、坊単位の把握ができない。一方で「末山中」には、たとえば唐津であれば「水野左近将監領分肥前国上松浦郡大石山」以下に唐津藩の山伏が列挙されるなど、藩ごとの区分がなされている。また、この頃の唐津の末派山伏集団には、唐津藩ではない筑前国の怡土郡吉井村の山伏（「御料筑前国怡土郡」）も含まれるようになっているが、これらが唐津藩の山伏の前に記されている他の筑前国の末山山伏とは区別され、唐津藩の次に記されている。そのため唐津の末派山伏集団がわかるようになっている。そして、「人別帳写」では省かれている無住の坊が見えるため、坊単位の把握が可能になっている。

（5）幕末については、「慶応四年日誌下」慶応四年（一八六八）九月十九日条（高千穂〔上〕家文書一一五）による。幕末において「末山中」より一坊増えたのは、「末山中」で龍清坊の弟子であった文山が、のちに大泉坊として独立したため。

（6）無住については「末山中」に八坊、文化四年三月十二日条「年番日誌」（英彦山神社文書一七）に四坊見える。幕末には三十五坊が見えるが、ここから八坊程度の無住があってもおかしくないので、ここに見えない八坊は無住であったと考えられる（「日誌下」慶応四年八月二十六日条（高千穂家）、無住については「末山中」）。

（7）「英彦山末山中」より作成。

（8）年番日記は、実際には「日録」・「日帳」・「日次」・「日記」・「日誌」と、記録によってそれぞれ名称が異なるが、本章においては年番日記で統一する。

（9）長野覺、前掲註（1）、主に二二九－二三六頁。

（10）史料引用においては常用漢字も使用した。

（11）弘化三年（一八四六）八月八日条「日録」（英彦山神宮文書三二）。弘化三年に、法頭の継承に混乱が生じ、城下坊中が寺社方役所に歴代の法頭を書き上げた口上書を提出した。今回使用した史料は、その写で英彦山の年番日記に見えるもの。

（12）「龍泉坊豊城院記録」（八幡家文書）、文化四（一八〇七）年三月十二日条「日記」（英彦山神宮文書一七）。

（13）弘化三年九月十八日条「日録」（英彦山神宮文書三二）。

（14）元治二年（一八六五）三月十一日条「當番日帳」（英彦山神宮文書三八）。

（15）慶應四年八月二十六日条「日誌」（高千穂家〔上〕文書一一五）。

（16）年号未詳だが、この他に真蔵院と浜田院が法頭を勤めた時期があるとする史料もある（年号未詳「彦山諸覚書」〔小林健三『稿本英彦山神社誌』英彦山神社、一九四四年、二七二－二七三頁〕）。

（17）弘化三年四月十九日条「日録」（英彦山神宮文書三二）。

（18）心華院は、法頭龍清坊の後住であるが、法頭代勤は後住が務めるとは限らない。

（19）前掲註（17）。

（20）弘化三年四月廿三日条「日録」（英彦山神宮文書三二）。

（21）法頭とは別に、末派山伏集団の意思を代表する一派惣代が立てられる。一派惣代は、人数は一～二人で事案ごとに立てられる者が異なる。英彦山に登り、その事案について訴えたり交渉したりする。

(22) 前掲註(17)。

(23) 弘化三年九月十八日条「日録」(英彦山神宮文書三三一)。

(24) 弘化三年五月十八日条「日録」(英彦山神宮文書三三一)。

(25) 「龍泉坊豊城院記録」(八幡家文書)。同様のものを宗旨方役所にも提出する。

(26) 盛音は、享和三年(一八〇三)の英彦山の春峰にて初発度の入峰を行った。

(27) 「龍泉坊豊城院記録」(八幡家文書)による。

(28) 文政九年(一八二六)二月十六日条「日録」(英彦山神宮文書二一四)。

(29) 宮家準『修験道組織の研究』春秋社、五八七―五八八頁。

(30) 葉貫一樹「江戸幕府の寺院統制と触頭」『駒澤大学史学論叢』二四、一九九四年、六六―七七頁。

(31) 観龍院の史料については所在不明のため、植村、一九三九年、一五一―三七頁による。

(32) 江戸時代においては、寛文五年(一六六五)をもって概ね確立した本末制度があり、本山・本寺から末寺への命令伝達の組織が存在するが、本末関係は法流の師資相承に基づくことが多いので、一地域に限定されず数カ国にわたることも多い。一国一地域を区画する大名領国、あるいは幕藩体制下ではそうした組織形態は相容れず、一国あるいは一地方を限る同宗派寺院の統制組織である触頭制度が成立した(宇高良哲「諸宗江戸触頭成立年代考」『大正大学研究紀要』仏教学部・文学部六八、一九八三年、五九―六〇頁)。触頭は、場合によっては地域的な本末組織における本寺が触頭(国触頭)に相当する機能を果たす場合もある(朴澤直秀「近世の仏教」『岩波講座日本歴史』十一、岩波書店、二〇一四年、二五六頁)。唐津の英彦山派の場合は、法頭が触頭の機能を担っている。

(33) 嘉永五年(一八五二)「雨乞い祈禱記録」(八幡家文書)。

(34) 嘉永五年「嘉永五年六月雨乞い祈禱の記録」(八幡家文書)をもとに作成した。このときの雨乞いでは、「嘉永五壬子年六月二日より四日迄、御上より於西ノ浜両派江雨乞御祈禱被仰付、」と見え、唐津藩より唐津藩内の英彦山派と当山派の両派に対し雨乞祈禱の執行が命じられ、西浜で合同で祈禱を執行した。
(35)「龍泉坊豊城院記録」(八幡家文書)。
(36)前掲註(35)。
(37)植村平八郎「江戸末期に於ける唐津領内の宗教及び宗教政策の一班について」(『松浦史料』一)、一九三九年、一五一-三七頁。
(38)弘化三年九月十八日条「日録」(英彦山神宮文書三二一)。
(39)天保七年(一八三六)「英彦山道中記」(山邉家文書)。
(40)「院内宗旨證文扣」(八幡家文書)、龍泉坊の場合は、女性を真言宗西之坊(唐津城下の西寺町にあった寺)の檀那とし、男性を天台宗修験の自坊を檀那とする男女別の複檀家になっている。
(41)英彦山派の葬祭については、拙稿「近世後期修験の葬祭――英彦山派を事例に」(『福岡大学大学院論集』四六巻二号、二〇一五年)、二〇〇-一八七頁にて詳しく論じた。
(42)安政六年「修験中へ申渡覚」(久田家文書)。
(43)前掲註(36)。
(44)藤津山八幡宮の祭礼は、前年の寛政十一年に、それまで九月十六日に行われていたが、九日に変更された。
(45)ただし、病を患っているなど本人に故障があるときには代人を立てることもあった。
(46)この場合の「観光」は、威徳を示すといった意であろう。
(47)弘化三年五月十六日条「日録」(英彦山神宮文書三二一)。
(48)前掲註(47)。
(49)天保十一年(一八四〇)「色衣補任状」(山邉家文書)。
(50)弘化三年四月十六日条「日録」(英彦山神宮文書三二一)。ここで挙げた色衣についての記述は、藤崎坊の色衣補任のための、法頭代勤の転衣証文の一部である。この転衣証文については、のちに詳しく取り上げ説明する。

(51) 井筒雅風『法衣史』雄山閣、一九九三、主に一〇〇、一三八頁。
(52) 井筒雅風、前掲註(51)。
(53) 文化十二年(一八一五)「大講堂僧綱職之事」(蒲池文書八〇〈福岡県立図書館所蔵コピー本〉)。
(54) 廣渡正利『英彦山信仰史の研究』文献出版、一九九四年。
(55) 「龍泉坊豊城院記録」(八幡家文書)。寛政十一年に八幡宮の祭礼の日次が九月十六日から九月九日に変更がなされた旨の報告のついでに、色衣の補任を受ける。
(56) 宿坊は英彦山の各坊家が担っており、末派山伏にとっては、英彦山による末派山伏支配のための窓口にもなっていた。一方で宿坊は、こうした末派山伏のみに対応するのではなく、英彦山参詣を行う檀那の宿泊所になったり、檀那の宿坊から山上の彦山権現への登拝を手引きを行ったりもした。
(57) 弘化三年四月十九日条「日録」(英彦山神宮文書三二)。
(58) 弘化三年四月二十三日条「日録」(英彦山神宮文書三二)。
(59) 高埜利彦『近世日本の国家権力と宗教』東京大学出版会、一九八九年、八七頁。
(60) 長野覺「英彦山の修行」(修験道修行大系編纂委員会編『修験道修行大系』国書刊行会)、一九九四年、三八七-四八九頁、主に四二六-四二七頁。
(61) 「彦山霊仙寺奉行職並座主院由緒之坊」(『彦山編年史料古代中世篇』名著出版)四九六-五〇六頁。
(62) 長野覺、前掲註(60)
(63) 享保十五年(一七三〇)「龍泉坊春教法橋補任状」(八幡家文書)。
(64) 文化十年「龍清坊興雲法印補任状」(久田家文書)。
(65) 前掲註(62)、主に四二二-四二八頁。
(66) 「龍泉坊豊城院記録」(八幡家文書)。
(67) 尾藤正英「徳川時代の社会と政治思想の特質」(『思想』六八五)一九八一年、一-一二頁。

（68）長谷川成一「近世北奥大名と寺社」（尾藤正英先生還暦記念会編『日本近世史論叢』上、吉川弘文館）一九八四年、主に三一八頁。
（69）長谷川成一「津軽藩宝暦改革の一断面――寺社政策を中心に」（同『転換期北奥藩の政治と思想――津軽藩宝暦改革の研究』科学研究費補助金成果報告書）一九九三年、一三頁。
（70）「唐津拾風土記抄」（『松浦叢書』二）には、御目見得以上・以下は、社人と山伏にしか見えないが、植村平八郎は、寺と陰陽師にもあったとする。

参考文献

井筒雅風『法衣史』雄山閣、一九九三年。

井上智勝「近世の神職編成と国郡制・領主制」（『近世の宗教と社会2　国家権力と宗教』吉川弘文館）二〇〇八年。

植村平八郎「江戸末期に於ける唐津領内の宗教及び宗教政策の一班について」（吉村茂三郎編『松浦史料』第一集、松浦史談会）一九三九年。

宇高良哲「諸宗江戸触頭成立年代考」（『大正大学研究紀要』仏教学部・文学部六八）一九八三年。

厳木町教育委員会『厳木町史』一九七一年。

高埜利彦『近世日本の国家権力と宗教』東京大学出版会、一九八九年。

豊田武『改訂　日本宗教制度史の研究』第一書房、一九三八年。

長野覺『英彦山修験道の歴史地理学的研究』名著出版、一九八七年。

長野覺「英彦山の修行」（修験道修行大系編纂委員会編『修験道修行大系』国書刊行会）、一九九四年。

中村琢「近世後期修験の葬祭――英彦山派を事例に」（『福岡大学大学院論集』四六巻二号）二〇一五年。

田中秀和『幕末維新期における宗教と地域社会』清文堂、一九九七年。

長谷川成一「近世北奥大名と寺社」（尾藤正英先生還暦記念会編『日本近世史論叢』上、吉川弘文館）一九八四年。

長谷川成一「津軽藩宝暦改革の一断面――寺社政策を中心に」（同『転換期北奥藩の政治と思想――津軽藩宝暦改革の研究――』科学研究費補助金成果報告書）一九九三年。

二丈町誌編纂委員会『二丈町誌（平成版）』二丈町、二〇〇五年。

葉貫一樹「江戸幕府の寺院統制と触頭」（『駒澤大学史学論叢』二四）一九九四年。

尾藤正英「徳川時代の社会と政治思想の特質」（『思想』六八五）一九八一年。

広渡正利ほか『英彦山年番日記』文研出版、一九九四年。

朴澤直秀「近世の仏教」（『岩波講座日本歴史』十一、岩波書店）二〇一四年。

本田済『易』上、中国古典選一、朝日新聞社、一九七八年。

宮家準『修験道組織の研究』春秋社、一九九九年。

山口正博「九州の霊山・修験・神社」（宮家準編『修験道の地域的展開と神社』、國學院大學２１世紀ＣＯＥプログラム研究センター）二〇〇六年。

元旦の朝、奉幣殿前の柱松

柱松神事

大晦日、神職により奉幣殿で大祓式が行われた後、除夜祭がある。１月１日午前０時、その年の最初の神事・柱松が執り行われる。宮司により炬火から柱松の先端に火が灯され、法螺貝が吹き鳴らされる中、参詣者とともに柱松を立て、一年の五穀豊穣、泰平を祈る。

上宮、下宮に拝礼をして出立

「英彦山御潮井採の道」と刻まれた石柱を中に一行４人

檀信徒の家に迎えられ、五穀豊穣・無病息災を祈願をする

行橋市四宮八幡社

お潮井採り

毎年２月末日に、宮司、神官らが、今川、祓川流域 36 キロの道程を辿り、行橋市沓尾の浜で禊し、浜辺にある祠・姥が懐を参拝。竹筒に汲んだ潮水を持ち帰って、御田祭、神幸祭の前に山内を清める。

一行は「英彦山神宮潮井採神使」の幟をもち、法螺貝を吹き鳴らし、沿道の家々の門祓い、屋祓いをしながら、途中、英彦山神宮ゆかりの神社に参り、村々で接待（さかむかえ）を受け、五穀豊穣を祈願する。道中、道の辺で待つ人々に「貝伏せ」をして無病息災を祈願する。

「貝伏せ」をしてもらおうと待つ人々

行橋市沓掛の海岸にある姥が懐

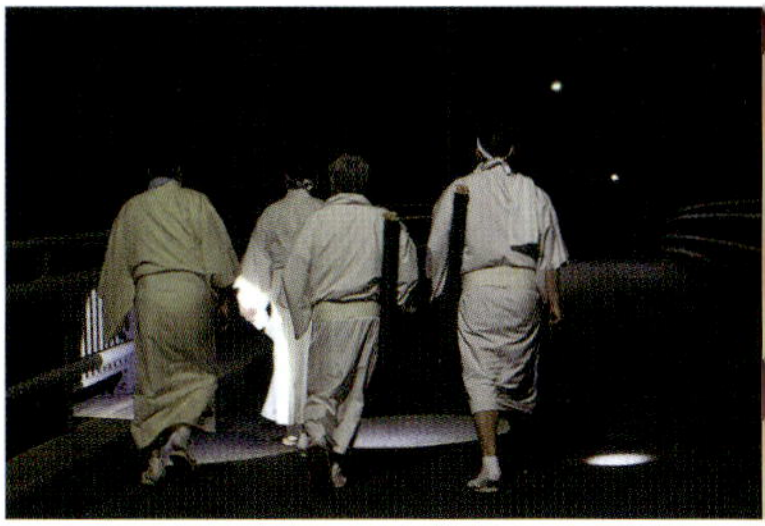

深夜、竹筒をもち、姥が懐に向かう

行橋市、金屋春日神社

上津野高木神社

春を告げる法螺貝の音

潮水をつめた竹筒と法螺貝を神前に供えて帰山を報告する

下宮に向かって、四方に笹竹を立て斎庭が設えられる

祭りに先立ち、奉幣殿内に氏子や参詣者が集い、宮司が祝詞を奏上。お祓いがある

鍬入れ。榊、ユズリハ、松枝を挿した盛土に、御田役が鍬で土をかける所作を行う。つづいて、畔切りの所作がある

田打。御田役が一列に並び鍬で田を耕す所作をする

御田祭

毎年3月15日、奉幣殿前に斎庭(ゆにわ)を設え行われる五穀豊穣祈願の神事。古式に則り、神職が一年の田仕事の所作を行う。

氏子や北部九州一円の英彦山講代参の人等が集まり、神事の後に配られる種籾など持ち帰り、神前に供えたり、これを植えて豊作を祈願する。

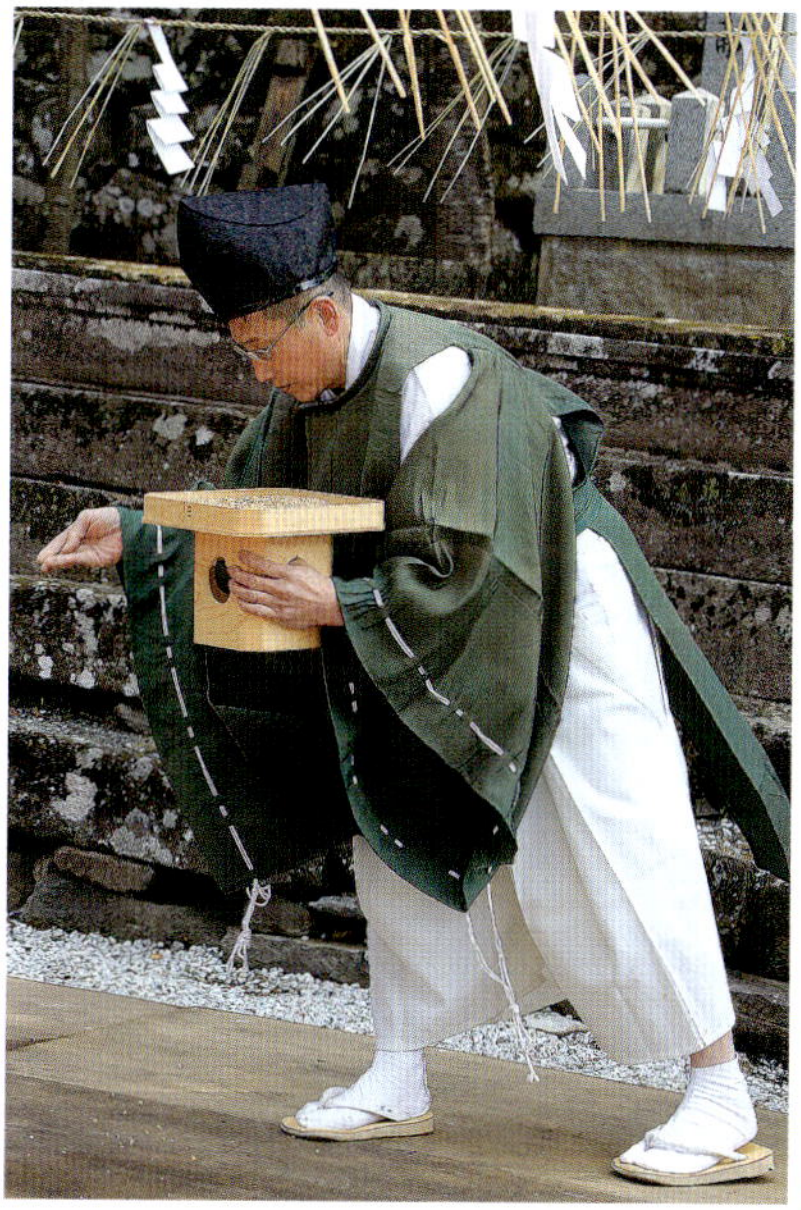

種子蒔。杁につづき、御田役の一人が三方に載せられた種籾を斎庭の四隅に蒔く

馬杷（まぐわ）。田を鋤きならす所作。御田役が木製の牛を引き、斎庭を一周する。つづいて杁（えぶり）。御田役が四隅で田をかきならす

田植。種子蒔につづいて、御田役が一列に並び、早苗に見立てた石菖の葉を置いて田植えの所作をする

飯戴。氏子が女装して、妊婦の格好でつとめる。「孕み女」は実りを象徴する

田植の後、「飯戴」（いいかぐめ）が大盛り飯の椀を入れた半切りを頭に載せて登場。境内で待つ参拝者、観衆は、競ってこのご飯をいただく。ご飯を食べると無病息災と言われ、持ち帰って自家の神前に供える

先導役の御幣持、太鼓、水王・火王面などにつづき宮司と僧侶が進む後から三基の神輿がお旅所に下る

参道途中、人々が一行を出迎える

境内で出御を待つ三基の神輿

参道の途中、神輿休めがあり、稚児舞が行われる

神幸祭

毎年４月の第２土曜日に英彦山権現が遷座する三基の神輿が奉幣殿から銅鳥居の横にある御旅所まで渡御する神事。

三基の神輿は順に急な参道を下り、御旅所で一晩安置、神前では旅殿着御祭が行われる。翌日、参道を上り還御。一の神輿は奉幣殿を過ぎ下宮まで上り、再び境内に戻り三基がそろって着御されると、その前で稚児舞、獅子舞、鉞舞が奉納される。

三基の神輿を御旅所に安置し、翌日、その神前で柴灯護摩（上右）があり、つづいて稚児舞、獅子舞（下右）、鉞舞（上左）が奉納され、神輿は還御する

急な石段を上りきり神輿が還り、着御すると、境内で稚児舞、獅子舞、鉞舞が奉納される

柴灯大護摩供

平成28年11月3日、奉幣殿の前で行われた柴灯大護摩供。

再制作された御正体を祀り、四方に笹竹を立て結界を張った中央に護摩壇を築いて火をつけ、修験者が般若心経を読経するなか、燃え盛る火炎の中に次々に護摩木を投じる

記録からみる英彦山参りの現在
——英彦山神宮所蔵「年参り（代参・祈願）団体名」の分析から

須永　敬

一　はじめに

英彦山参り、および英彦山講については、これまで多くの研究が重ねられてきた。その代表的なものとして、長野覺の業績を挙げることができる。『英彦山修験道の歴史地理学的研究』[1]においては、英彦山信仰を支えた檀那の分布を明らかにするとともに、参拝の時期、および近世から現代までの英彦山参りの実情が分析されている。また、『田主丸町誌』第三巻[2]においては、ムラにおける英彦山参りの具体像を紹介している。このほかにも、九州地方の各市町村史等には、英彦山参りについて多くの事例が報告されている。

このように、具体的な事例研究・事例報告が積み重ねられている一方で、現代の英彦山参り・英彦山講の実態についての全容を把握する研究はあまり見られず、現時点では印象論の段階にとどまっていると言えるのだが、それは英彦山参りを全体的に網羅した資料の不在によるところが大きい。

このようななか、今回の国史跡指定にかかる調査にあたって、英彦山神宮所蔵の「年参り（代参・祈願）団体名」という資料を調査することが許された。この資料は現用文書であり、個人名、あるいは初穂料の金額等も記載されているため、取り扱いには注意する必要があるが、この資料の出現によって、平成二十年（二〇〇八）以降の直近の英彦山参りの現状をおおよそ把握することが――後述のような資料的限界はあるものの――可能となった。

そこで本稿では、「年参り（代参・祈願）団体名」の分析をもとに、英彦山参りの現状を概括することを試みたい。具体的には、参拝時期、祈願と授与の内容、参拝者の地域分布についての考察を行う。これにより、従来の個別事例の報告を全体のなかに位置付けるための基礎データを提供することが可能になると考える。

二　資料「年参り（代参・祈願）団体名」について

資料「年参り（代参・祈願）団体名」は、英彦山神宮社務所所蔵の現用文書である。社務所にて受付を行った五十九団体(3)を記録したリストであり、内容は、団体の住所・代表者氏名・祈願内容・参拝日・授与品・初穂料などとなっている。B5判の用紙三頁からなり、過去三年分の参拝状況が記されている。よってこのリストは数年おきに作り替えられている。

ここに記された団体は、昭和三十年代に英彦山神社が主体となって組織した「権現講」とは異なり、ムラの講から代参がやって来る、いわゆる伝統的な英彦山参りの団体である。団体の受付時には、御朱印をいただくために講帳を持参する団体も多いのだが、なかには近世から綴られている講帳を持ってくる団体もあるという。

ただし、全ての英彦山参りの団体がこのリストに記載されているわけではない。たとえば、御田祭・神幸祭等には各地から英彦山参りの代参がやって来るが、そのなかには、社務所に立ち寄らず、授与所で御札や英彦山ガラガラを大量に受けて帰る人もいる。筆者も平成二十七年の調査時に、朝倉から代参に来た男性に会ったことがあるが、話を聞けば「昔から社務所には行かず、神社での祈禱などもしていない」とのことだった。同様に、神社で受付や記帳をせずに帰る代参も多いものと考えられる。つまり、この資料では英彦山参りの全容は捉えることができないし、またその実態を英彦山神宮も把握していない、というのが実情である。このため、実際の団体数はこのリストに示された数より間違いなく多い(4)。

以上のような資料上の制約もあり、この資料によって現在の英彦山参りの全体が分かるわけではない。しかし、他に代わる資料のないなかで、本資料はもっとも確実な一次資料と言えるし、英彦山参りのおおよその傾向を知ることは十分に可能であろうと考える。そこで以下の項では、社務所保管分の平成二十年から二十三年度分(5)の資料を紹介し、現代の英彦山参り・英彦山講の参拝時期・祈願内容・地域分布などの分析を行い、その現状を概観したい。

分析に先立って、資料「年参り(代参・祈願)団体名」の記載内容の概略を表で示す(表1)。

	旧国名	県	市町村	字・団体名	祈願内容、授与品等	平成20参拝日	平成21参拝日	平成22参拝日	平成23参拝日
0	肥前	佐賀	佐賀市	川副町犬井道南5区労農組合	五穀祈願	4月6日	4月6日		
1	筑前	福岡	古賀市	薦野A氏宛	神符23体郵送			4月6日	
2	肥前	佐賀	佐賀市	諸富町徳富彦山講一同	家内安全				4月10日
3	肥前	佐賀	唐津市	肥前町中浦	神符36本				4月9日
4	筑後	福岡	うきは市	吉井町鷹取八龍区		4月13日	4月13日	4月12日 3月28日	3月20日
5	筑前	福岡	糸島市	二丈浜窪	神符3体	4月11日	4月11日	4月11日	4月11日
6	豊後	大分	日田市	南部町袖ノ木	神符9体			4月12日	
7	豊後	大分	日田市	東羽田町	方除3体、神符9体	4月13日	4月13日	4月12日	
8	筑前	福岡	朝倉市	日向石	大麻11体				
9	筑前	福岡	筑前町	弥永	記帳のみ、年2回				4月15日
0	筑前	福岡	朝倉市	片延区	大麻・杓子各1体				3月19日
1	筑後	福岡	久留米市	田主丸町善院区	賽銭のみ持参				4月12日
2	壱岐	長崎	壱岐市	郷ノ浦町坪触	代参のみ			4月17日	4月3日
3	筑後	福岡	うきは市	徳丸折敷町	大麻6体			4月18日	
4	豊後	大分	日田市	月出町岩戸	神符5体		5月3日	4月12日	4月15日
5	豊後	大分	日田市	月出町	神符6体		5月5日		5月1日
6	筑後	福岡	大川市	向島下野中老	大麻2体、おサガリ1	6月1日	5月25日	5月23日	8月25日
7	肥前	佐賀	佐賀市	川副町犬井道	豊漁祈願	7月14日	7月4日	6月23日	
8	肥前	佐賀	佐賀市	本庄町満穴	記帳のみ	9月12日	9月21日	9月18日	9月10日
9	筑前	福岡	筑前町	弥永	記帳のみ			9月15日	9月15日
0	肥前	佐賀	武雄市	山内町犬走永尾	大麻18体、ガラ4体		9月10日	9月6日	9月4日
1	肥前	佐賀	武雄市	山内町犬走	大麻13体、ガラ3体、酒2			9月20日	9月4日
2	肥前	佐賀	佐賀市	富士町古湯　貝野地区自治会	五穀祈願		9月23日	9月23日	9月23日
3	筑後	福岡	うきは市	吉井町八龍区		10月5日	10月4日	9月26日	10月2日
4	筑後	福岡	うきは市	吉井町千代久区横溝			10月3日	10月1日	10月2日
5	筑後	福岡	久留米市	械島町江島区	五穀祈願、おサガリ4	10月12日	10月11日	10月10日	10月10日
6	肥前	佐賀	白石町	牛尾	祈願神符40体			10月11日	9月13日
7	豊後	大分	日田市	南部町	神符10体		11月6日	11月3日	
8	筑前	福岡	中間市	中鶴東隣組	神符23				4月29日
9	肥前	佐賀	武雄市	山内町・犬走・永尾・中古賀					9月4日

表1　「年参り（代参・祈願）団体名」記載内容一覧

	旧国名	県	市町村	字・団体名	祈願内容、授与品等	平成20 参拝日	平成21 参拝日	平成22 参拝日	平成2 参拝
1	肥前	佐賀	佐賀市	久保田組内		1月3日			
2	肥前	佐賀	佐賀市	本庄町　溝穴	大麻23体	1月13日	3月15日	1月6日	3月6日
3	肥前	佐賀	佐賀市	富士町小副川西古賀		1月14日	2月11日	2月11日	2月11
4	肥前	佐賀	佐賀市	嘉瀬町北島	大麻8体　神符36体	1月27日	3月9日	3月4日	2月27
5	肥前	佐賀	佐賀市	川副町　福富	家内、五穀祈願		1月27日		
6	肥前	佐賀	佐賀市	冨士町上小副川東古賀	神符13体	1月14日	2月11日	5月3日	4月10
7	肥前	佐賀	佐賀市	川副町東古賀	諸願祈願	2月1日		1月26日	
8	肥前	佐賀	唐津市	八幡町	家内祈願	2月2日			
9	肥前	佐賀	佐賀市	富士町上小副川西古賀	正式参拝	2月1日	2月11日		2月11
10	肥前	佐賀	佐賀市	富士町日池	正式参拝	2月11日	2月11日	2月11日	2月11
11	壱岐	長崎	壱岐市	郷ノ浦町麦谷触宇土下講中	神符10体	2月16日	2月22日	3月14日	2月19
12	肥前	佐賀	鍋島町	岸川 or 蛎久	家内祈願	2月17日	2月17日	3月7日	2月19
13	筑後	福岡	うきは市	JA にじ	五穀祈願	2月28日			
14	肥前	佐賀	唐津市	梨川内英彦山講社	家内・五穀祈願・大麻8体	3月2日	3月23日	3月15日	3月24
15	筑後	福岡	うきは市	吉井町富永竹重		3月9日	3月9日	3月14日	3月13
16	肥前	佐賀	神崎市	尾崎・井出・迎田地区	家内安全		3月14日		
17	筑前	福岡	筑紫野市	西小田地区	鬼門、神符、宝印各50、茶ガラ5		3月13日		
18	壱岐	長崎	壱岐市	石田町山崎　彦講中	家内祈願、大麻17体	3月29日	3月7日	3月21日	4月11
19	筑後	福岡	うきは市	浮羽町古川糸丸部落	神符31体、ガラ7体				3月13 11月29
20	筑前	福岡	宗像市	光岡昼田班	神符9、ガラ2				2月23 24日
21	筑前	福岡	宗像市	光岡田久保組	神符11、ガラ3				2月21
22	肥前	佐賀	唐津市	上双水・下双水	神符30、茶ガラ6				3月26
23	筑前	福岡	朝倉市	江川				3月7日	
24	筑前	福岡	朝倉市	上秋月　松丸組合	記帳のみ			3月15日	3月15
25	肥前	佐賀	佐賀市	久保田町永里永里生産組合	豊作祈願・中木札2年ごと	4月12日	4月1日		4月12
26	筑後	福岡	久留米市	田主丸町地徳	酒一升授与	4月4日	4月4日		
27	筑後	福岡	うきは市	吉井町富永西屋形部落講中		4月5日	4月5日	4月4日	4月3日
28	筑後	福岡	うきは市	吉井町富永千代久区	大麻1体、酒1合	4月8日	4月8日	4月2日	4月8日
29	筑前	福岡	朝倉市	甘木本町農事組合	以前五穀祈願あり				

三　英彦山参りの頻度と時期

資料「年参り（代参・祈願）団体名」には、平成二十年から二十三年の四年間に、社務所にて参詣の受付を行った五十九団体が記されている。しかし、これら全ての団体が毎年年参りを行っているわけではない。四年間の参拝回数を表2にまとめてみると、四年間に一度しか参詣していない二十二団体が最も多い。このなかには、ここ数年参拝を止めている団体、逆に参拝を復活した団体などが含まれている。現代のムラ社会のなかで、英彦山参り習俗が置かれた状況を示しているといえよう。

次いで毎年参拝しているのが十七団体となり、英彦山参りが年中行事として今日に伝わっているムラであるといえる。なかには、うきは市浮羽町古川糸丸の事例のように、三月と十一月の二度参るという団体もあり、筑前町弥永でもかつては年二度参りであったことが記されている。

次いで、三回、二回がともに九例ある。なかには、佐賀市久保田町永里のように、二年に一度参拝することになっている団体もある。そして、〇回が二例あるが、これは平成十九年以前には参拝があったものの、二十年以降は参拝がなかった団体である。

このように、資料に記された（社務所で受付を行った）四年間の英彦山参りの事例をみる限りでは、毎年参拝している団体は全体の三割を切っている。一方、四年間に一度しか参拝していない団体は全体の三分の一にも上ることが分かる。

表2.　4年間の参拝回数（平成20～23年）

4回	17
3回	9
2回	9
1回	22
0回	2

続いて、英彦山参りの時期についてみると（図1）、一見して参拝時期が二～四月と九月に集中していることが確認できる。これは、英彦山神宮の祭礼（御田祭・神幸祭・例祭）の行われる時期と符合しており、英彦山参りと神社祭礼との間の結びつきを示しているといえる。

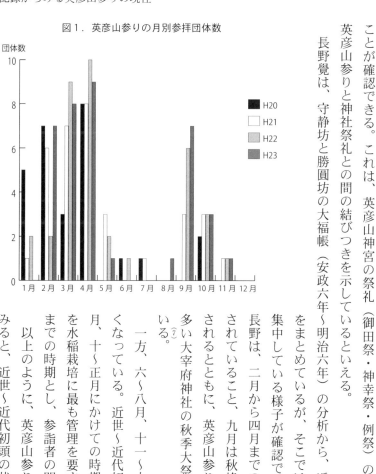

長野覺は、守静坊と勝圓坊の大福帳（安政六年～明治六年）の分析から、近世英彦山参りの月別参詣者数をまとめているが、そこでは二～四月、および八～九月に集中している様子が確認できる（表3）[6]。その理由として長野は、二月から四月までの間英彦山で重要な祭事が執行されていること、九月は秋峰の出峰・大般若仁王経が執行されるとともに、英彦山参りとセットで参詣されることの多い大宰府神社の秋季大祭があったことなどを指摘している[7]。

図1．英彦山参りの月別参拝団体数

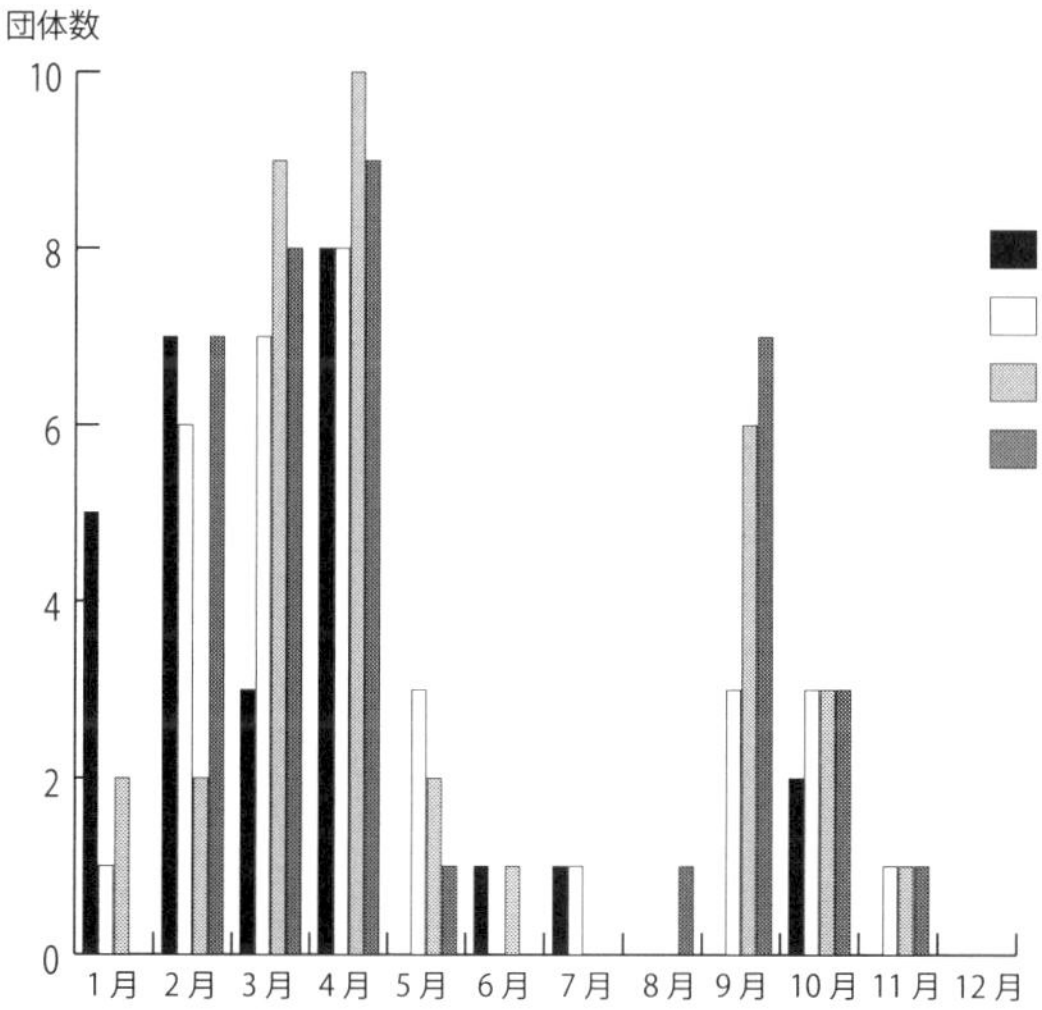

一方、六～八月、十一～十二月は参拝団体が極端に少なくなっている。近世～近代初頭の英彦山参りでも、五～七月、十～正月にかけての時期はやはり少ない。長野はこれを水稲栽培に最も管理を要する時期、および収穫から新年までの時期とし、参詣者の閑散期と位置付けている[8]。

以上のように、英彦山参りが行われる時期についてみてみると、近世～近代初頭の状況とほとんど大差がないことがわかる。現代の英彦山参りは、明らかに近世の英彦山参りの延長線上に行われていることが、この参拝時期の分析からうかがえるのである。

四　祈願と授与

それでは、これら英彦山参りの人々は何を祈願しているのであろう。五穀祈願・豊作祈願といった作柄に関するものが八例、家内安全が五例、正式参拝（祈願内容記されず）が二例、諸願祈願・豊漁祈願がそれぞれ一例となっている。以上のことからも、英彦山参りには、生業および家庭に関する祈願内容が多いことが確認できる。

しかし、これら祈願内容が記されている事例は、全体の三割にも満たないのであり、社頭における祈願の少なさを示しているといえる。英彦山参りにおいて重要視されているのは、社頭での祈願ではなく、むしろ各種の授与品をムラに持ち帰ることにあるようである。英彦山参りの多くの事例では、大麻・神符・宝印・

表3．英彦山参詣の季節

	1	2	3	4	5	6	7	8	9	10	11	12	資料
安政6(1859)	0	+57	+14	+29	0	0	+1	10	+138	9	0	＋	守静坊大福帳
万延2(1861)	0	+13	+12	＋	0	0	0	+38	55	0	0	0	〃
文久2(1862)	0	+25	+33	+22	0	0	0	+㉗	+98	0	0	0	〃
文久3(1863)	0	+17	31	13	2	3	0	43	39	0	0	0	〃
元治1(1864)	0	+5	0	0	0	0	0	0	0	0	0	0	〃
慶応2(1866)	0	+10	9	+43	9	0	0	7	0	0	0	0	勝圓坊大福帳
明治2(1869)	0	＋	＋	31	0	0	2	＋	39	0	0	0	守静坊大福帳
明治3(1870)	0	+21	155	8	0	0	0	26	21	①	0	0	勝圓坊大福帳
明治4(1871)	0	+29	123	12	3	3	4	21	18	0	0	0	〃
明治6(1873)	0	＋	＋	31	0	0	2	＋	39	0	0	0	守静坊大福帳

０は参拝記録のない月、＋は参拝者があり、布施も上がっているが人数不明の場合。○は閏月を含む。なお、２泊した場合は延人員として取り扱った。

熊笹を持ち帰る参詣者

方除・杓子・英彦山ガラガラ、といった伝統的な授与品が数体購入され、持ち帰られている。

また、これら以外にも伝統的に持ち帰られているものもある。英彦山の熊笹は、英彦山参りに行った参拝者が持ち帰るものとして知られているが、これは社務所にて授与されるものではなく、各参拝者が銘々に山内で採取し、持ち帰るものである。朝倉から来たというある参拝者は、この熊笹を持ち帰っていたが（写真上）、その使途を聞いてみると、「昔から持ち帰ってくるものだと聞いているので持ち帰る。神棚などに飾るのだろう」という答えが返ってきた。牛馬の飼料として用いるという本来の目的が不明となっても、英彦山の熊笹を持ち帰るという行為は伝承されているのである。

五　参拝者の地域分布

では、最後に参拝者の地域分布について分析を行いたい。参拝団体の所在地を分布図に表すと図2のようになる。この分布を見る限りにおいては、英彦山参りの団体は北部九州一円に見られるのではなく、筑紫平野とその周辺において濃厚な分布が見られる。その一方で、豊前・筑豊地方は希薄であるといえる。

もちろん、これは豊前・筑豊地方に英彦山信仰が不在であることを意味しない。豊前においては、お汐井

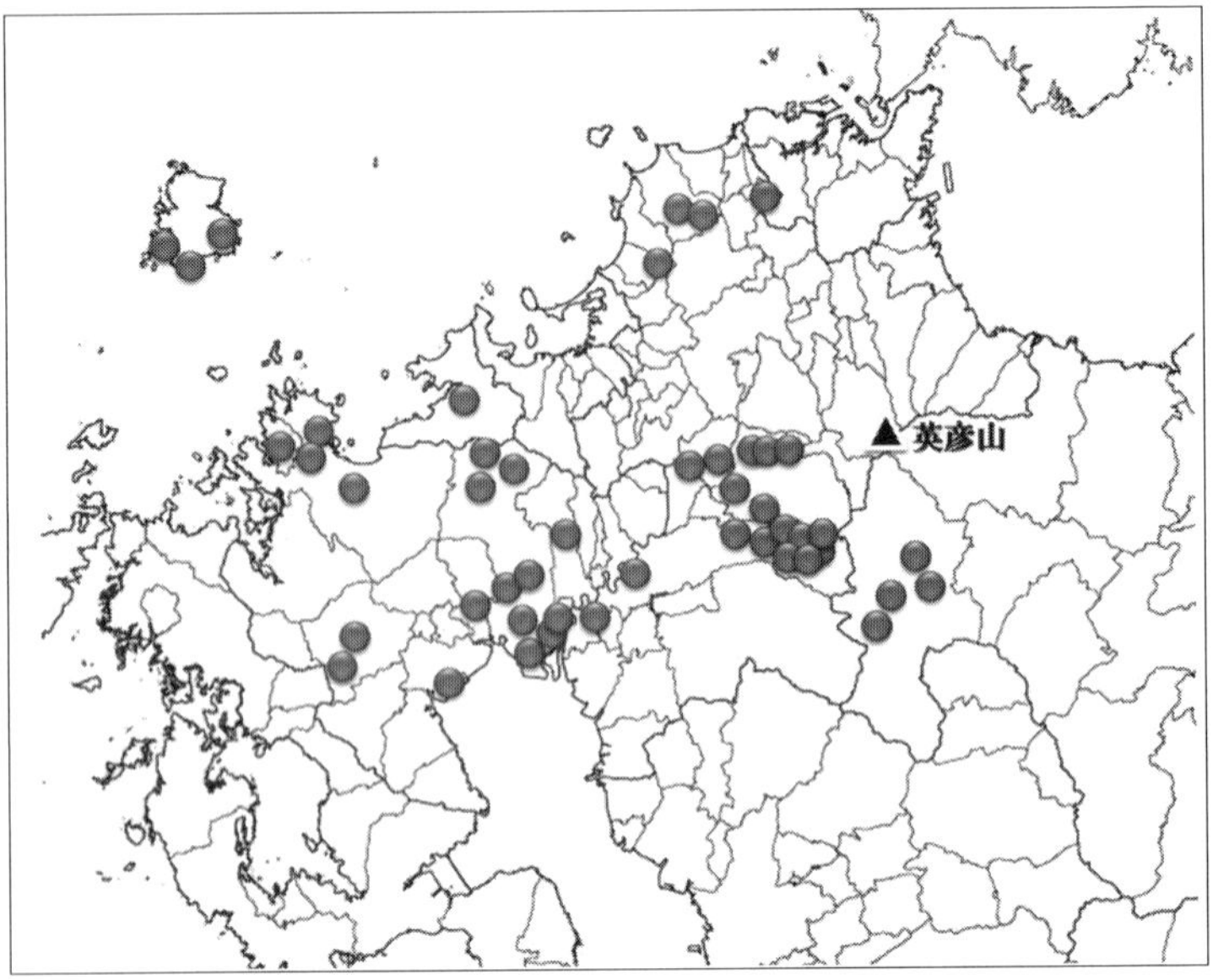

図2．英彦山参りの団体所在分布図

採り行事にみられるような、ムラ人が英彦山の神職を歓待する行事が続いているし、日頃より筑豊地方からの参拝者も多い。これらの地域では英彦山参りという習俗を有していないということである。現代の英彦山参りは、筑紫平野を中心とした遠方地域に継承された習俗であるということが、この図から分かるのである。　また、これら英彦山参りの団体数を旧国別に示すと、表4・図3のとおりとなる。

まず一見して分かるのは、旧肥前国（二五）のみで全体の約四割を占めていることである。肥前国内の分布を前掲の表1から見てみると、佐賀平野とその周辺部（佐賀市《一六》・神埼市《一》）に集中していることが確認できる。また、唐津市（四）、武雄市（三）、白石町（一）などにも事例を認めることができる。

肥前に次ぐのが、旧筑後国（一三）と旧筑前国（一三）であり、それぞれ全体の約二割を占めている。その内訳を表1から見てみると、うきは市（九）、朝倉市（五）、久留米市（三）と、筑後川流域を中心に分布していることが分かる。

これら肥前・筑後・筑前の旧三国のみで、全団体数の八六％を占めている。残る一割ほどの内訳だが、豊後の五団体は全て日田市である。また遠方の壱岐からも三団体の参拝を確認できる。[9]

それでは、このような参拝団体の分布からどのようなことが導き出されるのか。まず、筑紫平野の穀倉地帯に参拝団体が多く見られることは、近世英彦山の重要な檀那場がこの地域に設定されており、四〇％を超える檀家率を誇っていたことと無縁ではなかろう。[10] 特に「肥前・筑後檀那は一の膳付」といわれるように、両地域の檀那は布施が多いことで知られ、他地域の檀那とは別格の扱いを受けていた。

表４．旧国別の参拝団体数

旧国名	団体数	割合
肥　前	25	42.4％
筑　後	13	22.0％
筑　前	13	22.0％
豊　後	5	8.5％
壱　岐	3	5.1％
計	59	

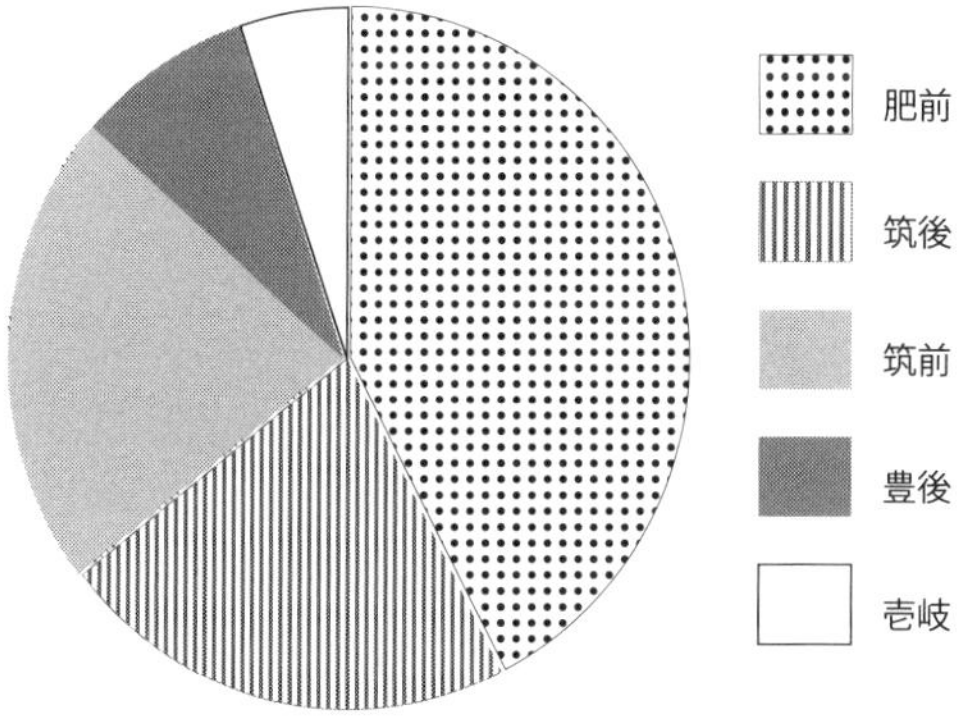

図３．旧国別の参拝団体比率

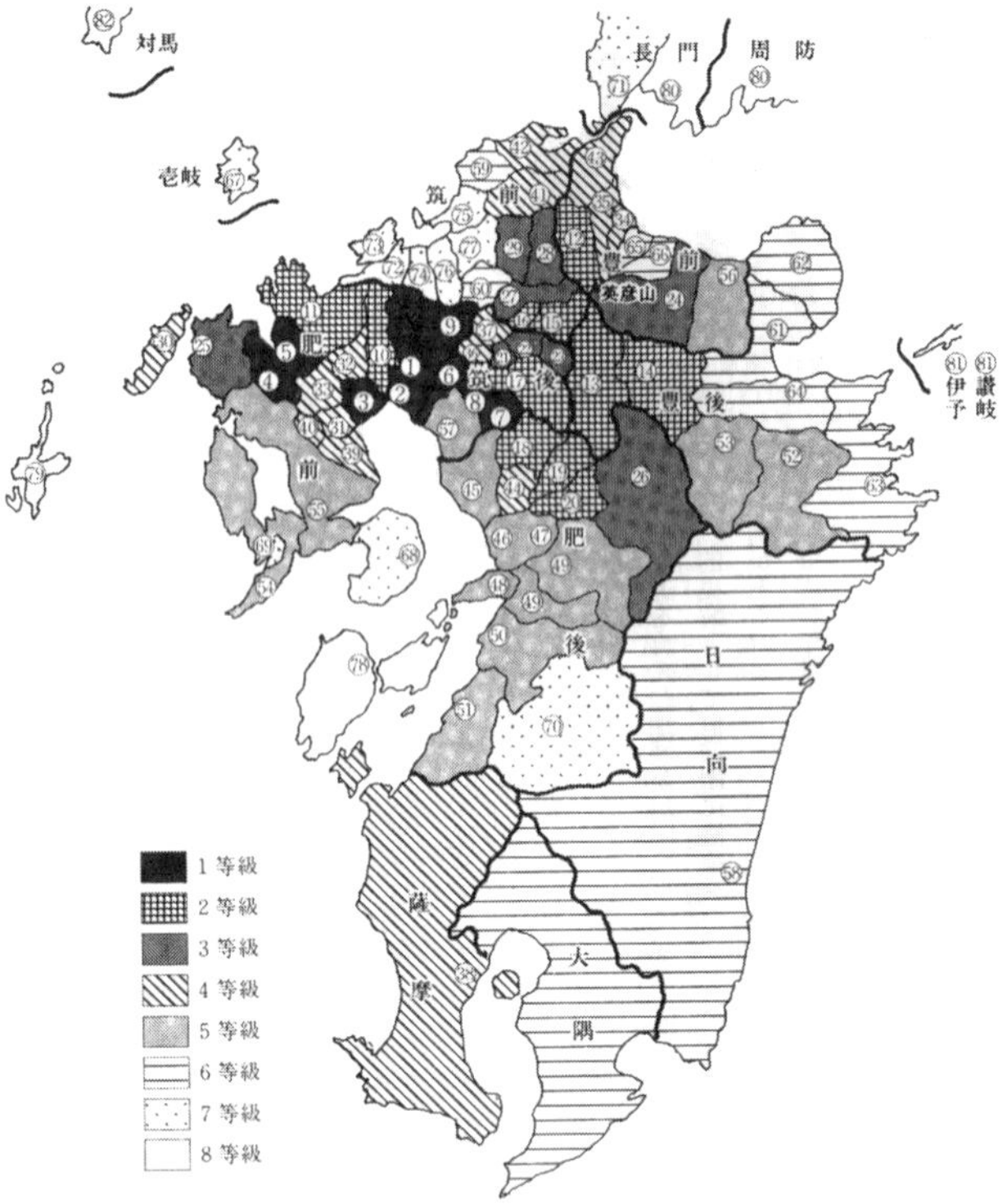

図４．英彦山檀那場の等級差

また、明治六（一八七三）年に檀那所在地域ごとに等級差を設定した際には（図4）[11]、肥前・筑後の多くの地域は一等級とされ、両国外であっても、日田・朝倉・唐津など、本資料に現れてくる地域の多くは二等級に定められている[12]。

このように、現代の参拝団体の地域分布と、近世英彦山の檀那の分布との間には強い関連性を認めることができる。このことは、現代の英彦山参りの多くが近世の英彦山参りの延長線上に行われている習俗であることを明確に示していると考えられるのである。

六　おわりに

以上のように、本稿では、「年参り（代参・祈願）団体名」に記された参拝時期、祈願と授与の内容、参拝者の地域分布の分析を行った。その結果として、英彦山参りの現状を概括することができた。またこのことは、今後英彦山参りに関する個別事例を、全体のなかに位置付けるうえでの基礎データを提供することにつながるものと考える。

今回の分析を通して、「年参り（代参・祈願）団体名」に記された英彦山参りの団体は、春秋二回の参詣時期のピークを持つこと、定められた授与品・土産を持ち帰ること、肥前・筑後に多く分布していることなど、いずれも近世来の特徴を維持していることが明らかとなった。修験道の廃止から百三十年以上の時を経てもなお、英彦山参りという行為はかなりしっかりと地域社会に根付いているといえる。それでは修験なきあと、なぜ、どのように伝承が維持されてきたのか。旧修験・末山修験・民間宗教者などの関与、地域社会における年中行事・人生儀礼・信仰・娯楽としての機能などが考えられるが、いずれにせよ、この点は英彦山信仰研究における今後の大きな課題として残されていると言えよう。

また、英彦山神宮の社務所で参拝の受付をする、あるいは記帳をする団体の少なさは、神社が英彦山参りの習俗の受け皿として十分機能していないことを示している。このことは、近世以来、英彦山参りの本当のホスト役が、今は失われてしまった英彦山内各坊の修験者たちであったことを、婉曲に現代に伝えているとも言えよう。英彦山の復興を考えるにあたっては、これら伝統的な旧檀那組織とのつながりをどのように維持・再構成していくかという点を考慮していく必要があると考える。

註記

(1) 長野覺『英彦山の歴史地理学的研究』名著出版、一九八七年。
(2) 長野覺「ムラの信仰」(田主丸町誌編集委員会編『田主丸町誌』第三巻)、田主丸町、一九九七年。
(3) なお、この資料には、自衛隊二件(築城三〇四飛行隊・飯塚三一二高射中隊)の参拝記録も含まれているが、本報告の対象からは外れるため、当該二件は除外し、五九団体を分析対象とする。
(4) たとえば、旧田主丸町(現久留米市田主丸町)の英彦山講は、一九九七年時点で十三社あったことが報告されている(長野覺、前掲註(2)、一九九七、二〇九―二一〇頁)。しかし、このリストにおいて把握できる旧田主丸町の事例はたったの二例に過ぎない。
(5) 英彦山神宮の社務所には、現時点で、平成二十五年度分までのリストが作られているが、二十四年度以降については、未だ社務所での受付状況がリストに反映されていない部分がみられる。このため本稿では、データが既に確定したと思われる二十～二十三年度分に限って紹介することとなる。
(6) 長野覺、前掲註(1)、一九八七年、三五〇頁。
(7) 長野覺、前掲註(1)、一九八七年、三五〇―三五一頁。
(8) 長野覺、前掲註(1)、一九八七年、三五一頁。
(9) ただし、等級でいえば七級という低級のグループに位置付けられていた遠国の壱岐から、なぜ三団体が今日も毎年欠かさず参拝しているのかが気になるところである。明治初年に、壱岐の旧英彦山派修験から英彦山神社教会(講社)の設立が提言されたことなどが関わっているのであろうか(須永敬「明治初年の英彦山神社教会設立に関する一考察」『九州産業大学国際文化学部紀要』六二、二〇一五年)。今後の検討が必要である。
(10) 長野覺、前掲註(1)、一九八七年、三一九頁。
(11) 長野覺、前掲註(1)、一九八七年、三二二頁。
(12) 長野覺、前掲註(1)、一九八七年、三二三頁。

英彦山参りと英彦山講に関する一考察――現代からの射程

亀﨑　敦司

一　はじめに

「英彦山参り」とは、一般には北部九州を代表する霊山である英彦山を目指して行われる参詣のことを指す。かつて、英彦山山伏と人々との間には檀徒関係が結ばれ、山伏は配札のため地域をめぐっては参詣を促し、一方で人々は農閑期や山内での祭礼に合わせて英彦山に登拝した。このとき、ムラから人々を送り出すことになった基本的な組織が「英彦山講」や「権現講」などの名前で呼ばれる参詣講である（以後、特に固有の名称でない限り「英彦山講」を用いる）。

これら英彦山参りや英彦山講については、今までに多くの研究報告が積み重ねられてきた。その中でも長野覺による研究は、師檀関係の史的変遷および英彦山講の成立に関する考察や、九州を中心とする英彦山の信仰圏に関する研究、さらには過去の参詣の道中記録の検討や現代の英彦山参りの報告など、英彦山参りや英彦山講を考える上で欠かすことのできない先行研究として挙げることができる。[1] 長野による一連の研究は、通史的な視野に立ち、かつ参詣者側と迎え入れる英彦山側の双方から対象に迫った包括的な研究であるが、史料として坊家の文書がよく用いられている点や長野自身が講組織を「英彦山修験道を支えた経済的基盤」として見ていることから、立場的には英彦山側に軸足を置いた研究として特徴づけられよう。

その一方で、英彦山講の密集地帯とされる福岡・佐賀県などの市町村誌には、参詣者の立場からの英彦山参りや英彦山講の事例報告が数多く行われている。いずれの市町村誌も英彦山への参詣の時期、集団、目的といった程度の簡素で断片的な記述が多いものの、地域を横断的に見れば大変豊かな情報量を有しており、中にはかつて地区が定宿としていた英彦山の坊名や、英彦山から地区に配札に来ていたとされる人々の名前など、参詣者側ならではの情報が載せられている場合があって、研究史上看過することのできない資料群となっている。

このように、英彦山参りおよび英彦山講の研究報告の全体像を眺望すれば、長野による包括的な研究報告と市町村誌の事例報告の両面から構成されていると言えるだろう。両者は、それぞれ宗教者側（英彦山側）と参詣者側の立場から対象に迫るものであり、互いに相補的な性格を有している研究成果としても注目される。ただし、この両者は立場の違いから対象を表裏に照射するという点で立体的でありながら、過去から現在へと続く時間軸の上に置き直してみると、まだどちらからもアプローチできていない特定の年代や局面があるように思われる。

近代以降に限定して二点挙げるとすれば、まず一点目は山伏が還俗《げんぞく》を強いられた近代初期からしばらくの期間である。この年代は、山伏の還俗により表面上には宗教者と人々からなる檀徒関係が消失した時期とみなされる。しかし、現に英彦山参りや英彦山講は今日でも行われていることから、この間も多くの場所では何らかの形で続けられていたと考えるのが自然であり、どのような人や組織を巻き込む動態があったのかが注目される。

次に二点目は、参詣や講の近年の様子についてである。すでに述べているように、英彦山参りや講についでは、長野による専門的見地からの研究報告や市町村誌の事例報告がある。しかしながら、前者の長野による報告は、昭和三十年代に現地調査が行われたものや、比較的新しいものでも一九九〇年代はじめのものに留まる。同様に後者の市町村誌による報告についても、対象とする年代が戦後期から各誌が編纂された一九七〇年から一九九〇年くらいまでに限定される。こうした報告は、当時の様子を知らせるものとして、今後ますます重要な価値を持ってくることは間違いない。その一方で、編纂当時からさらに四半世紀以上も時が過ぎようとしている今日、英彦山参りや英彦山講がどのように推移しつつあるのかがよくわかっていない。

上記を受けて、本稿では現時点で把握している資料の関係から、二点目の英彦山参りと英彦山講の近年の様子について取り上げたい。現在の様子を明らかにすることは、単に記録を残すだけではなく、今後の研究で過去の変遷を時系列に辿ったり、あるいは現在から過去へ遡ろうとしたりする際の基点となる足場を築く上でも一定の意義を持つ。

具体的な作業や分析としては、まず次章で各市町村誌での報告を横断的に見ていくことで現代を中心とする英彦山参りや英彦山講の輪郭をつかみ、さらに参与観察や聞き書きなど現地調査を通じて得られたデータから、近年の変化や今生じつつある動向に焦点を合わせつつ、できるだけ詳しく昨今の状況を描写してみたい。

次に第三章では、英彦山神宮附属の講社組織である「英彦山権現講社」の現在の様子について取り上げる。昭和三十年代に当時の英彦山神社（昭和五十年に現在の英彦山神宮に改称）によって組織された権現講社は、伝統的にムラ内部で組織された英彦山講と対を成すもう一つの「講」である。講の定義を英彦山への参詣を目的として結ばれた集団として広義に捉えるならば、ムラの英彦山講と講社のどちらも等閑視できないはずであるが、後者についてはこれまでにほとんど顧みられることがなかった。したがって、ここではどのような人々が講社に加わり、英彦山との関係が取り持たれているかについて、いくつかの事例を示した上で描き出してみたい。

二　英彦山参りと英彦山講の現在

市町村誌から見る輪郭

個々の事例に触れる前に、現代の英彦山講による英彦山参りの大まかな全体像を把握したい。すでに触れている通り、英彦山講や英彦山参りには市町村誌を中心とする参詣者側の立場からの事例報告が多く存在している。

表1（三三六〜三四一頁）はそれら市町村誌から、現代でも英彦山参りがよく行われている佐賀県と福岡県の例を二十例ほど抜き出し、地域別にいくつかの項目に基づいて整理したものである。(2) 資料は最も古い

もので一九七五年（佐賀県『大和町史』）、新しいもので二〇〇七年（佐賀県『嘉瀬町史』）に刊行されており、ここだけでも三十年ほどの年代の開きがあるが、少なくとも講による英彦山参りは山伏の多くが還俗した明治初年以降に早々に絶えてしまったというわけではなく、現代でもかなりの広範囲で続けられてきたことは確かなようである。

では、表を項目ごとに左方から順番に見ていくことにする。まず、「地域」では英彦山参りが行われている場所を載せている。ここでの約二十例は、多くの市町村誌の中から一定の情報量を持つ資料を任意に抜き出したものであり、両県内の全ての市町村誌の記述を反映させたものではない。しかしながら、両県全体の市町村誌を見ていった際、英彦山参りや英彦山講に関する記述の多さは地域によって偏りがあり、大まかにはこの表に表れているように佐賀県内では県南地域の佐賀平野やその周辺に特に多く、一方、福岡県内では佐賀平野と筑後川を挟んで接している県南の筑後平野周辺に集中している傾向が見られる。この特徴的な分布状況を生んでいる歴史的背景には、佐賀県佐賀地方と福岡県筑後地方は、明治初年の段階で檀徒の数が総戸数のうち四〇％を超えていたとされるほど英彦山との関わりをもっていた地域であることが少なからず影響していると考えられる。(3)

次に一つ右に項目を移動して、「参詣集団の名称や概要」を見てみたい。ここでは、どのような集まりを単位にして英彦山参りが行われているかを示している。本稿の初めから触れているが、佐賀県佐賀市内の複数の事例を見ればわかるように、やはり「権現講」や「英彦山講」と呼ばれる講集団が組織されており、現代でもこれら講を単位として英彦山参りが行われている場合が多いことを読み取れる。それに対し福岡県内の筑紫野市や大野城市などでは、かつて若者中心の年齢集団によって、通過儀礼として英彦山参りが行われ

福岡県の秋月松丸地区にて、御田祭のあとに地区に帰って開かれた集まり。中央の3人が英彦山への代参人であり、当日の報告を行う（2014年3月15日撮影）。

ていたという記述がある。[4] 後者の場合は同一の集落で、別に講が存在する可能性等も考慮しなければならないが、参詣集団は「講」のみに限らず、年齢集団的な色彩を帯びた集団によって参詣が行われた場合もあったことがわかる。[5]

三つ目に「**参詣の形態**」を見てみると、講から参詣が行われている場合には、ほとんどが代参で行われていることがうかがえる。代参の人数は、「秋三人、春三人」（佐賀市巨勢町東分下）、「四、五名」（佐賀市大和町）、「代表二～三人」（佐賀市川副町道免）のように、二～五名くらいが一般的のようである。一方、佐賀市諸富町徳富二区では、全員が参詣する総参りを行っているが、これについては後に個別の事例として検討する。

さらに、「**参詣月日**」では、ややバラツキがあるものの「三月十五日」という日付を比較的よく目にする。この特定の日に参詣が集中するのは農閑期であることに加え、近世期から参詣者が多かった旧暦二月十五日の松会祈年祭の系譜に連なる現在の祈念御田祭に合わせて参詣が行われていると考えるのが自然であろう。

反対に五月から八月にかけてはどこも参詣を行っていないが、これは農繁期を避けていることが考えられる。なお、参詣の頻度は一年間に一回が一般的のようだが、佐賀市巨勢町東分下などのように、年に二回の場合も一定数あるようである。[6]

以下の項目に関しては、市町村誌ごとに情報のバラツキが多いため、簡潔に見ていくことにする。

「参詣費」については、全体的に見てデータが少ない。佐賀県三養基郡上峰町のように、参詣に際して、各戸から金銭を徴収する場合が現在の主な費用の集め方のようであるが、場所によっては佐賀市大和町のように参詣費やその後の祭りの費用に充てるため権現田という共有田を持っているという記述も見いだせる。

「参拝地」は、山内のどこに参るかについて記述がある場合にデータを載せている。かつては標高一二〇〇メートル弱の英彦山山頂にある上宮まで登拝するのが通常であり、それを裏付けるように佐賀市川副町道免では、牛馬に食させるための熊笹を上宮裏から採ってくるという具体的な記述が残されている。

「参拝目的」については、五穀豊穣を願うとされている場合が多い。これは、英彦山権現が作神とされてきたことと、地域が筑後川中~下流域の穀倉地帯に位置しており、今でも農業に従事している人が多いこととの関連によるものと考えられる。

「土産品」では、札、英彦山ガラガラ、飯しゃもじ、藁草履など、英彦山参りのみやげものとしてよく知られているものが目立つ。代参者がまとめて求め、ムラに帰ったのちに各戸に配られることが多いようであるが、実際に今日でも佐賀・福岡両県の家々では玄関口に英彦山ガラガラがかけられている様子をよく見かける。

「サカムカエ」については、佐賀県三養基郡上峰町屋形原や同町坊所新村で、一〇キロメートル弱ほど離れた神社や橋まで代参人を迎えに行っていたという具体的な報告がある。また、一般的には、代参が帰村したあと、当番の家や公民館などに寄り合って飲食を共にするのが通常のようであり、佐賀市大和町のように、このときの集まりを権現講と呼んでいる場合もある。

目的	土産品	サカムカエの内容	小祠・堂や石造物の有無	その他	参考文献
豊穣、招福」	「神札、飯杓子、彦山ガラガラ(土鈴)」	「代参人がいよいよ村に帰着する日には近親者が鈴や色布で華やかな飾りをつけた馬をしたてて『坂迎え』といって途中まで迎えに行くが、屋形原では鳥栖市原古賀の神社、坊所新村では豆津橋まで迎えをたてた」	—	禁忌、その他 「代参人を送り出した地区では、道中の無事を祈って精進を守り女性の櫛あげなども禁じられた。また、上宮茶講と称して女子供が集まって行う茶講は、自分たちもともに上宮しているという気持ちをあらわすためであった」	上峰村史編さん委員会編 1979『上峰村史』上峰町：pp.981-984
豊穣願の	「帰りは土産を買い帰途についた」	—	—	—	佐賀の祭り・行事調査事業事務局編 2002『佐賀の祭り・行事』佐賀県立博物館：p.170
—	「お守り札とシャモジ」	あり（本稿事例一参照）	—	—	佐賀の祭り・行事調査事業事務局編 2002『佐賀の祭り・行事』佐賀県立博物館：p.183
—	—	詣講、迎講 （本稿事例三参照）	「英彦山権現」の石塔あり。（現地調査より）	例年2月15日「水かけまつり」 （本稿事例三参照）	佐賀の祭り・行事調査事業事務局編 2002『佐賀の祭り・行事』佐賀県立博物館：pp.122-124、p.185
—	—	「英彦山より代参より帰りて、その受けたお守りに感謝の礼拝を行い、あと御酒ひらき、小宴を行う」	—	—	佐賀の祭り・行事調査事業事務局編 2002『佐賀の祭り・行事』佐賀県立博物館：p.184
豊穣、安全」	—	—	—	10月15日に「公民館にて英彦山権現のまつりを行う」	一佐賀の祭り・行事調査事業事務局編 2002『佐賀の祭り・行事』佐賀県立博物館：p.184
—	「御札の他、飯杓子、英彦山ガラガラ、藁草履などの土産を持って各戸に配った」	—	「三隅田権現」（英彦山権現が祀られている）	「又、毎12月15日には赤飯を蒸し住民総出で、村祭りをしている」	古野尚司 1987『本庄の歴史』本庄公民館：pp.53-54
—	—	—	「英彦山権現の分霊と勧請」	戦後、英彦山側から地域へ祈禱に来ていた旨の記述あり。	相良興伸 2004『開成かたりべ』相良興伸：pp.73-75
—	—	「当日夕方公民館に集まり札をくばり会食をする」	—	—	佐賀の祭り・行事調査事業事務局編 2002『佐賀の祭り・行事』佐賀県立博物館：p.194
除け、家安繁栄利益願」	「土産には必ずお札に『英彦山ガラガラ』という土鈴と『飯しゃもじ』それに英彦山の生笹をつけて家毎に配ることになっていた」	—	—	「このように長く続けられた『英彦山まいり』も戦後は殆ど行われなくなった。けれども、一部の集落では今でも行われている」	嘉瀬町史編集委員会編 2007『嘉瀬町史』：pp.150-151

表１．市町村誌にみる英彦山参りと英彦山講の様子（佐賀県・福岡県）

県	市町村	地　域	参詣集団の名称や概要	参詣の形態（代参か総参りか、ほか代参の決定方法など）	参　詣　月　日（参詣せず地域で行事開催の場合もあり）	参詣費	参拝
佐賀県	三養基郡上峰町	佐賀県三養基郡上峰町（「屋形原」、「坊所新村」など）	「彦山講あるいは権現講と呼ばれていた彦山参詣のための講」	代参（「代参人は、くじ引きで決めることもあったが、4、5軒で一組をつくり順番に代参し、数年たって矛盾が生じれば組替えするという方法をとっていた」）	「春か秋の農作業の比較的暇な時で、旧暦2月15日（新暦3月15日）の松会、9月の牛馬の守護神豊前坊の祭事にあわせての参詣が多かった」	「地区によっては権現田という共有田をもったり、米や麦を抜いて積み立てておき、代参人へ経費の一部としたり、帰省してからの権現さん祭り（彦山祭り）の費用に充てていた」	
		佐賀県三養基郡上峰町堤／堤地区	「地区の家々を4班に分け順番でもちまわって代参」	代参（左記参照）	「10～11月」	—	—
	神埼市	佐賀県神埼市神埼町竹猪面	「権現講」	代参（「施主4人で英彦山に参詣」）	「10月第一土・日」	各戸毎月200円ずつ積み立て（本稿事例1参照）	奉幣殿上宮（事例1
		佐賀県神埼市千代田町柳島／大島地区	「3組の講仲間」	代参（本稿事例三参照）	「3月中」	—	—
		佐賀県神埼市千代田町余り江	「地区代表者（5名）」	代参	「10月5日」	—	—
		佐賀県神埼市千代田町詫田	「権現講」「戸主参加」	代参	「5年に一回」	—	—
	佐賀市	佐賀県佐賀市本庄正里	「正里区では昔から住民代表が3月頃の農閑期に福岡県の英彦山詣りを今もつづけている」	代参	「3月頃」	—	—
		佐賀県佐賀市開成	「青年団や三夜待ち仲間」	—	—	—	—
		佐賀県佐賀市巨勢町・東分下／東分下公民館	「権現講」	代参（「秋3人、春3人」）	「春3/15・秋10/15」	—	—
		佐賀県佐賀市嘉瀬町	「権現講（彦山講）」	講は年1回集落毎に行われ、この講で『英彦山まいり』の当番が3、4名順番で決められていた」	「3、4月頃の農閑期」	—	—

目的	土産品	サカムカエの内容	小祠・堂や石造物の有無	その他	参考文献
—	「飯杓子、ぞうり、土製の鈴等」	「帰宅すれば権現講を開き、明年の参詣者の抽せんをした」	—	「彦山まいりに主人を送り出した留守家族の者はひたすら謹慎し、けがあやまちなく無事帰宅するように仏壇に灯明をあげて祈った」	大和町史編さん委員会編 1975『大和町史』大和町教育委員会：p.648
—	「祈禱の札、英彦山ガラガラ、めし杓子」、「熊笹」	—	地区内ではないが、近接地区に英彦山関係の石塔あり（現地調査による）	「留守宅では参拝者の無事を祈って更に「足が軽かごと」といって上宮茶講をしていた」	佐賀の祭り・行事調査事業事務局編 2002『佐賀の祭り・行事』佐賀県立博物館：p.188
—	「お札・飯杓子・英彦山ガラガラ（魔除けの土鈴で門口に下げる）をうけ、さらに上宮裏から熊笹を採ってくる」	「帰参すると当番の家で寄り合って飲食をし、お札等を配る」	—	英彦山側から宗教者が地域に回ってくる「コメホーガ（米奉加）」「ムギホーガ（麦奉加）」についての記述あり	川副町誌編纂委員会編 1979『川副町誌』川副町誌編纂事務局：pp.780-781
—	「お札、飯杓子、英彦山ガラガラ、藁草履など」	「集落につくと神社で待っている子供たちにへそくり菓子やみかんを配り権現講をした」	—	「代参者を送り出した集落では女達が集まり上宮茶講をした。この時飯杓子を叩いて無事を祈ったという」	東与賀町史編纂委員会 1982『東与賀町史』東与賀町役場企画室：pp.1028-1029 pp.1049-1050
—	「スズガラ（ガラガラ）（土鈴）、米杓子、お守り」	「帰ってから『どうぶりい』といって、慰労してやった」	—	「昔はこの日、英彦山山伏、女の英彦山山伏が御経をあげにやってきた」	小城町史編集委員会編 1974『小城町史』小城町役場：p.661
作を」	「神社の札」	「帰ってきたら報告会を開いている。参詣者はお札を床の間に飾り、全戸一人ずつ参加の人々に参拝の報告をした後は直会があっている」	—	参詣者の選出法：「英彦山講が組織され抽選で順番に参詣者を決めてお参りしている」	佐賀の祭り・行事調査事業事務局編 2002『佐賀の祭り・行事』佐賀県立博物館：p.231

県	市町村	地　域	参詣集団の名称や概要	参詣の形態（代参か総参りか、ほか代参の決定方法など）	参詣月日（参詣せず地域で行事開催の場合もあり）	参詣費	参拝
佐賀県	佐賀市	佐賀市大和町（「福田」「横馬場」「池の上」「平野」「出羽」「春日」「久池井」「北原」「井出ノ口」「下田」「広坂」「有ノ木」など）	「権現講」	代参（「毎年抽せんをして順次4、5名が参詣」）	「3,4月ごろの農閑期」	—	—
		佐賀県佐賀市諸富町徳富2区	「英彦山講」	総参り（現地調査による）	「3・15前夜祭・4月第2日曜」	—	—
		佐賀県佐賀市川副町道免	「道免は戸数48戸であるが、2組の講仲間が現存」	代参（「代表2、3人」）	「3月15日頃」	—	英彦山 英彦山上 （「上宮裏 笹」を取 いう記述
		佐賀県佐賀市東与賀町（「搦」「住吉」など）	「権現講」	「代参」	「旧2月15日の松会行事と秋の豊前坊の祭りにあわせての参拝」 「呼子では秋の10月15日」	—	「上宮 「豊前
	小城市	佐賀県小城市西晴気、久蘇	「英彦山講」	「部落代表の男子4、5人」（西晴気） 「講中から毎年4人交替で代参」（久蘇）	「4月15日」p.661	「毎年、講のように積立」	—
	武雄市	佐賀県武雄市橘町・片白（沖永区）	「英彦山講」	「参詣者は毎年4人（以前は3人）で区の代表としてお参りする」	「8月」	「今は各戸から1000円ずつお金を拠出している。（500円は交通費として、500円は旅費後の直会費）（昔は米二升を拠出していた。）」	—

目的	土産品	サカムカエの内容	小祠・堂や石造物の有無	その他	参考文献
	「英彦山神宮のお札や彦山ガラガラ・シャモジ・熊笹などのお土産をムラの全戸に配布する。熊笹は斑入りのものでなければならなかった」	「“英彦山詣り”の者たちが帰るときには、身内のイエでは餅を搗き、サカエ重にガメ煮や握り飯を詰め、酒などを持って、ムラ中が“サカ迎え”をする。サカ迎えの場所は、柴田川（大門・永岡）、三奈木神社（天山）、観音山（立明寺）、夜須の松延・篠隈あたり（下見）、甘木（常松）、針摺（古賀・上古賀）などで、ムラごとに異なる。次田・鳥居ではムラに帰ったら親戚や近隣があつまり、赤飯を作って祝った。この地域からの“英彦山詣り”は、昭和 12、3 年頃から漸次衰退し、戦後はほとんど行われなくなった」 「常松ではサカムカエは甘木辺りまで出かけて行っていた。帰着するとまず産神の三郎天神社にお礼参りをし、祝いの餅まきをした。これは昭和 16 年ごろ途絶えたという」	—	「“英彦山詣り”を“伊勢参り”に対して“半参宮”と呼んでいたのはほかの地域と同様である」p.381、「『英彦山詣りをすませていないものには嫁にやるな』という伝えもあった」	筑紫野市史編さん委員会編 1999『筑紫野市史』民俗編　筑紫野市：pp.381-382 pp.585-587
—	—	「この『彦山まいり』は青年に入る通過儀礼であり、男子の重要な行事であった。したがって「サカムカエ」も行われた。その場所は甘木であった。上大利の場合は錦城館という旅館があって、その旅館に先輩二人が出向いて盛大な酒盛りがなされた」	—	—	大野城市史編纂委員会 1990『大野城市史』民俗編　大野城市：p.467
—	「英彦山ガラガラは戸口に掛けると、魔除けとなって家族の無病息災を祈るのに用いられている。本市からも英彦山神社への神社の参詣がある」p.703	—	—	英彦山参りをしない人びと「男子は 16 歳から 20 歳までの間に、一度は英彦山神社に参るのがならわしであった。ただ春日神社の氏子は、英彦山詣りはしなかった」p.481	春日市史編さん委員会編 1993『春日市史』下巻　春日市：p.481、p.703
本では彦山神様だか願いに行だと言わいた」 p.345				「彦山詣り　福岡県下における成人儀礼の初山入りに、宝満詣りとともにいま一つ“彦山詣り”がある。太宰府市は宝満山の足元だけに宝満詣りでこと足りるはずであるにもかかわらず、六町と観世音寺・榎・桜町を除く各地区とも、宝満詣りよりもむしろ、男は彦山詣り、女は札打ちに中心が置かれていた」pp.408-410	大宰府市史編さん委員会編 1993『大宰府市史』民俗資料編　太宰府市：pp.345-348 pp.408-410
—	「土産には神札・田の虫封じの護符・神水のほか、英彦山ガラガラ・杓子等を持ちかえる」	「講中では帰着の時間に合わせて村境までサカ迎えをし代参者をねぎらったものである」	—	—	三輪町史刊行委員会 2001『三輪町史』三輪町教育委員会：pp.856-859

県	市町村	地域	参詣集団の名称や概要	参詣の形態（代参か総参りか、ほか代参の決定方法など）	参詣月日（参詣せず地域で行事開催の場合もあり）	参詣費	参拝
福岡県		福岡県筑紫野市（「大門」「永岡」「天山」「立明寺」「下見」「常松」「古賀・上古賀」「次田」「鳥居」など）	「本来は数え年16歳の“初山入り”にあたるが、ムラごとにグループを作って行くために、人数のある程度まとまるのを待って4、5年に一度という地区もあり、年齢も18歳から20歳ぐらいまであがることもあって、必ずしも一定していない」	地区によって異なる（左記参照）	「昔は旧暦2月15日の御田祭に行っていたと思われるが、明治期になって御田祭が3月15日、神幸祭が4月14、5と分離したので、そのどちらかに行っていたもようである」	—	—
	大野城市	福岡県大野城市（「上大利」など）	「旧時男子は、16歳から20歳までの間に、一度は英彦山神社に参るのがならわしであった」	若者中心の年齢集団（左記参照）	—	—	—
	春日市	福岡県春日市	「男子は16歳から20歳までの間に、一度は英彦山神社に参るのがならわしであった」p.481	若者中心の年齢集団	—	—	—
	太宰府市	福岡県太宰府市（「坂本」など）	「多くは若者組に加入したらできるだけ早い時期に彦山詣りすることになっていたが、大宰府市域でも6町と観世音寺区を除いて各ムラで昭和初期まで行われていた」p.345	「早春の農閑期に各ムラで該当者が10人くらいまとまると、それぞれ彦山詣りに出かけていた」p.345	「早春の農閑期」p.345	—	—
	筑前町	福岡県筑前町（旧三輪町）の「大塚」「弥永」「依井」など	—	—		「現在では車の発達で日帰りができるため、お参りの費用はすべて区費ですませている」	—

「小祠・堂や石造物の有無」については、英彦山に関連する石造物などが地区に残されているかどうかを示している。あまり情報がないが、佐賀県神埼市千代田町柳島の大島地区のように、「英彦山権現」と刻印された石塔が祀られている場合や、佐賀市本庄正里のように堂を作って祀られている場合がある。その他にも英彦山を勧請するなどしたことに由来をもつ石塔や、講の成員らしき人々の名前を記した石造物を調査の際にいくつか確認しており、未詳の対象として全体像の解明に今後の詳しい調査が必要と考えられる。

最後に、「その他」についていくつか取り上げて見てみたい。

佐賀県三養基郡上峰町では、英彦山参りの最中の禁忌や、女性だけの集まりなど特徴的な習俗の報告が見られる。このうち、女性だけの集まりでは、代参人を送り出した後に女性が集まって「上宮茶講《じょうぐうちゃこ》」を催しているという記述があり、同様の集まりは佐賀市諸富町徳富二区や佐賀市東与賀町など佐賀県内の複数地域で見られ、同県内の一部に特徴的な習俗であるように推測される。

また、佐賀県上峰町では、英彦山参りの際に英彦山内のどの坊に宿泊していたかを記した興味深いデータが載せられている。(7) さらに、佐賀県神埼市千代田町柳島大島地区では、英彦山参りに行く一カ月前に身を清めることを目的として「水かけまつり」という行事が行われている。地区の民俗に英彦山が深く影響を残した例として、この水かけまつりは後に事例三として取り上げることにする（三四七頁）。

以上のように、市町村誌から現代の英彦山講や英彦山参りの輪郭を眺めた結果、一部にはこれまであまり知られていないような英彦山関係の石造物をはじめ、「上宮茶講」「水かけまつり」など地域的に特徴のある習俗や民俗行事の存在を確認することができた。同時に、佐賀・福岡両県の市町村誌が参詣者側の立場からの英彦山参りの情報を多数有していることを改めて確認できたと言えよう。しかしながら、その多くはこれまでによく知られている英彦山参りや英彦山講の様子とそう変わらないようにも思われる。ここでは、あくまで輪郭を確認できたことを成果としつつ、次に移りたい。

三　現地調査から見る近年の状況

次に、現地調査に基づく個別の事例から、英彦山参りと英彦山講の近年の様子について具体的に見ていくことにする。ここでは、とくに市町村誌には載せられることのない細部に注目してみたい。以下、佐賀県内の事例を続けて三つ挙げる。

佐賀県内に残る英彦山参り、英彦山講

事例一　英彦山参りと権現講（佐賀県神埼市神埼町竹猪面《たけいのもて》地区）

神埼市は、二〇〇六年に神埼郡神埼町・千代田町・脊振村が合併して誕生した。佐賀県東部に位置し、北は脊振山地から南は筑後川に至る縦長の地形をしている。権現講の密集地帯とされている佐賀平野に位置し、特に旧神埼町内は今日もなお、英彦山参りが続けられている集落が多い。猪面地区はその旧神埼町内の市街地から少し離れた農村部に位置しており、今でも稲作を中心に農業に従事する人が多い。二〇一四年の調査

猪面地区の権現講。参詣翌日の集会所での集まり（2014 年 10 月 5 日撮影）

時、全戸数は二十六戸であり、このうち二十五戸が講に参加している。その講のことを現地では「権現講」と呼んでいる。

参詣の形態は代参で行われ、毎年四戸ずつである。この四戸は代参が帰ってきた翌日に開かれる集まりの際、くじによって翌年の当番が決められる。(8) 一度選ばれた家は、全戸が一回りするまで次のくじは引かないことになっており、六年ないし七年で全戸が一回転するようになっている。

英彦山への参詣は、二〇一四年時点で、十月の第一週目の土曜日に行われている。土曜日の早朝、代参の四人が英彦山へ参詣する。以前は列車とバスを乗り継いで参詣していたというが、現在では車で行くことになっている。車は代参人の中から出すことになっており、他の代参と乗り合いで行くことが多いという。猪面地区から英彦山へは約八〇キロの道のりである。道路が今のように整備されていないころは、車でもかなりの時間を要したというが、現在では近隣のインターチェンジから高速道路に乗り、片道わずか一時間半ほどで到着する。

英彦山に到着後は、まず奉幣殿に参拝し、次に社務所へ行って地区の全員分の札を受ける。さらに代参のうち、若手の体力を有する人が標高七二〇メートルほどの奉幣殿から一時間半程度の標高一二〇〇メートル弱の山頂にある上宮に登拝する。二〇一四年度の場合、小さい子どものいる代参人が家族で英彦山参りに加わっており、その一家ともう一戸の代参人が上宮に登拝し、残りの代参人は奉幣殿近くで待っていたという。

上宮に登拝後、再び奉幣殿まで下ってきた一行は、待っていた他の代参人と合流したあと帰路に就く。夕方までには猪面地区に帰着し、その日は解散となる。

翌日の日曜日、正午から地区の集会所にて講の集まりがある。権現講に加入しているすべての世帯の代表が集まり、まず区長と前日代参に行った人から無事に英彦山参りを終えたことの報告がある。次に翌年の代参人がくじによって決められる。猪面地区では、その年に英彦山に参った代参人は「神サンになって帰ってくる」と言われている。

くじの後、会食が始められる前にはまず代参の四人が盃で神酒を飲み、その盃の流れを受けて講の全戸が順番に杯を飲み干す。食事を終えた後しばらくして集まりは終了し、解散となる。なお、土曜日の参詣にかかる交通費や翌日の講の集まりにかかる会食代（仕出し弁当、酒代等）は、各戸毎月二百円ずつ積み立てられているという。

二〇〇四年ころまでは、代参の人が英彦山に参詣している間、猪面の婦人会で「上宮茶講」と呼ばれる集まりをもっていた。女性だけの集まりであり、代参人が無事に上宮まで着けるように祈念し、語らう集まりであったという。

事例二　英彦山参りと英彦山講（佐賀県佐賀市諸富町徳富二区）

佐賀市諸富町は、有明海に注ぐ筑後川の下流部付近に位置している。同町は二〇〇五年に佐賀市と合併するまで筑後川を挟んで福岡県と接する県境の町であったが、その中でも徳富地区は川に面した集落である。

自治会組織としての徳富二区は上記の佐賀市と合併時に発足し、二〇一四年度の時点でちょうど一〇〇戸あまり、約三四〇名の人々が暮らしている。現在、この徳富二区に暮らす世帯のうち、計六戸が講に加わっている。この講のことを講に加入している当人たちは「英彦山講」と呼んでいる。

英彦山への参詣は、英彦山参りで一般的な代参ではなく全六戸の総参りで行われ、毎年四月の第二日曜日に行われることになっている。総参りのため代参の場合のような順番を決めることはないが、毎年交代で「施主」の家が二戸ずつ選ばれる。施主に選ばれた家は、各戸から積立金を集める役割を担うほか、英彦山参りに行く約一カ月前の三月十五日に開かれるセンザ祭の当番となる。

このセンザ祭では夕方より施主の家に集まり、地区に保存されている英彦山の祭神を描いた掛け軸をさげて二礼二拍一礼し、お謡いをあげる。掛け軸の前には円錐形にごはんを盛り付けた「ゴックサン」を供え、ろうそくをつけて祀る。二〇〇九年ころまでは施主の家がうどんを出す決まりになっていたが、今は取りやめになっている。このうどんは、講に入っている家の人なら大人も子どもも自由に食べてよかったそうであり、それが子どものころの楽しみだったと語る人もいる。

英彦山参り当日は、他の地域の場合と同様に以前はバスと列車を乗り継いで参詣していたが、現在の講に加入している当人たちが英彦山に参るようになった一九七〇年代の終わりころには、すでに車で行くようになっていたという。今日では講に加わっている世帯のうち比較的若手の六十歳前後のメンバーやその家族が車を出し、乗り合いで英彦山に参っている。以前から戸主だけではなく、夫婦や子どもを連れて参るのが通常であったという。

英彦山へは片道二時間程度を要する。到着後は、まず社務所へ参詣に来たことを届け出る。そのあと奉幣殿に上がり、参詣者一同が神職による御祈願を受け、札などの授与品を授かる。以前は参詣者全員で上宮まで登り、そこで弁当を食べ、北岳方面へ抜けたり、南岳方面にある鬼杉の方へ下りたりするのが通常であったというが、現在ではほとんどの場合奉幣殿までしか登らない。最後に講の全員で上宮へ参ったのは、北部九州をはじめ全国的に甚大な被害を及ぼした平成三年の台風一九号の翌年であったといい、至るところに倒木があり、上宮の建物が吹き飛んでいたことを覚えているという。それ以降も、若手が上宮まで登り、年長者らは社務所近辺で待つなどしていたころもあったが、現在ではほとんどなくなり、参拝をすませて昼食を英彦山近くでとったのちに帰路に就くことが多いという。

集落に帰った後は、まず施主の家に掛けられている英彦山の掛け軸の前で、無事に帰ってきたことを報告する。その後、以前は施主方で会食することになっていたが、今では近隣の料理屋などへ出かけることになっている。参詣にかかる費用や帰ってきた後の食事代等に充てるため、各戸毎月二千円を積み立てている。積立金を集めるのは、すでに触れたようにその年の施主の仕事である。

事例三　水かけまつりと権現講（佐賀県神埼市千代田町柳島大島地区）

神埼市千代田町柳島の大島地区は、事例一の同市猪面地区から南方に数キロのところに位置し、筑後川からも近いクリークが網の目のように広がる田園地帯の中の集落である。二〇一四年の時点で七十戸ほどの世帯数があり、ここに計三つの講が組織されている。その講のことを、講に入っている当事者たちは「権現講」と呼んでいる。地区の伝承では、かつて疫病が発生した際、たまたま訪れた英彦山山伏が祈禱を行って疫病を鎮め、それを機に英彦山参りが始められたとされている。

大島地区の権現講は、近隣には同地区にて行われている「水かけまつり」（水かかい）という民俗行事と

大島の水かけまつり。厳寒の中、橋の上で締め込みの男性が水を掛けあう（2014 年 2 月 15 日撮影）

ともによく知られている。この水かけまつりは、例年二月十五日の厳寒の中、英彦山に参詣する一カ月前に合わせて身を清めるために行われるとされている。大島地区の三つの講すべてがこの行事に加わるが、そのうち一つの講の二〇一四年度の様子を記すと、まず午後五時ころにその年の宿である「スブソ」の家に、講に加入している世帯の男性が集まる。この講の場合十九世帯ほどが加わっており、そのうち二十代から四十代くらいまでの比較的若い人数名が締め込み姿になる。

用意された豆腐を食べた後、午後六時ころになるとスブソ宅に用意されているバケツを持って、歩いて数分のクリークの上に架けられている橋のところまで移動する。ちょうど他の二つの講の人々も集まってきており、橋の上で対峙する。持ってきたバケツでクリークから水を汲み、用意ができたところでお互いに盛大に水をかけあう。水かけは数回に分けて行われ、六時十五分ころには終了する。

水かけが終わると、講の人々は一旦各々の自宅に帰って風呂に入り、午後七時ころまでに再びスブソ宅に集まる。全員が集まったところで、年長者によってお謡いがあげられ、揚げ豆腐やみそ汁、白飯等の精進料理による会食が始められる。この集まりのことを「詣講」（メーコウ、マイリコウ）と言ったり、「権現講」と言ったりする。

英彦山への参詣は、水かけまつりから一カ月後の三月十五日前後に行われる。代参で行われているが、大島地区の場合は毎年必ず参るというわけではない。まだ英彦山に参ったことがない若い人で、希望者がいた場合に、その人が英彦山へ参詣することになっている。大島地区の他の二つの講から代参で参る人と誘い合わせて、一緒に英彦山へ行くことも多かったという。

英彦山への交通手段は、七十歳代の人の中には自身の青年のころの経験としてバスと列車で参詣したと言う人もいるが、現在では車である。大島地区から英彦山への距離は、同じ市内でもある事例一の猪面地区とほぼ同様の約八〇キロメートルであり、一時間半から二時間ほどで到着する。奉幣殿への参拝などをすませ、その日のうちに地区へ帰ってくる。

英彦山から帰ったのちは、「迎講」（ムカエコウ）が開かれる。これは、サカムカエに該当する集まりであり、ちょうど英彦山参りの前に行われる詣講と対をなしているように見える。詣講でスブソとなった家とは別の家を宿として立て、代参人を囲んで会食を共にする。

なお、英彦山への参詣が行われなかった年は、迎講も開かれない。詣講と迎講にかかる費用は、地区に残る昭和四十九年（一九七四）からの記録（『英彦山講帳』）から見て取れる。これによると、翌年からそれまでの抜米を廃して現金で徴収することになった昭和五十年の取り決めでは、詣講では一戸当たり米五合分、迎講では同一升分にあたる現金を出すことになっており（昭和五十一年の詣講では五合分として二百円を徴収）、最も新しい規約である平成十六年（二〇〇四）の取り決めでは、詣講では一戸当たり千円、迎講でも同千円徴収することになっている。

ただし、実態としては、前年度からの繰越金に足りない分を講に加入している世帯で平等に割って負担していることが多いようであり、近年では繰越金が多くなり全く徴収していない年も見られる。これらとは他に、参詣者がいる場合には、別途餞別が集められている。

今日の英彦山参り、英彦山講

以上、佐賀県内の三つの具体的な事例を記した。調査はいずれも二〇一三年から二〇一五年にかけて行ったが、市町村誌等では過去形で記されることも多い英彦山参りや英彦山講が今日でもしっかりと行われていることに少々驚いたというのが調査当初に抱いた率直な印象である。(9) こうした状況からは、英彦山講は今日でも決して過去の習俗とはなっていないということが言えよう。

さらにその内容を見ていくと、前章で見た市町村誌で報告されている記述さながらに、現在も英彦山参りが行われていることが読み取れる。事例一の猪面地区を例にとると、具体的には毎年の年参りを欠かさず出していること、英彦山に参詣する際には山頂の上宮まで登拝していること、代参が帰村した後にサカムカエ(「権現講」)を開いていること、さらには参詣費や会食に充てるために律儀に各戸毎月二百円ずつを積み立てていることなどである。加えて、「上宮茶講」と呼ばれる女性だけの集まりを比較的近年まで開いていたことや代参者が「神サンになって帰ってくる」とされていることは、佐賀平野から行われる他の英彦山参りの報告にも見られる特徴である。(10)

その一方で、事例二、事例三も含めて検討してみると、事例三では水かけまつりという英彦山に影響を受けている珍しい行事や、参詣後に行われるサカムカエ(「権現講」、「迎講」)の集まりに対して参詣前に「センザ祭」や「詣講」という集まりがもたれているなど、これまでの英彦山参りや英彦山講の報告ではあまり見られなかった行事の存在にも気づかされる。では、こうした調査データを基に、ここでは当初の目的である市町村誌からはうかがい知ることのできない近年の変化や、今、生じつつある動向に焦点を合わせ、一部情報を補足しながら今日の状況について分析してみたい。

変化と変容

まず、注目してみたいのは、事例のうちのいくつかで取りやめることになった行事や習俗があることである。確認できるだけで、事例一の上宮茶講（二〇〇四年ころまで婦人会で実施）、事例二の上宮登拝（一九九二年ころまで実施）がある。これに加えて、事例二の諸富地区では、二〇一四年を最後に、英彦山に参詣する前に行われているセンザ祭を次年度以降から取りやめることになったという。

こういった取りやめになったものは、大きな流れとしては英彦山参りの簡略化として見ることができる。それぞれの行事・習俗や地区ごとに背景や理由があるだろうが、ここでは上宮登拝を例にとって見てみたい。本来、講による英彦山参りでは、英彦山の頂上に鎮座する上宮までの登拝が一連の行程の中に欠かすべからざるものとして組み込まれていた。その重要性は、長い参詣を経て英彦山に到着し、坊に荷物を預けた後で家の中にも上がらずに、まず上宮に登拝するのが一般的であったということからもうかがえる。(11)そうした上宮までの登拝をやめ、奉幣殿の参拝をすませたのち下山するようになったのは、徳富二区のように一九九〇年代前半にやめた場合や、もっと早い時期からやめてしまった例も少なくないようである。(17)

この上宮登拝をとりやめた背景には、奉幣殿までの道のりであれば駐車場から比較的近かったり、二〇〇五年に開通したスロープカーを使って長い参道の階段を歩かずに到達できたりするという利便性のよさがある反面、奉幣殿から上宮までは途中鎖場も点在する険しい登山道の様相を呈するという参詣路の道路状況が影響していると考えられる。同時に、険しい登山道を参詣者が年齢による体力的な問題で登れなくなってきているという事情や、あるいは上宮裏で牛馬に食させるために採っていた笹の必要がなくなったからといった、英彦山側と参詣者側双方をとりまく状況が背景にあると考えられそうである。

次に着目してみたいのは、本来、英彦山へ参詣するために組織された英彦山講が、近年、英彦山へ参詣しなくなっている様子である。事例三の大島地区では、英彦山参りの前に潔斎を目的として水かけまつり（水かかい）を行い、その後に精進料理で詣講を行っている。その一方で、一カ月後に行われるはずの英彦山参りは、少なくとも調査を行った三つの講のうち一つでは、平成十六年に一名の代参が立てられたのを最後として、平成二十六年までの十年間もの間で一度も行われていない。同地区の講は、まだ英彦山に参ったことがない若年の男性が代参に選出されることになっているため、必ず毎年参詣が行われているというわけではない。しかし、記録のある昭和四十九年以降の様子を見てみると、これまでの四十年余りに五年間、代参が立てられなかった時期があるが（昭和五十四～五十八年）、平成十六年までは平均して三年に一回程度は英彦山参りが行われており、直近のように十年間も代参が立てられなかったことは一度もなかったことである。[13]

こうした背景には、地区に居住する若者が以前と比べて相対的に減ってきたことや、必ず英彦山に行かなければならないという従来的な意識が、講の母体となっているムラのレベルで徐々に変わってきていることが考えられるだろう。[14] 一方で、大島地区の場合は独特な民俗行事（水かけまつり）が行われており、講の存在意義がこの行事を遂行することにすり替わりつつある可能性も考える必要がある。したがって、この事例からは単に講が衰退していると見るのではなく、本来の参詣講としての性格がやや変化してきていると捉えたほうがよいように思われる。

今後の展開への予察

三つ目に、事例一の猪面地区でのエピソードから、英彦山参りや英彦山講に今後生じうる変化について考えてみたい。

代参人が英彦山から帰ってきた翌日に開かれる集まりでは、英彦山参りの報告や翌年の代参人選出のためのくじ引きが行われるが、その際、次の二点が話し合いの議題に出された。

一点目は、戸主の高齢化に伴う、代参のくじの引き方の変更を提案するものである。

集落のほぼ全戸の二十五戸が講に加わる猪面地区では、毎年四人の代参をくじを引いた上で選出しているが、高齢や病気を理由に代参の役目を果たすことができない人が少しずつ増えてきたという。そのため、今後の方針として「高齢の戸主や病気の人を代参のくじ自体から外す」（一案）、「これまで通りの方法で行う。くじは引き、英彦山に行くことができない場合はやむを得ないものとして認め、地区で待機する」（二案）という二つの案が出された。

話し合いが行われて様々な意見が出されたが、「八十歳を過ぎても行きたいという人がいる」という意見や「一案だと全員参加の原則から逸脱し、急速に講が衰退しかねない」といった意見に多くの賛同がなされ、これまで通りの第二案で続けられることが決まった。

二点目の議題は、現在、十月の第一週目の土曜日と日曜日の二日間にかけて行われている行事を、代参となる人の負担を考えて、一日間にまとめてできないかという提案だった。講の集まりに出てきている人には労働世代の人もいて、こちらも真剣な話し合いが持たれたが、一つ目の議題で決まった方針との整合性や「一日間にまとめることがかえって代参の負担を増やすのではないか」という意見が出され、現行のまま二日間の日程で続けられていくことが決められた。

双方の議題とも結果的には現状維持という決定がなされたものの、ここでの議題は、英彦山参りや英彦山講の典型的な特徴を備えているかのように見える猪面地区でも、近い将来に変化がもたらされる可能性があることを示している。(15)

四　権現講社の現在

講社の輪郭

本稿では、前章で取り上げたムラ内部で組織された英彦山講と対を成す、もう一つの講組織である権現講社の現在の様子について見ていきたい。神社附属の講社組織は、正式な名称を「英彦山神宮権現講社」(以後、権現講社と表記する) という。

当時の資料が少なく不明な点が多いが、直接的な前身となる組織の発足年は昭和三十年代と考えられる。(16) 権現講社への加入は年会費を納めることで誰でも可能であり、英彦山神宮からは祭典の案内が登録されている住所へ郵送されることになっている。また、毎年九月末には講社の祭礼である例大祭・権現講社大祭が行われている。当日は、会員になっている人々が各地から時間をかけて英彦山神宮へ集まり、奉幣殿での神事に出席した後、境内にある会館内での直会《なおらい》に参加する。直会では食事をとった後、英彦山の神の使いとされている鷹にちなんで名づけられたクジ（お鷹くじ）が引かれるなどして、終始、和やかに行われる。

権現講社を見ていく上で、要点となるのが組織的な全容についての把握である。

英彦山神宮の例大祭・権現講社大祭（2014 年 9 月 28 日撮影）

概要から述べると、同講社に加入している人は支部組織を介して講社に属す人と個人単位で属す人とがいる。ここでは、便宜上前者を支部会員と呼び、後者を個人会員と呼ぶことにする。規模については、支部会員の方は二〇一五年現在で五つの支部が存在し、そこに名簿の上で計一三五名程度の会員数を数える。一方、個人会員の場合には名簿上では全体で一八〇名程度である。ただし、会費未納による脱会の規則が設けられていないため、支部会員および個人会員とも名簿の上と活動実態を伴う上での会員数はややかけ離れており、その一端をうかがえるものとして二〇一四年時点で年会費を納入している個人会員の数は一八〇名中、半数程度に留まる。

以降、権現講社の支部組織と個人会員についてこの順に取り上げ、それぞれどのような人々が講社に加わり、参詣をはじめとして英彦山との関わりをもっているかについて描写してみたい。

表2．権現講社支部の輪郭

支部名	所在地	会員数	近年の活動実態
A支部	佐賀県佐賀市	6名	実態は事例二の徳富二区の権現講。年一回の英彦山参りなど。
B支部	福岡県久留米市	40名	2014年現在、ほぼ活動を停止中。
C支部	福岡県久留米市	22名	講社大祭への出席（2013年度に現地で確認）
D支部	福岡県八女市	25名	講社大祭への出席（2014年度に現地で確認）、正・五・九月に英彦山への参詣。
E支部	佐賀県佐賀市	40名	年2回程度の英彦山への参詣。

支部組織とその活動

では、順番に支部組織からその中身を見ていきたい。表2は五つの支部組織を簡潔に示したものである。まず、支部の所在地を見てみると、福岡県に三つ、佐賀県に二つ存在していることがわかる。福岡県の支部は久留米市内に二つ、八女市内に一つであり、いずれも福岡県筑後地方に位置している。佐賀県の支部二つは、どちらも佐賀市内である。五つの支部は県をまたいではいるが、佐賀市から久留米市を経由して八女市までは境界を接する自治体であるため、それぞれ比較的近隣に位置している。

次に、名簿上の支部会員の数を見ていくと、最も少ない支部で六人、最も多い支部で四十名程度を数える。今回、各支部の関係者へ聞き書きを行い、結成の契機や英彦山との関わり方などの活動実態について話を聞くことができた。このうち、双方に異なった性格をもつ代表格としてA支部とD支部を取り上げ、以下にそれぞれ事例四、事例五としてその内容をまとめたい。

事例四　権現講社A支部（佐賀県佐賀市諸富町徳富二区）

最初に記しておきたいのは、権現講社支部Aの実態は、事例二の佐賀県佐賀市諸富町徳富二区の英彦山講と全く同一だということである。

徳富二区の英彦山講がいつごろ始められたかは定かではないものの、地区に残されている掛け軸の箱には明治二十八年（一八九五）に当時の英彦山神社で求めた旨が記され、また昭和三年（一九二八）以降の施主の名前を記した「英彦山神社祭帳」が残されている。その記録からは、昭和三年当時、現在の六世帯に対して計十四世帯が講に加わっていたことや、他でも見られるようなムラの英彦山講とほぼ変わらない様子で祭祀が続けられてきたことが読み取れる。

大きな変化があったのは、昭和五十年前後のことである。

地区の人々によると、当時、英彦山講が一度途絶えたことがあったという。その後、わずかの空白を挟み、まもなく講が再結集されたが、その時点で参加戸数は九軒に減っていた。このとき、講の代替わりが進められ、比較的年齢の近い当時三、四十代の人々を中心に再結集されたという。そうした変化を経て、英彦山講が権現講社へ加入したことを記録の上から確認できるのは、昭和五十六年である。以降、今日まで約三十五年もの間、講社に継続して加入している。

なお、権現講社に加入したきっかけについて当時のことを知る人に尋ねると、皆そろって「こちらから入った記憶はない」と答えるなど印象が薄く、中には冗談交じりに「入らせられとるばい」と答える人もいる。

現在の活動は事例二で記した通りであり、二〇一五年度現在で二月十五日にセンザ祭を行い、そのあと四月の第二日曜日に英彦山に参詣する。参詣は講に加入している全六戸の総参りで行っている。

事例五　権現講社D支部長（M氏）のライフヒストリー（福岡県八女市在住）

権現講社D支部の支部長を務めるM氏は、昭和二十五年（一九五〇）生まれの男性である。中学生のころ、原因不明の腹痛に悩まされ、病院を回っても病名がわからなかったため、近くに住むN師を訪ねる。N師は真言宗の僧籍を持つ女性のオガミヤで、お祓いや「何月何日に事故を起こす」「何月何日に何百万（円）入る」などと教える占いのようなことをやったり、依頼者の家に出かけて行ってかまど祓いや井戸のマツリアゲなどをやっていたという。多いときでは毎日三十人くらいの人がN師を訪ねたそうである。

そのようなN師から、腹痛の原因は先祖が積み上げた因縁だと告げられ、「般若心経の八、仏説のブ」も知らないところからN師のもとに通い続けて、二十歳のころに腹痛は治ったが、悪い因縁を断ち切るためにN師の紹介で訪ねた京都の寺院にて得度した。

その一方で、すでに十七歳のときには、代々の家業であった大工になるための道を歩みはじめており、得度の後は「大工さんとお坊さんの両方をしなさい」というN師のすすめもあって、大工をしながらN師のもとで修行を続ける。その修行は、N師宅や近隣寺院にある滝場で滝に打たれたり、四国八十八ヶ所や九州内の三十三観音など全国の霊場を何度もまわったりするものであったという。こうした行と並行しつつ、三十一歳のときには建築士の免許をとり、自宅に設計事務所を開いて同じく大工である父と一緒に仕事を続けてきた。

M氏が最初に英彦山を訪れることになったのは、N師のもとを訪ねてまもない十五歳のころ、同氏に連れられて行ったときである。N師のもとでは、滝行や各地の寺社への巡礼のほか、山に登ることもあった。北部九州の山では英彦山をはじめ、宝満山や求菩提山などへ登ることがあったという。

二〇〇一年に、M氏が五十年近く師事してきたN師が亡くなる。M氏が英彦山権現講社の筑後支部長となったのは、このときである。

すなわち、N師はお祓いや祈禱、占いといったオガミヤとしての活動の一方で、M氏の先代として講社の支部長を担っており、M氏は彼女からその役を引き継ぐことになったのである。先代のN師がいつ、どのような経緯でその役割についていたのかは不明だというが、N師が存命のときは、主にN師の信者からなる人々が講社員の多くを占めていた。

当時、N師がその信者たちと一緒に英彦山に参る際には、多いときで五十人ほどが乗るバスがほぼ満席になるほど盛況だったという。英彦山に参る際には、英彦山内を歩き、頂上にある上宮などでお経を上げるなどしていた。そうした人々の中には、M氏と同じようにN師を師匠とし、行を積む人々もいた。男性は若干名で、ほとんどが女性であったというが、N師が亡くなる前に、この中からM氏が指名されて支部長となったという。

M氏が支部長となった今では、下は四十歳前後、上は八十五歳くらいからなる十五人ほどが講社支部に加わっており、正・五・九の各月と、九月は別に権現講社大祭のときに英彦山に参ることになっているという。二〇一四年の権現講社大祭には、M氏の家族や親戚などを中心に四、五軒の家族からなる十名ほどの人が参加した。現在のM氏は、かつてN師のもとで学んでいたときと同様に、英彦山に参るだけではなく本四国霊場や九州各地の霊場を巡って行を積む一方で、自宅近くにある寺院の月例の護摩祈禱の際に寺の住職の脇に控える僧役の一人として従事するなど、宗教的職能者として活動する一面を持っている。

現在の講社支部のありよう

まず、事例四の支部Aから特徴を捉えてみたい。

事例のはじめに記したように、この支部の実態は事例二の徳富二区の英彦山講である。全体を通してみると、本事例は元来、集落で結成された英彦山講が、ある時期を境に神社附属の権現講社に組み入れられた事例であると言える。

ただ、組み入れられたといっても、従来的な英彦山講の性格を大きく変えるものではなかったようである。実際のところ、「支部」といっても英彦山神宮から何らかの業務を委託されていたり、特別な権限を与えられていたりするわけではなく、一般的な英彦山講と比べてみてそれほど特別な違いがあるわけではない。[17] 講社に「入らせられとるばい」と冗談交じりに語る当事者の立場からは、自分たちは地区において続けられてきた英彦山講を行っているだけであり、その延長線上で講社組織にも加入しているというだけのようである。なお、事例四のように住んでいる場所が近いなど、主に地縁的な要因で支部になっているものとして、他に支部B、支部Cを類例に入れることができる。

次に、事例五を見てみたい。本事例では支部Dの支部長を務めるM氏のライフヒストリーから、講社の支部長となった経緯や英彦山との関わり方などを通じて支部組織の概要が読み取れる。支部Dが支部Aとの対比で明らかに異なっているのは、その母体となっている集団である。すなわち支部Dは、支部Aのように伝統的な英彦山講が神社附属の講社組織に取り込まれたものではなく、M氏の師匠であるN師が権現講社の支部長であったころから、一人の指導者的な宗教的職能者を中心に集まった弟子や信者たちによる集団が運営主体となって支部を名乗っていることに特徴がある。なお、事例五に類似している支部として、支部Eもまた教師と信者たちによる宗教的な集団としての様相を呈していることを付記しておく。

このように同じ権現講社の支部であっても、それぞれの集団は互いに性格が異なっていることが読み取れる。ここでは、事例四を「地縁型の講社支部」と呼び、事例五を「同信型の講社支部」と呼んで区別することにする。

個人会員による英彦山参りと地域の習俗

次に権現講社の個人会員について見ていきたい。ただ、多数存在する個人会員を一人一人見ていくことは容易なことではない。したがって、ここでは一例として、ある個人会員とそのグループによって行われている英彦山参りの様子を取り上げて見ていくことにしたい。

事例六　K氏とそのグループによる英彦山参り（福岡県柳川市S校区在住）

K氏は、福岡県南部の柳川市に暮らす昭和九年（一九三四）生まれの男性である。柳川市は筑後川の下流域付近に位置し、平野部での稲作がさかんである一方、沿岸部を接する有明海は日本を代表する海苔の産地である。K氏も一町ほどの田んぼを作る傍ら、ネギなどの作物を畑作している。休みの日には家族もそろって農業を手伝うが、普段は自らトラックを運転して田んぼと自宅とを往復する。また、自らの田畑を耕すだけではなく、農閑期には海苔を作る親戚の家へ種入れや摘み取りの手伝いにも行くという。ただし、K氏は専業農家というわけではなく、長く役所に勤めていた。役所を退職したのは今から十数年前の六十五歳のときである。

二〇一三年の時点で、K氏が英彦山神宮へ参詣する回数は年に四回ほどであり、内訳としては三月十五日の祈年御田祭、五月下旬の田植え前、七月上旬の除蝗風鎮《じょこうふうちん》祭り、そして九月下旬の権現講社大祭である。以前は、妻や子どもたちと一緒に参詣していたが、役所を退職してからは、母方のいとこや近所の同級生など、いずれも近くに住む男性五人程度のグループで参詣することにしている。

英彦山へは、グループのうち比較的若手のいとこの男性が運転する車に乗りあわせて行くことが多い。K氏の自宅から英彦山までは約一〇〇キロメートル離れており、途中休憩を挟みながら出発して三時間ほどで到着する。二〇一三年の九月末に行われた権現講社大祭の場合だと、K氏をはじめとする男性のメンバーたちに加えて、彼らの妻ら女性三人が加わり、計九名で英彦山参りが行われた。まず、午前十一時から始まる神事に出席した後、境内の会館内で行われた直会に講社大祭の他の出席者たちと参加した。食事をとりながらしばらく歓談したのち、午後一時過ぎには直会が終了し、自宅への帰路に就いた。

K氏の自宅には、高さ五〇センチメートルほどの「英彦山権現」と彫られた石塔が屋根付きの小さな祠の中に祀られている。これは、K氏が役所を退職する少し前に英彦山神宮の許可を得て勧請して建立されたものである。これまで年に一回英彦山神宮から神職に来てもらったり、同神宮から紹介された近隣の神職を招いたりして、祭祀が続けられている。

K氏はこの地方の方言を使って人とよく話す明るい性格の持ち主であり、八十歳を超えて非常に活発である。まず、このK氏の英彦山参りから注目されるのは、講社の個人会員でありながらも集団的に参詣が行われている様子である。

参詣グループの内訳を見てみると、K氏をはじめ、K氏の母方のいとこ、同い年の同級生、もともとはこの同級生の知人であったことをきっかけに加わった人など、計五人程度のメンバーからなる。年齢構成はK氏を筆頭に、下は七十歳前後までであり、みな比較的高齢の男性である。いずれもK氏の近所に暮らしているが、自治会組織や生業を同じとする間柄というわけではない。K氏らの話によると、この参詣グループは、寺社への参詣を目的としてK氏を中心に自然と集まってきた任意の集団であるという。その点では、地縁性に依拠する事例四の英彦山講（A支部）とはやや異なり、同信性に基づく集団である事例五の支部Dとも違っている。

K氏が年に四回も英彦山参りを行い、自宅に「英彦山権現」を勧請するほど英彦山との関係を持つようになった背景には、家内安全や豊作を願うのとは別に、彼の父親によって行われていた英彦山参りの影響がある。「親のすることはよかろうたいで、私もあげんして行きよると。やっぱり［英彦山参りを］しとくほうがよかろうたいで、やっとったんも」（二〇一三年調査時、［ ］内は著者による補足）というように、自らを父の姿に重ねつつ、そこに「よい」という価値を見出しながら、英彦山参りを続けている様子をK氏から垣間見ることができる。ただ、これはK氏が英彦山参りを行う個人としての動機であるが、その一方で彼らが集団として英彦山参りを行っている理由にはならない。それには、地域にて行われている習俗による影響を考えていく必要がある。

その習俗とは、K氏の住む福岡県柳川市のS校区の複数の地区で行われている「権現さん」という行事である。これは英彦山には参詣していないものの、地区の宿の家に英彦山神宮から授与された祭神の掛け軸をかけて、三月十五日と九月十五日に祀るという行事である。現在のところ、K氏の住む地区では同様の行事の存在を確認できていないが、K氏の自宅からわずか三〇〇メートルしか離れていない場所に住む参詣グループメンバーは、その「権現さん」を祀る一軒である。

この地区での調査時に聞いた話であるが、同様の行事は隣接する三つほどの地区でも行われているといい、もともとこの付近一帯には英彦山を祀る習俗が広く行われてきたことが推察される。

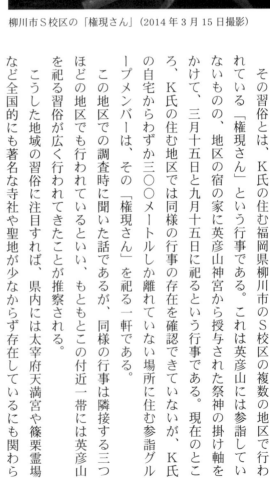

こうした地域の習俗に注目すれば、県内には太宰府天満宮や篠栗霊場など全国的にも著名な寺社や聖地が少なからず存在しているにも関わらず、K氏やそのグループによって英彦山が参詣先として選ばれていることが理解できるように思われる。

柳川市S校区の「権現さん」（2014年3月15日撮影）

五　おわりに

本稿では、英彦山参りと英彦山講の近年の様子を明らかにすることを目的に、ムラ内部で組織された習俗的な講（英彦山講）と神社附属の講社組織（権現講社）を対象に現地調査によって得られた知見に基づく報告を行い、分析を試みた。

まず、従来の研究対象ともなってきた習俗的な講については、歴史的に英彦山との関係が深いとされる佐賀平野と筑後平野を中心に、今日でもこれまでの報告にあるような姿で英彦山参りが行われていることがわかった一方で、よく事例を検討すると、以前から行事の簡略化が認められたり、昨今では講による英彦山参り自体が行われなくなっていたり、さらには典型的な特徴を示すかのような英彦山講でさえもムラが置かれた状況を映し出すかのように新たな変化への秒読みが始まっていたりする様子を確認できた。

次に、神社附属の講社組織である権現講社については、支部組織と個人会員それぞれに分けて実態の解明に努めた結果、支部組織では、ムラの英彦山講がある時期を境に講社に組み入れられた「地縁型の講社支部」と、宗教的職能者のもとに集まった集団が運営主体となり支部を名乗っている「同信型の講社支部」の両方の存在を確認できた。一方、個人会員では、多くの会員のうちのごく一部の様子を明らかにしたにすぎないが、寺社への参詣を目的として、ある個人を中心に近くに住む人々が集まって任意の参詣集団を形成しており、その集まりの背景として地域で行われている英彦山を祀る習俗の影響を考慮する必要があることを示した。

最後に今回の報告、分析を通じてこれからの展望を述べたい。

まず、本稿の最初にも記した通り、英彦山参りや英彦山講の研究は特定の年代や局面に関しては、まだ明らかになっていないことが多い。本稿で現在の様子に焦点をあてたのは、そうした未詳の領域に対する今後の研究のためにも、まず基点となる足場を構築することが大事であると考えたからであった。したがって、今度は過去へ遡る作業が必要となる。

そこでは、近代以降の英彦山参りや英彦山講が、どのような人や組織を巻き込んだ上で展開されていくことになったのかを検討していかなければならないが、このとき、特に講社の問題は重要である。今回見たように、英彦山神宮の講社組織は、他の霊山における講社組織と比較すると、従来的なムラの講を取り込んだ数はかなり少ないと考えられる。こういった事実関係が示す近現代の英彦山の宗教史とはどのようなものであったのかについて、今後詳しく検証していく必要がある。

次に、本稿での報告をもとに「これから」の英彦山を考えていくことが重要である。近現代の英彦山の衰退は、一つには英彦山参りの減少にその理由が求められるように思われる。ただ、今回見てきたように、ムラの英彦山講は佐賀平野や筑後平野を中心に、まだかなりの地区で確実に営まれている。一組織である英彦山神宮だけではなく、周辺地域を巻き込んだ総体的な「英彦山」が、今後、活況を取り戻すにはどのような方策が求められるかを、英彦山と歴史的に関係をもち続けてきた広範な地域との連携を前提に考え、迅速に行動に移していく必要がある。

その点では、講の現存状況などをより広域で正確に把握する必要があり、その一方でこれまで人々を英彦山参りへ誘うことになった仕組みを担い手となった人々や施設の面から多角的に分析し、現代に合わせた形で再構築できるように手を打っていかなければならないだろう。

註記

（1）長野覺『英彦山修験道の歴史地理学的研究』名著出版、一九八七年。
（2）表1を作成するにあたっては、長野覚「ムラの信仰」（田主丸町誌編集委員会編『田主丸町誌』第三巻　田主丸町、一九九七年）に記載のある表「近世から続く田主丸地方の英彦山講（英彦山参り）」（長野覺、前掲註〈1〉一九八七年、二〇八―二〇九頁）での分析項目を参考にした。
（3）長野覺、前掲註（1）、一九八七年、三一九頁。
（4）同様の集団は、福岡県側に限らず佐賀県側でも報告がある。佐賀市開成では、年齢集団的な「青年団や三夜待ち仲間」で英彦山に参っていたとする記述も見いだせる。また、後の事例三もそれに近いものとして加えることができる。
（5）若者による年齢集団から英彦山参りが行われる場合の記述には「英彦山に参らぬ者に嫁をやるな」という、通過儀礼として行われてきたことを示す言い回しが一緒に付与されている場合が多い。
（6）年二回の場合は春と秋に参詣が行われているが、「旧二月十五日の松会行事と秋の豊前坊の祭りにあわせての参拝」（佐賀県佐賀市東与賀町）とあるように、春と同様に秋も英彦山内の神社の祭礼に合わせて参詣される場合があるようである。
（7）内容は以下の通り。「参詣をすませると、その日は宿坊に泊まるが、宿坊は地区により、また、同地区でも家によって異なっていた。古老の記憶に残る坊名は、屋形原―リョウジュン坊（?）、切通―ジョウジュ坊（?）、下津毛―学頭坊、下米多―楞厳坊、坊所新村―楞厳坊、九丁分―宝泉坊などであった」（上峰村史編纂委員会編『上峰村史』上峰町、一九九七年、九八二頁）
（8）同地区には「英彦山参詣者名簿」が残されており、記録のある昭和二十三年から現在までの様子について代参者氏名を中心に知ることができる。それによると、昭和二十三年には二名の代参しか記されていないが、次年度以降は、今日まで毎年四名の代参者の名前が書き連ねられ、当時から現在と同じ人数で英彦山に参詣していたことがわかる。

昭和二十六年度からはその年の代参者と一回りするまでにまだ選ばれていない人が併記されるようになり、当時から講の加入世帯数が現在とほぼ同じ二十戸前後であったことや、くじによる代参の選出方法も同様のものであったことが読み取れる。

さらに、この記録でもう一つ注目できることは、記録のある昭和二十三年から二年後の昭和二十五年の時点で、すでに女性らしき人の名前が記されていることである。現在でも権現講には戸主として女性が参加しているが、これは決して近年始まったわけではなく、記録から少なくとも六十年余りの間は各戸を代表して女性が参加する場合があったことがわかる。この点は、前節での福岡県内での報告や後の事例三の大島地区の代参のように、青年男子によって行われる英彦山参りとは対照的であり、同じくムラから行われる英彦山参りでも各イエでの代表者によって行われる性格を強く有するものであったことがわかる。

(9) 神埼市内での調査中に聞いた話であるが、同市内では他にも事例一の猪面の隣接地区やその周辺の複数の地域でも英彦山参りが今日も続けられているという。まだ調査が済んでいないが、二つの事例のある神埼市をはじめ、その周辺地域では、かなり多くの地区で今日でも英彦山参りや英彦山講が続けられていると推測している。そうした中には市町村誌等に記載のある地区ばかりではなく、これまでに全く報告のない地区も多数含まれているようである。

(10) 長野による報告では、猪面地区から二キロメートル程度しか離れていない神埼市鶴の事例が載せられている。これには、昭和三十一年当時の様子として「明年の本通・寄通が盃を飲み干せば後は各々『権現さんの盃をいただく』と称して盃を廻す。(中略)やがてこの場の祭りが終ると人々は、来年の本通の家へ『権現様を送る』と称して皆で押しかける」(長野覺、前掲註〈1〉、一九八七年、三五九頁)という報告がなされている。

(11) 長野覺、前傾註(1)、一九八七年、三五二頁。

(12) 例えば長野による現久留米市田主丸の英彦山講の事例では、一九九〇年代の前半の時点で、すでに「奉幣殿に参詣して下山することが多い」という報告がある(長野、前掲註(1)、一九九七年、二一四頁)。そうした中で今日でも定期的に上宮まで登拝している猪面地区は、三つの事例のうちだけではなく、今日の英彦山講全体から見ても類例の少ないケースであると思われる。

(13) これまで参詣が行われたのは、昭和四十九年から平成十六年までの三十一年で十二回を数える。この間、一回の英彦山参りに一人から三人の代参を立てている。その一方で、水かけまつりや詣講は、昭和四十九年から平成二十六年までの間、一度も欠かすことなく行われているようである。

(14) このあたりの事情について補足すると、講に参加する十九軒のうち、全く若い人がいないというわけではなく、二〇一三年の水かけまつりの調査を行った際には、まだ英彦山に行っていない人の名前が挙がっており、その人が行くことになるのではないかという話が出ていた。しかし、その後の二〇一四年に調査を行った際には結局二〇一三年度の英彦山参りは行われなかったということを確認している。

(15) 二〇一四年の調査時、十年間代参を出していない事例三の大島地区でも内々に今後の講の運営についての話が出ていたが、詳細についてはこの場では伏したい。

(16) 英彦山神宮の宮司である高千穂秀敏氏への聞き書きや同社に残されている記録等による。

(17) ただし、外部から観察できる上で一般的な英彦山講とは異なる点もある。この違いは、事例一の猪面地区の英彦山参りと比べた際に顕著である。猪面地区では英彦山に参詣する際、奉幣殿の「前」にて参拝をし、社務所にてお札の授与を受けるが、彼らは自らがどこから来た代参であるかということを神職に報告していない。一方、徳富二区の場合、英彦山に参詣する際には、まず社務所に行き、同区から参詣に来たことを届け出たのち奉幣殿に昇殿し、神職による祈願を受けている。すなわち、徳富二区の英彦山参りには「届け出」と「祈願」というプロセスが追加されている。

　まとめると、講社加入の英彦山講と一般的な英彦山講とでは、神社側と講側との双方向的なやりとりがあるかないかという違いが認められる、ということになる。ただ、この双方向のやりとりには強弱の段階があり、「届け出」や「祈願」をともに行う場合、社務所に置いてある短冊状の専用の用紙に記入して「届け出」だけを残していく場合、神社側へは何も働きかけずただ参拝をすましていく場合があることを指摘できる。また、こうした「届け出を行わない講」が一定数以上あるために、英彦山参りや英彦山講の全体把握が非常に難しくなっていることを強調しておきたい。

英彦山神宮における産業安全祈願祭について

藤坂　彰子

本報告の目的

全国各地の神社で産業安全祈願祭が行われているが、その起源は明らかにされていない。近代の石炭生産地であった筑豊炭田地域から厚く信仰された、英彦山の産業安全祈願祭の起こりを考えてみることで、日本の近代的「産業」を支える信仰の一側面を垣間見ることができると考える。英彦山神宮の産業安全祈願祭の起源と変遷を、「英彦山神宮社務所日誌」と聞き取り調査から読み解くことが本報告の目的である。

一　英彦山神宮における産業安全祈願祭とは

産業安全祈願祭は、工業などの近代以降発展した産業において、日々の業務の中で事故がないよう安全を祈る祭りのことである。特に鉄鋼、鉱山の分野においては、愛媛県今治市大三島にある大山祇神社への信仰が全国的に浸透している。近年ではＩＴ企業においても、この産業安全祈願を行うところは少なくない。

英彦山神宮においても、産業安全祈願祭は御田植祭、御神幸祭と並ぶ大きな祭りであるが、御神幸祭、御田植祭と比べて、その起源などについては明らかとなっていない。

現在の英彦山神宮における産業安全祈願祭

現在の英彦山神宮における産業安全祈願祭は、年に三回行われている。

まず、四月上旬に産業安全祈願春季大祭が行われる。この祭は、年度始めということもあり、願掛けの意味合いが強い。次に、七月一日から七日の全国安全週間にあわせて、七月上旬に産業安全祈願夏季大祭が行われる。この月に行われる大祭が、参拝者も多く活気があるという。そして結願の意味を込めて、十一月上旬の平日に産業安全感謝大祭がある。

平成二十四年から二十五年にかけて執り行われた祭礼次第は以下の通りである。

【祭礼次第】

十一時〇〇分～　祭典開始
　　　　　　　　修祓、祝詞、玉串奉奠《ほうてん》
十一時四〇分　　祭典終了
　　　　　　　　参拝者に向けて札の配布、御神酒

十一時五〇分〜　英彦山神宮社務所にて直会

いずれの期間も参拝者は五十名前後で、その多くは田川地域から訪れるが、他に北九州市、うきは市、福岡市、直方市、久留米市、苅田町、嘉麻市からの参拝者もいた。個人事業主なども参拝に訪れていたが、祭りの願主となるのは九州産業保安監督部、九州経済産業局、福岡労働局、（社）福岡労働基準協会連合会、鉱業労働災害防止協会福岡支部、田川労働基準監督署、（社）田川労働基準協会である。[1]特に、七月の産業安全祈願夏季大祭は、毎年必ず九州産業保安監督部が大願主となるのが通例である。

参拝に訪れる企業はセメントや電化製品などの重工業分野が大半を占めているが、近年に至っては、ＩＴ産業の関係者も訪れる。

聞き取り調査から見える昭和時代の英彦山神宮の産業安全祈願祭

平成二十四年から二十五年にかけて、筆者は産業安全祈願祭について、参拝者や英彦山神宮の関係者へ聞き取り調査を行った。そこから四つのことが明らかとなった。まず一つ目は、産業安全祈願祭は、筑豊の炭田地域と共にあったということである。英彦山地区の聞き取り調査において、「炭鉱業が栄えていたときが、英彦山内が一番活気があった」という語りや、「炭鉱の閉山処理のため昭和五十年代までは炭鉱業の人びとも、たびたび参拝に訪れていた」などの語りを聞く機会が多く、炭鉱業が英彦山内の近代における栄華の一端を担っていたと考えられる。

二つ目は、参拝者の変化についてである。現在では、福岡県内から訪れる参拝者がほとんどであるが、昭和時代においては、三池炭鉱や池島炭鉱など、筑後・長崎方面の炭鉱からも参拝者が訪れており、地域的な広がりがあった。

三つ目に、祭りの規模の変化があげられる。「産業安全祈願祭は三日祭りやった」という証言から、以前は七月の産業安全祈願大祭は三日間続けて行っていたことがわかった。一日目は企業が、二日目は鉱山関係が、三日目には官公庁が参拝をするよう日にちを分けていた。それ以外の個人企業や商店などは、大祭とは別日の六月下旬から七月上旬にかけて個別で参拝に訪れていた。

四つ目は、参拝者が英彦山に滞在する日数の変化があげられる。現在では日帰りでの参拝が主流であるが、昭和初期から中期にかけて、しゃくなげ荘や六助旅館、中央旅館、白梅旅館といった、英彦山参道や周辺の宿に一泊し、前夜祭と言って宴会を開いていた。参拝者にとって、これが一番の楽しみであり、特に結願を意味する十一月の英彦山神宮産業安全祈願感謝祭の前夜祭は盛大だった。しかし、昭和六十年代には炭鉱の閉山処理も終わり、近年においては政教分離の観点から、参拝を取りやめる企業が増えた。祭りは一日だけの簡素なものとなり、それに伴い参拝者も日帰りするようになったという。

二　英彦山神宮における産業安全祈願祭の始まり

「英彦山神宮社務所日誌」に見える産業安全祈願祭の始まり

それでは、英彦山神宮産業安全祈願祭の始まりはいつだろうか。戦前から書かれている英彦山神宮の日々の執務記録である「英彦山神宮社務所日誌」によると、昭和十一年四月一日に「鉱山安全大祈願祭」という記述が出てくる。これが英彦山神宮産業安全祈願祭の前身と考えられる。

※「英彦山神宮社務所日誌」（昭和十一年分）より一部抜粋（□は不明な文字、〔 〕は朱印）

四月一日
　鉱山安全大祈願祭奉仕
　　大願主　　福岡県知事畑山四男美
　　願主　　筑豊二市四□□議員町村長
　鉱山代表者　従業員等参列
　午前　会場下　従員
　午前十一時祭典開始、午後一時終了
　　当直禰宜　松養具栄〔松養〕

四月二日

鉱山安全大祈願祭　奉仕

大願主　福岡鉱山監督局長ハ差支ノタメ参列

不能ノ旨前夜来電アリ

午前十一時祭典開始午後一時終了　各炭坑ヨリ

多数参拝アリ前日目標代表者ニワ中食券ヲ

交付し各旅館ニテ中食ヲ給食ス　参拝ノ従業者ニワ

神□直会瓶ヲ授与ス

大願主鉱工総会会長福岡□□□本□長□

為鉄□氏本日午後七時彦山中央旅館、

宿泊サル

当直三河益海〔三河〕

四月三日

神武天皇祭遙拝式執行

鉱山安全祈願大祭引続キ執行　□□奉仕

大願主福岡□□□部長□□鉄治

仝　筑豊石炭鉱業会長

仝　筑豊石炭鉱業互助会長代　北代□会議員
外　中村雅典会員、地方□会議員　各警察署
長　内鉄運□□員、等多□参列　□大
厳粛裡ニ祭典終了一般ニハ前日目標ノ待遇ヲナス
初日以来祭事係ハ処女会員、学生等ノ加勢ヲ□
ケ□事滞リナク　円満ヽ□了セリ午後労事ナル
直会後一日解散ス
当直三河益海〔三河〕廣□

四月四日
日次奉仕　三河益海　上宮川上
一、前日夕刻ヨリノ降雪二三寸積ル
一、本日ヨリ鉱山安全祈願小祭執行
当直雇蒲池治麿〔蒲池〕廣□

四月五日
日次奉仕蒲池治麿　上宮川上
一、祈願祭参拝者

木原炭鉱五、三井三坑四名、峯地一、二坑七〇
嘉穂礦業所七五、三井山野鉱業所五〇
日吉炭鉱二〇、平山鉱業所三五、山田炭坑
二〇〇第一目尾四七、豊国鉱業所七〇、赤池
鉱業所五一、明治鉱業所計四五〇名
当直雇蒲池治麿〔蒲池〕広□

以上のように、この年の祭りは、四月三日まで行われた後、四月末まで鉱山安全祈願小祭と称して炭鉱ごとに祈願に訪れたと記述されている。各鉱業所から大勢で参拝に訪れ、いかに賑やかな祭りだったかということが、記録の参拝者数からうかがえる。

また、式典の時間も、現在では午前十一時から三十分ほどで終わる簡単なものであるが、昭和十一年四月一日に初めて行われた式典では、午前十一時から午後一時までと、長時間にわたっていることがわかる。

この祭りは、昭和十一年一月七日の記述に「炭鉱事故防止ノ祈願執行ニ付キ」とある通り、炭鉱業の安全を祈願する祭りであったことが、以下の「英彦山神宮社務所日誌」からうかがえる。

※「英彦山神宮社務所日誌」(昭和十一年分)より一部抜粋(□は不明な文字、〔 〕は朱印、( )内は筆者による)

一月七日(略)

一、炭鉱事故防止ノ祈願執行ニ付キ大願主賛助ヲ得ん為メ松養禰宜ハ福富(島カ)様□へ出張ス

一、橿原神社社殿改修□工事奉祭執行熊懐主典美化
当直主典石川秀則廣□
一、右祈願祭用ノ掛守調製ノタメ処女会ニ
依頼シ本日ヨリ調製ヲ開始ス
當直雇蒲池治麿廣□〔蒲池〕

一月八日（略）
一、松養禰宜夕刻帰山祈願祭ハ四月ニ執行ノ由通知ニ接ス

二月二十五日（略）
一、礦山安全祈願祭ポスター注文其他印刷物等具体的
準備ヲナス

二月二十七日
一、鉱山安全祈願祭ニ付案内状其他印刷物注文ノタメ松養禰宜ハ添田町林田印刷所へ出張ス

以上を見ると、昭和十一年の年始から松養禰宜が鉱業安全祈願祭の大願主の依頼など、鉱業所を巡って積極的に賛助の協力に奔走し、祭りの物品を用立てている姿がうかがえ、英彦山神宮が積極的に鉱業安全祈願祭を執り行おうとしていたことがわかる。

産業安全運動の高まりと炭鉱事故の増加

「英彦山神宮社務所日誌」より、昭和十一年から産業安全祈願祭の前身である鉱山安全大祈願祭が行われるようになったことが明らかになった。では、なぜこの年から始められるようになったのであろうか。まず、全国的に広まった「産業安全運動」の歴史的な背景からみてみよう。

産業安全運動とは、大正元年（一九一二）、小田川全之（古河鉱業足尾鉱業所所長）がアメリカの産業界で提唱されていた「セーフティ・ファースト」を「安全専一」と訳し、古河鉱業所内の安全活動を推進したことに端を発する。その後、大正八年には、国内初めての安全週間が実施され、昭和三年には全国的に統一した、全国安全週間が実施された。現在に続く、七月一日から七日の一週間を労働安全週間とするのは、昭和六年から始まっている。

こうした全国的な産業安全運動と、英彦山神宮の「鉱山安全大祈願祭」の開催について、直接関係しているとは断定できない。しかし、労働環境への配慮の動きが全国的に高まっていく中、昭和十年頃、福岡では炭鉱事故が頻発する。以下は筑豊石炭鉱業史年表編纂委員会編の『筑豊石炭鉱業史年表』（一九七三年、田川郷土研究会）より、昭和十年の炭鉱事故による死亡者数を筆者がまとめたものである。

昭和十年六月から七月　野面炭坑　豪雨のため土砂流入、大陥落　死者十三名
〃　七月九日　真岡炭坑（糸田）ガス爆発　死者二十七名

〃　七月十三日　三井田川三坑　ガス突出　死者六十七名
〃　八月十五日　上山田炭坑　古洞より出火　死者十一名
〃　十月二十五日　明治赤池　炭塵爆発　死者八十三名
一年で計二〇一名

これは十人以下を切り捨てている数であるから、実際にはより多い死者数であったと考えられるが、一年間で二〇一名が死亡という数は、明治四十年（一九〇七）の豊国炭坑炭塵爆発事故（死者三六五名）以来の惨事である。こうした炭鉱事故の頻発が、産業安全祈願祭の前身となる「鉱山安全大祈願祭」を行う背景となったのではないかと考えられる。

社務所の改築

また、同じく昭和十一年の「英彦山神宮社務所日誌」を見ると、社務所の改築計画が同時に進行していることがわかる。以下、「英彦山神宮社務所日誌」の昭和十一年一月の記述の抜粋である。

※「英彦山神宮社務所日誌」（昭和十一年分）より一部抜粋（□は不明な文字、〔　〕は朱印）

〔高千穂〕一月十一日
日次祭奉仕　熊懐主典　以下

一、礦山安全祈願祭大願主依頼ノタメ筑豊礦業組合長訪問及社務所改築設計ニ係ル折合ノタメ製鉄所小川技子、面談ノ要務ヲ帯ビ松養禰宜ハ若松八幡市方面ノ出張ス

当直三河益海〔三河〕廣□

〔高千穂〕一月十二日

日次奉仕　三河益海

一、社務所改築費共通各支出申□其他ノ要務ヲ帯ビ内務省、出張ノタメ宮司・熊懐主典ヲ随ヘ本日上京サル

一、各神社会出張中ノ石川主典本日帰社

当直三河益海〔三河〕廣□

前述したように、筑豊地域における炭鉱事故の増大という炭鉱業側の需要も、この祭りを生む要因として考えられるが、もう一つの可能性として、英彦山神宮側の社務所の改築という要因もあったことが考えられる。社務所の改築には多額の費用が掛かることが推測され、そうした資金を集めるために、祭りが生成されたのではないかとも考えられるのである。

新城常三は『社寺参詣の社会経済史的研究』の中で、社寺参詣は藤原氏の時代に隆盛を極めるが、これには①貴族の信仰と経済条件の成熟、②社寺の経済的欲求（一時的恒久的財源の獲得）という両面があると指摘している。

このように、社寺が経済的欲求の元に祭りを行うことは古くより行われてきたことであり、英彦山神宮の産業安全祈願祭も、社務所改築などのための財源獲得のために行う理由が、英彦山神宮側にもあったのではないかと推測される。

戦時下の英彦山神宮における産業安全祈願祭

炭鉱業は戦時下において軍需産業と密接なかかわりがあったため、終戦直前の昭和二十年の社務所日誌を見ると、鉱業安全祈願祭ではなく、「鉱工祈願祭」と祭りの名称が変化していたことがわかる。「生産増強大祈願祭」という記述も見られることから、戦時下の緊迫した燃料事情も察せられる。以下はその記述の抜粋である。

※「英彦山神宮社務所日誌」（昭和二十年分）より一部抜粋（□は不明な文字、〔 〕は朱印、（ ）内は筆者による）

三月三十一日　土曜　晴

一、祈願　ナシ

一、発儀　鉱工祈願祭参列ノタメ戸塚知事一行午后四時

一　雑件　半到着夜白梅ニテ晩餐会アリ
殿内装飾、庭上補設参道注連飾リ行フ参道
ハ上谷組奉仕、銅華表南坂□
矛□

四月一日　日曜　晴

一、祭儀　午前十時五十五分鉱山工場事業場□□
祓除生産増強大祈願祭執行
大願主福岡県知事戸塚九一郎、九州鉱山局長
代理総務部長松田太郎、産□九州地方
部長清原進□長□秘書課長、全労政課長
田川地方事務所長ロ□松□三郎、添田警察署長
添田町水上友三郎、貝島家代表、古川鉱業円城寺松一
□知市長代理南條覚外約百五十名参列
祭員高千穂宮司、佐伯禰宜、熊懐主典、森谷
雇、井上出仕、奉楽八尋□□、木村清
総代助勢村上、長野、滝口、緒方、知足、八尋、星野、原、
助勤釜本一雄

玉串　宮司　知事　松田総部長鉱山局産報九州部長清原進、労報代表□労政課長　鉱山代表（貝島康）工場代表（門鉄行橋工場）崇敬者惣代表（円城□拓一）参列者惣代（戸畑市長代理）十一時五十分終了　終ツテ白梅ニ於テ直会アリ
二十六名一時半知事以下下山

一、祈願　五十四件一般祈願祭ハ下津宮ニ於テ執行西木雇□目奉仕

（略）

四月二日　火曜　晴

一、祭儀　午前十時五十分鉱工祈願祭執行

祭員高千穂宮司、佐伯禰宜、熊懐主典
森谷雇、井上出仕　　受付蒲池、三河、社願釜木、御本社正木雇、奏楽、八尋、蒲池
参列者、田中鉱業警察課長（鉱山局）平井産報
会伴員、門鉄小倉工場長、其他約百名
氏子惣代、村上、知足、緒方、原、滝口
玉串拝礼代表、鉱山代表（方城炭鉱）工場代表（門鉄小

倉工場長）大願主（鉱山局田中課長）氏子惣代（村上見次郎）
十一時三十分祭典終了　白梅ニ於テ直会、門鉄小倉
工場長外三名、鉱山局五名、宮司、禰宜
本日ハ参拝者僅少ナリ

（略）

四月三日　水曜　曇風強シ〔蒲池〕

一、祭儀　鉱工祈願祭□三日午前十一時祭典開始
□ヨリ先□内ニ於テ一同整列ノ上神武王皇□拝式ヲ行フ
大願主九州石炭統制会代表参列　祭員高千穂宮司
佐伯禰宜、熊懐主典、西木雇　奏楽　八尋、蒲池
玉串拝礼代表、石炭統□制会長代理　鉱山（麻生鉱業）
工場代表日東製作所、氏子惣代表　知足重太郎
参列員約百五十名、中村□二。岡田康□、筑紫炭鉱後刻
氏子惣代　村上、長野、緒方、熊谷、原、八尋
参拝十一時五十分終了　終ツテ白梅ニテ直会
直会参席者統制会長代理、会□員一名、氏子惣代全員
宮司禰宜、以上　午后四時職員直会アリ

一、祈願　二十二件　下津宮ニテ執行　井上出仕奉仕

（略）

この祈願祭を開いた折に、当時の福岡県知事である戸塚九一郎知事も参列するなど、官民一体となってこの祈願祭を重視していたことがわかる。なおかつその重要な式典を英彦山で開いていたことも意義深い。

三　結　論

現代において、英彦山神宮は産業の神としての一側面を備えているが、今回の調査はこの祭りの起源に迫ることを目的とした。「英彦山神宮社務所日誌」を紐解くと、現代まで続く産業安全祈願祭は古来のものではなく、昭和十一年に誕生したものだということがわかった。

この成立にはいくつかの要因が背景にあったことが、資料などから読み取ることができた。一つは全国的に産業安全についての意識の高まりがあったことが挙げられる。この中で二つ目の要因として、昭和十年に筑豊炭田地域において炭鉱事故が頻発していたことが指摘できる。こうして炭鉱業側には産業安全祈願をする背景が成立していたことがわかった。また、英彦山神宮側においても、社務所の改築工事など経済的欲求があったことが推測でき、この両者が一致した時期が昭和十一年であった。

祭りの始まった時期の名称が「鉱山安全大祈願祭」であることから、炭鉱業に限られた祈願であったこと

がわかった。こうして、産業の神としての英彦山を生んだのは、ほかならぬ筑豊炭田地域に隣接しているという地理的な欲求に呼応してのことであった。

この「鉱山安全大祈願祭」は、戦時中は、石炭の生産増強を祈願して「鉱工祈願祭」と名称を変えている。戦後は産業安全祈願祭となり、多くの炭鉱関係者が英彦山を訪れ、参拝はもちろんのこと、英彦山内に宿泊して宴席を設けたりと、むしろ英彦山へ保養に来ていたようにも見受けられる。こうした人びとを迎えていた英彦山内の人びとの間には、今でも戦後の産業安全祈願祭の活気が鮮明に記憶されている。

しかし、昭和三十年代以降のエネルギー革命により、石炭から石油へと需要が変わっていくと、次第に炭鉱業が廃業になり、英彦山神宮への産業安全祈願祭の参拝者も次第に減少していった。閉山処理の続く昭和五十年代までは三日間の祭りが二日間の祭りになった。そして、昭和六十年代以降、炭鉱閉山や、政教分離の考え方が主流になることによって参拝者はさらに減少し、祭りの形態も日帰りの一日祭りへと変化していった。

一方、近年では重工業以外の他産業からの参拝者が増えてきている。それは、現代における一大産業のIT産業である。こうして従来の参拝者から、新しい参拝者も増えてきているということは興味深い。

このように、英彦山の産業安全祈願祭は、時代背景や地域の要請によって生まれ、時代に合わせて名称や祭りのあり方、参拝者が変化していった。いわば、近代史の縮図ともいえる祈願祭である。

今回の調査では昭和十一年から昭和二十年の「英彦山神宮社務所日誌」と、地元での聞き取り調査、英彦山神宮への聞き取り調査をもとに分析してきたが、今後は戦後以降の「英彦山神宮社務所日誌」の分析が進み、近代における英彦山神宮における産業祈願祭についての研究が進むことが期待される。

謝辞

本稿執筆にあたり、英彦山神宮並びに英彦山地区住民の方々、また、関係者の方々に並々ならぬご協力をいただきました。ここに記して、感謝申し上げます。

註記

（1）田川労働基準監督署、（社）田川労働基準協会の役は、田川七社と呼ばれる田川でも有力な企業が毎年持ち回りで担う。

参考文献

奥野隆史「筑豊炭田地誌考」『上武大学ビジネス情報学部紀要』（第一巻二号）上武大学ビジネス情報学部、二〇〇三年。

斉藤信吾「産業安全運動一〇〇年の歴史」『予防時報』（二四四）日本損害保険協会、二〇一一年。

新城常三『社寺参詣の社会経済史的研究』塙書房、一九六四年。

筑豊石炭鉱業史年表編纂委員会編『筑豊石炭鉱業史年表』田川郷土研究会、一九七三年。

西尾典子「【資料紹介】『全国鉱山と大山祇神社（第一輯）』（国幣大社大山祇神社々務所、一九四〇年）」『エネルギー史研究（二八）』九州大学附属図書館付設記録資料館産業経済資料部門、二〇一三年。

あとがき

英彦山神宮宮司　高千穂　秀敏

谺して山ほととぎすほしいまま

奉幣殿に上がる途中、参道脇の石に刻まれた杉田久女の句です。英彦山を愛して何度も登攀した久女は、随筆にこう書き残しています。

めまぐるしい文化と騒音とにとりまかれていきている息づまる様な人間界の圧迫感もここではなく、大自然の深い呼吸の中に絶対の孤独感を味わう。だが彦山を歩いている時の私は、何のくらさも淋しさもない。魂の静かさが、天地と共にぴたりとふれあっている。自然のふところに抱かるる和らぎ、じつに爽快な孤独の心地なのである。……

日本三大霊山の一つ英彦山は、幾たびの苦難を乗り越え、座主を頂点に組織だった山伏の共同社会を構築し、修験の山として尊崇を集めてきました。そこには、北部九州を中心とした広い信仰圏──藩主をはじめとした檀信徒の大きな支持があり、厳しい修行をする一方で里に下り、檀家をまわり、村々を歩いて布教してまわる山伏がおり、彼らと農耕社会に生きる民衆との篤いつながりがありました。修験の山・英彦山は千年もの長い歴史の中で特異な社会・文化を築き上げ、そこに人々の信仰が息づいていたのです。しかし、明治政府による神仏分離令、それにつづくすさまじい廃仏毀釈の嵐は、全山に壊滅的な被害をあたえ、修験が否定された山から山伏の姿は消えました。

久女が訪れた昭和初期、神道一色に染まった山は、参道沿いに連なる山伏の坊舎が失われ、石垣は苔むし、山内のあちこちに残る窟はひっそりと朽ちたまま、残された磨崖仏、祭壇と思しき痕跡や周辺に残る板碑に往時の修行の様を偲ぶばかりであったと思われます。

時は流れ、筑豊炭鉱が隆盛を誇った戦前戦後の一時期、炭鉱主をはじめ近代産業に従事する人たちが安全祈願、商売繁盛のために訪れ、慰安をかねて宿泊し、旅館や土産物店など門前町は賑わいをみせました。また、昭和二十五年に戦後初の国定公園の指定を受けると、国内有数の景勝地で余暇を楽しもうとたくさんの観光客が訪れ、施設なども整備されました。しかし、そうしたいっときのブームは、炭鉱閉山や高度経済成長が拍車をかけた離農などいくつもの社会的要因が重なるなかで次第に薄れていき、英彦山区の住人は減り、門前町は往時の活気を失い、神幸祭に神輿が一基しか渡御できない時期もありました。

そして今、英彦山には再び活気が戻りつつあります。三基の神輿は若者に担がれ急な参道を御旅所に下り、御田祭には、種籾をもらおうと県の内外から訪れる人々で賑わいます。人々の往来は祭りの日に限らず、四季折々に、この山の自然を愛する人や険しい山道をたどる登山客など、足繁くあります。

しかし、彼らの足がふと途絶えるとき、清冽な大気の中に全山が静まり、神と仏がともにある神域が息づき、「山川草木悉有仏性」の気が漲っていることに気づきます。それは、山伏が峰をわたった山、窟に籠り修行した山であり、彼らが去った後、久女が訪れた山と変わらぬすがたであると思われます。

山伏が山を下りたその日から、英彦山と民衆との結びつきはちぎれたのでしょうか。

本書を開くと、世の移ろいの中にあって、英彦山に対する人々の祈りのこころは乾くことなく、地下水のように命脈を保ってきたことがわかります。筑後や日田はもとより遠く佐賀や長崎から五穀豊穰、無病息災の祈願に詣で、お札や水、笹をもらい、土産の彦山がらがら、しゃもじなどを持ち帰って集落の各戸に配るなどの慣習は今もつづいています。英彦山講は、その数が減ったとはいえ村々に残り、英彦山詣ではつづいています。「英彦山神宮潮井採神使」の幟は毎年京築平野に春を呼び、お潮井採りの一行をサカムカエする家では一年の平穏を祈って家族・親戚・知人一同がお祓いをしてもらい、沿道では貝伏せを待って手を合わせる人々がいます。人々の祈りに、神と仏の分離はありません。


昭和五十年頃から、英彦山への学術的関心が高まり、貴重な文化財が見直され、多くの研究者が山に入り、四十九窟を探したり、埋もれていた史料を発掘したりすることにより古代にまでさかのぼり、英彦山のさまざまな側面がみえてきました。

本書は、宗教人類学者・白川琢磨氏のもと、新進気鋭の研究者が英彦山についてそれぞれの分野から起こした稿をまとめたものです。古代から現代まで、考古学・歴史学・宗教学・民俗学・文化人類学など多様な視点から幅広く論考され、修験の山・英彦山を学術的に検証し、その基底をなすものとなっています。しかし、英彦山はその全容を知るにはあまりに大きく、今後、さらに多くの時間とさまざまな分野からのアプローチが必要になってくると思います。

一昨年（平成二十七年）に続いて昨年十一月三日、明治以降途絶えていた柴灯大護摩供を、奉幣殿の前で厳修しました。昨年の柴灯護摩は、復元された三面の御正体を神前に祀り、比叡山の僧侶と修験者がともに般若心経を唱えるなかで行いました。神と仏がともに在《いま》す山・英彦山がそこにありました。

今、全国的にも、日本固有の宗教・山岳修験への関心が高まりつつあるときききます。私どもは、信仰の山を大切に守るとともに、今後、峰入りなどを復興し、老若男女の現代の山伏とともに峰々を渡っていきたいと考えています。

神仏分離の傷を癒し、人々の祈りにこたえ、修験の山本来のすがたに還るために、本書が依って立つところになり、今後の復興の確かな支えとなることを願います。

平成二十九年八月

編集後記

白川　琢磨

本書は、英彦山をめぐる研究論文集である。本書が成立に到った経緯について、編者から説明しておきたい。英彦山を擁する福岡県添田町が、国の史跡指定を目指して英彦山調査指導委員会を立ち上げたのは、平成二十三年（二〇一一）十月であった。本書の執筆者のうち、白川と桃﨑は、同委員会の民俗及び考古部門の責任者となった。既に、同年四月から福岡大学では、持続可能な地域コミュニティの形成に寄与する研究及び実践活動に取り組む基盤的研究機関として「福岡・東アジア・地域共生研究所」（所長・星乃治彦、PD研究員・山田雄三）が設立され、「文化資源」「防災教育」「男女共同参画」「地域医療連携」の四部門に分かれて、研究に取り組むこととなった。我々は、「文化資源」部門に属し、歴史学・文化人類学・民俗学の研究者が中心となり、地域の歴史・文化・記憶の活用をとおしたまちづくり・地域づくりの可能性について、研究を進めてきた。本書の執筆者は、添田町の主に民俗部門の個別調査を担当し、項目執筆者となると同時に、学内の研究所に組織された「彦山研究会」のメンバーとなって、以来、月一回の割合で各自の研究発表を重ねてきた。

平成二十八年（二〇一六）三月の『英彦山総合調査報告書』（本文編）（資料編）［添田町教育委員会］の刊行で、町からの課題は達成し、英彦山は国の史跡として認定されたのであるが、地域共生研究所の文化資源部門の研究課題である「地域の活性化や課題解決に寄与する実践モデルの構築」にはまだ到達していない。

本書は、その課題に対して平成二十八年度の段階で、執筆者が各々の研究領域において答えた暫定的な論文であり、研究所としても編者と相談の上で、神仏分離を基点として、大まかな時系列で論文を編集・整理したのである。

しかし、執筆者らが何度も現地に足を運ぶ中で、現地においてもそれと対応する動きが生じてきた。既に、平成二十六年（二〇一四）二月から月一回のペースで続けられてきた「下宮」における「神前読経」は、参加メンバーに流動性はあるものの継続され、また、英彦山神宮の諸行事にも、山内の豊前坊院天宮寺（天台宗）や真言・天台の修験寺院、あるいは比叡山延暦寺の僧侶や修験も参画するようになってきた。こうした動きを受けて、我々は、平成二十八年九月に日本宗教学会第七十五回学術大会（早稲田大学）において、亀﨑敦司（九州大学）を代表者として「山岳宗教の再構築――英彦山における修験道復興運動を事例として」と題したパネル発表を行った（『宗教研究』第九〇巻別冊、二〇一七年三月、八六―九三頁）。以下は、発表者とパネル題目である。

亀﨑敦司（九州大学）　英彦山の修験道復興に関する現状
須永　敬（九州産業大学）「修験」不在の山岳宗教――韓国・智異山の事例から
中村　琢（福岡大学）なぜ松会は等覚寺に残ったのか
白川琢磨（福岡大学）近現代英彦山が失ったもの
中西裕二（日本女子大学）コメント
亀﨑敦司　パネルの主旨とまとめ

本パネル発表の反響は大きかった。なかでも、英彦山の正統な継承者である旧座主（現宮司）の高千穂秀敏氏が、神仏分離後、約百五十年を経て、修験道や神仏習合に向かって正に中心から舵を切ったことに対する肯定的評価や助言がほとんどであった。前述した「実践モデルの構築」は、我々研究者との相互作用の中で、英彦山内部から動きつつあるのである。

本書の表紙には、「彦山三所権現御正体」三面を掲げた。最新の御正体である。もちろん山内には、国指定文化財である鎌倉時代の御正体があり、厳重に保管されている。一方こちらは、衆徒（学侶）方知足院の末裔である知足美加子氏（九州大学芸術工学院）によって、平成二十八年（二〇一六）に再製作されたものであり、同年に再製作された「不動明王立像」（鎌倉時代）と共に、常は奉幣殿（旧大講堂）に安置され、参詣の対象となるとともに、山内の仏神事や採（柴）灯護摩に掲げられ、祈りの対象となっている。過去の遺物としてその価値を封じ込められ、歴史的鑑賞の対象でしかない前者より、日々用いられ、祈られる後者こそが、文化資源の名に相応しいと考えたのである。

実は、英彦山の往時の隆盛と復興を一番待ち望んでいるのは、英彦山区の人々である。旧院坊の子孫を含む彼ら／彼女らこそが、「祈りのかたち」の復元に最も関心を持ち、かつ現在の諸行事の運営主体なのである。本書は、その復興の導きとなるべく、人々が蓄積してきた復興資金による助成を得て初めて出版することができた。英彦山区区長・福島繁明氏をはじめとする英彦山区の人々に深く謝意を表する次第である。

我々執筆者は、英彦山区及び門前町同好会の人々の要望に応じて、順次、講演や研修を通じて、人々の生の声を聞き、相互活動を続けていくことになろう。地域共生の新たな形をそうした活動の中から産み出していくことが編者の望みでもある。

最後に、木星舎の古野たづ子氏には、心より御礼申し上げたい。古野氏と知り合うきっかけは、木星舎刊行の『国東六郷満山』（二〇一六）であった。同書の刊行を通じて、北部九州の宗教民俗の奥深さに心を動かされた同氏は、私が持ちかけた本書の出版に喜んで同意されたのである。しかしながら、本書は研究論文集という性格から、執筆者からの数々の要望や修正があり、編集は長期にわたった。その間、執筆者各人に丁寧に対応していただいた。改めて御礼を申し上げる。

なお、本書成立の基盤となった「彦山研究会」を継続できたのは、以下の研究助成があったからである。福岡大学総合科学研究チームⅡ「文化資源をめぐる地域共生戦略」（研究代表者：白川琢磨、助成期間：二〇一二年四月～二〇一四年三月）及び添田町からの受託研究「英彦山の宗教民俗と文化資源化の可能性に関する研究」（研究代表者：白川琢磨、助成期間：二〇一二年四月～二〇一五年三月）である。ここに付言して報告しておきたい。

平成二十九年八月二十八日

白川　琢磨〈Shirakawa Takuma〉

1983年、慶應義塾大学大学院社会学研究科博士課程単位取得退学。カリフォルニア大学サンディエゴ校人類学部客員研究員、四国学院大学社会学部教授を経て、福岡大学人文学部教授。日本宗教学会理事・日本民俗学会理事（第31期）。

主な著書・論文：『小石原川ダム文化財関係調査報告書』（共編）朝倉市文化財調査報告書第17集、2013。「顕密のハビトゥス――修験道を再考する」鈴木正崇編『森羅万象のささやき――民俗宗教研究の諸相』風響社、2015。「弥谷寺の信仰と民俗」香川県「四国八十八箇所霊場と遍路道」調査報告書6、香川県教育委員会、2015など。

吉田　扶希子〈Yoshida Fukiko〉

福岡市生まれ。西南学院大学大学院博士後期課程満期修了・博士号(国際文化)取得。現在、西南学院大学非常勤講師。

主な著書・論文：『脊振山信仰の源流 ―― 西日本地域を中心として』中国書店、2014。「大隅正八幡宮の放生会」『郷土再考』角川学芸出版、2012。「アジアに繋がる街・福岡」『大学的福岡・博多ガイド ― こだわりの歩き方』昭和堂、2012。「高知の性空上人 ―― 脊振山と書寫山と四国と」『山岳修験』第55号、日本山岳修験学会、2015。

桃﨑　祐輔〈Momosaki Yūsuke〉

1967年3月12日福岡市生まれ。筑波大学大学院歴史・人類学研究科文化人類学専攻を単位取得退学。日本学術振興会特別研究員、東京国立博物館事務補佐員、筑波大学助手を経て福岡大学人文学部助教授、准教授を経て現在福岡大学人文学部教授（考古学）。

主な著書・論文：「古墳に伴う牛馬供犠の検討」（『古文化談叢31』1993）、『中世の霞ヶ浦と律宗』(1997)、「高句麗太王陵出土瓦・馬具からみた好太王陵説の評価」（『海と考古学』2005)、「七支刀の金象嵌銘技術にみる中国尚方の影響」『文化財と技術　4』2005)、「東アジア銅鋺の系譜」（『東亜考古学論壇2』2006)、「騎馬文化の拡散と農耕文明との融合 ― 江上騎馬民族征服王朝説が描く文化融合モデルとその今日的意義」（『今、騎馬民族説を見直す』2014)。

山口　正博〈Yamaguchi Masahiro〉

國學院大學大学院博士課程後期単位取得満期退学。九州大学大学院人間環境学府人間共生システム専攻博士後期課程修了。博士（人間環境学・九州大学）。國學院大學で宮家準教授、九州大学で關一敏教授の薫陶を受ける。主たる研究対象は英彦山を中心とした豊前の修験霊山の松会という祭礼であり、それに関連した儀礼・組織・思想も研究対象としている。香蘭女子短期大学・九州大学文学部で非常勤講師を務める。

現職、香蘭女子短期大学ライフプランニング総合学科非常勤講師。

主な著書・論文：「「松会の成立」へ――中世彦山における儀礼群の集約」『宗教研究』83（3)、2009年。「「郷土」へのまなざしの生成」由谷裕哉・時枝務編『郷土史と近代日本』角川学芸出版、2010年。「近世英彦山の祭祀組織」『山岳修験』53、2014年。

中村　琢〈Nakamura Taku〉

2009年、福岡大学大学院人文科学研究科社会文化論専攻修了、2015年、福岡大学大学院人文科学研究科史学専攻退学。現在、福岡大学非常勤講師。主な社会活動として、福岡市史編集委員会民俗専門部会調査補助員（2011.7～2012.3）、添田町教育委員会英彦山調査員（2012.4～2015.3）。2015年11月より新修宗像市史編集委員会研究協力員など。

主な論文：「「伝統」をつなぐこと —— 等覚寺の松会の伝承についての一考察」『宗教研究』374号、2012年12月。「近世後期修験の葬祭 —— 英彦山派を事例に」『福岡大学大学院論集』46巻2号、2014年11月。「等覚寺の松会とその変化」『日本民俗学』281号、2015年2月。

須永　敬〈Sunaga Takashi〉

神奈川大学大学院歴史民俗資料学研究科博士後期課程単位取得満期退学。博士（歴史民俗資料学）。翰林大学校（韓国）客員専任講師、信州大学特別研究員、岐阜市立女子短期大学准教授等を歴任し、現在、九州産業大学 国際文化学部 准教授。

主な論文："Japan's sacred mountain landscapes and the natural environment: The case of mountain asceticism at Mount Hiko" *Journal of Mountains and Humanities, Vol.3,* 2016年。「明治初年の英彦山神社教会設立に関する一考察：壱岐の旧英彦山派修験との関係から」『九州産業大学国際文化学部紀要』62、2015年。「〈海彼〉を望む女神たち：日韓の山岳宗教と女神信仰」『山岳修験』54　2014年、など。

亀﨑　敦司〈Kamezaki Atsushi〉

2015年、九州大学大学院人間環境学府共生システム専攻単位取得退学。

主な論文：「真宗村落における祈祷儀礼の継承 —— 津市周辺の真宗高田派のムラを事例として」『郷土再考 — 新たな郷土研究を目指して』由谷裕哉編著、2012年、角川学芸出版。「占いの結果を取り消す方法」『信仰／信頼　共生社会学論叢Ⅶ』關一敏編、2012、九州大学人間環境学府共生社会学講座。

藤坂　彰子（Fujisaka Shōko）

2007年、筑紫女学園大学文学部日本語日本文学科卒業。2009年、福岡大学大学院人文科学研究科社会文化論専攻修士課程修了。

英彦山の宗教民俗と文化資源

2017 年 10 月 1 日　第 1 刷発行
福岡大学　福岡・東アジア・地域共生研究所　監修
白川　**琢磨**　編

発行所　図書出版木星舎
発行者　古野たづ子
〒 814-0002　福岡市早良区西新 7 丁目 1-58-207
TEL 092-833-7140　FAX 092-833-7141
印刷・製本　シナノ書籍印刷株式会社
ISBN978-4-901483-97-1　C3014